Gernot Gonschorek / Susanne Schneider

Einführung in die Schulpädagogik und die Unterrichtsplanung

Reihe Schule und Unterricht

Herausgegeben von Jörg Petersen und Gerd-Bodo Reinert

Auer Verlag GmbH

Gedruckt auf umweltbewusst gefertigtem, chlorfrei gebleichtem und alterungsbeständigem Papier.

1. Auflage. 2000
Nach der Neuregelung der deutschen Rechtschreibung
© by Auer Verlag GmbH, Donauwörth. 2000
Alle Rechte vorbehalten
Gesamtherstellung: Ludwig Auer GmbH, Donauwörth
ISBN 3-403-0**3216**-7

Inhaltsverzeichnis

Teil 1: Schultheoretische Grundlagen 9
1.   **Der Aufbau des Schulsystems** 9
1.1   Staatliche Schulen 10
1.2   Das berufsbildende Schulsystem 17
1.3   Sonderschulen 20
1.3.1 Eine Schule für alle – Zum Stand der Diskussion um Integration behinderter Kinder und Jugendlicher 26
1.4   Freie Schulen – Privatschulen – Alternativschulen 32
1.4.1 Zu einigen Schulen im Einzelnen 33
1.4.2 Alternativschulen im engeren Sinne 37

2.   **Aufgaben und Funktionen von Schule** 40
2.1   Aufgaben der Schule 40
2.2   Funktionen der Schule 43

3.   **Über den Lehrplan** 50
3.1   Überblick über die Geschichte der Lehrplanentwicklung 50
3.2   Aufbau des Bildungsplans 59
3.2.1 Der Erziehungs- und Bildungsauftrag 59
3.2.2 Der Aufbau des Lehrplans für die Grundschule 63
3.3   Der „heimliche Lehrplan" 64

4.   **Die Erziehungswissenschaft** 65
4.1   Richtungen und Gliederung 65
4.1.1 Normative Pädagogik 66
4.1.2 Geisteswissenschaftliche Pädagogik 67
4.1.3 Kritisch-rationale/empirische Pädagogik 69
4.1.4 Die Schulpädagogik innerhalb der Erziehungswissenschaft 70
4.2   Überblick über die Geschichte der Pädagogik 73

5.   **Was ist Didaktik?** 98
5.1   Der Versuch einer Definition 98
5.2   Didaktische Modelle 104
5.2.1 Von der bildungstheoretischen zur kritisch-konstruktiven Didatik 104
5.2.2 Lern- bzw. Lehrtheoretische Didaktik 110
5.2.3 Weitere didaktische Modelle 116

5.2.3.1	Kybernetische Didaktik	116
5.2.3.2	Kritisch-kommunikative Didaktik	118
5.2.3.3	Curriculare Didaktik	119
5.2.3.4	Lernzielorientierte Didaktik	122
5.3	Didaktische Modelle im Überblick	130

Teil 2: Die Schulpraxis ... 132

6.	Was ist Unterricht?	132
6.1	Unterricht ist	132
6.2	Artikulationsschemata	137
6.2.1	Johann Friedrich Herbarts Formalstufen	137
6.2.2	„Der regelrechte Verlauf" – die Formalstufentheorie der Herbartianer	139
6.2.3	„How we think" – John Dewey	140
6.2.4	Lernen in Stufen – Heinrich Roth	142
6.3	Strukturmomente von Unterricht	145
6.3.1.	Der Einstieg	145
6.3.2.	Die Erarbeitungsphase	147
6.3.3.	Die Ergebnissicherung	148

7.	Protokollieren von Unterricht	150
7.1	Funktion und Phasen der Hospitation	150
7.2	Beobachtungsschwerpunkte und Beobachtungsverfahren	151
7.2.1	Verlaufsprotokoll	152
7.2.2	Wortprotokoll	153
7.2.3	Übersichtsprotokoll	153
7.2.4	Episode	154
7.3	Erste eigene Protokolle	155
7.4	Weitere Protokollverfahren	156

8.	Was ist Methodik?	158
8.1	Eine erste Abgrenzung	158
8.2	Funktionen von Unterrichtsmethoden	161
8.3	Methodische Unterrichtselemente	164
8.3.1	Überblick über die Arbeits- und Sozialformen	165
8.3.2	Gesprächsformen im Unterricht	166
8.4	Unterrichtskonzeptionen	169
8.4.1	Offener Unterricht	172
8.4.2	Handlungsorientierter Unterricht	173
8.4.2.1	Zu den lerntheoretischen Grundlagen	174

8.4.3	Projektunterricht	179
8.4.3.1	Schritte und Merkmale des Projektunterrichts	179
8.4.4	Weitere Unterrichtskonzeptionen	182
8.4.4.1	Erfahrungsbezogener Unterricht	182
8.4.4.2	Fächerübergreifender Unterricht	183
8.4.4.3	Programmierter Unterricht	184
9.	**Planung von Unterricht**	**186**
9.1	Strategien der Planung	186
9.1.1	Unterrichtsprinzipien	186
9.1.2	Konkrete Planung	188
9.2	Der ausführliche schriftliche Unterrichtsentwurf	195
9.2.1	Die Sachanalyse	196
9.2.2	Die Lernvoraussetzungen	198
9.2.3	Die didaktische Analyse	201
9.2.4	Die Lernziele	207
9.2.5	Die Verlaufsplanung	213
9.2.6	Die Strukturskizze	214
10.	**Über den Lehrer**	**218**
10.1	Der gute Lehrer – geboren oder gelernt? Über ein Ideal	218
10.2	Die Lehrerrolle	221
10.3	Das Lehrerverhalten	224
10.3.1	Erziehungsstile	228
10.3.1.1	Die Lewin-Lippitt-White-Studie	230
10.3.1.2	H. H. Anderson	232
10.3.1.3	D. G. Ryans	232
10.3.1.4	Reinhard und Anne-Marie Tausch	233
11.	**Der Schulalltag: Traumjob oder Praxisschock – und dann Burnout?**	**241**
11.1	Belastungen im Lehrerberuf	241
11.2	Möglichkeiten der Entlastung	246
11.2.1	Arbeits- und organisationsbezogene Maßnahmen	247
11.2.2	Gruppen- und individuumsbezogene Maßnahmen	249
12.	**Was ist eine gute Schule?**	**253**
13.	**Anhang**	**264**
13.1	Übersicht über Planungsraster	264
13.2	Stichwortverzeichnis	274
13.3	Literaturverzeichnis	278
13.4	Abbildungsverzeichnis	285

Vorwort

Wenn man seit Jahren für Studierende der Lehrämter an Grund- und Hauptschulen, Realschulen und Sonderschulen u. a. auch regelmäßig Einführungsveranstaltungen in die Schulpädagogik und die Unterrichtsplanung durchführt, stellt sich nach einiger Zeit heraus, dass man einen bestimmten Satz von Materialien, Texten, Graphiken u. Ä. immer wieder heranzieht. Diese Texte, Abbildungen u. Ä. immer wieder als Satz von Kopien für alle Studierende bereitzustellen ist arbeitsintensiv und zeitraubend.
Die Idee, sie gesammelt vorzulegen, wurde immer wieder aufgeschoben, vermeintlich wichtigere, unaufschiebbare Aufgaben drängten sich in den Vordergrund, außerdem wollte man in der Zusammenstellung der Materialien flexibel bleiben. Zwar wurden und werden diese Materialien auch immer wieder ergänzt, teilweise erneuert, kommen neue Graphiken, Tabellen usw. hinzu, aber der Kernbestand bleibt doch im Großen und Ganzen gleich. Deshalb war es ein glücklicher Umstand, dass Susanne Schneider, die mehrfach als Tutorin bei diesen Einführungsveranstaltungen mitarbeitete, eine erste Zusammenstellung der immer wieder eingesetzten Texte und dazugehörigen Erläuterungen und Beispiele – auch unter Einbeziehung der ihr immer wieder von den Studierenden gestellten Fragen – in Form einer wissenschaftlichen Hausarbeit übernahm. Sie war es auch, die vorschlug bereits in dieser Einführungsveranstaltung zusätzlich ein Kapitel über die Gliederung und Geschichte der Pädagogik (Kap. 4) und die Probleme des Berufsalltages (Praxisschock und Burnout, Kap. 11) aufzunehmen, die sonst in der Einführungsveranstaltung aus Zeitgründen meist nur sehr verkürzt angesprochen werden; jetzt kann man das zumindest nachlesen.
Nach mehrfachen gründlichen Überarbeitungen, Ergänzungen, Umstellungen legen wir nun hier eine *Einführung in die Schulpädagogik und Unterrichtsplanung* vor, die wichtige Begriffe und Theorien, die im gesamten Lehrerstudium immer wieder angesprochen werden, in verständlicher Form – für Studienanfänger im 1. oder 2. Semester – zusammenfasst und erläutert.

Der *erste Teil* (Kap. 1–5) vermittelt einige eher theoretische *Grundlagen* zu Aufbau und Funktion des Schulsystems, der Geschichte und Gliederung des Lehrplans, den Richtungen der Erziehungswissenschaft und deren historischer Entwicklung. Einen Schwerpunkt dieses Teils bilden die didaktischen Theorien und Modelle, die jeder Lehramtsstudent kennen muss.

Der *zweite Teil* (Kap 6–12) steht im Zeichen der Vorbereitung auf die *Schulpraxis*. Der Unterricht, als zu beobachtendes und zu analysierendes vielfältiges Geschehen mit seinen Bausteinen, seiner Gliederung, seinen Methoden, seinen Arbeits- und Interaktionsformen und den agierenden Personen wird ausführlich vorgestellt. Das Kapitel 9, „Planung von Unterricht", bildet dabei einen studiengangbedingten Schwerpunkt. Nach Durcharbeitung dieses Kapitels kann jeder Studierende erste Unterrichtsentwürfe zu vorgegebenen oder gewählten Themen selbstständig anfertigen – jedenfalls ist das in unseren Einführungsveranstaltungen der Fall.

In den folgenden Schulpraktika wird diese Fähigkeit weiter entwickelt und fachdidaktisch und -methodisch erweitert und modifiziert.

Ein Blick auf die Probleme des Schulalltages (Praxisschock bei jungen Lehrern, Gefahr des Burnout bei vielen älteren Kolleginnen und Kollegen) soll dazu beitragen, realistische Erwartungen zu entwickeln und die Motive für die Berufswahl immer wieder zu überprüfen.

Im Schlusskapitel haben wir dann noch wichtige Momente von „guten Schulen" zusammengetragen – zur Motivation, als Anregung und Aufforderung an deren Gestaltung einmal mitzuarbeiten.

In dieser Arbeit wird Schulpädagogik als ein Teilgebiet der Erziehungswissenschaft verstanden, als Theorie von Erziehung und Bildung durch Schule und Unterricht, die auch pädagogisches Handeln im Rahmen von Schule und Unterricht, seine Vorraussetzungen, Funktionen und Folgen zum Inhalt hat. Dass nicht nur das Unterrichten i. e. S., d. h. die systematische und methodisch strukturierte Gestaltung schulischen Lernens, unser Gegenstand ist, zeigt, dass wir die Allgemeine Didaktik als integriertes Teilgebiet der Schulpädagogik verstehen.

Wenn man eine Einführung in eine Disziplin, ein Fachgebiet vorlegt, ist selbstverständlich, dass keine Vollständigkeit angestrebt ist. Diese Einführung soll einen ersten orientierenden Überblick und einige unverzichtbare Grundkenntnisse und -einsichten vermitteln und zu weiterführender Lektüre von Grundlagentexten oder Gesamtdarstellungen anregen. Wir wollen Anstöße geben, Interessen wecken. An vielen Stellen sind deshalb Literaturempfehlungen, manchmal im Zusammenhang mit kleineren Arbeitsaufträgen, eingearbeitet.

In diesem Sinne erfüllen die Graphiken, Cartoons und Karikaturen auch ihren didaktischen Zweck: sie sollen den Zugang kurzweilig gestalten, einzelne komplizierte Sachverhalte „auf den Punkt" bringen, zum Durchhalten und Weiterlesen motivieren – oder einfach schlicht zum Schmunzeln bringen.

Das Schlusskapitel weist wieder einmal nach, wie entscheidend wichtig für eine *gute Schule gute Lehrer* sind. Von ihrem Einsatz, ihrer Kompetenz, ihrem Verhältnis zu den Schülern hängt es ab, ob eine Schule als gut erlebt und anerkannt wird. Im Zentrum allen Lehrerhandelns wiederum steht die professionelle, fach-, methoden- und sozialkompetente Unterrichtsplanung und

Unterrichtsgestaltung. Auf den ersten Schritten dahin wollen wir mit diesem Leitfaden für schulpraktischen Studien die Studienanfänger begleiten.

Unser Dank gilt Jörg Petersen und Gerd-Bodo Reinert, den Herausgebern der Reihe „Bildung und Erziehung" im Auer Verlag, für die Aufnahme unserer Schrift in diese renommierte Reihe.

Heidelberg, im Januar 2000

Gernot Gonschorek   *Susanne Schneider*

Teil 1:
Schultheoretische Grundlagen

> *„Die Dignität der Praxis ist unabhängig
> von der Theorie;
> die Praxis wird nur mit der Theorie eine bewusstere."*
>
> (Schleiermacher 1983, 11)

1. Der Aufbau des Schulsystems
(am Beispiel Baden-Württemberg)

Die Pflicht zum Schulbesuch ist im Schulgesetz festgesetzt, sie gliedert sich in
- Pflicht zum Besuch der Grundschule und einer weiterführenden Schule oder entsprechend zum Besuch einer Sonderschule und
- Pflicht zum Besuch der Berufsschule oder einer entsprechenden Ausbildung.

Insgesamt umfasst die Schulpflicht also mindestens einen Zeitraum von zwölf Jahren: Die Berufsschulpflicht endet erst mit dem 18. Lebensjahr.
Welche Möglichkeiten gibt es aber, diesen langen schulischen Werdegang zu gestalten?
Trotz der im Erziehungs- und Bildungsauftrag des Schulgesetzes verankerten Einheit des Schulwesens gliedert sich das Schulsystem nicht nur in Baden-

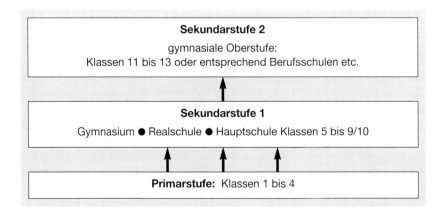

Württemberg z. B. in verschiedene Schularten, um „jedem jungen Menschen eine seiner Begabung entsprechenden Ausbildung zu ermöglichen" (Schulgesetz § 3,1).

Es wird zwar als dreigliedriges Schulsystem bezeichnet, da es vor allem durch die drei Schularten Hauptschule – Realschule – Gymnasium charakterisiert ist, dennoch gibt es wesentlich mehr Schultypen und mögliche Bildungswege.

Diese vertikale Dreigliedrigkeit war ursprünglich als Differenzierungsmöglichkeit für verschiedene Begabungs- und Lerntypen gedacht – heute wird sie mehr und mehr zum Selektionsmechanismus, da auf dem Arbeitsmarkt die Schulabschlüsse unterschiedliche Chancen ermöglichen: Wer ‚nur' einen Hauptschulabschluss hat, findet in manchen Regionen kaum noch einen Ausbildungsplatz (vgl. S. 13, S. 45 f.).

Hinzu kommt: Zwar ist der Wechsel innerhalb der Schularten prinzipiell jederzeit möglich (für Baden-Württemberg in der „multilateralen Versetzungsordnung" detailliert geregelt), aber praktisch oft doch mit einigen Problemen verbunden, so dass viele Kinder bzw. die Eltern bereits gegen Ende der Grundschulzeit unter dem Druck der Entscheidung über ihren späteren Werdegang stehen (s. Schaubild ‚Übergangsverfahren' S. 15). In Rheinland-Pfalz geht man inzwischen mit der „Regionalen Schule", einem Versuch, Haupt- und Realschule teilweise zu integrieren um so ein wohnortnahes und differenziertes Bildungsangebot zu ermöglichen, endlich neue Wege (vgl. Gukenbiel 1996). Ein tief gestaffeltes und vielseitiges Berufsschul- und Weiterbildungsangebot eröffnet später wiederum – wenn auch oft unter erschwerten Bedingungen als auf dem direkten Weg – viele Möglichkeiten, Schulabschlüsse nachzuholen.

1.1 Staatliche Schulen

Grundschule: Die Grundschule hat als *„gemeinsame Grundstufe des Schulwesens"* die Aufgabe, die Kinder *„zu den schulischen Formen des Lernen und Arbeitens"* hinzuführen und die *„Entfaltung der verschiedenen Begabungen der Schüler in einem Bildungsgang"* (Schulgesetz, 1. Teil) zu verwirklichen. In einigen Bundesländern (z. B. Baden-Württemberg, Bayern) umfasst sie nur vier Jahre, in anderen sechs (Berlin, Brandenburg). Für zurückgestellte Kinder gibt es an vielen Schulen die Möglichkeit, Grundschulförderklassen (früher Schulkindergarten) zur Vorbereitung zu besuchen. In Baden-Württemberg will man demnächst neue Formen des Schuleintritts versuchen, um Kinder früher einzuschulen; hier regelt auch ein **verbindliches Gutachten**, die sog. *„Grundschulempfehlung"*, unter ganz besonderer Gewichtung der Fächer Deutsch und Mathematik den Übergang auf die weiterführenden Schulen.

Das Bildungssystem der Bundesrepublik Deutschland

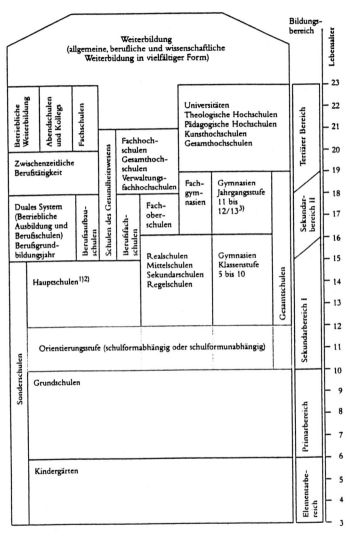

(Schematische Darstellung typischer Strukturen; in einzelnen Bundesländern bestehen Abweichungen).
Aus: J. Dietrich/H.-E. Tenorth, 1997, S. 66/67.

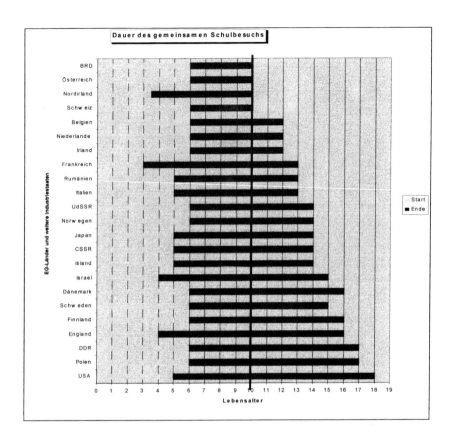

Diese obige Übersicht (überarbeitet nach: Ipfling 1991) zeigt das Alter bei Schuleintritt und (durch die Länge des Balkens) die Dauer des **gemeinsamen** Schulbesuchs, bis die Schüler auf unterschiedliche Schularten verteilt werden: die Bundesrepublik (mit Ausnahme der Bundesländer mit sechsjähriger Grundschule, z. B. Berlin und Brandenburg), manche Länder selektieren ebenfalls sehr früh, z. B. Österreich und die Schweiz. (Manche Kantone der Schweiz selektieren zu unterschiedlichen Zeiten. Im Kanton Basel hat man vor kurzem eine neue Schulform als Zwischenstufe nach der vierjährigen Grundschule eingerichtet, die „*Orientierungsschule*", eine Art schulformunabhängige Orientierungsstufe in einem eigenen Schulgebäude.) In England und Schweden gibt es Kursdifferenzierung ab der 10. Klasse. Am längsten bleiben die Schüler in Dänemark, Finnland und den USA alle gemeinsam in einer Schulform.

Hauptschule: Ursprünglich als Oberstufe der achtklassigen Volksschule konzipiert, ist die Hauptschule seit dem Hamburger Abkommen der Kultusminister 1964 eine eigenständige, fünfklassige Schulform. *„Die Hauptschule vermittelt eine grundlegende allgemeine Bildung, die sich an lebensnahen Sachverhalten und Aufgabenstellungen orientiert. Sie fördert im besonderen Maß praktische Begabungen, Neigungen und Leistungen".* Neben dem regulären Hauptschulabschluss nach der 9. Klasse kann an zentralen „Hauptschulen mit Werkrealschule" nach einem zusätzlichen 10. Schuljahr die Fachschulreife (Realschulabschluss) erworben werden. Neben einer Fremdsprache und technisch-naturwissenschaftlichen Fächern hat die Hauptschule die Aufgabe, berufsvorbereitend und berufsorientierend zu bilden. In manchen Bundesländern gibt es dazu Berufspraktika. Zur Zeit ist die Hauptschule das Sorgenkind innerhalb des dreigliedrigen Schulsystems. Sie droht zur Restschule zu werden. Die Übergangsquoten sind überall dort, wo die Eltern wählen können, rückläufig.

Schulart	Übergangsquote 1994/95	Übergangsquote 1995/96	Übergangsquote 1996/97
Hauptschule	37,1%	37,0%	36,0%
Realschule	29,5%	29,8%	30,2%
Gymnasium	31,4%	31,5%	32,0%

Nach: Statistisches Bundesamt (Internet 24. 4. 1998)

Nur dort, wo durch strenge Übergangsregelungen – wie der „Grundschulempfehlung" in Baden-Württemberg – die Eltern nicht frei entscheiden können, auf welche weiterführende Schule sie ihr Kind schicken wollen, kann sie gerade so ihren Schülerstand halten. Alle Mühe und aufopferungsvolle Arbeit der Hauptschullehrerinnen und -lehrer, alle Versuche die Hauptschule durch ein spezielles Bildungsangebot attraktiv zu machen, sind bisher gescheitert (vgl. Rösner 1989). Solange man mit dem Hauptschulabschluss keine ausreichende Ausbildungs- und Berufsperspektive hat, laufen dieser Schulform die Schüler davon. Zurück bleiben die, die Sprachprobleme haben (Ausländer) oder sozial auffällig sind. Manchmal hat man den Eindruck, dass sie nur noch eine „hygienische Funktion" für die anderen weiterführenden Schularten erfüllt – dort bleiben die sozial Schwachen, dorthin kann man alle abschieben (vgl. auch die Grafiken zur schichtspezifischen Selektion im Kap. 2.2).
Inzwischen versuchen viele Bundesländer durch integrative Schulformen – unterhalb der Gesamtschule – hier neue Wege zu gehen. Besonders interessant scheint die oben erwähnte „Regionale Schule" in Rheinland-Pfalz.

Realschule: Seit 1964 (Hamburger Abkommen) ebenfalls bundesweit eingeführt als sechsklassige Schulform mit dem Sekundarabschluss 1, der als Realschulabschluss, Mittlere Reife oder Fachschulreife bezeichnet wird. „*Die Realschule vermittelt eine erweiterte allgemeine Bildung, die sich an lebensnahen Sachverhalten orientiert und zu deren theoretischen Durchdringung und Zusammenschau führt*" (Mähler/Schröder 1991, 37). Daneben soll sie auf eine berufsbezogene schulische Weiterbildung vorbereiten. Als Möglichkeit der interessenbezogenen Differenzierung gibt es neben allgemeinbildenden Pflichtbereichen auch Wahlpflichtbereiche, deren Schwerpunkte gewählt werden können.

Gymnasium: Die durch das Gymnasium vermittelte Hochschulreife kann auf verschiedenen Wegen erreicht werden:
- in der grundständigen Form des neunjährigen Gymnasiums,
- auf einem Aufbaugymnasium ab der siebten Klasse im Anschluss an die sechste Klasse von Haupt- oder Realschule oder
- in der dreijährigen Oberstufe, aufbauend auf dem Realschulabschluss oder einem anderen vergleichbaren Bildungsstand.

Es gibt allgemein bildende Gymnasien mit speziellen Profilen, so z. B. humanistische, neusprachliche, musische, technische, wirtschaftswissenschaftliche und berufsbildende Gymnasien.

Gesamtschule: Als Alternative zum dreigliedrigen Schulsystem soll die Gesamtschule die Möglichkeit bieten, „die Bildungswege bis zum Ende der Sekundarstufe1 freizuhalten". Man unterscheidet zwei Formen:
- **kooperative** oder **additive** Gesamtschulen: Hier gibt es zwar noch die drei Bildungsgänge Haupt-, Realschule und Gymnasium, diese sind aber sowohl organisatorisch als auch curricular und personell eng miteinander verknüpft und bieten somit wesentlich mehr Durchlässigkeit als das Regelschulsystem.
- **integrierte** Gesamtschulen: Die Unterscheidung verschiedener Schularten ist hier aufgehoben, alle Schüler von Klasse 5 bis 10 werden in einer Schule zusammengefasst und entsprechend ihrer Interessen und Fähigkeiten in einem differenzierenden Kurssystem unterrichtet. Dabei gibt es neben dem jahrgangsbezogenen Klassenverband auch jahrgangsübergreifende Leistungs-, Fach- und Kerngruppen.

Nach ihrer bundesweiten Einführung 1970 konnte sich die Gesamtschule als flächendeckende Schulart nicht durchsetzen, in den meisten Bundesländern wird sie aber als Alternative zum dreigliedrigen Regelschulsystem angeboten.

Übergangsverfahren auf weiterführende Schulen
(am Beispiel Baden-Württembergs)

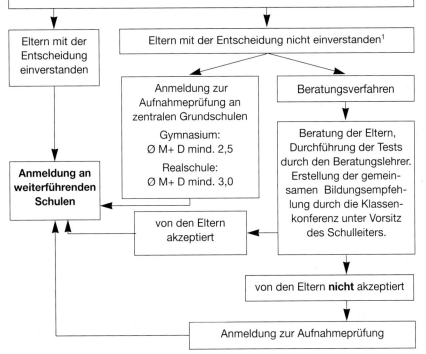

1 Neben dem Beratungsverfahren und der direkten Anmeldung zur Aufnahmeprüfung entscheiden sich die Eltern auch für die Wiederholung der Klasse 4 oder für den Wechsel auf Privatschulen

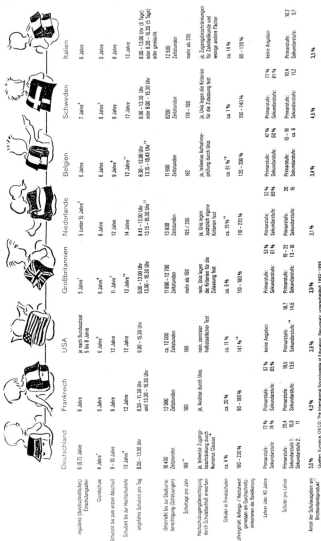

Aus: SPIEGEL spezial 12/97

Arbeitsvorschlag: In einigen Ländern werden die Schülerinnen und Schüler recht früh, etwa mit dem 10. Lebensjahr oder nach der 4. Klasse (in Baden- Württemberg z. B. über eine sogenannte „Grundschulempfehlung" entsprechend ihren Noten in Deutsch und Mathematik) auf unterschiedliche weiterführende Schulen verteilt. In anderen Ländern gibt es eine sechsjährige Grundschule für alle und in manchen Ländern bzw. Schularten (vgl. z. B. Waldorfschulen) verbringen die Kinder und Jugendlichen sogar fast ihre gesamte Schulzeit gemeinsam in einer Schule. Sammeln und diskutieren Sie die Argumente, die *für* bzw. *gegen* eine *frühe Selektion* sprechen.

1.2 Das berufsbildende Schulsystem

Berufsschule: Für alle Jugendliche, die sich nach abgeschlossener Schulzeit als Lehrlinge in einer praktischen Berufsausbildung befinden oder arbeitslos sind, ist die Berufsschule Pflicht. Sie hat „*die Aufgabe, im Rahmen der Berufsausbildung oder Berufsausübung vor allem fachtheoretische Kenntnisse zu vermitteln und die allgemeine Bildung zu vertiefen und zu erweitern*" (Schulgesetz, 1. Teil). Die Schulpflicht dauert drei Jahre und endet spätestens mit Vollendung des 20. Lebensjahres, oder, falls die Lehrzeit länger dauert, mit Abschluss der Berufsausbildung. In einem dualen Ausbildungssystem werden Teilzeit- oder Blockunterricht parallel zur praxisorientierten Berufsausbildung ausgeübt, wobei die Grundbildung der sogenannten Grundstufe in Absprache mit den Ausbildungsbetrieben als Berufsgrundbildungsjahr in Vollzeitunterricht durchgeführt werden kann. Die spezialisierende Fachbildung erfolgt in der Fachstufe, hier werden die Auszubildenden in Fachklassen nach den Berufsrichtungen gewerblich, kaufmännisch, hauswirtschaftlich – pflegerisch – sozialpädagogisch oder landwirtschaftlich unterrichtet. Die Abschlussprüfung setzt sich aus einem theoretischen (Gehilfenprüfung für Kaufleute, Gesellenprüfung im Handwerk und Facharbeiterprüfung der gewerblichen Wirtschaft) und einem praktischen Teil unter Aufsicht der jeweiligen Kammer zusammen. Der Berufsschulabschluss berechtigt zum Besuch der Berufsaufbauschule oder Fachschule, bei besonders qualifiziertem Abschluss ist gleichzeitig die Mittlere Reife erlangt als Voraussetzung für das Berufskolleg.

Berufsfachschule: In einem ein- bis dreijährigen, vollzeitlichen Ausbildungsgang wird entsprechend der Berufsart, des Berufs- oder Schulziels eine berufliche Grundbildung, berufliche Vorbereitung oder ein Berufsabschluss vermittelt. Die geforderten Eingangsvoraussetzungen sind unterschiedlich, sie reichen vom einfachen über den qualifizierten Hauptschulabschluss bis hin zur Mittleren Reife. Je nach Intensität und Dauer der Ausbildung ersetzt sie ganz oder teilweise die Lehrzeit, es kann sogar die Fachschulreife erworben werden. Bei einem Notendurchschnitt unter 3,0 besteht nach Abschluss der Ausbildung die Möglichkeit zum Eintritt in berufliche Gymnasien sowie Berufskollegs. Es gibt eine Vielzahl von Berufsfachschulen, die vor allem für Splitterberufe (Schmuckgewerbe, Uhrmachererei) und Berufe mit erhöhten theoretischen Anforderungen (Technische Assistenten, Rundfunk- und Fernsehtechniker) von Bedeutung sind. Im Allgemeinen werden folgende Fachrichtungen unterschieden: gewerblich-technische, kaufmännische, hauswirtschaftlich-sozialpädagogische und landwirtschaftliche Berufsfachschulen.

Berufsoberschule: baut auf Berufsschule und praktischer Berufsausbildung auf und *„vermittelt auf der Grundlage des erworbenen Fachwissens vor allem eine weitergehende allgemeine Bildung"* (ebd.). Sie gliedert sich in

– Mittelstufe oder auch **Berufsaufbauschule**: In einem einjährigen Vollzeitunterricht kann die Fachschulreife erworben werden, außerdem ist sie Voraussetzung für den Besuch der nachfolgenden zweijährigen Oberstufe. Für die Aufnahme ist eine gute Ausbildungsabschlussprüfung oder der Nachweis über eine erfolgreiche, mindestens dreieinhalbjährige Berufstätigkeit erforderlich.
– Oberstufe: Ziel des mindestens zwei Schuljahre dauernden Ausbildungsgangs ist die fachgebundene Hochschulreife. Vergleichbar mit der Oberstufe herkömmlicher Gymnasien wird die Mittlere Reife vorausgesetzt.

Fachschule: Sie *„hat die Aufgabe, nach abgeschlossener Berufsausbildung und praktischer Bewährung oder nach einer geeigneten beruflichen Tätigkeit von mindestens fünf Jahren eine weitergehende fachliche Ausbildung im Beruf zu vermitteln"* (ebd.). Schwerpunkt des 1–2-jährigen Vollzeit-Unterrichts (Teilzeitunterricht in Abend- und Wochenendkursen entsprechend länger) ist also eine weitere berufliche Qualifikation oder fachliche Spezialisierung, während allgemeinbildende Inhalte eher nebensächlich sind. Aufgrund des hohen Spezialisierungsgrades gibt es beinahe für jede Berufsgruppe Fachschulen, Träger sind sehr häufig Verbände, Gewerkschaften oder Innungen.

Berufskolleg: Aufbauend auf der Fachschulreife oder einem vergleichbaren Abschluss vermittelt das Berufskolleg in ein-, zwei- oder dreijährigem Vollzeitunterricht in den Bereichen Landwirtschaft, Technik, Wirtschaft, Hauswirtschaft und Sozialpädagogik eine berufliche Qualifikation bzw. bei mindestens zwei Jahren Schulbesuch die Fachhochschulreife (bei entsprechender

Vorbildung/Qualifikation kann sie auch schon nach einem Jahr erworben werden). In manchen Fällen findet bei entsprechender Koordination mit betrieblichen Ausbildungsstätten auch Teilzeitunterricht statt. Eine spezieller Typ ist das einjährige Berufskolleg zum Erwerb der Fachhochschulreife: Als Möglichkeit der Weiterbildung wird es nur für Inhaber der Mittleren Reife angeboten, die schon eine Berufsausbildung abgeschlossen haben. Neben dem jeweiligen Schwerpunktfach werden in der zentralen schriftlichen Abschlussprüfung auch die Fächer Deutsch, Mathematik und Englisch geprüft; die so erworbene Fachhochschulreife wird bundesweit anerkannt.

Kolleg: Als Institut zur Erlangung der Hochschulreife baut das Kolleg auf Realschul- oder Fachschulabschluss oder *„einem gleichwertigen Bildungsstand und einer abgeschlossenen Berufsausbildung oder einem gleichwertigen Werdegang"* (ebd.) auf. Neben dem für die Abiturprüfung relevanten Wissen wird in der mindestens zweieinhalb Jahre dauernden Schulzeit auf der Berufserfahrung aufbauende allgemeine Bildung vermittelt.

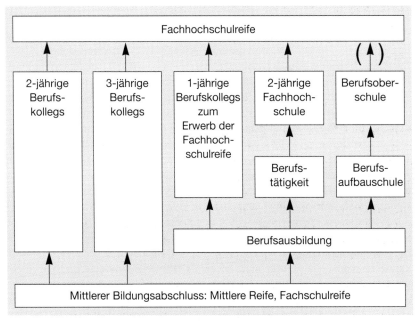

Schularten und Bildungswege nach mittlerem Bildungsabschluss
(am Beispiel Baden-Württembergs)

1.3 Sonderschulen

„*Die Sonderschule dient der Erziehung und Ausbildung von Kindern und Jugendlichen, die schulfähig sind, aber infolge körperlicher, geistiger oder seelischer Besonderheiten in den allgemeinen Schulen nicht die ihnen zukommende Erziehung und Ausbildung erfahren können*" (ebd.). Diese ‚Besonderheiten' werden im Allgemeinen als ‚Behinderungen' bezeichnet und meinen im Volksmund nichts anderes als „jemand ist anders, unterscheidet sich von den anderen". Dieser Definitionsversuch muss aber zwangsläufig an der Bestimmung von Merkmalen scheitern, die eine Behinderung als Abweichung von der Norm ausmachen, denn: Hat nicht jeder Mensch Schwächen und Stärken? Wo fängt Behinderung an, was ist die Norm? Behinderung ist weniger ein Zustand als vielmehr der Grad der Beeinträchtigung im Umgang mit der Umwelt, die „**Diskrepanz zwischen Verhaltensdisposition und Verhaltenserwartung**" (Lenzen 1989, 1394). Behinderungen sind nicht das individuelle „Eigenschaftspotential der Person, sondern entstehen aus definierten Aktivitäten von interagierenden Personen in sozialen Situationen". In der Einleitung einer Informationsschrift des Kultusministeriums zur sonderpädagogischen Förderung heißt es dazu: „Die Verwendung des Begriffs „behindert" ist also dort gerechtfertigt, wo der erschwerte Zugang eines Individuums zu seiner Umwelt ins Auge gefasst wird, aber auch dort, wo der Zugang der Mitmenschen auf ein Individuum erschwert ist." Und weiter wird ausgeführt, da „Behinderung gleichzusetzen ist mit erschwerten Lebens- und Handlungsvollzügen, ist auch verständlich, dass beim einzelnen behinderten Menschen verschiedene Problemfelder gleichzeitig auftreten können, was häufig eine scharfe Trennung der verschiedenen Behinderungsarten erschwert" (Ministerium für Kultus und Sport 1986). In vielen Fällen kommt es zu Entwicklungsstörungen, wenn einem Kind beispielsweise durch fehlende Sinne und mangelnde Frühförderung nur eingeschränkt Kontakte zur Umwelt und anderen Menschen möglich waren. Hier setzt die Heil- oder Sonderpädagogik an, der es weniger um Heilung des Gebrechens geht (meistens nicht möglich), sondern vielmehr um die Kompensation oder zumindest Abmilderung der durch die Behinderung verursachten negativen Auswirkungen.
Sonderpädagogische Institutionen bemühen sich um die individuelle Förderung von Lernprozessen und gleichzeitig um soziale Eingliederung. Durch kleine Klassen – im Schnitt nicht mehr als 10 bis 12 Kinder – und vor allem spezielle Medien und Hilfsmittel kann behinderten Kindern die Welt auf den ihnen zugänglichen Kanälen erschlossen und somit die gestörte Beziehung Mensch – Umwelt in eine fruchtbare Begegnung verwandelt werden.
Schon immer wurden Behinderungen nicht einfach akzeptiert, sondern Versuche zur Verbesserung der Situation unternommen, Maßnahmen ergriffen –

mit dem Ziel der Heilung. Im 18. Jahrhundert tauchen zum ersten Mal in systematisierter Form Versuche zur Verbesserung der intellektuellen und praktischen Fähigkeiten behinderter Menschen auf. Die Einführung der Schulpflicht erfordert spezielle Einrichtungen für entwicklungsgehemmte oder behinderte Kinder. Neben Blinden- und Taubstummenschulen werden Hilfsschulen für minderintelligente Schüler gegründet, die sich bald über das ganze Land verbreiten. Durch spezielle pädagogische Einwirkung erreicht man plötzlich, was zuvor für unmöglich gehalten wurde: Von Geburt an taube Kinder lernen sprechen, Blinde können durch eine Tastschrift lesen wie alle anderen. Die ‚Heilpädagogik' etabliert sich als eigenständiger Zweig und entwickelt Fachliteratur, so zum Beispiel „Über die Heilung des Blödsinns auf intellectuellem Wege" von C. W. Saegert aus dem Jahr 1845/46 (Groothoff 1967, 276).

Im Jahr 1905 gibt es bereits in 143 deutschen Städten 15 000 Kinder in 700 Hilfsschulklassen, 1912 in 285 Städten 39 000 Kinder in 1700 Klassen (ebd. 283). 1920 ensteht die Bezeichnung ‚Sonderschule' als Oberbegriff für alle sonderpädagogischen Institutionen. Während im dritten Reich die Entwicklung weitgehend stagniert, erstellt die Ständige Konferenz der Kultusminister (KMK) im Jahr 1960 das „Gutachten zur Ordnung des Sonderschulwesens" und initiiert damit den Aufbau eines dicht gestreuten und differenzierten Sonderschulsystems.

Schüler an Sonderschulen in der Bundesrepublik Deutschland

	1989		1993		1998	
	Absolut	In %[1]	Absolut	In %	Absolut	In %
Schüler	246 080	4,050	371 318	4,220	409 855	4,426
Davon *Förderschwerpunkt** Lernen	131 589	2,166	212 417	2,414	219 755	2,373
Sonstige Förderschwerpunkte	114 491	1,884	158 901	1,806	190 100	2,053
– Sehen	3 138	0,052	3 995	0,045	4 260	0,046
– Hören	7 441	0,122	9 955	0,113	10 049	0,109
– Sprache	20 946	0,345	29 972	0,341	32 577	0,352
– Körperliche und motorische Entwicklung	13 873	0,228	19 468	0,221	20 919	0,226
– Geistige Entwicklung	37 013	0,609	51 735	0,588	62 167	0,671
– Emotionale und soziale Entwicklung	15 282	0,252	19 515	0,222	23 488	0,254
– Förderschwerpunkt übergreifend	9 360	0,154	16 637	0,189	28 346	0,306
– Kranke[2]	7 438	0,122	7 624	0,087	8 294	0,090

1 Schüler in v. H. der Schüler im Alter der Vollzeitschulpflicht (Klassenstufen 1 bis 10 und Sonderschulen)
2 Von 1993 bis 1996 ohne Sachsen
* Die Kultusministerkonferenz (KMK) spricht in ihrer neuesten Statistk von *Förderschwerpunkten* statt von Sonderschulen, z. B. Förderschwerpunkt „Lernen" statt „Schule für Lernbehinderte", „Sehen" statt „Schule für Sehbehinderte" bzw. „Schule für Blinde" usw. (Zahlen nach KMK-Dokumentation 149 – Februar 2000)

Bereits im Elementarbereich stehen heute zur Frühförderung Sonderkindergärten zur Verfügung, die die individuelle Entwicklung der Kinder spielerisch fördern und möglichen sekundären Fehlentwicklungen vorbeugen. Über die weitere Schullaufbahn entscheidet ein sonderpädagogisches Gutachten, dem bei Bedarf ein medizinisches und/oder psychologisches hinzugefügt wird. Obwohl die Empfehlung zum Besuch einer Sonderschule von Eltern oft als ungerechtfertigt und Ungleichbehandlung empfunden wird, sollte doch die Förderung des Kindes im Mittelpunkt stehen: Die vermeintliche Chancengleichheit, die manche Eltern gegen die Sonderschulempfehlung durch den Besuch einer Regelschule durchsetzen, wird zur Ungleichheit, wenn dem bedürftigen Kind nicht die ihm angemessene Betreuung und Förderung erteilt werden kann.

In den meisten Sonderschulformen können die dem Regelschulssystem entsprechenden Abschlüsse erlangt werden (Übersicht aus: Mähler/Schröder 1991, 93):

Bildungsgänge an Sonderschulen	Gymnasium	Realschule	Hauptschule	Schule für Lernbehinderte	Schule für Geistigbehinderte
		Grundschule			
Schulen für Blinde	X	X	X	X	X
Schulen für Gehörlose	(X)	X	X	X	X
Schulen für Körperbehinderte	X	X	X	X	X
Schulen für Geistigbehinderte					X
Schulen für Sehbehinderte		X	X	X	
Schulen für Schwerhörige	X	X	X	X	
Schulen für Sprachbehinderte		X	X		
Förderschulen*				X	
Schulen für Erziehungshilfe		X	X	X	
Schulen für Kranke	Bildungsangebot je nach Schullaufbahn				

* bis Sommer 1991 galt die Bezeichnung ‚Schulen für Lernbehinderte'

Schulen für Sehbehinderte: Bei einer Sehschärfe, die trotz optischer Sehhilfen bei $^1/_{20}$ bis $^1/_{50}$ der Norm herabgesetzt ist, kommt es auf eine effektive Nutzung des verbleibenden Sehsinns und gleichzeitige Kompensation der entstehenden Schwierigkeiten an. Durch sachgerechte Nutzung von optischen, technischen und medialen Hilfsmitteln werden auftretende Schwierigkeiten überbrückt, dabei aber auch eine Schonung des Sehsinns erreicht. Spezielles Sehtraining bildet dazu den ausgewogenen Gegenpol und verhindert eine Verkümmerung. Neben diesen behinderungsspezifischen Unterrichtsmerkmalen werden ebenfalls allgemein bildende Inhalte entsprechend den Regelschulen vermittelt.

Schulen für Blinde: Die Begriffs- und Vorstellungswelt blinder Kinder (Sehvermögen unter $^1/_{50}$ der Norm) ist hauptsächlich verbal gebildet und bedarf der vielfältigen Anschauung durch die unversehrten Sinne. Fehlende Sacherfahrung wird durch Schulung taktiler, motorischer und auditiver Fähigkeiten ersetzt und dabei die Entfaltung der kognitiven Kompetenz gefördert. Neben dem Lesen und Schreiben tastbarer Schriften auch mit der Schreibmaschine und dem Computer steht die Entwicklung von Selbstständigkeit und Unabhängigkeit im Alltag im Mittelpunkt. An Blindenschulen können alle Abschlüsse des Regelschulsystems erlangt werden.

Schulen für Gehörlose: Kinder mit nur rudimentär entwickelten Hörorganen oder Verlust des Gehörs in frühester Kindheit haben nicht die Möglichkeit, die Lautsprache durch Imitation zu erlernen. Um der sekundär daraus resultierenden funktionalen Stummheit entgegenzuwirken, lernt das gehörlose Kind schon frühzeitig mit Hilfe des Tastsinns und mit Anschauungsmaterial sprechen und sprechende Menschen verstehen (sinnerschließendes Ablesen der Laustsprache). Dabei ist die Hauptaufgabe der Schule, die Struktur von Sprache, also das Bilden von ganzen Sätzen etc., zu vermitteln. Zusätzlich bietet die Gebärdensprache Erleichterung in der Kommunkation mit der Umwelt. Auch an Gehörlosenschulen können alle Schulabschlüsse erlangt werden.

Schulen für Schwerhörige: Auch schwerhörige Kinder haben in der Regel Sprachprobleme, da sie viele Laute nur ansatzweise oder gar nicht hören. Neben optimaler Nutzung des Gehörpotentials wird deshalb auch hier die visuelle Lautsprachauffassung zur Verständigung genutzt. Daneben ist die Ausbildung sozialer Kontakte und eines starken Selbstbewusstseins außerordentlich wichtig, da gerade schwerhörige Menschen durch ihre Behinderung im Kontakt mit Hörenden stark benachteiligt sind und dazu neigen, sich zurückzuziehen.

Schulen für Sprachbehinderte: In Verbindung mit psycho- wie physiotherapeutischen und logopädischen Maßnahmen sollen z. B. stotternde oder durch Gaumenspalte benachteiligte Kinder die Möglichkeit haben, die bestmögliche Sprachfähigkeit zu erlangen und gleichzeitig in einer verständnisvollen Atmosphäre Selbstwertgefühl und Kommunikationsfähigkeit aufzubauen. In Zusammenarbeit mit den Eltern werden individuelle Sprach-Trainingsprogramme erstellt, gleichzeitig natürlich ebenso auf schulische Bildung Wert gelegt.

Schulen für Körperbehinderte: Für Kinder und Jugendliche mit Schädigungen oder Funktionsbeeinträchtigungen des Stütz- oder Bewegungsapparates gibt es oft keine Möglichkeit, am Unterricht in Regelschulen teilzunehmen, da sie spezieller medizinischer und hygienischer Betreuung bedürfen. Um dadurch entstehenden kognitiven, emotionalen und sozialen Beeinträchtigungen entgegenzuwirken, werden spezielle, oft an Rehabilitationszentren angeschlossene Schulen eingerichtet (im Jahr 1986 waren es Lenzen [1989, 1403] zufolge 115 Schulen), an denen alle Schulabschlüsse erworben werden können. In Ganztagesunterricht oder in Kombination mit Heimunterbringung soll vor allem zu Selbstständigkeit erzogen werden, gleichzeitig finden neben den üblichen Schulfächern vielfältige physiotherapeutische und motorische Schulungen statt.

Schulen für Erziehungshilfe: Die frühere Bezeichnung ‚Schule für Verhaltensgestörte' zeigt, um welches Problemfeld es sich handelt: Die betroffenen Kinder und Jugendlichen weisen keine intellektuellen Defizite auf, sondern haben in ihrer Kindheit zum Teil schwere soziale und seelische Misserfolge erlitten, deren Folgen sie in ihrem Verhalten dokumentieren: Sie haben eine gestörte Beziehung zu sich und ihrer Umwelt. Die Ursachen resultieren aus der Verbindung dreier Faktoren: aus den psychosozialen, konstitutionell-organischen und sozioökonomisch-kulturellen Bedingungen des Kindes. Verhaltensstörungen zeigen sich zum einen in unwillkürlichen Verhaltensweisen wie Einkoten, Einnässen, Autoaggressionen oder Entwicklungsrückständen, zum anderen aber auch in einem gestörtem Sozialverhalten wie verbalen und tätlichen Aggressionen gegenüber anderen, Diebstahl, Sachzerstörung, Stören des Unterrichts etc. Das Stigma ‚entwicklungsgestört', ‚schwererziehbar', ‚verhaltensgestört' oder ‚gemeinschaftsschwierig', mit dem sich die Kindern schon früh auseinandersetzen müssen, erschwert zusätzlich die Entwicklung eines natürlichen Selbstwertgefühls („Ich bin nichts wert, ich komme ins Heim, aus mir wird sowieso nichts" etc.). Die Aufgabe der Schule für Erziehungshilfe besteht zunächst darin, eine verlässliche Vertrauensbasis aufzubauen, den Glauben an die eigene Kompetenz und Fähigkeit zu wecken und das Gefühl für soziale Verantwortung zu entwickeln.

Förderschulen (vor 1991: Schulen für Lernbehinderte): Mit 85% bilden die lernbehinderten Kinder den größten Anteil aller Sonderschüler (1986: 1535 Schulen). Aus verschiedenen, zum Teil entwicklungsbedingten Gründen entsprechen ihre Leistungen nicht den Anforderungen der Regelschulen, oft liegt ein niedriger Intelligenzquotient vor. In einer speziell entwickelten, kleinschrittigen Methodik werden Lernprozesse in anschaulichen, konkreten, handelnden, langsamen und wiederholenden Situationen kanalisiert, wobei das Verhindern von Versagensängsten und ständige Motivation entscheidend ist. „Der Erfolg sieht für jeden Schüler anders aus: Für den einen besteht er darin, überhaupt noch in der Schule für Lernbehinderte beschult zu werden, für den anderen darin, wieder zurück an die Hauptschule zu kommen, für manchen in der Tatsache, nicht zu den Analphabeten zu gehören, für viele darin, auch nach neun Jahren noch Lust zum Lernen zu haben, für die meisten darin, sich Kenntnisse erworben zu haben, mit denen man einen Beruf ausüben oder erlernen kann" (Ministerium für Kultus und Sport 1986).

Schulen für Geistigbehinderte: Bedingt durch verschiedene Krankheitsbilder, Geburtskomplikationen oder Unfälle fallen die Ausprägungen geistiger Behinderung – in den meisten Fällen eine Schädigung des zentralen Nervensystems – unterschiedlich aus. Geistigbehinderte Kinder und Jugendliche sind durch ihre eingeschränkte kognitive, kommunikative und oft auch motorische Entwicklung nur bedingt selbstständig und bedürfen ständiger Fürsorge. Die Lernprozesse sind von einem langsamen Lerntempo, verminderten Durchhaltevermögen und ständigen Wiederholungen gekennzeichnet. Schulische Förderung hat die Aufgabe, in bestmöglichem Maß Selbstständigkeit zu vermitteln, die Persönlichkeit zu stärken und Hilfe zum Umgang mit der Umwelt zu geben. In Klassen von sechs bis zehn Kindern werden folgende Lernbereiche erarbeitet: basale Förderung, Selbstversorgung, Umwelterfahrung, Sozialverhalten und Kommunikation, Spiel und Gestaltung, Arbeit und Freizeit. Eingebettet in Ganztagsunterricht oder betreute Wohngruppen geht schulisches Lernen in alltägliche Erfahrungen über und will so Grundfertigkeiten für Selbstständigkeit und Unabhängigkeit vermitteln. Besonders die affektiven-künstlerischen Bereiche Malen, Musizieren, Modellieren oder einfaches Spielen sorgen für sinnvolle, erfüllende Beschäftigung und Ausgeglichenheit.
In den meisten Fällen haben geistigbehinderte Jugendliche keinen Zugang zu Ausbildungsberufen. In speziell eingerichteten Behindertenwerkstätten gibt es aber für die verschiedensten Begabungen und motorischen Fähigkeiten Einsatzmöglichkeiten. „Es ist die Verpflichtung der Gesellschaft, den Betroffenen für ihr ganzes Leben Schutz zu gewähren und Möglichkeiten der sozialen Eingliederung zu sichern" (Ministerium für Kultus und Sport 1986).

Schulen für Kranke in längerer Krankenhausbehandlung: Diese offizielle Bezeichnung spiegelt nicht alle Formen des Unterrichts für Kranke wieder: Neben Unterricht in Allgemeinkrankenhäusern gibt es Schulen in Kur- und Rehabilitationskliniken, psychosomatischen und psychiatrischen Kliniken sowie Hausunterricht. Da jeder Mensch ein Recht auf Bildung hat, muss dem auch unter erschwerten Bedingungen nachgekommen werden. Neben diesem rechtlichen Argument gibt es natürlich auch psychologische und medizinische Aspekte, die für Krankenunterricht sprechen: Überwindung von Langeweile und sinnvolle Gestaltung des Tages, Überbrückung von längeren Phasen der Abwesenheit vom Unterricht, Kontakt zu Mitbetroffenen, Hoffnung für die Zukunft, Herausforderung und geistige Förderung. Gerade in Langzeitkrankenhäusern ist es unbedingt erforderlich, versetzungserheblichen Unterricht zu erteilen, um den für die Kranken wichtigen Anschluss an die gewohnte Umgebung zu erhalten.

1.3.1 Eine Schule für alle – Zum Stand der Diskussion um Integration behinderter Kinder und Jugendlicher

Während es noch in den 60er und 70er Jahren – nicht zuletzt auf dem Hintergrund der Forderung nach Chancengleichheit und dem Bürgerrecht auf Bildung für jeden – zu einem explosionsartigen Ausbau des Sonder- und Hilfsschulwesens kommt, das Sonderschulwesen immer weiter ausdifferenziert wird, angefangen von der sonderpädagogischen Frühbetreuung und Beratung über den Sonderschulkindergarten (etwa nach dem Motto: „Nur eine spezialisierte Förderung in einer speziellen Einrichtung kann behinderte Kinder angemessen fördern!") und die Grundschulen immer stärker Kinder auch in diesem Sinne selektieren, dies auch zunächst bei den betroffenen Eltern auf große Zustimmung, ja Dankbarkeit stieß, setzte Mitte der 70er Jahre ein Umdenken ein.

Eine wichtige Zäsur dürfte das Gutachten des Deutschen Bildungsrates „Zur pädagogischen Förderung behinderter und von Behinderung bedrohter Kinder und Jugendlicher" von 1973 gewesen sein. Hier wurde nicht mehr von Separation gesprochen, sondern die „weitmögliche gemeinsame Unterrichtung von Behinderten und Nichtbehinderten" empfohlen. Selbst „für behinderte Kinder, für die eine gemeinsame Unterrichtung mit Nichtbehinderten nicht sinnvoll erscheint", sollten „soziale Kontakte mit Nichtbehinderten ermöglicht (werden)" (ebd. S. 15f.).

Hinzu kam, dass sich immer mehr Eltern mit der Separation in der Institution Sonderschule schwer taten. Sie befürchteten zunehmend gesellschaftliche Ausgrenzung und Stigmatisierung ihrer Kinder, weil sich für sie zeigte, dass

Sonderschuleinrichtungen wenig zur Integration in die Gesellschaft beitragen konnten (vgl. Schöler 1993, 20). Am Beispiel der Sonderschule für Lernbehinderte hat Forster einige der wichtigsten Kritikpunkte zusammengefasst (zit. nach Schönwiese 1997, 110–121):

- Schüler der Lernbehinderten-Sonderschule haben *keinen Vorteil in ihrer kognitiven Entwicklung* gegenüber vergleichbaren lernbehinderten Kindern in allgemeinen Schulen.
- Die *Rückführungsrate* in die Regelschule ist *minimal*.
- Die Einstufung als (lern-)behindert hat eine *soziale Randstellung* zur Folge: erschwerter Zugang zur Berufsausbildung, geringere Chancen eines Schulabschlusses, belastendere Arbeitsbedingungen, schlechtere Bezahlung und geringere Arbeitsplatzsicherung.
- Mit der Sonderschuleinweisung ist eine *soziale Stigmatisierung* verbunden, die ihre reale Basis im Vorgang der institutionellen Aussonderung besitzt.
- Während die Sonderschule hinsichtlich der angestrebten Qualifikation bescheidenere Ziele hat, legt sie großen Wert auf Anpassung und Konformität.
- Entsprechend der Vorstellung von homogenen Leistungsgruppen gehen die didaktischen Konzepte der (Lern-)Behindertenschulen von konstant bleibenden Defiziten, einer spezifischen Lernweise „schwachbegabter" oder anderer behinderter Kinder aus. Das langsame, schrittweise, anschauliche und häufig wiederholende Vorgehen ist ein seit ca. 100 Jahren tradiertes Prinzip, das die Hilfsschüler zu einer geistig rezeptiven, passiven Unterrichtshaltung verurteilt und sich an die Defizite der Schüler anpasst, anstatt bessere Formen des Lehrens und Lernens zu entwickeln. Auch ist der Lernstoff im Wesentlichen nur eine Reduktion des Lernstoffes der allgemeinen Schule und richtet sich stark auf das Ziel sozialer Angepasstheit, ohne die Lebensumstände der Schüler mit einzubeziehen.

Dass trotz dieser Kritik, die – mit bestimmten Schwerpunktverlagerungen – nicht nur für die Lernbehindertenschule, sondern mit schärferen Alternativen auch für die übrigen Sonderschulformen gelte, viele Sonderpädagogen immer noch an einer eigenen Pädagogik und an eigenen Institutionen festhalten, entspricht für Schönwiese „neben der Entlastungsfunktion für die Regelschule auch dem Mechanismus der Entwicklung von Professionalisierungs- und Standesinteressen innerhalb gesellschaftlicher Dienstleistungssysteme" (ebd. 116).

Der Deutsche Bildungsrat schlug demgegenüber bereits 1973 eine Binnenreform vor, die den *gemeinsamen Unterricht von behinderten und nichtbehinderten Kindern* ermöglichen sollte; eine isolierte Förderung in sonderpädagogischen Einrichtungen sollte nur noch in Einzelfällen vorgenommen werden

und falls möglich nur für eine gewisse Übergangsphase. Ob das bald danach bemerkbare Zurückgehen der Überweisungen von Kindern in die Sonderschulen damit in ursächlichem Zusammenhang steht oder ob dahinter auch demographische Prozesse stecken, sei hier dahingestellt. Die Integration von behinderten Kindern in der Grundschule gewinnt seither – oft durch die Eltern erzwungen – zunehmend bildungspolitische Bedeutung. Die erste *Integrationsklasse* gibt es in der Bundesrepublik seit 1977 (an der Fläming-Grundschule in Berlin-Schöneberg); seit Mitte der 80er und Beginn der 90er Jahre begann auch eine breite Öffentlichkeit über die gemeinsame Unterrichtung und Erziehung von behinderten und nichtbehinderten Kindern nachzudenken bzw. diese zu fördern. Inzwischen glauben manche aber schon wieder eine Stagnation in der bildungspolitischen Integrationsbewegung feststellen zu können (vgl. Feuser 1995). Eine mögliche Ursache könnte 1. darin zu suchen sein, dass zu wenig gesicherte positive Ergebnisse für gelungene echte und dauerhafte soziale Integration vorliegen (Preuß-Lausitz 1990, 95f.). Hinzu kommt aber, dass 2. die Bewusstseinsveränderung in der Gesellschaft nicht ausreicht und 3. die Politik mit den gesetzlichen Rahmenbedingungen „hinterherhinkt", die es der Pädagogik erst erlauben würde, die Schule entsprechend umzugestalten. Das Saarland führte als erstes Bundesland die gemeinsame Erziehung von behinderten und nichtbehinderten Kindern als Regelform in der Schule ein und verankerte diese im Schulgesetz (1988). Inzwischen gibt es in vielen Bundesländern diesbezügliche Regelungen (vgl. Übersicht S. 30–32). In Hamburg heißt es z. B.: „Das Schulleben ist so zu gestalten, dass die gemeinsame Erziehung und das gemeinsame Lernen von Kindern und Jugendlichen in größerem Ausmaß verwirklicht werden kann" (Schulgesetz Hamburg 1977). In den meisten Ländern gelten aber die üblichen „Haushaltsvorbehalte". So „entscheiden" in Hessen zwar die Eltern darüber, „ob ihr Kind die allgemeine Schule oder die Sonderschule besucht", aber, „der Wahl einer allgemeinen Schule muss das Staatliche Schulamt widersprechen, wenn an ihr die räumlichen und personellen Voraussetzungen für die notwendige sonderpädagogische Förderung nicht gegeben sind ..." (Schulgesetz Hessen 1997). In diesem Punkt kann man sich auf ein Urteil des Bundesverfassungsgerichtes berufen, welches einer einseitigen Ausrichtung am Elternwillen die im Grundgesetz verankerte Gleichordnung zwischen dem staatlichen Erziehungsauftrag in der Schule und dem elterlichen Erziehungsrecht gegenüberstellte (vgl. Isensee/Giesen 1986, 222–235; Speck 1997, 233 ff.) und darüber hinaus die „Schulhoheit" des Staates gemäß Art. 7 Abs. 1 GG unterstrich. Eltern und Staat sind hinsichtlich der Schule aufeinander angewiesen und müssen zusammenarbeiten.
1994 wurden zwei weiterführende bildungspolitische Beschlüsse im Interesse behinderter Menschen gefasst:

1. Die Kultusministerkonferenz (KMK) gab eine Empfehlung zur „sonderpädagogischen Förderung in den Schulen der Bundesrepublik Deutschland" heraus. In dieser Empfehlung werden die Bemühungen um eine gemeinsame Erziehung und Unterrichtung von behinderten und nichtbehinderten Kindern ausdrücklich gewürdigt und es wird empfohlen, dass erst nachdem der sonderpädagogische Förderungsbedarf festgestellt sei, „derjenige Lernort zu wählen (sei), der auf bestmögliche Weise den Förderungsbedürfnissen des Kindes bzw. des Jugendlichen" zugute kommt (KMK-Empfehlung vom 6. 5. 1994).
2. Eine ganz entscheidende Verbesserung der Lebenssituation behinderter Menschen stellt die Grundgesetzänderung vom 23. 9. 1994 dar. Unter Artikel 3, Absatz 3, Satz 2 heißt es jetzt: „Niemand darf wegen seiner Behinderung benachteiligt werden."

Bald fielen auf diesem Hintergrund erste Beschlüsse. So entschied das BVG am 30. 7. 1996, dass „Schüler, die wegen einer Behinderung einer sonderpädagogischen Förderung bedürfen, grundsätzlich einen vorrangigen Anspruch auf Beschulung mit Schülern ohne sonderpädagogischen Förderbedarf in den allgemein bildenden Schulen haben" (BVZ, Az. 1 BvR 1308/96) (vgl. Speck 1997, 233 ff.). Obwohl direkt nur auf das niedersächsische Schulgesetz bezogen, hat die durch dieses Urteil festgeschriebene „erhöhte Begründungspflicht" weitreichende Bedeutung, heißt es doch weiter: „Von dem Regelfall der integrativen Beschulung kann nur abgewichen werden, wenn dem individuellen Förderbedarf an der Allgemeinen Schule nicht entsprochen werden kann oder wenn die organisatorischen, personellen und sächlichen Gegebenheiten eine integrative Beschulung nicht erlauben", wobei es aber nicht genüge, den gemeinsamen Unterricht an einer Regelschule „mit pauschalen Hinweisen (…) auf begrenzte Mittel zu verneinen" (ebd.).

Die augenblickliche Situation des gemeinsamen Unterrichts in den einzelnen Bundesländern gibt die nachfolgende Übersicht wieder (nach GEW 1999, 38/39, s. Kühnle 1999).

Zielgleiche Integration heißt dabei, dass alle, d.h. behinderte und nichtbehinderte Schüler und Schülerinnen einer Klasse/Lerngruppe, nach dem gleichen Lehrplan unterrichtet werden. Dies setzt voraus, dass das behinderte Kind trotz seiner Benachteiligung fähig sein muss, den Leistungsanforderungen irgendwie zu entsprechen; gegebenenfalls leisten zusätzliche Förderstunden Hilfe und Unterstützung. Die dadurch immer wieder herzustellende (fast) homogene Lerngruppe erzwingt nicht unbedingt sehr flexible und offene Lehr- und Lernmethoden.

Können nicht alle Schülerinnen und Schüler einer Klasse nach dem gleichen Curriculum unterrichtet werden, spricht man von **zieldifferenter Integration**.

Hier kann in einer Klasse nach zwei (oder mehreren) Lehrplänen unterrichtet werden (z.b. nach dem der Grundschule und dem der Schule für Geistigbehinderte), weil es dem behinderten Kind trotz zusätzlicher sonderpädagogischer Betreuung nicht möglich ist, die Ansprüche der Regelschule zu erfüllen. Eine Differenzierung im Unterricht muss bezüglich der Ziele, Inhalte, Methoden/Arbeitsformen und Medien erfolgen, was fast immer auf das „Zwei-Lehrer-System" hinausläuft.

Integration behinderter Schülerinnen und Schüler in den Bundesländern

Bundesland	Gesetzliche Regelung	Schulversuch
Baden-Württemberg	Bisher keine gesetzliche Regelung; Kooperationserlass vom Dez. 1997; zielgleiche Integration in Einzelfällen möglich.	Modellversuch „Schulkooperation" und „Außenklassen", Integrationsklassen (fünf Versuche zur zieldifferenten Integration, letzter Schulversuch ausgelaufen im Sommer 1997)
Bayern	Lernzielgleiche Einzelintegration möglich	In Schulversuchen: Kooperation von Grundschulen mit Schulen für Geistigbehinderte; zeitlich sehr unterschiedliche Aktivitäten und Unterricht von ganzen Klassen je nach örtlichen Gegebenheiten.
Berlin	Sowohl zielgleiche als auch zieldifferente Integration gesetzlich geregelt; eingeschränktes Elternwahlrecht	Schulversuche vorläufig abgeschlossen.
Brandenburg	Sowohl zielgleiche als auch zieldifferente Integration geregelt; Vorrang hat gemeinsame Erziehung	Kooperationsmodelle (z. B. gemeinsame Freizeitangebote, gemeinsamer Unterricht in einzelnen Fächern)
Bremen	Sowohl zielgleiche als auch zieldifferente Integration gesetzlich geregelt; gemeinsame Erziehung als Regelfall	Schulversuche vorläufig abgeschlossen.
Hamburg	Sowohl zielgleiche als auch zieldifferente Integration gesetzlich geregelt; gemeinsame Erziehung als Regelfall	Schulversuche vorläufig abgeschlossen.

Bundesland	Gesetzliche Regelung	Schulversuch
Hessen	Sowohl zielgleiche als auch zieldifferente Integration gesetzlich geregelt; Elternwahlrecht als Antragsrecht	Schulversuche vorläufig abgeschlossen.
Mecklenburg-Vorpommern	„Die allgemeine Schule unterliegt der Aufgabe der Mitwirkung bei der gesellschaftlichen Eingliederung von Kindern und Jugendlichen mit sonderpädagogischem Förderbedarf" (§34 Schulgesetz M.-V.); Elternwahlrecht als Antragsrecht	– Förder- und Diagnoseklassen – Sonderpäd. Förderzentren
Niedersachsen	„Schüler mit sonderpäd. Förderbedarf haben (...) vorrangigen Anspruch auf gemeinsame Beschulung (...) in allgemeinen Schulen. (Davon) kann nur abgewichen werden, wenn dem individuellen Förderbedarf an der allgemeinen Schule nicht entsprochen werden kann" (§4 NschG); Vorrang gemeinsamer Erziehung.	Schulversuche vorläufig abgeschlossen.
Nordrhein-Westfalen	Sowohl zielgleiche als auch zieldifferente Integration gesetzlich geregelt; gemeinsame Erziehung mit Vorbehalten.	Schulversuche vorläufig abgeschlossen.
Rheinland-Pfalz	Noch keine gesetzliche Regelung zum gemeinsamen Unterricht	Schulversuch: „Gemeinsamer Unterricht von Kindern mit und ohne Beeinträchtigungen" (13 Schulversuche; Versuche liefen im Sommer 1997 aus. Sechs Schulen haben Folgekonzepte vorgelegt.)
Saarland	Sowohl zielgleiche als auch zieldifferente Integration gesetzlich geregelt; gemeinsame Erziehung als Auftrag der allgemeinen Schule.	Schulversuche vorläufig abgeschlossen
Sachsen	Vorwiegend wird die Integration von Eltern erstritten.	Modellversuche „Integration Behinderter durch Schulkooperation" (vorwiegend Einzelintegration; Kooperationsklassen)

Bundesland	Gesetzliche Regelung	Schulversuch
Sachsen-Anhalt	„Kann"-Bestimmung und damit mit vielen Hürden verbunden: Wenn räumliche, personelle und materielle Ausstattung vorhanden, können prinzipiell alle behinderten Kinder integriert werden.	– Integration in allen Schulformen – Schulen mit Ausgleichsklassen
Schleswig-Holstein	Sowohl zielgleiche als auch zieldifferente Integration gesetzlich geregelt; gemeinsamer Unterricht mit Vorbehalten.	Schulversuche vorläufig abgeschlossen
Thüringen	Zielgleiche Integration gesetzlich geregelt, zieldifferente Integration nur im Rahmen von Schulversuchen; gemeinsame Erziehung soweit wie möglich.	– An Jenaplan-Schulen gehört Integration zum Konzept; – Förderzentren werden ausgebaut.

1.4 Freie Schulen – Privatschulen – Alternativschulen

„*Alternativschulen tragen – wie verdeckt auch immer – in unterschiedlichen Ausprägungen Zeichen der Struktur des Systems, das sie überwinden wollen. Sie sind Reaktion und Provokation zugleich. Sie reagieren auf die pädagogisch unbewältigte Spannung zwischen organisierter Zwangsbelehrung und individueller Lernfreiheit und provozieren den Widerstand der Staatsaufsicht [...]. Und sie sind – wie alle radikalen pädagogischen Reformideen –* **ein Stück konkreter pädagogischer Utopie in einer funktional geordneten pädagogischen Landschaft**" (Lenzen 1989, 38).

In Deutschland gibt es schon immer sogenannte **Freie Schulen**, die sich als pädagogische und/oder weltanschauliche Alternative zum staatlichen Regelschulsystem verstehen. Neben den ca. 1100 katholischen und ca. 740 evangelischen Schulen und Heimen (mit zusammen etwa 370 000 Schülerinnen und Schülern) gehören zu den ältesten und bekanntesten die Deutschen Landerziehungsheime und die Freien Waldorfschulen. Alle diese Schulen nennen sich „frei", weil sie sich in freier, d. h. nichtstaatlicher Trägerschaft befinden; sie werden oft auch einfach *Privatschulen* genannt. Das Recht zur Gründung von Privatschulen ist im Grundgesetz verankert, dort heißt es: „Das Recht zur Errichtung von privaten Schulen wird gewährleistet. Private Schulen als

Ersatz für öffentliche Schulen bedürfen der Genehmigung des Staates und unterstehen den Landesgesetzen. Die Genehmigung ist zu erteilen, wenn die privaten Schulen in ihren Lehrzielen und Einrichtungen sowie in der wissenschaftlichen Ausbildung ihrer Lehrkräfte nicht hinter den öffentlichen Schulen zurückstehen und eine Sonderung der Schüler nach den Besitzverhältnissen der Eltern nicht gefördert wird" (GG, Art. 7.1). Genauere Vorgaben finden sich im Privatschulgesetz, in dem neben schulorganisatorischen Fragen auch die Rechtsgrundlagen für die Einstellung und Besoldung von Lehrern geregelt ist. Bei den Privatschulen ist zwischen Ersatz- und Ergänzungsschulen zu unterscheiden. Alle staatlich anerkannten **Ersatzschulen** haben Prüfungsrecht und vergeben Regelschulabschlüsse; sie heißen Ersatzsschulen, weil man an ihnen *ersatz*weise der allgemeinen Schulpflicht nachkommen kann. Ersatzschulen haben einen Rechtsanspruch auf weitgehende staatliche Finanzierung. Ende der achziger Jahre besuchten ca. 6% der Schüler des allgemein bildenden und 7% des berufsbildenden Schulwesens Privatschulen – bei steigender Tendenz.

Ergänzungsschulen, die als Musik-, Sprach-, Handels- und Gymnastikschulen zusätzliche (freiwillige) Ausbildungsmöglichkeiten bieten, werden ausschließlich privat finanziert; Abschlüsse sind nur bei entsprechender Anerkennung der Schulen staatlich anerkannt.

Als **Freie Alternativschulen** im engeren Sinn verstehen sich einige aus der Gesellschafts- und Schulkritik der Studentenbewegung nach 1968 hervorgegangenen Schulmodelle, die sich z.T. auch an ausländischen Modellen wie den amerikanischen free schools oder dem englischen Summerhill von A. S. Neill orientierten, wie z. B. die Glocksee-Schule Hannover oder die Freie Schule Frankfurt.

Eine dritte Ausprägung alternativer Reformschulen findet sich in einzelnen bundesweit durchgeführten **Modell-Schulversuchen**: Zum Ziel der Forschung und bildungspolitischen Innovation werden mit öffentlicher Förderung und Legitimation und mit erziehungswissenschaftlicher Begleitforschung neue Schulformen konzipiert und probeweise in der Praxis umgesetzt. Bekannte und seit längerem bestehende Modellschulen sind die Laborschule Bielefeld (1974) und die Grundschule Gievenbeck.

1.4.1 Zu einigen Schulen im Einzelnen

Viele der Freien Schulen haben ihre Ursprünge in der Reformpädagogik zu Anfang des 20. Jahrhunderts. Prinzipien wie Schüleraktivität statt lehrerzentrierter Unterricht, Erziehung zu Selbstständigkeit und Selbsttätigkeit, Schule als Erziehungs- und Lebensraum in einer Lebensgemeinschaft u. a. werden von Reformpädagogen wie Hermann Lietz, Rudolf Steiner, Maria Montessori, Peter Petersen oder Célestin Freinet in ganz konkrete Schulformen und Unterrichtskonzepte umgesetzt.

● **Landerziehungsheime:** Mit der Gründung seiner Internatsschulen, deren Name bereits das Programm war – die erste entsteht 1898 in *Ilsenburg*/Harz, weitere bald in ganz Deutschland – strebte Hermann Lietz (1868–1919) und seine Mitarbeiter ein einfaches, gesundes und natürliches Leben in der Gemeinschaft von Schülern und Lehrern an. Lernen sollte nicht mehr auf trockene, lebensfremde Paukstunden beschränkt sein, sondern in anschaulicher und ganzheitlicher Weise erlebt werden. Sport, Landwirtschaft und Handwerk gehören ebenso dazu wie Kameradschaft und Familiensinn. Jeweils bis zu zwölf Schüler leben mit ihrem Erzieher als ‚Familienvater' zusammen, durch Schülerausschüsse und Ämter sind sie in die Gestaltung des gemeinsamen Lebens miteinbezogen. Auch Paul Geheeb (1870–1961), zunächst Mitarbeiter von Lietz, will mit der Gründung der *Odenwaldschule* in Oberhambach bei Heppenheim 1910 eine noch deutlichere Abkehr von der alten Schule umsetzen und den Schülern und Schüler*innen* – besonders für eine konsequente Koedukation setzte sich Geeheb ein – mehr Entscheidungsfreiheit überlassen: Als Schulleiter unterstellt er sich den demokratischen Beschlüssen der Schulgemeinschaft. An die Stelle von Klassenunterricht treten Kurse, aus denen nach Interesse ausgewählt wird, außerdem stehen Material und Büchereien zur Ermöglichung einer individuellen Lerngestaltung zur Verfügung. Trotz aller Freiheit und Mitbestimmung gibt es aber auch hier Sozial- und Arbeitspflichten, Sport und körperliche Betätigung gehören zum Tagespensum.
Als weitere sehr berühmte Schule aus dieser Gruppe sei noch das von Kurt Hahn und Prinz Max von Baden 1920 in *Salem* am Bodensee gegründete Landerziehungsheim genannt (vgl. dazu ausführlich: Gonschorek 1979).

● **Jena-Plan-Schule:** Angeregt durch die Landerziehungsheime und sogenannte Lebensgemeinschaftsschulen führt der Erziehungswissenschaftler Peter Petersen (1884–1952) ab 1923 an der Universität Jena einen Modellversuch nach dem von ihm entwickelten Jena-Plan durch. In heterogenen Lerngruppen (jahrgangsübergreifend, koedukativ) wachsen Lebensgemeinschaften ohne Noten und ohne Sitzenbleiben heran, die durch gegenseitiges Helfen individuell gefördert werden und so eine soziale und sittliche Haltung entwickeln sollen.

● **Freie Waldorfschulen:** Auch der von Rudolf Steiner (1861–1925) entwickelten anthroposophischen Geisteswissenschaft **(Anthroposophie)** liegt die Idee zugrunde, in der Erziehung vom Menschen und seiner Entwicklung auszugehen und nicht von staatlichen Vorgaben. Im Jahr 1919 lernt Steiner den Besitzer der Stuttgarter Waldorf-Astoria-Zigarettenfabrik, Emil Molt, kennen – gemeinsam eröffnen sie noch im gleichen Jahr auf dem Werksgelände die erste „Waldorfschule", eine Kinderstätte und Schule für die Kinder der Werksarbeiter. Heute gibt es auf der Welt über 400 Waldorfschulen, in der Bundesrepublik waren es Ende der 80er Jahre bereits 110 Schulen – und ständig kommen neue hinzu. Auf die trotz dieses Booms sehr dezidiert vorgetragene berechtigte *Kritik an dieser Schulart* soll hier in dieser Kürze nicht eingegangen werden (vgl. dazu insbesondere Beckmannshagen 1984, Kayser/Wagemann 1996, Prange 1985, Ullrich 1988).

Nach Steiners Entwicklungstheorie entwickelt sich der Mensch im 7-Jahres-Rhythmus in vier Phasen, wobei die erste bis zum Zahnwechsel in ihren biologischen Vorgängen den Verbindungen und Gesetzen der Welt der Mineralien entspricht. Bis zum 7. Lebensjahr lernt der Mensch hauptsächlich durch Nachahmung (Imitatio), wonach sich der Unterrichtsstil ausrichten muss. Das zweite Jahrsiebt bis zum 14. Lebensjahr ist durch die Entwicklung der Kräfte und Geschlechtsreife geprägt, was eines intensiven pädagogischen Bezugs und der Orientierung bedarf (Auctoritas). Während dieser zweite Leib den Pflanzen entspricht, hat er in der dritten Phase Gemeinsamkeit mit den Tieren: Der Empfindungsleib ist Träger von Schmerz und Begierden, aber auch des Denkens und Abstrahierens. Erst der Ich-Leib schließt die Entwicklung zum wahren Menschensein ab, durch Bildung und Weisheit (Sophia) kann der Mensch urteilen, kann Neigungen folgen oder sie unterdrücken. Die geistige Entwicklung steht in engem Zusammenhang mit sinnlich-körperlichen Erfahrungen, die körperlich-geistige Ganzheit muss also gepflegt werden. Eurythmie, eine rhythmische Bewegungslehre, und künstlerische Gestaltung sollen den Schülern Ausdrucksmöglichkeit bieten und zu Einklang verhelfen.

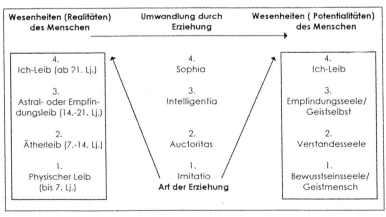

Grafik nach Lenzen (1989), 1607

Hier wird deutlich, dass Steiner eine ganzheitliche, transzendente und systematisch in sich geschlossene Theorie der menschlichen Entwicklung schaffen will. Deshalb ist sie wissenschaftlich nicht be- oder widerlegbar; aus ihr werden aber konkrete pädagogische und soziale Forderungen abgeleitet, die die Unterrichtspraxis der Waldorfschulen bestimmen – und sich kritischen Fragen stellen müssen:
Grundlage der Waldorfpädagogik ist ein **erziehender Unterricht**, der sich in der Methodik nach den Entwicklungsstufen richtet (so ist der ab der 1. Klasse erteilte Fremdsprachenunterricht nach dem Prinzip der Imitation aufgebaut). Der Waldorf-Lehrer sieht sich als Erziehungskünstler, der dem jungen Menschen hilft, zu sich zu finden. Dazu muss er als lebendes Vorbild und Beispiel wirken, denn „was er *ist*, geht auf das Kind über, nicht was er ihm *lehrt*" (Steiner, zit. nach: Lenzen 1989, 1605). Die persönliche Bindung zwischen Lehrer und Schüler soll diesen Lernprozess fördern, weshalb die Schüler in der 12-jährigen Schulzeit 8 Jahre lang von einem Klassenlehrer betreut werden, erst danach erfolgt Fachunterricht. Konsequent als **Gesamt- oder Einheitsschule** konzipiert, gibt es in Waldorfschulen keine leistungsdifferenzierte Aufteilung in verschiedene Kurse, keine Selektion in Form von Sitzenbleiben und keine Ziffernnoten, sondern vor allem lerndiagnostische Beratung durch schriftliche Berichte. Das Abitur kann nach einer zusätzlichen 13. Klasse erreicht werden, ansonsten gilt der Schulabschluss als Mittlere Reife. Viele Angelegenheiten der Schule werden durch eine kollektive **Selbstverwaltung** der Lehrer geregelt, die mit viel Unterstützung und Engagement der Eltern und Schüler die Schulorganisation selbst in die Hand nehmen. Daneben sind eine intensive Lehrerfortbildung an speziellen Instituten und wöchentliche Konferenzen verpflichtend. Besonderen Stellenwert haben im Fächerkanon künstlerische, handwerkliche und technische Fächer, die durch häufige Exkursionen, Praktika, Aufführungen oder Ausstellungen Lebensbezug erhalten.
Ein für die Waldorfpädagogik charakteristisches Fach ist *Eurythmie,* eine Art tänzerische Ausdrucksgymnastik, die Körper und Geist harmonisieren und ausgleichen soll. In der Verbindung von Sprache, Musik und Rhythmus mit Bewegung entsteht eine meditative Entspannung, der Steiner wesentlich mehr Bedeutung beimisst als normalem Sport.
Auch in der Architektur der Waldorfschulen sind anthroposophische Grundsätze zu erkennen: Durch die Vermeidung rechter Winkel, Verwendung von Naturfarben und Naturmaterialien wie Holz und Stein soll eine harmonische und natürliche Atmosphäre erzeugt werden. Das herausragende Beispiel für anthroposophische Architektur ist das von Steiner 1913 in Dornach bei Basel (zunächst überwiegend in Holz, nach einem Brand aber in Beton wieder-) erbaute „Goetheanum", nach wie vor das Zentrum der Anthroposophie und als Freie Hochschule für Geistesleben Aus- und Weiterbildungsstätte.

1.4.2 Alternativschulen im engeren Sinne

Als Folge der Studentenbewegung und inspiriert durch die in Amerika bereits etablierte Free-school-Bewegung entstehen in Deutschland in der Zeit zwischen Reformeuphorie und beginnendem Scheitern der Bildungsreform oft durch die Initiative von Eltern viele freie Alternativschulen, die sich zum Teil auf Modelle aus Großbritannien und USA beziehen. Bis vor kurzem gab es in Deutschland noch acht Schulen aus dieser Zeit, die insgesamt von nicht viel mehr als 300–400 Schülern besucht wurden: Freie Schule Kreuzberg, UFA-Schule Berlin, Freie Schule Frankfurt, Freie Schule Bochum, Freie Schule Karlsruhe, Kinderschulen Hamburg und Bremen. Seit 1992 das Bundesverfassungsgericht in einem Urteil die juristischen Bedingungen für die Gründung von Freien Alternativschulen deutlich verbessert hat, steigt die Zahl der Gründungen wieder.

Im September 1998 gibt es in der BRD 33 Freie Alternativschulen, davon 13 in den neuen Bundesländern, z. B. die Freie Schule Leipzig, die von insgesamt etwa 1600 Schülerinnen und Schülern besucht werden. 26 dieser Schulen arbeiten ausschließlich im Primar-, zwei ausschließlich im Sekundarbereich I und fünf umfassen Primar- und Sekundarbereich I. Die meisten sind „private Ersatzschulen", vier arbeiten unter kommunaler bzw. staatlicher Trägerschaft (vgl. Maas 1998, 40–44).

Ein wesentliches Schlagwort der Alternativschulbewegung war am Anfang **Entschulung**: Dieser in den 60er Jahren in den USA aus schulkritischen Forderungen entstandene Begriff fasst das Programm der gesamten Alternativschulbewegung zusammen. Die ‚Entschulung der Schule' oder, radikaler, ‚Entschulung der Gesellschaft' sind aber keine neuen Thesen, sondern in ähnlicher Weise schon in der Reformpädagogik formuliert, wie Buchtitel zeigen: „Das Ende der Schule (Kuckei 1924), „Die Überwindung der Schule" (Paulsen 1928), „Entschulte Schule" (Wyneken 1928), „Die Schule – ein Frevel an der Jugend" (Borgius 1930). Allen Schulkritikern gemeinsam ist die Skepsis gegenüber der institutionalisierten Form von Erziehung in der Schule: Kann ein so vereinheitlichtes und durch Bürokratie unbewegliches System den individuellen pädagogischen Ansprüchen der Schüler überhaupt gerecht werden? Vertreter der Alternativschulbewegung verneinen dies und forderten deshalb:

- **Entschulung der Gesellschaft:** Diese radikale These besagt, dass Kultur auch ohne Schule bestehen kann, ja dass Schule sogar die freie Entfaltung und letztlich Weiterentwicklung der Gesellschaft verhindert – der „finstere Aberglaube an die Majestät der Schule" (Lenzen 1989, 397) beschränke das Denken. Mit dieser Auffassung verwandt ist die Idee der antiautoritären

Erziehung, die dem Kind freie Entfaltung ohne jegliche Eingrenzung ermöglichen will (z. B. Summerhill in England).

● oder zumindest **Entschulung der Schule**: Vertreter dieser milderen Form erkennen die Bedeutung institutionalisierter Erziehung an, fordern aber eine innere Reform des Schulwesens und damit verbunden Autonomie der Schule, um eine Pädagogik „vom Kinde aus" – in großer Freiheit und Unabhängigkeit von staatlichen Vorgaben – verwirklichen zu können.

Ein wesentliches Moment dazu war das provokativ vertretene Prinzip der **Freiwilligkeit des Unterrichtsbesuchs**. Diesem Prinzip lagen Modelle (Summerhill) und der pädagogische Optimismus zugrunde, „dass Kinder ein tief wurzelndes Bedürfnis haben, ihre Fähigkeiten, Kenntnisse und Fertigkeiten ständig zu erweitern und deshalb keineswegs zum Lernen gezwungen werden müssen" (Maas 1998, 41).
Hier mussten diese Schulen aber überwiegend umlernen. Dieses Prinzip wird heute nicht mehr so vehement vertreten; nachdem man viele problematische Erfahrungen damit sammeln musste, haben heute die meisten Alternativschulen Regelungen eingeführt, die die Teilnahme am Unterricht wenigstens für gewisse Phasen im Tagesablauf verbindlich regelt. Gründe dafür nennt ein Vorstandsmitglied des Bundesverbandes der Freien Alternativschulen:

● „Das von der Alternativschulpädagogik vorausgesetzte tief wurzelnde Lernbedürfnis des Kindes war bei einigen Kindern offensichtlich ebenso tief verschüttet. Psychische Probleme machten es diesen Kindern sehr schwer, sich überhaupt auf irgendwelche Lerngegenstände konzentriert einzulassen.

● Viele Kinder waren von dem Maß der ihnen zugestandenen Freiheit überfordert, mussten Fähigkeiten, die ein Lernen in Selbstbestimmung eigentlich voraussetzt (wie Selbstdisziplin, Frustrationstoleranz, Setzung eigener Ziele usw.), erst einmal mühsam erlernen. Zwischen ihrem Leistungsstand und dem jener Kinder, die durchaus fähig waren, ihren Lernprozess eigenverantwortlich zu organisieren, tat sich in vielen Schulen eine immer größer werdende Kluft auf.

● Das entwicklungsbedingte Bedürfnis Jugendlicher, sich von den Normen und Anforderungen der Erwachsenenwelt abzugrenzen, um eine eigene Identität aufzubauen, verhinderte ein freiwilliges Sich-einlassen derselben auf schulische Lerninhalte, wie sie in staatlichen Lehrplänen festgeschrieben sind und brachte insbesondere jene FAS (Freien Alternativschule), die im Sekundarbereich I arbeiten, in große Verlegenheit" (ebd., 42).

In einer am 26. 4. 1986 in Wuppertal verabschiedeten bildungspolitischen Grundsatzerklärung umreißen die Freien Alternativschulen ihr Programm:

1. Die gesellschaftlichen Probleme der Gegenwart und Zukunft (Ökologie, Kriege, Armut usw.) sind auf demokratische Weise nur von Menschen zu lösen, die Eigenverantwortung und Demokratie leben können. Alternativschulen versuchen, Kindern, Lehrern und Eltern die Möglichkeit zu bieten, Selbstregulierung und Demokratie im Alltag immer wieder zu erproben. Das ist die wichtigste politische Dimension der Alternativschulen.
2. Alternativschulen sind Schulen, in denen Kindheit als eigenständige Lebensphase mit Recht auf Selbstbestimmung, Glück und Zufriedenheit verstanden wird, nicht etwa nur als Trainingsphase fürs Erwachsenen-Dasein.
3. Alternativschulen schaffen einen Raum, in dem Kinder ihre Bedürfnisse, wie Bewegungsfreiheit, spontane Äußerungen, eigene Zeiteinteilung, Eingehen intensiver Freundschaften entfalten können.
4. Alternativschulen verzichten auf Zwangsmittel zur Disziplinierung von Kindern. Konflikte sowohl unter Kindern als auch zwischen Kindern und Erwachsenen schaffen Regeln und Grenzen, die veränderbar bleiben.
5. Lerninhalte bestimmen sich aus den Erfahrungen der Kinder und werden mit den Lehrern gemeinsam festgelegt. Die Auswahl der Lerngegenstände ist ein Prozess, in den der Erfahrungshintergrund von Kindern und Lehrern immer wieder eingeht. Der Komplexität des Lernens wird durch vielfältige und flexible Lernformen, die Spiel, Schulalltag und das soziale Umfeld der Schule einbeziehen, Rechnung getragen.
6. Alternativschulen wollen über die Aneignung von Wissen hinaus emanzipatorische Lernprozesse unterstützen, die für alle Beteiligten neue und ungewohnte Erkenntniswege eröffnen. Sie helfen so, Voraussetzungen zur Lösung gegenwärtiger und zukünftiger gesellschaftlicher Probleme zu schaffen.
7. Alternativschulen sind selbstverwaltete Schulen. Die Gestaltung der Selbstverwaltung ist für Eltern, Lehrer und Schüler prägende Erfahrung im demokratischen Umgang miteinander.
8. Alternativschulen sind für alle Beteiligten ein Raum, in dem Haltungen und Lebenseinstellungen als veränderbar und offen begriffen werden können. Sie bieten so die Möglichkeit, Abenteuer zu erleben, Leben zu erlernen (ebd., 43).

In aller Konsequenz können diese Prinzipien wohl weder durch
- eine Schule für alle im Sinne einer Einheitsschule noch durch
- die bei uns im staatlichen Schulsystem praktizierte differenzierte Dreigliedrigkeit

dauerhaft und wirksam umgesetzt werden, sondern nur in **vielen integrativen aber überschaubaren Schulen für viele** mit eigenem pädagogischen Profil, die mit unterschiedlichen Konzepten und Lernkulturen auf spezielle Bedürfnisse eingehen und jeden einzelnen Schüler differenziert und individuell fördern.

2. Aufgaben und Funktionen von Schule

2.1 Aufgaben der Schule

In seinem Buch „Die Schule neu denken" schreibt Hartmut von Hentig: **„Die Schule ist unwirksam – auch in der Erfüllung ihrer herkömmlichen Aufgaben"** (Hentig 1993, 196). In diesem kurzen Zitat zeigen sich bereits zwei Aspekte des Aufgabenbereichs von Schule: Zum einen gibt es ‚herkömmliche' Aufgaben im Sinne von gesellschaftlich und staatlich vorgegebenen Zielen und Erwartungen, zum anderen werden der Schule immer wieder neue Aufgaben übertragen, die dazu führen können, dass Schule in innere Widersprüche gerät, sie durch unvereinbare Forderungen nicht leisten darf, was sie soll: Bildung verbreitern und knapp machen, Chancengleichheit gewähren und Ungleichheit produzieren, soziale Tugenden vermitteln und auf den Konkurrenzkampf vorbereiten. Die übertragenen, erteilten Aufgaben/Vorgaben finden sich z. B. in den Schulgesetzen, dort kann es dann (z. B. in Baden-Württemberg) heißen:

§ 1 Der Erziehungs- und Bildungsauftrag der Schule

(1) Der Auftrag der Schule bestimmt sich aus der durch das Grundgesetz der Bundesrepublik Deutschland und die Verfassung des Landes Baden-Württemberg gesetzten Ordnung, insbesondere daraus, dass jeder junge Mensch ohne Rücksicht auf Herkunft oder wirtschaftliche Lage das Recht auf eine seiner Begabung entsprechende Erziehung und Ausbildung hat und dass er zur Wahrnehmung von Verantwortung, Rechten und Pflichten in Staat und Gesellschaft sowie in der ihn umgebenden Gemeinschaft vorbereitet werden muss.

(2) Die Schule hat den in der Landesverfassung verankerten Erziehungs- und Bildungsauftrag zu verwirklichen. Über die Vermittlung von Wissen, Fähigkeiten und Fertigkeiten hinaus ist die Schule insbesondere gehalten, die Schüler
- in Verantwortung vor Gott, im Geiste christlicher Nächstenliebe, zur Menschlichkeit und Friedensliebe, in der Liebe zum Volk und Heimat, zur Achtung der Würde und der Überzeugung anderer, zu Leistungswillen und Eigenverantwortung sowie zu sozialer Bewährung zu erziehen und in der Entfaltung ihrer Persönlichkeit und Begabung zu fördern,
- zur Anerkennung der Wert- und Ordnungsvorstellungen der freiheitlich-demokratischen Grundordnung zu erziehen, die im Einzelnen eine Auseinandersetzung mit ihnen nicht ausschließt, wobei jedoch die freiheitlich-demokratische Grundordnung, wie in Grundgesetz und Landesverfassung verankert, nicht in Frage gestellt werden darf,

- auf die Wahrnehmung ihrer verfassungsmäßigen staatsbürgerlichen Rechte und Pflichten vorzubereiten und die dazu notwendige Urteils- und Entscheidungsfähigkeit zu vermitteln,
- auf die Mannigfaltigkeit der Lebensaufgaben und auf die Anforderungen im Berufs- und Arbeitsleben mit ihren unterschiedlichen Aufgaben und Entwicklungen vorzubereiten.

(3) Bei der Erfüllung ihres Auftrags hat die Schule das verfassungmäßige Recht der Eltern, die Erziehung und Bildung ihrer Kinder mitzubestimmen, zu achten und die Verantwortung der übrigen Träger der Erziehung und Bildung zu berücksichtigen.

(4) Die zur Erfüllung der Aufgaben der Schule erforderlichen Vorschriften und Maßnahmen müssen diesen Grundsätzen entsprechen. Dies gilt insbesondere für die Gestaltung der Bildungs- und Lehrpläne sowie für die Lehrerfortbildung.

Schulgesetz des Landes Baden-Württemberg von 1993, 1. Teil, § 1

Das Vorwort des Bildungsplanes ergänzt:

„Es ist das besondere Ziel des Bildungsplanes, den erzieherischen Auftrag der Schule zu betonen und die genannten übergreifenden Erziehungsziele bis in die einzelnen Lehrpläne transparent zu machen. Dies wird besonders deutlich in den Formulierungen der Ziele der einzelnen Lehrpläne. Die Zielformulierungen sind wo immer möglich so gefasst, dass die Verschränkung von Bildungs- und Erziehungsauftrag der Schule deutlich wird."

Die Aufgaben, die die Schule zu erfüllen hat, sind also in den Lehr- und Bildungsplänen mehr oder weniger verbindlich formuliert als Bildungs-, Erziehungs- oder Lernziele. Dabei geht es bei weitem nicht nur um Kenntnisse (Satz des Pythagoras) oder Fertigkeiten und Fähigkeiten (mündliche/schriftliche Ausdrucksfähigkeit in Deutsch oder Fremdsprachen), sondern vor allem um gesellschaftliche Normen und Werte, um Rollen und Verhaltensweisen, um kulturelle Interpretationsmuster. Diese Sozialisationsprozesse dienen der Vorbereitung auf das berufliche und gesellschaftliche Leben, die Schule führt den jungen Mensch in die politisch-rechtliche Ordnung unseres Staates ein. So lernt der Schüler bei der Abstimmung über das Ausflugsziel am Wandertag schon früh und lebensnah, was ‚Demokratie' und ‚gleiches Recht für alle' bedeutet – andererseits wird ihm durch das Notensystem schnell klar: Wer etwas nicht kann, wird bestraft, ist benachteiligt. Hier wird die Ambivalenz schulischer Sozialisationsprozesse deutlich: Neben den offiziellen Lernzielen werden noch viele weitere prägende Erfahrungen vermittelt (vgl. „heimlicher Lehrplan" Kapitel 3.3).

H. v. Hentigs Kritik an der Schule bezieht sich sowohl auf diese unbeabsichtigten Folgen als auch auf die Nichterfüllung der gestellten Aufgaben: Welcher Schulabgänger erinnert sich noch an alle mathematischen Formeln und Gesetze, die er mühselig pauken musste, kann sich selbst nach neun Jahren Englischunterricht wirklich fließend mit einem Engländer unterhalten? Und warum müssen immer mehr Schüler Nachhilfeunterricht nehmen, um in der Schule mithalten zu können?

Seine Forderungen beschränken sich aber nicht nur darauf die Aufgabenerfüllung anzumahnen, sondern weisen auf eine Neuorientierung hin: Die sich immer schneller entwickelnde Welt verlangt der Schule die Übernahme neuer Aufgaben ab, um ihrem Anspruch gerecht zu werden, die Schüler auf das sie erwartende Leben tatsächlich ausreichend vorzubereiten.

Neue Technologien, Umweltschutz, Friedenserziehung etc. werden zwar in manchen Fächern thematisiert, bleiben aber für die Schüler weiterhin fremd und rufen keine wirkliche Verhaltensänderungen hervor. „Dies vermag die Schule nicht, die Erziehung nur ‚durch Unterricht' treibt – durch etwas, was sich nun seinerseits nur durch mehr Erziehung zu behaupten vermag." Für ihn stellt sich der ‚neuen' Schule folgende Aufgabe: „Wir müssen es mit den Lebensproblemen der Schüler aufnehmen, bevor wir ihre Lernprobleme lösen können, die sie auch nicht haben müssten" (Hentig 1993, 190). Schule soll Lern-, aber auch Lebens- und Erfahrungsort sein.

Auch „die Wirtschaft" klinkt sich wieder stärker in die bildungspolitische Diskussion ein, sie fordert von der Schule die Vermittlung sogenannter **Schlüsselqualifikationen**. Berufsfähigkeit hängt nicht nur von angehäuftem Wissen in verschiedenen Fächern und einem guten Notendurchschnitt ab, sondern bedarf zentraler, berufsübergreifender Grundfähigkeiten, die das selbstständige Organisieren und Arbeiten im Team, in einem Betrieb ermöglichen. Viele Großfirmen haben die Entwicklung von Schlüsselqualifikationen als eigenständigen Bereich in ihre Ausbildungslehrgänge eingebaut und Tests zur Überprüfung von Auszubildenden entwickelt. Folgende Eigenschaften zählen zu den geforderten Schlüsselqualifikationen:

- **Handlungskompetenz:** Dazu gehört die Fähigkeit zu Selbstständigkeit und Verantwortungsübernahme, die schnelles und unabhängiges Reagieren auch in unvorhergesehenen Situationen erlauben.

- **Kognitive Kompetenz:** Die Fähigkeit zu Hypothesenbildung, problemlösendem, transferleistendendem und deduktivem Denken und die Kenntnis von Lerntechniken werden vor allem für den mobilen Einsatz in verschiedenen Arbeitsbereichen und zur Weiterbildung benötigt, außerdem in der Entwicklung neuer Konzepte und Strategien.

- **Teamorientierung und Sozialkompetenz:** Nicht mehr karriereorientiertes Einzelkämpfertum ist heute gefragt, sondern die Eingliederungsfähigkeit in Arbeitsgruppen und -teams. Arbeitsteilige, kooperative Arbeitsformen, die Übernahme verschiedener Positionen innerhalb einer Gruppe, dazu Kommunikationfähigkeit und kritische Reflexion, damit zwischenmenschliche oder arbeitsbedingte Probleme (z. B. innerhalb einer Abteilung) schneller zur Sprache gebracht und geklärt werden können.

- **Institutionenkompetenz:** Auch der richtige Umgang mit Bestimmungen und Gesetzen (z. B. Betriebsverfassungsgesetz, Urlaubsverordnungen) sowie innerbetrieblicher Strukturen und Hierarchien ist eine wichtige Voraussetzung für den reibungslosen Ablauf des Berufsalltags.

Von der Teamfähigkeit ...

2.2 Funktionen der Schule

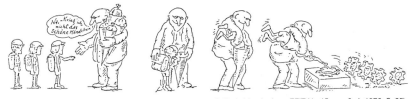

© Marie Marcks (aus: ZEIT Nr. 15 vom 2. 4. 1976, S. 35)

„Schule ist ein gesellschaftliches Artefakt. Den Zweck setzen die Menschen. Es gibt keine Schule von Natur" (Hentig 1993, 183).

Diese schon von Rousseau konstatierte Tatsache mit den Worten Fends: „Schulsysteme sind Orte der gesellschaftlich kontrollierten und veranstalteten Sozialisation" (1980, 4). Dem Schulsystem, als von der Gesellschaft geschaffenen Institution, werden von dieser bestimmte **Aufgaben als Ziele** (mehr oder weniger gesellschaftlich legitimiert) vorgegeben. Indem die Schule diese Ziele zu erreichen sucht, diese Aufgaben zu erfüllen versucht, erfüllt sie gleichzeitig darüber hinausgehende **Funktionen** für die Gesellschaft, zum einen durch ihre inneren Organisationsstrukturen und Arbeitsabläufe, zum anderen durch ihre Bedeutung und Wertschätzung in/durch die Gesellschaft: *Wie* wird unterrichtet, bewertet, gelobt, getadelt? *Wer* hat was zu bestimmen, zu entscheiden? *Welche* Maßstäbe gelten wann und warum? *Wozu* berechtigen die Zeugnisse? *Wer* anerkennt die Abschlüsse, *was* kann man damit anfangen? Nicht nur durch ihre Inhalte, bereits allein durch ihre Strukturen zeigt die Schule *Wirkung*. „**Die Schule – als Institution – erzieht!**" In diesem Satz fasste bereits 1925 S. Bernfeld diese Sichtweise zusammen.

Ein einfaches Beispiel soll den Unterschied zwischen Aufgaben/Zielen einerseits und tatsächlich darüber hinaus (gleichzeitig auch noch) erbrachten Funktionen andererseits verdeutlichen:

Dadurch, dass die Schule alle Kinder vormittags zusammenfasst, mit dem Auftrag und dem Ziel, sie Lesen, Schreiben und Rechnen zu lehren, sind diese auch aufbewahrt und beaufsichtigt; die Schule erfüllt also gleichzeitig eine Funktion als „Kinderbewahranstalt". Dies wiederum ermöglicht es den von dieser Pflicht nun freigestellten Eltern/Müttern z. B. dann, einer anderen Tätigkeit nachgehen zu können (eine Halbtagsbeschäftigung anzunehmen, sich weiterzubilden u. Ä.).

H. Fend (1980) hat die wichtigsten Funktionen des Schulsystems übersichtlich zusammengefasst:

Schulen dienen zu *allen Zeiten* und unter *allen politischen Systemen* in erster Linie der **Reproduktion der jeweiligen Gesellschaft** über die **Sozialisation der heranwachsenden Generation**. Diese Hauptfunktion erfüllen sie, indem sie drei Teilfunktionen erfüllen.

Qualifikationsfunktion umschreibt die Vermittlung aller Kenntnisse und Fertigkeiten, die zur Teilnahme am gesellschaftlichen Leben notwendig sind; angefangen von elementaren Kulturtechniken wie Lesen, Schreiben und Rechnen bis hin zu speziellen z. B. musischen oder handwerklichen Interessen und Kenntnissen. Umfassende Kenntnisse und Fähigkeiten sind zunächst für den einzelnen Bürger der Schlüssel zur Teilnahme am gesellschaftlichen

Leben (man denke an die Schwierigkeiten, denen Analphabeten gegenüberstehen), liegt aber auch im übergreifenden Interesse der Wirtschaft, denn „die Infrastruktur der Bürger eines Landes bestimmt die wirtschaftliche Entwicklung" (ebd., 26). Es besteht also ein sehr direkter Zusammenhang zwischen dem Schulsystem und der Wirtschaftslage. Einerseits müssen sich schulischer Unterricht und Erziehung deshalb zwar auch nach den Anforderungen der Wirtschaft richten (grundlegende Kenntnisse im Lesen, Schreiben, Rechnen und Schlüsselqualifikationen vermitteln), andererseits muss Schule aber in erster Linie die umfassende *Bildung* der ihr anvertrauten jungen Menschen zu mündigen Subjekten anstreben und nicht nur die Produktion von zukünftigen Arbeitnehmern.

Selektionsfunktion: Über Prüfungen, Noten, Zeugnisse usw. wird dem Schüler seine Stellung innerhalb der Klasse zugewiesen und die Berechtigung erteilt, einen bestimmten *Schulabschluss* zu machen, der wiederum ganz bestimmte Studien- oder Berufschancen eröffnet (und andere verschließt). Dadurch nimmt die Schule der Gesellschaft die Aufgabe ab, jedem seinen Platz im sozialen System zuzuweisen und trägt so zur Reproduktion der Sozialstruktur bei. Da immer wieder nachgewiesen wird, dass hierbei schichtspezifische Ungleichheiten bestehen, erfüllt das traditionelle Schulsystem diese Funktion leider noch immer nicht so neutral und objektiv wie nötig bzw. gerne behauptet. Hinzu kommt z. Zt. das Problem, dass man mit manchem (Haupt-)Schulabschluss „kaum noch etwas anfangen kann", d. h. keinen Ausbildungsplatz und dann später keinen Arbeitsplatz mehr findet. Wenn auch das Abitur nicht mehr für einen Studienplatz qualifiziert, die Hochschulen sich nach eigenen Kriterien ihre Studierenden aussuchen, wird spätestens offenbar werden, welche wichtige Funktion das Schulsystem für die „Abnehmer" bisher hatte und wie viel Arbeit es ihnen abgenommen hat.

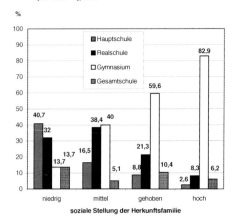

(Grafik nach: Büchner/Krüger 1996)

In den meisten Fällen gilt nach wie vor: je höher die Schulform, desto geringer der Anteil der Kinder aus unteren Sozialschichten – und umgekehrt. P. Büchner und H.-H. Krüger konnten kürzlich erneut nachweisen, dass die Auslese im allgemeinbildenden Schulsystem keinesfalls nur eine Auslese aufgrund von schulischen Leistungen ist, sondern immer noch auch – gewollt, geduldet oder ungewollt – soziale Auslese. Dies zeigt sich in aller Deutlichkeit, wenn man die Bildungsbeteiligung der Schülerinnen und Schüler nach der sozialen Stellung der Herkunftsfamilie im Ost-West-Vergleich differenziert analysiert (vgl. oben Grafik 1 u. 2).

Schülerinnen und Schüler aus Familien mit hohem sozialen Status besuchen in Ost- und Westdeutschland das Gymnasium. Mit sinkendem Sozialstatus sinkt auch der Anteil dieser Schüler auf dem Gymnasium. Von der niedrigen sozialen Statusgruppe besuchen in Westdeutschland nur noch 13,7 % ein Gymnasium, in Ostdeutschland sind es sogar nur 2,5 %. Umgekehrt verhält es sich beim Hauptschulbesuch: eine Hauptschule besuchen 12,7 % aller ostdeutschen und 40,7 % aller westdeutschen Kinder und Jugendlichen aus der niedrigen Sozialstatusgruppe, während nur 2,6 % der westdeutschen und 0 % der ostdeutschen Jugendlichen mit hohem Sozialstatus zur Hauptschule gehen.

Entsprechend gilt für die Hochschulen und Universitäten: je höher die Sozialschicht, um so höher der Anteil der Studierenden.

Die unteren Sozialschichten sind unter den Studierenden immer weniger vertreten. Die Tabelle unten gibt diese Entwicklung während der Ära Kohl wieder (nach: SPIEGEL, Nr. 35/24. 8. 98, S. 48).

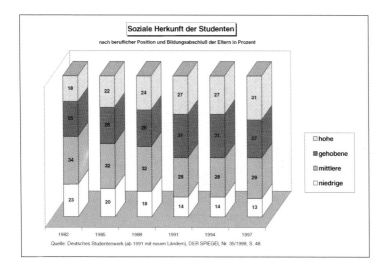

Ihre **Integrations- und Legitimationsfunktion** erfüllt die Schule, indem sie die Schüler durch die Vermittlung der systemstabilisierenden Werte, Normen und Interpretationsmuster in das bestehende Gesellschaftssystem eingliedert, wodurch dieses ganz elementar gesichert wird und darüber hinaus das Bewusstsein und die Überzeugung in die Rechtmäßigkeit dieses Systems, seine Legitimation, vermittelt wird. Indem der Staat Schulen baut, Lehrer ausbildet, das Schulsystem organisiert und in den Lehrplänen verbindliche inhaltliche Anordnungen für Lehrer und Schüler vorgibt, greift er in jeden Bereich schulischer Erziehung ein. „Legitimation ist ein globaler Vertrauensvorschuss, den die Empfänger von Anordnungen den Anordnenden entgegenbringen; Legitimation erhöht damit die Bereitschaft auf bereitwillige Ausführung der Herrschaftsordnung" (Kaiser 1991, 198).

Die Reproduktionsfunktionen des Schulsystems (nach Fend 1980, 17)

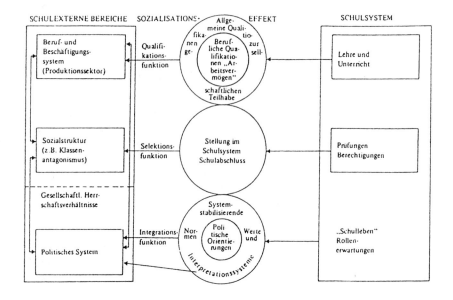

Neben diesen Hauptfunktionen wird immer wieder auch auf die **kustodiale Funktion** der Schule hingewiesen, die Schule als „*Kinderaufbewahrungsanstalt*", mit Lehrern – zukünftig vermutlich verstärkt auch Sozialpädagogen – als Aufpassern und Animateuren. Haller/Flechsig (1975) haben die Hervorhebung gerade dieser Funktion unter Hinweis auf ihre besonders starke juristische Absicherung begründet. Schüler dürfen nicht einfach nach Hause geschickt, aus dem Klassenzimmer verwiesen werden, ausfallende Unterrichtsstunden werden durch Vertretungsstunden ersetzt, deren einziger Zweck die Beaufsichtigung der Schüler ist. Die Eltern wollen sich darauf verlassen können, dass ihre Kinder während der Vormittagsstunden wohl behütet sind – und sie selbst sich anderen Tätigkeiten/Aufgaben widmen können (Geldverdienen, Freizeit, Weiterbildung o. Ä.).

„Lehrer erhalten von der Gesellschaft offenbar einen erheblichen Teil ihres Gehalts schlicht dafür, dass sie Kinder und Jugendliche während bestimmter Zeiten des Tages beaufsichtigen, anders gesagt: Sie werden nur zum Teil für die Vermittlung von Qualifikationen und Haltungen bezahlt. Lehrer können disziplinarisch dafür belangt werden, wenn sie ihre kustodialen Funktionen versäumen, im Falle mangelhafter Erfüllung von Lehrfunktionen bestehen praktisch kaum solche Möglichkeiten. Könnte dies nicht ein Hinweis sein, die kustodiale Funktion des Lehrers deutlicher zu sehen, als dies bisher üblich ist, auch wenn die Aufklärung dieses Sachverhalts nicht überall Freude auszulösen vermag?" (ebd., 260).

Auf diesem Hintergrund sollten auch die vielfältig erhobenen Forderungen nach mehr *Ganztagsschulen* diskutiert werden.

Die folgenden Thesen fassen diese **Aufgaben und Funktionen des Schulsystems** nochmals mit anderen Worten zusammen.

- Schulen sind Institutionen methodischen, systematischen und zielgerichteten Lernens unter Anleitung professionellen Lehrpersonals (**Unterricht**). Die Ziele sind in Lehr- und Bildungsplänen mehr oder weniger verbindlich formuliert als Bildungs-, Erziehungs- oder Lernziele. Dabei geht es nicht nur um den Erwerb von Kenntnissen und Fertigkeiten, sondern auch um die Übernahme von Normen und Werten, Rollen, Verhaltensweisen und kulturellen Interpretationsmustern mit dem Ziel der Mündigkeit (**Erziehung und Sozialisation**).

- Schulen erhalten und stabilisieren die Gesellschaft, indem sie die von dieser vorgegebenen Normen, Werte, Interpretationsmuster und Verhaltensweisen vermitteln und dadurch die Jugendlichen durch Anpassung in diese bestehende Gesellschaft integrieren.
Gleichzeitig bilden Schulen aber auch ein Regulativ der Gesellschaft; sie bieten einen Raum zur Erprobung von Mündigkeit und Emanzipation und ermöglichen und beeinflussen so auch die (maßvolle) Weiterentwicklung der Gesellschaft.

- Schulen sind ein Instrument von Herrschaft und Politik. In demokratischen pluralistischen Gesellschaften wie der unseren stehen sie unter den Ansprüchen gesellschaftlicher Gruppen (Parteien, Verbände, Kirchen, Arbeitgeber, „Abnehmer" i. w. S.), die die Schulen ihren politischen Zielen dienstbar machen wollen. Hier haben die Schulen gleichzeitig die Aufgabe, Anwalt der Heranwachsenden zu sein gegenüber unangemessenen, überzogenen Ansprüchen der Erwachsenenwelt und sind insofern auch Schonraum für kindliches und jugendliches Eigenleben hier und jetzt.

- Schulen reproduzieren von Generation zu Generation noch zu stark die bestehenden sozialen Positionsverteilungen und die personalen Besetzungen der jeweiligen Positionen; sie sollten in unserer Leistungsgesellschaft viel stärker Verteilerstelle für soziale Chancen und Positionen sein.

> **Arbeitsvorschlag:** Diskutieren Sie diese Thesen und vergleichen Sie ihre Diskussionsergebnisse mit den von Fend herausgearbeiteten Funktionen. Sie könnten dazu zur Vertiefung heranziehen: Fend, H.: Theorie der Schule. München 1980, Fend, H.: Gesellschaftliche Bedingungen schulischer Sozialisation. Weinheim 1974, Apel, H. J.: Theorie der Schule. Donauwörth 1995. Besonders möchten wir noch einen „Klassiker" dieser Diskussion empfehlen: Bernfeld, Siegfried: Sisyphos oder die Grenzen der Erziehung. Frankfurt/M. 1995 (orig. 1925).

3. Über den Lehrplan

3.1 Überblick über die Geschichte der Lehrplanentwicklung

Der Lehrplan ist eine detaillierte Zusammenstellung von Lehrinhalten, Lehraufgaben und Lehrzielen, die es innerhalb eines bestimmten Zeitraumes zu bewältigen gilt. Die darin enthaltene Problematik ist offensichtlich: Die Vorgabe eines Lehrstoffes im Rahmen einer bestimmten Zeiteinheit bedeutet für Lehrende wie Lernende eine Belastung. Die beklagte Stofffülle und der daraus resultierende Zeitdruck lässt oft ein tiefergreifendes Behandeln einzelner Themen nicht zu, für Exkurse zu verwandten Themenkreisen fehlt meistens die Zeit. Wie kommt es zu diesen genauen Vorgaben und sind sie überhaupt nötig?

Bereits in der Antike existiert ein festgefügtes gesellschaftliches Bildungsideal, die *paideia*, die als eine frühe Vorform des Lehrplans gesehen werden kann. Aus ihr entspringt der Fächerkanon der *septem artes liberales*, die bis zur Reformation die Bildungslandschaft Europas prägen (vgl. dazu Kapitel 4.2 Überblick über die Geschichte der Pädagogik). Der Hauptunterschied zur heutigen Lehrplangestaltung ist die lineare Anordnung der sieben Fächer (Grammatik, Rhetorik, Dialektik, Arithmetik, Geometrie, Astronomie und Musik), die systematisch aufgebaut und nacheinander zu durchlaufen waren.

Dementsprechend gibt es keine Unterscheidung nach Jahrgangsstufen, sondern nach Stoffklassen: Erst wenn ein Fach bewältigt war, konnte mit dem nächsten fortgefahren werden – der Lehrplan bestimmt direkt die Schulorganisation. Erst mit der Erfindung des Buchdrucks lockert sich der strenge Lehrkanon, es können nun neben den lateinischen auch deutsche Texte im Unterricht eingesetzt werden, die Schule öffnet sich für breitere Volksschichten. Im Jahr 1642 führt der Herzog Ernst von Gotha mit seinem „Schulmethodus" eine erste sehr umfassende Schulordnung ein, die neben Lesen, Schreiben und Rechnen noch stark von der Religionslehre (Katechismus, Evangelien, Psalmen etc.) dominiert war (vgl. Glöckel 1990, 216). Mit zunehmendem Wirtschaftswachstum und steigenden gesellschaftlichen Anforderungen im 18. Jahrhundert wächst die Bedeutung sogenannter Realienfächer, die naturwissenschaftliche, wirtschaftliche und auch handwerkliche Fähigkeiten vermitteln. An Stelle eines sehr wissensorientierten Lehrplans, der einzelne Themen nacheinander abhandelt (Lernen in Stufen), tritt die Entwicklung einer breiten Allgemeinbildung, die in einem Nebeneinander vieler Fächer vermittelt wird.

Comenius' Utopie der Welterkenntnis für alle – „omnes omnia omnino" (vgl. auch Dolch 1965) – verlangt eine Umstrukturierung des schulischen Unterrichts: Inhalte werden in „konzentrischen Kreisen" im Laufe der Schulzeit wiederholend vertieft. Mit der daraus resultierenden Einführung von Klassenunterricht nach Altersstufen in der Aufklärung beginnt die Diskussion um die anthropologischen und entwicklungspsychologischen Bedingungen von Schule (Rousseau, Pestalozzi, Herbart).

Begriffe wie Methode, kindliche Reife und Anschaulichkeit werden zu pädagogischen Richtlinien für die Gestaltung der Lehrpläne. Trotz dieses bedeutenden Umschwungs weg von einem festgefahrenen Lehrkanon hin zu den Bedürfnissen der Kinder und der Gesellschaft lässt sich, bedingt durch die Institutionalisierung der Schule, das ständige Anwachsen der Bildungsinhalte nicht verhindern.

Nach der gescheiterten Revolution von 1848 kommt es zu einem Rückschlag in der Lehrplanentwicklung: Die angeblich zu ausgedehnte Volksbildung wird für die Unruhen im Land verantwortlich gemacht; als Konsequenz daraus wird 1854 durch die „Stiehlschen Regulative" in Preußen und vielen anderen deutschen Ländern die Volksschulbildung auf Lesen, Schreiben, Rechnen und Religion reduziert, weil der Kaiser in zu viel Bildung eine Gefahr für die Monarchie sah. Diese rückschrittige Beschränkung kann sich aber nicht lange halten, bereits 1872 erfolgt eine Erweiterung der Bildungsinhalte auf die Realienfächer Geschichte, Naturbeschreibung und Naturlehre, Geographie, außerdem Zeichnen, Singen, Turnen und weibliche Handarbeit.

Parallel dazu tritt im 19. Jahrhundert neben der sehr allgemeinen Frage nach den Fächern das Problem der konkreteren Auswahl und der Anordnung von Bildungsinhalten in den Vordergrund. Während sich die bisherige Lehrplantheorie normativ, also ausgehend von einem bestimmten Menschenbild und dessen Werten, gestaltete, steht dem nun der Anspruch nach einer Orientierung an der Erziehungswirklichkeit entgegen. Immer stärker differenzieren

sich nun unterschiedliche Bildungswege: Neben der Volksschule und dem weiterhin altsprachlichen Gymnasium bilden sich die Vorgänger der Realschule heraus, die als ‚mittlere Bildung' moderne Fremdsprachen und lebenspraktische Fächer für Bürger und Kaufmannssöhne anbieten.
Um die Wende zum 20. Jahrhundert prangern Vertreter der Reformpädagogik die Entwicklung zu einem rein materialen, also nur auf Wissen bezogenen Lehrplan an und fordern eine formale „Bildung der geistigen und seelischen Kräfte des Individuums". Dabei soll der Lehrplan viel mehr pädagogische Freiräume einräumen und die Unterrichtsgestaltung weniger administrativ vorgegeben sein. Als Antwort auf diese Kritik werden in den 20er Jahren sogenannte Rahmenpläne entwickelt, die neben ausführlichen pädagogischen und methodischen Begründungen in den einzelnen Fächern relativ allgemeine Vorgaben zu Stoffgebieten enthalten, so dass dem Lehrenden Ermessensspielräume für die individuelle Auslegung bleiben.

Nach dem 2. Weltkrieg werden die reformpädagogischen Richtlinien in den 50er und 60er Jahren zunächst wieder aufgegriffen, bevor, angeregt durch die Curriculumsdiskussion in den 70er Jahren, eine umfassende Lehrplanreform in Angriff genommen wird. Das Curriculum als neue, konkretere und umfassendere Form des Lehrplans kann sich zwar nicht durchsetzen, wirft aber wesentliche Fragen nach der Lehrplangestaltung und der Auswahl und Legitimation von Inhalten und die Verwendung im Schulalltag auf und regt somit eine bis heute dauernde Diskussion innerhalb der Lehr-Lernforschung an (s. Kap. 5.2.3.3 Curriculare Didaktik).

Heute sind Lehrpläne Verwaltungsvorschriften mit rechtsverbindlichen und rechtsfreien Anteilen, könnten aber zukünftig nach der neueren Rechtsprechung des Bundesverfassungsgerichts als Rechtsverordnungen eingestuft werden (Lenzen 1989, 976). Als solche dürften im Sinne von Richtlinien nur wesentliche Ziele der einzelnen Unterrichtsfächer aufgenommen werden, es würde mehr Raum bleiben für freiere Gestaltung. Diese Freiheit bringt aber die Gefahr der Beliebigkeit des unterrichtenden Lehrers mit sich – eine allgemein gültige und gleiche Bildung könnte nicht mehr garantiert werden.

Hier wird die ambivalente Problematik der Lehrplandiskussion deutlich: Einerseits soll die Bevormundung durch bildungspolitische Maßgaben verhindert und die pädagoische Freiheit des Lehrers gewahrt bleiben, andererseits müssen allgemeingültige Vorgaben getroffen werden, um Konstanz in schulischer Bildung zu gewährleisten und Willkür auszuschließen.

Zum Schluss dieses Abschnitts ein Blick in die Bildungsplanprobleme der Steinzeit (Kap. II aus Peddiwell 1974, 27–43):

Das Säbelzahn-Curriculum

Der erste große Praktiker und Theoretiker in der Erziehung, von dem ich Kenntnis habe (so begann Professor Peddiwell), war ein Mann aus der Altsteinzeit, dessen vollständiger Name Neuer-Faustkeil-Macher war und den ich einfach Neue Faust nenne.

Neue Faust war ein Tatmensch, obwohl es in seiner Umgebung nichts zu tun gab, was kompliziert gewesen wäre. Sie haben sicher von den birnenförmigen Steinwerkzeugen gehört, das die Archäologen den coup-de-poing nennen oder den Faustkeil. Neue Faust erwarb sich Namen und Ansehen in seiner Umgebung dadurch, dass er eines dieser Werkzeuge in einer weniger groben, dafür nützlicheren Form, als es bis dahin in seinem Stamm bekannt war, herstellte. Seine Jagdkeulen waren allgemein überlegene Waffen, und seine Techniken beim Gebrauch des Feuers waren beispielhaft in ihrer Einfachheit und Präzision. Er verstand es, Dinge zu tun, die seinem Stamm nützten, und er besaß die Energie und den Willen, sie in Angriff zu nehmen. Aufgrund dieser Eigenschaften war er ein gebildeter Mann.

Neue Faust war zudem ein Denker. Damals, wie heute, scheute man keine Mittel und Wege, um der Arbeit und Mühe des Denkens zu entgehen. Bereitwilliger als seine Stammesbrüder überquerte Neue Faust jene Grenze, nach der ein Nachdenken sich nicht mehr vermeiden lässt. Dieselbe Intelligenz, die ihn dazu veranlasste, gesellschaftlich anerkannte Handwerkzeuge zu erfinden und herzustellen, brachte ihn auch dazu, sich im Denken zu üben, was von der Gesellschaft jedoch nicht anerkannt wurde. Wenn die anderen Männer sich nach einer erfolgreichen Jagd mit Essen und Trinken die Bäuche vollstopften und anschließend viele Stunden ihren Rausch ausschliefen, dann aß und trank Neue Faust etwas weniger, schlief dafür etwas besser und nicht so lange und konnte früher als seine Stammeskollegen wieder aufstehen, sich ans Feuer setzen und nachdenken. Er starrte unruhig in das flackernde Feuer und staunte über verschiedene Dinge seiner Umwelt, bis er schließlich völlig unzufrieden wurde mit dem gewohnten Leben seines Stammes. Er begann, sich Gedanken darüber zu machen, wie er das Leben seiner Familie und seines Stammes besser gestalten könnte. So wurde er ein gefährlicher Mann.

Das war der Hintergrund, der diesen Tatmenschen und Theoretiker dazu brachte, auf das Konzept einer bewussten, systematischen Erziehung zu stoßen. Den direkten Anstoß, der ihn auf die Erziehungspraxis brachte, erhielt er durch die Beobachtung seiner Kinder beim Spielen. Er sah seine Kinder vor dem Höhleneingang beim Feuer, beschäftigt mit Knochen, Stöcken und bunten Kieselsteinen. Er bemerkte, dass sie in ihrem Spiel keinen anderen Sinn sahen als das augenblickliche Vergnügen an der Beschäftigung selbst. Er verglich ihre Beschäftigung mit der der erwachsenen Stammesmitglieder. Die Kinder spielten aus Freude, die Erwachsenen arbeiteten für die Sicherheit ihrer Existenz und den Wohlstand des Stammes. Die Kinder spielten mit Stöcken und Kieselsteinen; die Erwachsenen besorgten das Essen, die Höhlen und die Bekleidung.

Die Kinder bewahrten sich vor Langeweile, die Erwachsenen schützten sich vor Gefahren.

„Wenn ich nun diese Kinder dazu bringen könnte, sich mit solchen Dingen zu beschäftigen, die ihnen dazu verhelfen, mehr Nahrung, besseren Wohnraum und mehr Sicherheit zu bekommen", dachte Neue Faust, „dann könnte ich dazu beitragen, dass dieser Stamm ein besseres Leben führt. Wenn die Kinder dann erwachsen wären, hätten sie mehr Fleisch zum Essen, mehr Fell, um sich warm zu halten, bessere Höhlen zu Schlafen und wären weniger gefährdet durch den gestreiften Tod mit seinen geschweiften Zähnen, der nachts auf Raubzüge geht."

Nachdem er sein Erziehungsziel gesetzt hatte, machte Neue Faust sich daran, ein Curriculum zu konstruieren, um auf dieses Ziel hin zu lehren.

„Was müssen wir Stammesmenschen können, um mit vollem Bauch, warmer Kleidung und ohne Furcht leben zu können?", fragte er sich selbst. Um diese Frage beantworten zu können, machte er sich einige Gedanken: „Wir müssen im Teich jenseits der großen Flussbiegung mit bloßen Händen Fische grabschen. Wir müssen mit den Händen fischen, in jedem Teich auf dieselbe Weise. Immer fischen wir nur mit den Händen." So entdeckte Neue Faust den ersten Gegenstand seines Curriculum: Fische-grabschen-mit-bloßen-Händen.

„Wir knüppeln die kleinen zottigen Pferde mit unseren Stöcken zu Tode", fuhr er in seiner Analyse fort. „Wir knüppeln sie auf der Sandbank im Fluss, wo sie immer zum Trinken sind. Und in den Dickichten, wo sie immer schlafen. Und auf der Ebene, wo sie immer grasen. Überall, wo wir sie finden." Das war der zweite Gegenstand seines Curriculum: die-kleinen-zottigen-Pferde-knüppeln.

„Und schließlich vertreiben wir den Säbelzahntiger mit Feuer." Neue Faust dachte weiter: „Wir vertreiben ihn von unseren Höhleneingängen mit Feuer. Wir vertreiben ihn von unseren Wegen mit brennenden Zweigen. Wir machen Feuer und vertreiben ihn von unserem Wasserloch. Überall müssen wir ihn vertreiben, und überall tun wir es mit Feuer." Das war der dritte Gegenstand: Tiger-vertreiben-mit-Feuer.

Nachdem er nun ein Curriculum entwickelt hatte, nahm er seine Kinder mit und machte sich an die Arbeit. Er gab ihnen Gelegenheit, diese drei Dinge zu praktizieren. Die Kinder lernten gerne. Es machte ihnen mehr Freude, diese sinnvollen Dinge zu tun, als mit bunten Steinen nur so aus Spaß zu spielen. Sie lernten die neuen Fertigkeiten gut, und so wurde das Erziehungssystem ein Erfolg.

Als Neue Faust's Kinder älter waren, konnte man leicht erkennen, dass sie gegenüber den anderen Kindern, die keine systematische Erziehung bekommen hatten, im Vorteil waren, was ein gutes, sicheres Leben betraf. Einige der intelligenteren Stammesmitglieder begannen, es ähnlich wie Neue Faust zu machen. Damit wurde der Unterricht im Fischegrabschen, im Pferdeknüppeln und in der Tigervertreibung zum Kern jeder Erziehung.

Lange Zeit jedoch gab es gewisse, eher konservative Erwachsene, die die systematische Erziehung aus religiösen Gründen ablehnten. „Das Große Geheimnis, das durch Blitz und Donner spricht", so argumentierten sie, „das den Menschen das Leben gibt und nimmt, wann es will – wenn das Große Geheimnis wollte, dass Kinder Fischegrabschen, Pferdeknüppeln und Tigervertreibung beherrschten, bevor sie erwachsen sind, dann hätte es selbst dafür gesorgt, indem es die dafür nötigen Instinkte von Anfang an in den Menschen eingepflanzt hätte. Neue Faust ist nicht nur gottlos, da er etwas zu tun versucht, was vom Großen Geheimnis nicht geplant ist. Er ist auch ein verdammter Narr, wenn er versucht, die menschliche Natur zu verändern." Worauf die eine Hälfte dieser Kritiker feierlich zu skandieren anfing: „Wenn du dich dem Willen des Großen Geheimnisses widersetzt, musst du sterben", und die andere Hälfte skandierte spöttisch: „Du kannst die menschliche Natur nicht ändern."

Neue Faust, der nicht nur Erzieher und Theoretiker, sondern auch ein Diplomat war, antwortete höflich auf beide Argumente. Zu den vornehmlich religiös Eingestellten sagte er, dass das Große Geheimnis befohlen habe, diese neue Arbeit zu beginnen, dass er selbst die Aufgabe übernommen hätte, die Kinder für das Lernen zu begeistern, und dass sie nichts lernen könnten ohne die Kraft des Großen Geheimnisses. Niemand aber könne den Willen des Großen Geheimnisses wirklich verstehen, was Fische, Pferde und Tiger betrifft, wenn er nicht gute Vorkenntnisse in den drei Grundfächern der Neue-Faust-Schule erworben habe. Denen, die behaupteten, dass man die menschliche Natur nicht verändern könne, entgegnete er, dass die Altsteinzeitkultur ihr hohes Niveau erhalten habe durch Veränderungen der menschlichen Natur und dass es fast unpatriotisch erscheine, den Entwicklungsprozess abzuleugnen, der die Gemeinschaft groß gemacht habe.

„Ich kenne euch, meine Stammesgenossen", sagte der Pionier-Erzieher, „ich kenne euch als demütige Diener des Großen Geheimnisses. Ich weiß, dass ihr euch nicht einen einzigen Augenblick bewusst gegen seinen Willen stellen würdet. Ich kenne euch alle als intelligente und loyale Stammesgenossen, und ich weiß, dass euer reiner Patriotismus es euch nicht erlauben wird, irgend etwas zu tun, was die Weiterentwicklung unserer Höhlenkultur behindern könnte; besonders wird er euch nicht daran hindern, das durchzuführen, was ihr am meisten nützt, nämlich das altsteinzeitliche Erziehungssystem. Nun, da ihr den Sinn und die wahre Natur dieser Einrichtung versteht, vertraue ich voll darauf, dass es keine Gründe mehr gibt, dieses System nicht zu verteidigen."

Dieser Appell gewann die konservativen Männer für die Sache der neuen Schule und nach kurzer Zeit wusste man im Dorf, dass der Kern einer guten Erziehung in den drei Grundfächern Fischegrabschen, Pferdeknüppeln und Tigerverteibung lag.

Neue Faust und seine Altersgenossen wurden alt, und das Große Geheimnis holte sie in das Land des Sonnenuntergangs weit hinter der Flussbiegung. Andere Männer lehrten ihre Erziehungspraktiken, bis alle Kinder des Stammes die drei Grundfächer beherrschten. Dem Stamm ging es gut und er lebte zufrieden.

Man kann nun annehmen, dass auf der Grundlage dieses Erziehungssystems alles so gut geblieben wäre, wenn die Lebensbedingungen des Stammes dieselben geblieben wären. Aber die Bedingungen änderten sich, und das Leben, das einst so sicher und glücklich gewesen war, wurde unsicher und unruhig. Eine

neue Eiszeit näherte sich diesem Teil der Welt. Ein großer Gletscher kam von dem Nachbargebirge aus dem Norden. Jedes Jahr kam er näher an die Biegung des Flusses in der Nähe des Stammes, bis er den Strom erreichte und im Wasser zu schmelzen begann. Schmutz und Geröll, das der Gletscher auf seinem langen Weg gesammelt hatte, lagen nun im Fluss. Das Wasser wurde schlammig. Der früher kristallklare Fluss, in dem man leicht bis auf den Grund sehen konnte, war nun ein schlammiger Strom, in dem nichts mehr erkennbar war.
Das Leben des Stammes wurde so wesentlich verändert. Es war nicht mehr möglich, Fische mit der bloßen Hand zu grabschen, denn man konnte die Fische im trüben Wasser nicht mehr sehen. Mit der Zeit waren die Fische in diesem Gewässer ängstlicher, schneller und intelligenter geworden. Die dummen, langsamen Fische, die früher in großer Zahl hier gewesen waren, wurden von den Fischern so lange gefangen, bis schließlich nur die schnellsten überlebten. Diese Fische nun, versteckt im trüben Wasser unter dem Geröll, entwischten den Händen der geübten Fischer. Wie gut ein Mensch auch im Fischegrabschen ausgebildet sein mochte – er konnte keine Fische grabschen, weil er keine Fische mehr sehen konnte.
Das schmelzende Wasser des sich nähernden Gletschers wirkte sich auch auf das Wetter aus. Das Gebiet um den Fluss herum wurde sumpfig. Die kleinen wolligen Pferde, die nur 5 bis 6 Hände hoch waren und auf 4-zehigen Vorderfüßen und 3-zehigen Hinterfüßen liefen, hatten eine gefährliche Eigenschaft, obwohl der Stamm sie gerne jagte. Sie waren ehrgeizig. Sie alle wollten gerne auf ihren mittleren Zehen gehen. Sie hatten den Wunsch, mächtige, starke Tiere zu werden und nicht so klein und furchtsam zu bleiben. Sie träumten von einem weit entfernten Tag, an dem ihre Nachkommen 16 Hände hoch sein würden, mit einem Gewicht von einer halben Tonne, und in der Lage, diejenigen, die auf ihnen reiten wollten, in den Sand zu werfen.
Sie wussten, dass sie dieses Ziel niemals im nassen, sumpfigen Land erreichen konnten; deshalb begaben sie sich nach Osten in die trockenen, offenen Steppen, weit entfernt von den Jagdgründen des Stammes. Ihr Platz wurde eingenommen von kleinen Antilopen, die mit dem Eis gekommen waren und die so scheu waren und die so scheu und schnell waren und einen Spürsinn für Gefahren hatten, dass niemand nah genug an sie herankam, um sie zu erlegen. Die besten Pferdeknüppler des Stammes versuchten es jeden Tag mit den effektivsten Methoden, die sie in der Schule gelernt hatten, aber jeden Tag kehrten sie mit leeren Händen zurück. Die beste Ausbildung zum Pferdeknüppler hat keinen Erfolg, wenn keine Pferde mehr da sind.
Schließlich, um den Zusammenbruch des gewohnten Lebens und der Erziehung in der Altsteinzeit zu vervollständigen, verursachten der Nebel und der Dunst in der Luft bei den Tigern Lungenentzündungen, wofür sie besonders anfällig waren. Die meisten von ihnen verendeten. Einige schon geschwächte Tiere schleppten sich zwar nach Süden in die Wüste, aber es waren nur noch wenige und bemitleidenswert schwache Vertreter einer einstmals starken, mächtigen Tierart. So gab es in diesem Gebiet keine Tiger mehr, und die besten Jagdtech-

niken wurden zu theoretischen Übungen, die an sich gut waren, aber für die Sicherheit des Stammes keine Bedeutung mehr hatten. Doch diese Gefahr für die Menschen wurde nur abgelöst von einer anderen, noch größeren Gefahr, denn mit dem Eis kamen wilde Eisbären, die keine Angst vor dem Feuer hatten und tagsüber und nachts auf den Pfaden des Stammes zu finden waren. Sie konnten selbst mit den fortschrittlichsten Methoden, die man bisher in den Schulen für das Tigervertreiben entwickelt hatte, nicht vertrieben werden.
Der Stamm befand sich in einer schwierigen Situation. Es gab keinen Fisch und kein Fleisch zum Essen, keine Felle für die Kleidung und keine Sicherheit vor dem pelzigen Tod, der nachts und tagsüber auf den Wegen um die Höhlen herum lauerte. Anpassung an diese Schwierigkeiten war erforderlich, wenn der Stamm nicht zugrunde gehen wollte.
Zum Glück für den Stamm gab es jedoch Männer von der Art des Neuen Faust, die die Fähigkeit zum Handeln hatten und Mut zum Denken besaßen. Einer von ihnen stand mit hungrigem Magen am trüben Fluss und überlegte, wie er einen Fisch zum Essen fangen könnte. Immer wieder an diesem Tag versuchte er es mit der alten Methode, aber in seiner Verzweiflung verwarf er schließlich alles, was er in der Schule gelernt hatte, und dachte nach über eine neue Art des Fischfangs im Fluss. Es gab starke, aber dünne Zweige, die von den Bäumen am Ufer herabhingen. Er brach sie ab und begann, sie zu befestigen, mehr oder weniger ohne direkte Absicht.
Bei der Arbeit wurde der Gedanke daran, wie er seinen eigenen Hunger und den seiner schreienden Kinder in den Höhlen sättigen könnte, immer stärker. Da legte sich seine Verzweiflung etwas. Er arbeitete schneller und bewusster. Schließlich hatte er es – ein Netz, ein Fangnetz. Er rief einen Stammesgefährten und erklärte einen Plan. Die zwei Männer legten das Netz ins Wasser, nacheinander in jede Bucht des Flusses, und in einer Stunde fingen sie mehr Fische – intelligente Fische im trüben Wasser –, als der gesamte Stamm an einem Tag mit den alten Methoden hätte fangen können.
Ein anderer schlauer Stammesgefährte wanderte hungrig durch den Wald, wo früher die kleinen Pferde geweidet hatten, wo jetzt aber nur die kleinen, schnellen Antilopen zu sehen waren. Er hatte es mit der alten Jagdmethode versucht, bis er zu der Überzeugung kam, dass sie nutzlos war. Er wusste, dass derjenige verhungern würde, der sich auf sein Schulwissen verließ und in den Wäldern Fleisch nach der alten Methode bekommen wollte. Ähnlich wie der, der das Fischnetz erfand, wurde auch er vom Hunger auf neue Ideen gebracht. Er spannte einen festen, elastischen jungen Baum über einen Antilopen-Wildwechsel und befestigte eine Schlinge aus einer Weinrebe so, dass das vorbeispringende Tier einen Mechanismus auslösen musste, der es fesselte, wenn der Baum hochschnellte. Dadurch, dass er mehrere Schlingen befestigte, konnte er in einer Nacht mehr Fleisch und Fell bekommen als ein Dutzend Pferdeknüppler früher in einer Woche.
Ein dritter Stammesgenosse, der entschlossen war, die Gefahr, die von dem Bären drohte, zu beseitigen, vergaß ebenso, was er in der Schule gelernt hatte

und begann nachzudenken. Schließlich, als Ergebnis seiner Überlegungen, grub er ein tiefes Loch in einen Bärenpfad, bedeckte es so mit Zweigen, dass ein Bär ohne Misstrauen darüberlaufen und in die Grube fallen würde und gefangen blieb, bis die Männer des Stammes kommen würden, um ihn mit Stöcken und Steinen zu töten. Der Erfinder zeigte seinen Freunden, wie sie auf allen Pfaden um das Dorf herum solche Gruben anlegen und unauffällig verdecken sollten. So hatte der Stamm wieder dieselbe Sicherheit wie vorher, und außerdem hatten sie noch das Fleisch und das Fell der erlegten Bären.

Als dann diese neuen Erfindungen im Stamm bekannt wurden, bemühten sich alle Mitglieder, die neuen Techniken zu erlernen. Die Männer machten Fischernetze, legten Antilopenschlingen und gruben Bärenfallen. Der Stamm war beschäftigt und es ging ihm gut. Es gab einige nachdenkliche Männer, die sich während dieser Arbeit Fragen stellten. Einige Radikale unter ihnen kritisierten sogar die Schulen. „Diese neuen Fertigkeiten wie Netzbauen zum Fischfang, Schlingenstellen und Fallgrubenbauen sind unerlässlich für unser modernes Leben", sagten sie. „Warum sollen sie nicht in der Schule gelehrt werden?" Die Mehrheit wusste eine schnelle Antwort drauf: „Schule!", sagten sie spöttisch. „Ihr seid jetzt nicht in der Schule. Ihr steht mitten in der Arbeit, um das Leben und Wohl des Stammes zu erhalten. Was haben diese praktische Arbeiten mit der Schule zu tun? Ihr sollt keinen Unterricht geben. Vergesst eure Lektionen und eure alten Ideale vom Fischegrabschen, Pferdeknüppeln und von der Tigervertreibung, wenn ihr weiterhin essen wollt, warme Kleidung haben möchtet und vor dem Tod geschützt sein wollt." Die Radikalen beharrten auf ihren Fragen. „Alle diese neuen Fertigkeiten erfordern bestimmte Erkenntnisse und Intelligenz – Dinge, die wir doch in den Schulen entwickeln wollen. Auch brauchen wir sie zum Leben. Warum können sie denn nicht in den Schulen gelehrt werden?" Aber der größte Teil des Stammes, besonders die weisen Alten, die die Schule kontrollierten, lächelten nachsichtig über diese Vorschläge. „Das wäre keine *Erziehung*", sagten sie. „Warum nicht?", fragten die Radikalen. „Weil es bloßes Training wäre", erklärten die alten Männer geduldig. „Mit all den komplizierten Details des Fischegrabschens und Pferdeknüppelns sowie der Tigervertreibung – den Standardkulturgütern – ist das Schulcurriculum bereits überfüllt. Wir können nicht noch Kinkerlitzchen wie Netzkonstruktion usw. beifügen. Der Leichnam des großen Neuen Faust, des Begründers unseres Erziehungssystems, würde sich im Grab umdrehen. Was wir tun müssen, ist Folgendes: Wir müssen unserer Jugend mehr Grundkenntnisse vermitteln. Nicht einmal wenn sie mit der Reifeprüfung die Schulzeit abgeschlossen haben, beherrschen sie heutzutage das Fischegrabschen vollkommen, sie sind auch beim Pferdeknüppeln unbeholfen. Ja, sogar die Lehrer scheinen nicht alles voll zu beherrschen, was wir Alten schon in unserer Jugend konnten und niemals vergessen werden."

„Aber verdammt", explodierte ein Radikaler, „wie kann ein normaler Mensch an so nutzlosen Fertigkeiten interessiert sein? Wie kann man lernen, Fische mit der Hand zu grabschen, wenn das gar nicht mehr geht? Wie kann ein Junge lernen,

Pferde zu knüppeln, wenn es keine Pferde mehr gibt? Und warum sollen Kinder versuchen, Tiger mit Feuer zu jagen, wenn die Tiger ausgestorben sind?"
„Seid nicht albern", sagten die alten Männer, „wir lehren Fischegrabschen mit der Hand nicht, um Fische zu fangen; wir lehren es, um eine allgemeine Beweglichkeit zu entwickeln, die man nicht durch bloße Übung erwerben kann. Wir lehren das Pferdeknüppeln nicht, um Pferde zu erlegen. Wir lehren es, um eine übergreifende Fähigkeit in dem Schüler zu entwickeln, die er niemals aus so nüchternen und spezialisierten Tätigkeiten wie Fallenstellen gewinnen kann. Wir lehren die Tigervertreibung nicht, um Tiger zu vertreiben, sondern wir lehren sie mit dem Ziel, einen erhabenen Mut zu vermitteln, den man im ganzen Leben braucht und den man nie bei niedrigen Dingen wie dem Totwerfen von gefangenen Bären gewinnt."
Alle Radikalen verstummten vor solchen Argumenten. Nur der Extremste unter ihnen versuchte einen letzten Protest, wenngleich auch er sich beschämt fühlte: „Aber, – aber jedenfalls müssen Sie zugeben, dass sich die Zeiten geändert haben. Könnten Sie es mit diesen modernen Dingen nicht wenigstens versuchen? Vielleicht haben sie doch einen *gewissen* erzieherischen Wert?!"
Selbst die anderen Radikalen meinten, dass er nun zu weit gegangen sei. Die weisen Alten wurden böse. Ihr freundliches Lächeln verschwand. „Wenn du selbst eine Erziehung hättest", sagten sie ernst, „dann würdest du wissen, dass die Wirkung einer wahren Erziehung zeitlos ist. Es ist etwas, das auch unter veränderten Bedingungen andauert wie ein Felsbrocken inmitten eines reißenden Flusses. Du musst wissen, dass es einige wenige Wahrheiten gibt, und das Säbelzahn-Curriculum ist eine davon."

3.2 Aufbau des Bildungsplans

Die Bildungspläne der verschiedenen Bundesländer sind zwar nicht gleich, aber ähneln einander; am Beispiel eines Landes kann man deshalb Strukturen aufzeigen.

3.2.1 Der Erziehungs- und Bildungsauftrag

Die neuesten Bildungspläne (im Volksmund als ‚Lehrplan' bezeichnet) Baden-Württembergs aus dem Jahr 1994 beinhalten neben dem eigentlichen Lehrplan, also den inhaltlichen Vorgaben, auch ausführliche Richtlinien zu den Erziehungszielen der jeweiligen Schulart auf der Grundlage des Schulgesetzes. In den Benutzerhinweisen heißt es dazu: *„Der Erziehungs- und Bildungsauftrag bildet die Brücke zwischen den Festlegungen von Grundgesetz, Landesverfassung und Schulgesetz und dem pädagogischen Handeln an* der Schule. *Die darin formulierten Grundsätze sind Voraussetzung für das Verständnis jedes einzelnen Lehrplans; die Lehrerinnen und Lehrer sind an die Grundsätze gebunden."* Im Folgenden werden die einzelnen Teile anhand des Lehrplans für die Grundschule kurz erläutert:

Grundlagen

Der Auftrag der Schule definiert sich vor allem nach den Vorgaben des Schulgesetzes, nach denen *„jeder junge Mensch ohne Rücksicht auf Herkunft oder wirtschaftliche Lage das Recht auf eine seiner Begabung entsprechenden Erziehung und Ausbildung hat und zur Wahrnehmung von Verantwortung, Rechten und Pflichten in Staat und Gesellschaft sowie in der ihn umgebenden Gemeinschaft vorbereitet werden muss"* (Schulgesetz 1995, §1 [1]. Diese sehr allgemeinen Bildungsrichtlinien werden dann weiter konkretisiert: Neben der Vermittlung von Wissen und Fertigkeiten soll der Schüler erzogen werden zu

- *„Achtung der Würde und der Überzeugung anderer, zu Leistungswillen und Eigenverantwortung"* sowie zu *„sozialer Bewährung"* unter Berücksichtigung der eigenen Persönlichkeit

- *„Anerkenung der Wert- und Ordnungsvorstellungen der freiheitlich-demokratischen Grundordnung", die zwar kritisch hinterfragt, aber, „wie in Grundgesetz und Landesverfassung verankert"*, nicht *„in Frage gestellt werden darf"*.

- *„Wahrnehmung der verfassungsmäßigen staatsbürgerlichen Rechte und Pflichten"* sowie zu den *„dazu notwendigen Urteils- und Entscheidungsfähigkeit"*.

- zu Gesellschafts- und Berufsfähigkeit, damit der Schüler der *„Mannigfaltigkeit der Lebensaufgaben und den Anforderungen der Berufs- und Arbeitswelt mit ihren unterschiedlichen Aufgaben und Entwicklungen gewachsen ist"* (ebd. § 1 [2]).

Auf diesen gesetzlichen Grundlagen bauen die Bildungspläne aller Schularten auf, die schulspezifischen Ziele werden im Folgenden gesondert aufgeführt.

Aufgaben und Ziele:

Hier werden die allgemeinen Aufgaben der Schule erläutert, die vor allem die soziale und emotionale Entwicklung der Schüler betreffen: Neben der individuellen Förderung der Begabung sollen u. a. partnerschaftliches Verhalten, Umweltbewusstsein, gestalterische und schöpferische Kräfte sowie schulische Arbeitstechniken vermittelt und gefördert werden.

Grundsätze der Unterrichtsgestaltung (Zitate aus Bildungsplan Grundschule 1994):

Wesentliche Unterrichtsprinzipien sind „Anschaulichkeit, Lebensnähe und Handlungsbezug sowie kindgemäße Aufgabenstellungen und vielfältige Formen des Lernens", die auch das Üben und Wiederholen unverzichtbar miteinschließen. In acht Bereichen werden diese Grundsätze weiter ausgeführt:

- **Heimatverbundenheit und Weltoffenheit:** Vor allem die Vermittlung von einheimischem und internationalem Kulturgut soll den Schülern zur Entwicklung eines *„respekt- und verständnisvollen Umgangs mit sozialen, ethischen, kulturellen und religiösen Unterschieden, wie er von Erwachsenen erwartet wird"*, verhelfen.
- **Schule als Lebensraum:** Um dieses Ideal zu verwirklichen, müssen einige Bedingungen geschaffen werden: *„eine sorgfältig vorbereitete, anregende Lernumgebung und eine ermutigende Lernatmosphäre"* mit wechselnden Tätigkeiten und Arbeitsformen *„sowie einem angemessenen Rhythmus von Spannungs- und Entspannungsphasen"*, schulinterne und außerschulische Aktivitäten, daneben die Sicherstellung der für das schulische Zusammenleben wichtigen Umgangsformen wie *„Hilfsbereitschaft, Rücksichtnahme und Höflichkeit"*.
- **Lernen im Spiel:** Das Spiel *„fördert in ausgewogener Weise die emotionalen, psychomotorischen, intellektuellen und soziale Kräfte und Fähigkeiten der Kinder. Das Spiel schafft Gemeinschaft, verlangt Einfühlungsvermögen und hilft Konflikte lösen"*. Als Arbeits- und Übungsform bieten sich für den Einsatz des Spiels innerhalb der Themenvorgaben viele Anlässe.
- **Fördern und Differenzieren:** Unterschieden wird zwischen äußerer Differenzierung in Form von Förderunterricht und innerer Differenzierung innerhalb der Klasse, bei der auf die individuellen Voraussetzungen der Schüler während der Unterrichtsplanung und -gestaltung eingegangen werden soll.
- **Freies Arbeiten:** Diese Arbeitsform ist eine Möglichkeit, innere Differenzierung umzusetzen: Im eigenen Arbeitsrhythmus können die Schüler *„selbstständig und verantwortlich [...] lernen und Aufgaben erfüllen."* In der Entwicklung *„eigener Initiativen und Interessen"* können sich die Kinder *„Ziele selbst setzen"* und achten auf das *„Erreichen angestrebter Ziele"*.
- **Lernen und Leisten:** Die natürliche Leistungsbereitschaft und -fähigkeit soll erhalten und gestärkt werden, dabei ist vor allem Vertrauen in das eigene Vermögen aufzubauen und zu unterstützen. *„Dauernde Misserfolge sind damit ebenso unvereinbar wie übersteigerte Anforderungen. [...] Leis-*

tungsmängel sind nicht einfach zu registrieren und addieren, sondern soweit wie möglich in den Ursachen aufzuklären, um erfolgversprechende Fördermaßnahmen einleiten zu können."
- **Üben:** Das Üben dient der Vertiefung und Wiederholung von Gelerntem und bietet die Möglichkeit, Wissen auf andere Bereiche zu übertragen. Voraussetzung für erfolgreiches Üben ist die Abstimmung auf das unterschiedliche Leistungsniveau der Schüler und die Möglichkeit der direkten Rückmeldung und Ergebniskontrolle
- **Hausaufgaben:** Als spezielle Form der Übung und Unterrichtsvorbereitung sollten Hausaufgaben immer so gestaltet werden, dass die Schüler sie alleine bewältigen können. Die Überprüfung durch den Lehrer dient weniger der Fehlerkontrolle als vielmehr auch der Würdigung der geleisteten Arbeit.

Aufgaben der Lehrerinnen und Lehrer:

In diesem Abschnitt wird die Lehrerrolle und ihr Aufgabenbereich sowie die Erziehungstätigkeit definiert. Dazu heißt es: *„Die Lehrerinnen und Lehrer sind nicht nur Belehrende und Wissensvermittler. Sie regen als Erzieher bei den Kindern das Wertvernehmen, das Verstehen und Deuten von Werten an. Sie haben die Aufgabe, die Ziele und Inhalte der Lehrpläne im Sinne einer grundlegenden Bildung zu vermitteln und dabei den Kindern Anregungen, Möglichkeiten und Hilfen zu geben, zu sich selbst zu finden."* Als *„Vorbild und Partner"* muss der Lehrende eine vertrauensvolle, persönliche Atmosphäre schaffen, die *„Geduld, Güte, Erfolgszuversicht bei Rückschlägen, emotionale Stabilität und ein hohes Maß an Selbstvertrauen"* erfordert.

Zusammenarbeit der Schule mit Eltern und außerschulischen Einrichtungen:

Eltern und Schule haben einen gemeinsamen Erziehungsauftrag, beide Seiten sollten also um lebendige Zusammenarbeit bemüht sein. *„Besondere Bedeutung kommt dem Gespräch zwischen Eltern und Lehrern zu."* Die Zusammenarbeit mit anderen Bildungseinrichtungen wie Kindergarten, Bildungsberatung und Sonderschulen soll ein Netz knüpfen, das den Kindern alle Chancen bietet und die Eltern jederzeit über schulische Möglichkeiten informiert.

Inhalte und Fächer:

Neben den speziellen Informationen zu den Zielen der einzelnen Fächer ist in diesem Zusammenhang der Hinweis auf die fächerverbindende und fächerübergreifende Verknüpfung einzelner Themenkreise von Bedeutung. Nicht nur die Menge des neu erworbenen Wissens ist von Bedeutung, sondern auch die

Übertragungsmöglichkeit und Anwendung der Erkenntnisse. „Neue Zugänge", „vielseitige Sichtweisen" und „systematische Lernformen" stehen für Methodenkompetenz der Schüler und „übergreifende Zusammenhänge für den Bildungserfolg".

In ausführlichen Abschnitten werden nach diesem allgemeinen Teil die Aufgaben und Zielvorgaben der einzelnen Fächer abgehandelt und geben im Hinblick auf die im Lehrplan vorgesehenen Unterrichtseinheiten bereits konkrete und für Studenten, Berufsanfänger oder Fachfremde hilfreiche Anregungen.

3.2.2 Der Aufbau des Lehrplans für die Grundschule

Jedem Jahrgangsplan der einzelnen Klassenstufen gehen „Pädagogische Leitgedanken" voran, die auf ein bis zwei Seiten die entwicklungsbedingten Voraussetzungen der Kinder dieser Jahrgangsstufe charakterisieren und, davon abgeleitet, die „unterrichtlichen und erzieherischen Anforderungen" darlegen. Dabei wird sowohl auf die unterschiedliche Methodenwahl als auch auf unterrichtliche Ziele und die Weiterentwicklung der Schüler eingegangen. Auch stufenspezifische Neuheiten und Probleme wie z. B. die Einführung der Bewertung durch Ziffernnoten in Klasse 3 oder die Übergangsbestimmungen nach Klasse 4 sind kurz skizziert.

Die Jahrgangsstufen 1 und 2 sind in der Einheit *Anfangsunterricht* zusammengefasst, alle weiteren Jahrgänge werden separat behandelt. Den Fächern vorangestellt sind mehrere fächerverbindende Themenkreise mit Hinweisen zu den Lehrplaneinheiten der jeweiligen Fächer und konkreten Vorschlägen zur Umsetzung.

Die Fächer sind in Arbeitsbereiche, evangelische und katholische Religion in Lehrplaneinheiten unterteilt, die jeweils die Angabe einer Stundenzahl zur zeitlichen Orientierung beinhalten. Jeder Bereich ist durch eine Zielangabe bestimmt, die in einer nachfolgenden Tabelle Inhalte und Hinweise für die Umsetzung als Anregungen enthalten. In den Benutzerhinweisen wird darauf hingewiesen, dass die *„Lehrerinnen und Lehrer dazu verpflichtet sind, diese Ziele energisch anzustreben. Die Hinweise enthalten Anregungen, Erläuterungen und Beispiele zu den Inhalten. Sie sind nicht verbindlich [...]."*

Im Anhang, der den Lehrplan abschließt, sind wichtige Grundbegriffe, für den Unterricht verbindliche Fachausdrücke und Zeichen einzelner Fächer aufgeführt.

3.3 Der „heimliche Lehrplan"

Nicht alles, was in der Schule tatsächlich gelernt wird, findet sich im Lehrplan. Oder anders formuliert: Der Lehrer strebt zwar das Erreichen von bestimmten Lernzielen in seinem Unterricht an, kann aber nicht verhindern, dass seine Schüler zusätzlich noch viele weitere Qualifikationen und Fähigkeiten erwerben. Der „heimliche Lehrplan" bezeichnet die ganze Bandbreite sozialer, emotionaler, organisatorischer u. a. Erfahrungen, die die Schüler durch und in der Schule machen. Während der Lehrer direkt und gezielt erzieht, bewirkt der Umgang mit Mitschülern, die Interaktion auf dem Schulhof, das Verhalten gegenüber verschiedenen Lehrern etc. eine indirekte und für die Schüler oft unbewusste Verhaltensänderung oder -anpassung. Bereits seit Anfang des Jahrhunderts spielt die Untersuchung von unterrichtbegleitenden Phänomenen in der reformpädagogischen Bewegung eine wesentliche Rolle. Spranger sprach von „ungewollten Nebenwirkungen". Aspekte des schulischen Lebens wie z. B. der soziale Umgang werden nun ebenfalls als „pädagogische Wirkungsgröße" behandelt. Dabei geht es nicht nur um die Erfassung der Folgen, sondern gleichzeitig um daraus resultierende Forderungen nach einer Umorganisation institutionalisierten Unterrichts. Als „Prozess umfassender Charakterprägung" soll pädagogisches Handeln in „natürlichen, nichtreglementierten Lernformen" (Zinnecker 1975, 187) ablaufen. „Sozialisation" wird zu einem neuen Problemfeld der pädagogischen Diskussion.

Im Jahr 1973 führt Zinnecker das Schlagwort „heimlicher Lehrplan" als freie Übertragung des Begriffs „hidden curriculum" in die deutschsprachige pädagogische Diskussion ein, 1975 folgt unter dem gleichen Titel eine ausführliche Untersuchung. Gerade Anfang der 70er Jahre ist dies im Rahmen der Schulreform und der Neugestaltung des Lehrplans ein in der Unterrichtsforschung weitgehend vernachlässigter Aspekt – es wird deutlich: Neben den geplanten gibt es in der Schule viele ungeplante, indirekte Beeinflussungen, die auf lange Sicht möglicherweise prägender sind als die geplanten. Neu an Zinneckers Fragestellung ist die Frage, welche konkrete Bedingungen in der Schule welche Verhaltens- und Bewusstseinsänderungen bei den Schülern bewirken. Dabei geht es nicht nur um die verschiedenen Interaktionsformen der am schulischen Leben Beteiligten, sondern auch um äußerliche Faktoren wie räumliche und zeitliche Gestaltung, die Form der Leistungsbeurteilung etc. Prägend und oftmals schmerzlich sind die Erfahrungen, die Schüler mit der Notengebung machen: Enttäuschungen und oft auch Selbstzweifel durch schlechte Noten können die Ausbildung eines gesunden Selbstwertgefühls erschweren und fördern in vielen Fällen Konkurrenzdenken innerhalb der Klassengemeinschaft. Am bedeutsamsten aber dürfte sein, dass man in eine ganz bestimmte Form von „Leistungsideologie" eingeführt wird: Schulische Noten sind objektiv und gerecht, nur die individuelle Leistung zählt, der Wert des Subjekts definiert sich über schulische Leistung u. Ä.

Neben diesen organisatorischen Rahmenbedingungen spielen die Formen des sozialen Umgangs im Rahmen des heimlichen Lehrplans eine wesentliche Rolle. Die Anpassung an die jeweiligen Verhaltenserwartungen des Lehrers führt zu sich ‚einschleimenden' Schülern, die bei Bedarf ‚richtig' antworten, wobei das ehrliche Interesse am Unterrichtsinhalt nebensächlich ist. Andererseits werden von Schülern regelrechte Strategien entwickelt, sich vor Arbeit zu drücken, den Lehrer von seinem eigentlichen Thema abzulenken oder Anforderungen zu unterlaufen – auch hier lautet die Botschaft: Letzlich ist die Unehrlichkeit oft bequemer und erfolgreicher (vgl.: Heinze 1980, Reinert/ Zinnecker 1978). Daneben sind natürlich auch viele positive soziale und emotionale Erfahrungen möglich (Freundschaft, das Gefühl der Zusammengehörigkeit innerhalb der Klasse, Anerkennung durch Mitschüler und vieles mehr).

4. Die Erziehungswissenschaft

4.1 Richtungen und Gliederung

Die Begriffe „Pädagogik" und „Erziehungswissenschaft" werden in der Fachliteratur größtenteils synonym gebraucht. ‚Pädagogik' leitet sich vom griechischen Wort *paidagogós* ab, wörtlich übersetzt ‚der Knabenführer', also der Sklave, der die Söhne privilegierter Eltern in die Schule brachte und wieder abholte (zum Vergleich: der Lehrer im antiken Griechenland war *didáskalos*, Namensstifter der Didaktik). Die Erziehungswissenschaft ist im Vergleich zu Philosophie, Medizin oder Jurisprudenz recht jung, nichtsdestoweniger stark expandiert, was durch die enormen gesellschaftlichen Umbrüche und die dadurch veränderten Bedürfnisse bedingt ist. Während in der Antike der Bereich der Pädagogik der Politik untergeordnet ist (Erziehung zu einem politikfähigen, sozialen Menschentyp), fällt sie ab dem frühen Mittelalter in den Zuständigkeitsbereich der Theologie (der Einzelne soll durch die Erziehung auf den rechten Weg, zum Heil geführt werden). Als eigenständiger Wissenschaftszweig kann sich die Lehre von der Erziehung erst seit ca. 350 Jahren emanzipieren, was vor allem durch das Werk herausragender und fortschrittlicher Pädagogen wie etwa Comenius bewirkt wird, spätestens aber durch die Aufklärung, die nach einem neuen Menschenbild und nach neuen Orientierungspunkten sucht. Die Bezeichnung ‚Erziehungswissenschaft' etablierte sich um die Wende zum 20. Jahrhundert und sollte den Wissenschaftscharakter betonen, der der angeblich eher praktisch orientierten Pädagogik nicht von allen Seiten zuerkannt wurde.

Bevor man über verschiedene Fachbereiche einer Wissenschaft sprechen kann, muss zunächst geklärt werden, welches Ziel sie verfolgt, mit welchen Methoden sie vorgeht und wie sie zu ihren Theorien kommt: Man begibt sich also auf die **Meta-Ebene**, reflektiert über die Wissenschaft selbst, nicht über ihre Inhalte. Diese Unterscheidung ist deshalb wichtig, weil die unterschiedlichen Theorien oder Modelle (z. B. die Didaktischen Modelle) nur vor dem Hintergrund ihrer erziehungswissenschaftlichen Position zu verstehen und zu vergleichen sind. Gegenstand der ...

> *Wissenschaftstheorie* ist „die Bestimmung der Voraussetzungen, die Diskussion der Zielsetzungen und die Analyse der Verfahren und Systematisierungsmöglichkeiten wissenschaftlicher Erkenntnis. Dies schließt die Erhellung der historischen Entwicklung und des gesellschaftlichen Verwertungszusammenhangs wissenschaftlicher Erkenntnisproduktion ein. Die Aufgabe der Wissenschaftstheorie besteht darin, die Forschungspraxis und Theoriebildung wissenschaftlicher Einzeldisziplinen zu beschreiben, zu kritisieren und konstruktiv voranzutreiben" (Jank/Meyer 1991, 96).

In der Entwicklung der Pädagogik haben sich verschiedene wissenschaftstheoretische Richtungen und Positionen herauskristallisiert (Einige davon seien an dieser Stelle angesprochen: Normative Pädagogik, Geisteswissenschaftliche Pädagogik, Kritische Erziehungswissenschaft, Erfahrungswissenschaftliche Pädagogik, Kritische rationale oder empirische Pädagogik, Historisch-materialistische Pädagogik, Phänomenologische Pädagogik, Transzendentalkritische Pädagogik u. a.), die teils in Wechselbeziehung, teils sich recht unversöhnlich gegenüber stehen.

4.1.1 Normative Pädagogik

Dass praktische Erziehung immer normativ ist, wird wohl kaum jemand in Frage stellen, denn als zielgerichteter Prozess ist sie bewusst oder unbewusst an bestimmte Prinzipien gebunden, an Normen orientiert. Solange Erziehung unter der Obhut der Philosophie (vor allem in der Antike) oder Theologie (bis zur Aufklärung) stand, also sowohl durch die vermittelten gesellschaftlichen und religiösen Werte und Normen als auch durch die vertretene Auffassung, wie Erziehung vor sich gehen müsse, geprägt war, war auch die Frage nach den die Pädagogik bestimmenden Normen eindeutig zu beantworten. Zum sogenannten „Normproblem" der Pädagogik kommt es erst, als diese normgebenden Instanzen in der Erziehungswirklichkeit nicht mehr maßgeblich sind, als Erziehung zu einer Angelegenheit aller wird.

Die engere Bezeichnung der ‚normativen Pädagogik' entstammt nicht einer sich als solche bezeichnenden Bewegung, sie entspringt vielmehr der rückblickenden Kritik an den vorherrschenden pädagogischen Systemen des 18. und 19. Jahrhunderts, die den Anspruch erhoben hatten, die Erziehungsziele, den Bildungswert der Lehrgegenstände und die Unterrichtsmethoden allgemein gültig bestimmen zu können. Im Jahr 1888 argumentiert Wilhelm Dilthey in seiner Abhandlung „Über die Möglichkeit einer allgemein gültigen pädagogischen Wissenschaft", dass weder die Zusammenhänge des Seelenlebens so aufgedeckt seien, dass man durch vorgegebene Erziehungsmaßregeln in dieses eingreifen könne, noch eine allgemein gültige Ethik gefunden sei, die die Ziele des Menschen verbindlich angeben und bestimmen könne, was er sei (Lenzen 1989, 1193). Seine Antwort auf die normative Pädagogik ist die geisteswissenschaftliche Pädagogik, die sich später ihrerseits die Kritik gefallen lassen musste, zur Problematik der Normen inneralb der Pädagogik nicht Stellung bezogen zu haben.

4.1.2 Geisteswissenschaftliche Pädagogik

Ihren größten Einfluss hat sie nach dem ersten Weltkrieg, dieser bleibt – unterbrochen durch den Nationalsozialismus – bis in die 60er Jahre bestehen. Ursprung ist die Philosophie Wilhelm Diltheys (1833–1911), der als Vater der modernen Geisteswissenschaft bezeichnet wird: Er grenzt sie erstmals von den Naturwissenschaften und den normativen Wissenschaften (Theologie und Ethik) ab. Seinem Verständnis nach geht es ihr nicht um das Erklären im Sinne mathematischer Gesetzmäßigkeiten, sondern um das **Deuten** und **Verstehen** menschlichen Handelns.

„Nun unterscheiden sich zunächst von den Naturwissenschaften die Geisteswissenschaften dadurch, dass jene zu ihrem Gegenstande Tatsachen haben, welche im Bewusstsein als von außen, als Phänomene und einzeln gegeben auftreten, wogegen sie in diesen von innen, als Realität und als ein lebendiger Zusammenhang originaliter auftreten. Hieraus ergibt sich für die Naturwissenschaften, dass in ihnen nur durch ergänzende Schlüsse, vermittels einer Verbindung von Hypothesen ein Zusammenhang der Natur gegeben ist. Für die Geisteswissenschaften folgt dagegen, dass in ihnen der Zusammenhang des Seelenlebens als ein ursprünglich gegebener überall zugrunde liegt. **Die Natur erklären wir, das Seelenleben verstehen wir.** [...] Dies bedingt eine sehr große Verschiedenheit der Methoden, vermittels deren wir Seelenleben, Historie und Gesellschaft studieren, von denen, durch welche die Naturerkenntnis herbeigeführt worden ist" (Dilthey 1957, 143).

Hieraus resultiert als wissenschaftliche Methode der Erkenntnisfindung die **Hermeneutik** (von *hermeneuein:* auslegen). Im 18. Jh. von Schleiermacher (1768–1834) erstmals ausführlich behandelt, erhebt Dilthey sie zur Hauptmethode. In der Geisteswissenschaft ist die Hermeneutik nicht nur im engeren Sinn als Textdeutung, Schriftauslegung und Interpretation zu verstehen, sondern auch als allgemeines Verfahren zur Sinnfindung und Analyse der Erziehungswirklichkeit.

Die hermeneutische Vorgehensweise bedingt, dass die Deutung immer vom jeweiligen Vorverständnis des Interpretierenden abhängt. Durch die gewonnenen Ergebnisse kann sich das Vorverständnis bestätigen, es kann aber auch widerlegt oder zumindest modifiziert werden – eine neue Ausgangsbasis für die folgenden Deutungen. In dieser Weiterentwicklung des Verständnisses, auch unter Miteinbeziehung zusätzlicher biographischer oder geschichtlicher Daten, durchdringt der Hermeneut verschiedene Bedeutungsschichten – seine Überlegungen verlaufen spiralenförmig (**hermeneutische Spirale** – früher: hermeneutischer Zirkel). Die Problematik dieser Methode ist offenkundig: Da es sich bei der Hermeneutik um eine Interpretation der Wirklichkeit handelt, können Erkenntnisse nicht empirisch belegt werden, Vertreter und Kritiker unterliegen gleichermaßen ihrem bestimmten, sinndeutenden Vorverständnis.

Ein wesentliches Feld ist dabei das Bewusstsein der **Geschichtlichkeit** aller pädagogischen Tatsachen, die nur vor dem Hintergrund ihrer Vergangenheit richtig gedeutet werden können. Zwar ist die Erziehungswirklichkeit historisch gewachsen, dennoch gibt es keinen „linearen wissenschaftlichen Fortschritt" (Jank/Meyer 1991, 117) hin zu einem perfekten Modell. In der neueren geisteswissenschaftlichen Pädagogik kommt neben dem historischen zudem die Forderung nach einem ideologiekritischen Ansatz zum Tragen, um nicht nur rückblickend festzustellen, was vorhanden ist, sondern die Gegenwart im Hinblick auf die Zukunft, also was sein könnte, auszurichten (ebd., 118).

Ein weiteres Element der geisteswissenschaftlichen Pädagogik ist der besondere **Stellenwert der Praxis**. Ausgehend von der Tatsache, dass in der Geschichte die Praxis lange vor einer Theorie Bestand hatte, Theoriebildung also ein sekundärer Prozess ist und erst aufgrund des in der Praxis Erfahrenen erfolgt, wird in der geisteswissenschaftlichen Pädagogik der Praxis ein eigener, von der beobachtenden und beurteilenden Erziehungswissenschaft unabhängiger Wert zuerkannt: „Die Dignität der Praxis ist unabhängig von der Theorie; die Praxis wird nur mit der Theorie eine bewusstere" (Schleiermacher 1983, 11). Deshalb lehnt die geisteswissenschaftliche Pädagogik alle normativen Positionen ab, die ihre Theorien von übergeordneten Glaubenssätzen oder Lehren ableiten (seien es religiöse oder weltliche Anschauungen, wie

z. B. die Anthroposophie), denn diese setzen voraus, dass Praxis nur anhand fester Richtlinien ‚funktionieren' kann.

4.1.3 Kritische-rationale/empirische Pädagogik

Diese erziehungswissenschaftliche Richtung ist von einem ausgesprochenen Realismus gekennzeichnet, der Wissenschaftsbegriff wird sehr eng definiert. Schon 1962 spricht Heinrich Roth von der „realistischen Wendung" in der Erziehungswissenschaft, die 1971 von Wolfgang Brezinka genauer beschrieben wird: Pädagogische Theoriebildung findet auf drei Ebenen statt, in der Erziehungswissenschaft, in der Philosophie der Erziehung und in der Praktischen Pädagogik. Nur auf der ersten Ebene kann man von Wissenschaft sprechen, weil nur sie „das Erkenntnisideal, den Wissenschaftsbegriff und die methodologischen Voraussetzungen habe, die allen Erfahrungswissenschaften anerkannt würde" (Gudjons 1993, 33). Wertende Deutung genauso wie die Aufstellung von Normen gehören nach Brezinka nicht zu den Aufgaben von Wissenschaft – eine deutliche Abgrenzung zur geisteswissenschaftlichen Pädagogik. Die Absicht der Erziehungswissenschaft besteht demnach darin, Erkenntnisse erziehungstechnologischer Art wie z. B. Kausalzusammenhänge und Zweck-Mittel-Relationen zu gewinnen und in Modellen der Praxis verfügbar zu machen, also pädagogisches Handeln vorhersehbar und planbar zu gestalten.

Ein empirisch-analytisch orientierter Wissenschaftler, Aloys Fischer, beschreibt diese Vorgehensweise wie folgt (zit. nach Jank/Meyer 1991, 102):

„Am Anfang aller Wissenschaft muss man also beschreiben, d. h. fragen, was die mit den Worten des betreffenden Gebietes bezeichneten Dinge und Sachverhalte sind; und zwar die Sachverhalte in ihrer natürlichen vortheoretischen Gegebenheit, als ‚Tatsachen', welche die Probleme der jeweils in Frage kommenden Wissenschaft noch enthalten, erst möglich machen [...].
Wir stellen also auch in der Pädagogik die Frage: Was ist Erziehung? Einwirkung auf andere? Lesen? Deklamieren? Rechnen? Wir stellen die Frage am Anfang der Forschung, um die Objekte, um deren Theorie es sich handeln soll, so kennen zu lernen, wie sie gegeben sind. [...]
Die Tatsachen müssen jedoch darüber entscheiden, welche Begriffe auf sie angewandt werden dürfen; dazu aber müssen diese Tatsachen selbst in einer nicht schon mit Hilfe von ‚Theorien' (wenn auch vulgären und infolge ihrer universellen Verbreitung gern übersehenen Theorien) vollzogenen Beschreibung festgestellt worden sein."

Anerkannt wird also nur, was empirisch belegbar ist (das griechische Wort *empeiría* bedeutet Erfahrung), metaphysische oder normative Aussagen sind nicht Gegenstand der Wissenschaft. Der kritische Rationalismus als besondere Form der empirisch-analytischen Wissenschaften schränkt die oben zitierte Vorgehensweise ein: Sobald ‚Tatsachen' in irgendeiner Weise sprachlich erfasst werden, sind sie durch das Vorverständnis des ‚Sprechenden' und die Interpretationen des ‚Hörenden' bereits gedeutet. Bei einer Hypothesenbildung muss daher ein klar definierter Begriffsapparat als Werkzeug abgesprochen werden.

Zur Überprüfung der Hypothese dient das Prinzip der Falsifikation: Als wahr gilt zunächst alles, was nicht widerlegt werden konnte (zum Vergleich: Die gegenteilige Methode wäre die Verifikation: wahr ist, was sich in unzähligen Versuchen und Überprüfungen als richtig erwiesen hat – nach dem Motto: tausendmal probiert ...). Statt verstehender Deutung sind hier also die wesentlichen Methoden zu Erkenntnisfindung: Erklärung und Prognose. *Kritisch* meint in diesem Zusammenhang die immer erneute Überprüfung getroffener Aussagen und Gesetzmäßigkeiten durch Falsifikationsversuche, *rational* bezieht sich auf die Erklärungsweise dieser Wirklichkeit in Gesetzen, Modellen, Hypothesen oder Theorien.

Auch diese erziehungswissenschaftliche Richtung musste sich mit Kritik auseinandersetzen: Durch das Formulieren von Gesetzmäßigkeiten für Unterricht und Erziehung werden Lernprozesse oder das Interaktionsgeschehen im Unterricht schematisiert und technisiert, das Kind wird manipuliertes Erziehungsobjekt. In der Ausklammerung pädagogischer Zielfragen und der groben Vereinfachung komplexer pädagogischer Probleme werde Erziehung zu sehr reduziert. Die Ableitung von konkreten Lernhandlungen nach dem Reiz-Reaktions-Schema (Behaviorismus) verallgemeinere individuelles pädagogisches Handeln zu stark.

4.1.4 Die Schulpädagogik innerhalb der Erziehungswissenschaft

Beim Versuch einer umfassenden Gliederung der Erziehungswissenschaft stößt man schnell an Grenzen. Die vorliegende Gliederung versucht, zwei Schemata von Dietrich (1992) und Lenzen (1989, 1114) zu verbinden (s. Schaubild S. 72):

● **Vier Hauptrichtungen** gliedern die Erziehungswissenschaft in sogenannte „**Subdisziplinen**": *Allgemeine oder Systematische Pädagogik, Historische Pädagogik, Vergleichende Pädagogik und Besondere Pädagogik*, wobei letztere nach einzelnen Fachgebieten differenziert ist, die sich als gleichwertige Teilgebiete in Forschung und Lehre etabliert haben. Während sich die Allgemeine Pädagogik mit den Grundlagen, den philosophischen und anthropologischen Voraussetzungen von Erziehung und Bildung beschäftigt, behandeln die Richtungen der Besonderen Pädagogik diese Gesichtspunkte unter

Berücksichtigung spezifischer Problemfelder oder Institutionen (Schulpädagogik, Sonderpädagogik, Sozialpädagogik etc.).

● Auf der zweiten Ebene stehen diejenigen **Fachrichtungen**, die noch nicht den Stand einer Subdisziplin erreicht haben; sie sind zum Teil ‚konjunkturabhängig'. Neben den im Schaubild genannten gibt es noch die Friedens-, Umwelt-, Museums-, Kulturpädagogik u. a. Die Spezialisierung auf eng umgrenzte Fachbereiche macht den höheren Praxisbezug im Vergleich zu den Subdisziplinen deutlich. Die Fachrichtungen der zweiten Ebene lassen sich unter verschiedenen Gesichtspunkten einzelnen Subdisziplinen zuordnen, sie bilden aber keine direkten Unterdisziplinen (so befasst sich die Schulpädagogik z. B. mit Schul-, Lehrplan- und Unterrichtstheorie und bezieht sich z. B. auch auf Interkulturelle oder Medienpädagogik; diese sind aber keine ‚Ableger' oder Teilgebiete der Schulpädagogik).

● Die **Praxisfelder** der dritten Ebene stehen in direktem Bezug zur Anwendung: Einzelne spezialisierte Themenkreise sind als ‚n-Erziehung' in ihrer Bedeutung anerkannt und hängen eng mit den Fachrichtungen zusammen, spielen aber vor allem in der Erziehungspraxis und weniger in der Forschung eine wesentliche Rolle.

● Die in diesem Zusamenhang ebenfalls zu erwähnenden **Konzepte** wie Reform-, Waldorf- oder Montessoripädagogik, antiautoritäre oder anarchistische Erziehung sind weder in eine pädagogische Richtung noch in ein Praxisfeld direkt einzuordnen, vielmehr stehen sie als eigenständige, sich abgrenzende ‚Lehren' einzelner Pädagogen neben der allgemeinen Entwicklung. Als Antwort ihrer Zeit auf bestehende pädagogische Probleme und Tendenzen haben sie die nachfolgende Entwicklung beeinflusst, sich aber nicht immer als zukunftsträchtige Alternativen bewährt. Ebenfalls weiter verwandt sind Disziplinen wie die pädagogische Psychologie, pädagogische Soziologie oder andere, die als Schnittmenge zweier oder mehrerer Disziplinen nicht direkt zur Erziehungswissenschaft i. e. S. gehören – es sei denn man spricht von den Erziehungswissenschaften.

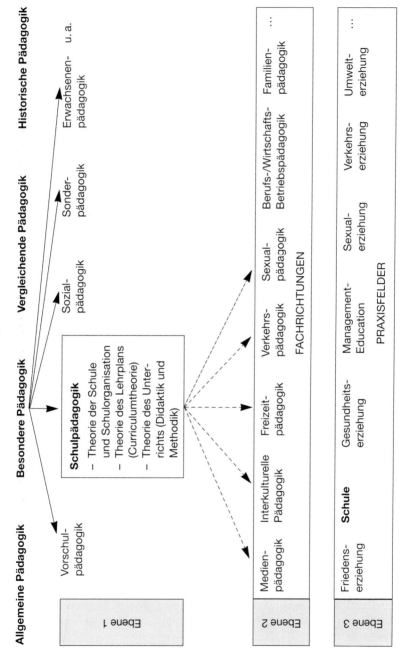

4.2 Überblick über die Geschichte der Pädagogik

*Wer nicht von dreitausend Jahren
Sich weiß Rechenschaft zu geben,
Bleib im Dunkel unerfahren,
Mag von Tag zu Tag leben.*

Johann Wolfgang v. Goethe

Ein Blick in die Geschichte der Pädagogik kann vielleicht dazu beitragen, mehr Verständnis für unsere heutigen Probleme zu gewinnen. Dieser sehr kursorische und holzschnittartige Überblick soll wichtige Epochen in kurzen ‚Steckbriefen' skizzieren und in Portraits einzelner Pädagogen grobe Züge der Entwicklung aufzeigen – und dadurch anregen, sich mit einzelnen Pädagogen, einzelnen Epochen oder bestimmten Entwicklungen anhand von spezieller Literatur vertieft auseinanderzusetzen.

Die Antike

Pädagogische Grundbegriffe wie Didaktik und Methodik stammen zwar, sprachgeschichtlich betrachtet, aus dem Altgriechischen, sind aber in ihrer heutigen Bedeutung Wortschöpfungen neuerer Zeit. Dennoch stellt sich natürlich die Frage nach ihrem Ursprung, überhaupt nach der Herkunft unseres pädagogischen Denkens. Überlieferungen gibt es erst seit dem Altertum (700 v. Chr. bis 300 n. Chr.) und nur in Form von Dichtung, Philosophie und bildender Kunst – nicht unbedingt ein repräsentativer Querschnitt durch die damalige Bildungslandschaft. Was wohl der bedeutendste Unterschied zu unserer – durch tausendjährige christlich-abendländische Erziehung geprägten – Vorstellung von Bildung ist: Das Ziel war immer *„politische Bildung, Ertüchtigung im Dienste des Gemeinwesens, der Polis"* (Blättner 1973, 13). Die neuzeitliche Trennung von Kirche und Staat und damit zunächst auch die Trennung von Bildung und Staat (bis fast zur Aufklärung war Bildung allein Sache des Klerus) ist dem Griechen und Römer fremd, die Religion ist mehr oder weniger Beiwerk des Staates, nicht übergeordnete Macht. Belege für antike Formen der Erziehung finden sich bereits in Homers großen Epen *Ilias* und *Odyssee* (Niederschrift 8. Jh. v. Chr.) als Mixtur von höfisch-ritterlichen Tugenden: Rhetorik, Tanz und Gesang sind ebenso wichtig wie das Erlernen verschiedener Kampfdisziplinen und sportliche Ertüchtigung. Der adelige Jüngling durchlief seine Lehrjahre oft auf Reisen und immer unter der Obhut eines ‚Betreuers'. Die Gemeinschaft der Adligen ist noch kein festgefügter

Staat, sodass es beständig darum geht, sich und seine Stellung zu behaupten, Ruhm und Tapferkeit sind übergeordnete Ziele. Eine institutionalisierte Form der Erziehung gibt es nicht. Ausnahme: Sparta. Dieser Sonderstaat zieht seine Jugend nicht zu Einzelhelden, sondern zu Soldaten heran, zu einem streng ausgebildeten und staatstragenden Heer. Doch dieser Drill überdauert nicht lange, das „Erbe des griechischen Altertums" kommt schließlich aus Athen. Hier weicht der Adel einem organisierten Rechtssystem; Philosophie und Literatur, aber auch Mathematik und Logik zeugen von Kulturreichtum und Geist, von einem Streben nach Weltverständnis und dem Schaffen einer kosmischen Ordnung. Schon im 6. Jh. scheint die Jugend nicht mehr nur noch kriegerisch erzogen worden zu sein, die Städter, häufig wohlhabende Grundbesitzer, unterrichten ihre Kinder in gymnastischen Übungen (Laufen, Diskuswerfen, Ringkampf), aber auch Gesang, Tanz und Instrumentalunterricht gehören zur Ausbildung.

Im Laufe des 5. Jh. genügt die gymnastische und musische Bildung allein nicht mehr, die komplizierten staatlichen Verhältnisse verlangen besser Gebildete. Diese ‚Marktlücke' erobern die Sophisten, sie schaffen einen neuen Berufsstand und bieten – selbstverständlich gegen Geld – die Künste der Rede, der Argumentation und das dazu nötige Wissen (Grammatik, Rhetorik, Dialektik, Astronomie, Mathematik und Musik) an. Diese neue Form der Erziehung und Bildung der Jugend etabliert sich nach und nach durch bekannte Lehrer wie Gorgias, Protagoras, Isokrates bis hin zu Aristoteles. Hier wird der pädagogische Grundstein für die ‚sieben freien Künste' (septem artes liberales) gelegt, die das mittelalterliche Bildungssystem ausmachten, während die musisch-gymnastische Bildung ihren politischen Sinn mit dem gesellschaftlichen Wandel verliert. Die Methode der Sophisten, der Vortrag, wurde durch das Auftreten von Sokrates erschüttert, mit seiner Fragetechnik und den Dialogen, in die er die Bürger Athens verwickelte, „enthüllte er die sophistische Wissenschaft als Nichtwissen, aber als ein Nichtwissen, das sich als Wissen ausgab" (ebd., 22). Sein Wissen war das Denken, nicht Ergebnis, sondern Weg.

Sokrates' Schüler und Nachfolger Platon verwirklicht diese neue Lehrform in seiner Akademie, in der sich Gleichstrebende in Frage und Antwort selbst bildeten. Die Statik der Schrift steht dem im Wege, die Schulpraxis hatte nur im gesprochenen Wort, im Dialog Sinn. Durch den ständigen Austausch soll die Erkenntnis der Tugend und des Guten ermöglicht werden und so zu einem höheren Menschen erzogen werden. Dabei kommt es weniger auf ein Ergebnis im Sinne philosophischer Begriffe an als vielmehr auf die vollzogenen Denkbewegungen, die den Menschen letztlich zum politischen Handeln befähigen. „Niemand täte wissend das Ungerechte" (Platon) sagt Sokrates und meint: Nur wer durch Gespräch und Besinnung das menschlich-sittliche Wesen erkannt hat und ergriffen ist, ändert sein Leben und verwirklicht im

Staat die Gerechtigkeit. Platon macht in der Folge deutlich, dass nicht nur die rechte Erkenntnis von Bedeutung ist, sondern deren Umsetzung im rechten Handeln. Er erkennt den Menschen als durch Leidenschaften und Vernunft hin- und hergerissen und schlussfolgert: Es muss ein Gleichgewicht zwischen Vernunft, Ehrliebe und Sinnlichkeit hergestellt werden und alle drei zum Guten geführt werden, um Tugend und Gerechtigkeit zu erreichen. Wenn jeder das Seine dazu tut und sich gleichzeitig dem Ganzen unterordnet, kann im Staat die Gerechtigkeit umgesetzt werden. So sind letztlich nicht Gesetze oder Verfassungen nötig, sondern Erziehung der Menschen. Für Plato hat diese Forderung großes Gewicht, er gibt ähnlich wie andere große Pädagogen der Erziehung Sinn und Ziel. Platon setzt in seinem Werk ‚Der Staat' genau auseinander, wie die Erziehung aufgebaut sein soll: Er bezieht die alten Disziplinen Musik, Dichtung und Gymnastik ausdrücklich als erste Stufe mit ein, dazu kommen aber noch die mathematischen Fächer Arithmetik, Geometrie und Astronomie sowie als letzte Stufe die Dialektik.

Das Mittelalter

Obwohl den zwei Epochen Mittelalter und Antike auf den ersten Blick nur sehr wenig gemeinsam zu sein scheint, gibt es doch ein wesentliches Bindeglied: die ‚septem artes liberales' (sieben freie Künste), die als allein gültiger Lehrkanon bis zur Aufklärung überdauern. Dahinter verbirgt sich eine Weltanschauung, die den Menschen und sein Wissen in den Mittelpunkt rückt, und glaubt, alles, was es zu wissen gibt, bereits entdeckt zu haben. Über ein Jahrtausend hin werden diese sieben Disziplinen als Allgemein- und Grundwissen vermittelt.

Trivium: lingua	Quadrivium: artes reales
1. Grammatik	4. Arithmetik
2. Rhetorik	5. Geometrie
3. Dialektik (Logik)	6. Astronomie
	7. Musik

Für das Attribut *frei* gibt es mehrere Übersetzungen: frei im antiken Sinn als Gegensatz zu den Versklavten, denen diese Bildung nicht zugänglich war, be‚frei'end für den Lernenden, der seinen Geist durch das neue Wissen aus der Unwissenheit erhebt (dies ist vor allem die Herleitung des Humanismus), aber auch als etymologischer Übersetzungsfehler: *liberales* als Ableitung von *liber*, lateinisch das Buch. Gerade diese fälschliche Übersetzung führt zu einer Überbewertung des sprachlichen Anteils der Bildung und dem ständi-

gen Bezugspunkt zur Heiligen Schrift. Erzieherisches Ziel war Übung und Nachahmung des bereits Bekannten; in einem streng angeordneten Lehrgang wurde der Lernende nacheinander durch alle Disziplinen geführt. Die Unterrichtssprache Latein ist nicht zu vergleichen mit der heutigen Auffassung von Lateinunterricht – als liturgischer Bestandteil der Gottesdienste war das Lateinische jedem vertraut, im Unterschied zum schriftsprachlichen Latein der Antike (Cicero etc.) ist das Mittellatein durchaus auch zur unterrichtlichen Konversation geeignet. Zunächst dienen „*die Schulen des frühen Mittelalters der christlich-frommen Erziehung der Priester und Mönche, [...] Lesen und Lernen ist Gottesdienst und Sorge für die Seele*" (Blättner 1973, 41). In Kloster-, Dom- und Stiftsschulen besteht bald schon auch für Laien, vornehmlich Adlige, die Möglichkeit zur Teilnahme am Unterricht, immer aber unter klerikaler Obhut. Neben dieser rein kirchlichen, wissenschaftlichen Bildung gibt es für Laien auch weltliche Bildungswege: Ritter, Handwerker und Kaufleute entwickeln sehr bald eigene Erziehungsformen zum Erhalt ihres Standes und der Weitergabe spezifischer Kenntnisse. Zwar orientieren sich diese ‚Ausbildungen' (Page – Knappe – Ritter, Lehrling – Geselle – Meister) ebenfalls an den septem artes, legen den Schwerpunkt aber eher auf nichtschriftliche Qualifikationen wie militärisch-administrative Aufgaben in der Ritterschaft oder Werkregeln und technisches Vermögen im Handwerk.
Ab Mitte des 14. Jahrhunderts wird das didaktische Prinzip der septem artes auch an den Universitäten weitergeführt: Erst nach der für alle Studenten verpflichtenden Durchgangsfakultät, der ‚Artistenfakultät' zur Vervollständigung des Grundwissens, konnte eine der drei Berufsfakultäten zum Studium von Theologie, Jura oder Medizin besucht werden.

Renaissance – Humanismus – Reformation

Die ‚Renaissance' als Wiedergeburt der Antike bringt Verweltlichung in allen Lebensbereichen mit sich: angefangen von der Kunst über die Literatur bis hin zur Umgestaltung der schulischen Bildung. Hier findet ein neues Lebensgefühl Ausdruck, das den Menschen und seine Bedürfnisse mehr in den Mittelpunkt rückt. Selbst theologische Begründungen finden sich: „Christus selbst ist Mensch geworden, was gibt es darum Höheres in Gottes Welt als den Menschen?" (ebd., 43). Dieser Humanismus entwertet die zuvor gebräuchlichen und anerkannten Formen der Bildung, das „barbarische Kirchenlatein" (Blankertz 1992, 19) wird durch das edle klassische Latein des Cicero ersetzt, statt der Heiligen Schrift studiert und interpretiert man nun antike Literatur. Parallel dazu ändern sich die gesellschaftlichen Strukturen hin zu einem starken, angesehenen Bürgertum, das ebenfalls Bildung für sich in Anspruch nimmt. Luthers Bibelübersetzung und gleichzeitige Forderung, dass jeder Mensch selbst Gottes Wort lesen können solle, nimmt dem Klerus sein „Sprachmonopol" und ist „das erste Argument für eine allgemeine Unterrichtspflicht" (ebd.). Die zunehmende Funktionslosigkeit des Lateins für alle weltlichen Schüler sowie die Glaubensspaltung erfordern eine schulische Neuordnung: Es werden, um der Forderung nach einer Elementarbildung für jedermann nachzukommen, einfache Schulen eingerichtet, die konfessionsgebundenen ‚Religionsunterricht' erteilen und rudimentäre Schreibkenntnisse vermitteln – alles noch zum Zweck des Bibelstudiums und der Beherrschung des Katechismus. Die Gegenreformation bringt mit den Jesuiten einen mächtigen und sehr erfolgreichen Schulorden hervor, dem wir u. a. den Vorläufer aller schulischen Notensysteme verdanken (vgl. Gonschorek 1979). Mit der zunehmenden Abkehr von einem theologisch-dogmatisch definierten Weltbild beginnt sich allmählich auch das Verständnis von Wissenschaft zu verändern; Philosophie, aber vor allem die Naturwissenschaft gewinnen immer mehr an Bedeutung. Denker und Forscher wie Kopernikus (1473–1543), Galilei (1564–1642), Kepler (1571–1630) und Descartes (1596–1650) zeugen von einer Epoche des intellektuellen Umbruchs und der geistigen Neuorientierung. Auch auf dem Gebiet der Pädagogik ist Umdenken angesagt, das Leid der Religionskriege hat die Sehnsucht nach einer friedlichen Zukunft geweckt, die in und durch die Jugend verwirklicht werden soll. Bedeutender Pädagoge dieser Generation und Verfechter einer neuen, friedensstiftenden Bildung für alle war **Jan Amos Komensky**, lateinisiert **Comenius**. In seinem umfassenden pädagogischen Werk weist er schon weit voraus und legt den Grundstein für spätere pädagogische und didaktische Entwicklungen.

Jan Amos Comenius (1592–1670)

Leben: In Nivnitz (Böhmen) geboren, studiert Comenius 1611 bis 1613 an den Universitäten Herborn und Heidelberg, wird 1614 Leiter der Lateinschule von Prerau und ab 1616 Pfarrer in Fulneck. 1618 beginnt der Dreißigjährige Krieg, infolge dessen Comenius 1620 aus Böhmen fliehen muss und Familie und Besitz verliert. Nach jahrelanger Wanderschaft findet er 1628 in Lissa (Polen) ein neue Heimat, wird dort 1632 Bischof der Brüdergemeinde und 1635 Prorektor der Schule. Es folgen Reisen durch Europa: 1641 Empfang durch das Parlament in London, 1642 Einladung nach Holland, wo er Descartes trifft, 1646 Reise nach Schweden mit königlicher Audienz, von 1650 bis 1654 Aufenthalte in Ungarn. Im schwedisch-polnischen Krieg erlebt Comenius die Zerstörung Lissas, erneut verliert er seine Habe und flüchtet nach Amsterdam. 1668 gründet er die Königliche Akademie der Wissenschaften in London, bevor er 1670 in Amsterdam stirbt.

Werke: 1623 „Das Labyrinth der Welt und das Paradies des Herzens", 1632 Didacta magna (große Unterrichtslehre), 1633 Schola materna („Der Mutter Schul"), 1641/42 Via lucis (Licht der Erkenntnis), 1658 Orbis sensualium pictus (gemalte Welt, Schulbuch).

Lehre: Jahrelange Not und Grausamkeit des Krieges hatten Comenius geprägt und tief erschüttert, er fordert einen Sinneswandels der Menschheit, den er in seinem pädagogischen Werk zu verwirklichen versucht. Seine Erziehungsideale gründen in einem tiefen Glauben: Gott ist Ursprung allen Seins, der Mensch als sein Abbild muss danach trachten, es ihm gleichzutun. Anleitung dazu findet er in Gottes Werk, der Natur, die durch die Wissenschaft erkundet werden soll. So wie der Baumeister, der Apotheker oder der Maler die Gesetze und die Materialien der Dinge kennt und sie zweckmäßig gebraucht, muss auch der Lehrer von der Natur lernen und so die Methode finden, *„wie mit Erfolg zu lehren ist"* (Blättner 1968, 64). Nach diesem Schema der Imitation entwickelt Comenius seine Unterrichtslehre und findet Prinzipien wie Beachtung des Kindes, Fortschreiten vom Leichten zum Schweren, Lebensbedeutsamkeit (Nutzen) des Lernens, Sinn und Bedeutung der Anschauung (die er durch sein Lehrbuch ‚orbis pictus' mit gemalten Bildern umsetzt) etc. Ebenfalls neu ist die Forderung nach Klassenunterricht und „der kunstgerechten Anordnung von Zeit, Stoff und Methode" (Murtfeld 1975, 15). Das zu lehrende Wissen gliedert sich nicht mehr in ein strenges Nacheinander, sondern wird als zusammenhängendes System, als harmonisch geordnete Welterkenntnis aufgefasst:

Pansophie. Die „naturgemäße" Schule vermittelt deshalb in differenzierter Weise allen Schülern alles; sie baut sich in vier Stufen auf: die Mutterschule (Lernen im Elternhaus bis zum 6. Lebensjahr) und die Muttersprachschule (7.–12. Lj) für alle, danach je nach Begabung Lateinschule/Gymnasium (13.–18. Lj.) und Universität (18.–24. Lj.) oder handwerkliche Lehre und Wanderschaft. Übergreifendes und von Gott gestelltes Ziel des Unterrichts: Der Mensch soll gebildet, tugendhaft und fromm sein. *„Der Same dieser drei Dinge: Bildung, gute Sitten und Frömmigkeit wohnt uns von Natur inne."* Um diesen Samen aufgehen zu lassen, ist Unterweisung in Form von Unterricht nötig; Comenius fordert: *„Nicht die Kinder der Reichen allein oder die der Vornehmen, sondern alle in gleicher Weise, Adlige und Bürgerliche, Reiche und Arme, Knaben und Mädchen in Städten und auf dem Lande sind zur Schule zu schicken"* (Blättner 1973, 63), damit sie in *„Menschenwerkstätten"* nach seinen didaktischen Regeln der Lehrkunst, die Maschinen abgeschaut sind, bearbeitet werden.

Gerade diese letzten Aspekte einer „Maschinendidaktik" ergeben eine erweiterte, eine andere Sicht auf Comenius. Und da er als einer der Väter der Didaktik gilt, wollen wir dieses Bild hier doch kurz skizzieren (vgl. zum Folgenden Comenius 1959 [orig. 1657], 1960 [orig. 1681], 1982 [orig. 1657], Schaller 1962 und Adam 1988).

Einer der letzten Übersichten über die gängigen didaktischen Modelle ist – quasi als Motto – ein Zitat von Comenius vorangestellt:

„*Erstes und letztes Ziel unserer Didaktik soll es sein, die Unterrichtspraxis aufzuspüren und zu erkunden, bei welcher die Lehrer weniger zu lehren brauchen, die Schüler dennoch mehr lernen; und bei der in den Schulen weniger Lärm, Überdruss und unnütze Mühe zugunsten von mehr Freiheit, Vergnügen und wahrhaftem Fortschritt herrscht*" (zit. nach Gudjons/Teske/Winkel 1980, 8).

Im Jahre 1657 veröffentlicht Johan Amos Comenius seine berühmte „Große Didaktik" – „die vollständige Kunst, alle Menschen alles zu lehren" (Neuausgabe 1960 und Stuttgart 1982). Ähnlich wie Wolfgang Ratke (1571–1655) behauptet er, eine völlig neue Lehrkunst entwickelt zu haben, die in der Natur des Menschen gegründet sei und die gewährleiste, dass alle alles lernen können. Die dazu nötigen Regeln will er – siehe das Motto oben – nicht neu konstruieren, er will sie aufspüren und erkunden, da sie ja a priori vorgegeben seien, „… es seien nur noch aus der eigenen und unveränderlichen Natur der Dinge die Regeln der Lehrkunst abzuleiten und das Haus der Didaktik entsprechend dem ihm in der Ordnung des Universums vorgezeichneten Plan zu entwerfen und auch zu errichten" (Comenius 1960, 11). Die „Didactica Magna" stellt zusammen mit einer anderen Schrift einen beeindruckenden Versuch dar, eine nach „*mechanischen Gesetzen konstruierte didaktische Maschine*" zu entwerfen. Der vollständige Titel der anderen Schrift lautet: „Der Ausweg aus den Schullabyrinthen ins Freie oder eine nach mechanischen Gesetzen konstruierte didaktischen Maschine, welche so eingerichtet ist, dass man (beim Lehren und Lernen) nicht auf der Stelle haften bleibt, sondern vorankommt" (Comenius 1959).

Besonders deutlich wird dies, wenn Comenius die perfekteste Maschine seiner Zeit, die Uhr, als Modell wählt: „*Alles wird ebenso leicht und bequem gehen wie die Uhr, wenn sie von ihrem Gewicht richtig reguliert wird; ebenso angenehm und erfreulich wie der Anblick einer solchen Maschine angenehm und erfreulich ist; und mit derselben Sicherheit schließlich, wie sie einem so kunstvoll ausgedachten Instrument eigen ist. Lasst uns also im Namen des Höchsten einen Typus von Schulen begründen, der einer kunstreich angefertigten, mit vielfacher Pracht gezierten Uhr genau entspricht*" (ebd., 77).

Die Kunst des Lehrens ist die kunstgerechte Anordnung von Zeit, Stoff und Methode (vgl. ebd.). In der Uhr sind alle Dinge „durch eine feste Verkettung so verbunden … dass durch eine Bewegung alles in Tätigkeit kommt" (1959, 111). Den Unterrichtsvorgang i. e. S. beschreibt Comenius mit dem Bild der *Druckerpresse* (er spricht in Analogie zur „Typographie" auch von „Didachographie"): „*In der Didachographie … verhält es sich folgendermaßen. Das Papier sind die Schüler, deren Verstand mit den Buchstaben der Wissenschaft*

gekennzeichnet werden soll. Die Typen sind die Lehrbücher und die übrigen bereitgestellten Lehrmittel, mit deren Hilfe der Lehrstoff mit wenig Mühe dem Verstande eingeprägt werden soll. Die Druckerschwärze ist die lebendige Stimme des Lehrers, der den Sinn aus den Büchern auf den Geist der Hörer überträgt. Die Presse ist die Schulzucht, welche zur Aufnahme der Lehren bereit macht und anspornt" (1982, 210).
Schulen insgesamt sind „Menschenwerkstätten" (ebd., 59, 63, 153). Kein Mensch sei von der „instandsetzenden Wartung" auszuschließen (1960, 27). Insbesondere sei aber bei den Kindern anzusetzen, sie können noch wie alles wachsende „leicht gebildet und gebogen werden" (ebd., 50). Durch geschicktes Ausnützen der natürlichen Bedürfnisse des Kindes kann dies weitgehend repressionsfrei geschehen; im Falle von Eigenwillen, Sinnlichkeit und Müßiggang muss allerdings härter durchgegriffen werden (1982, 181 ff.). Dem Entstehen von Störquellen muss vorgebeugt werden: durch Disziplin. Große Schülergruppen (bis 150 Schüler in einer „Klasse") müssen ständig kontrolliert werden (Katheder, Blickkontakt). Mechanische, kunstgerechte Zeitordnung, die nicht nur den Unterricht strukturiert, sondern vor Müßiggang bewahrt und zu Pünktlichkeit und Gehorsam erzieht, wird damit als Disziplinierungsmittel eingeführt. Der Lehrer wird als „Bewirker" verstanden, richtiges Lehren bedeutet, bewirken, dass jeder schnell, angenehm und gründlich lerne (1959, 33). Hinzu kommen Wettkampf, Prüfungen, Konkurrenz, Lob und Tadel als wirksame neue, zeittypische Disziplinierungsmittel. Schließlich dient auch die Auswahl der Unterrichtsinhalte und ihre Strukturierung der Disziplinierung. Die Funktion der Erziehung bestimmt sich bei Comenius aus einem dem Menschen übergeordneten Zweck, einem „himmlischen Bau", dem es die Kinder, „die lebendigen Steine Gottes" einzufügen gilt, indem sie „frühzeitig gebrochen, behauen, geglättet werden" (1982, 23).
Wir brechen hier den kurzen und notwendigerweise wohl auch verkürzenden und zu einseitigen Rückblick auf einen der Väter aller Didaktik ab (vgl. ausführlicher Adam 1988, Gonschorek 1993). Natürlich ist das nicht der ganze Comenius (siehe dazu oben). Aber deutlich geworden sollte sein, dass dies eine durch und durch „asubjektive" Didaktik ist (Schaller 1962). Beherrschung des Lernens ist nur unter der Bedingung der Ausschaltung der Subjekte denkbar. Die didaktische Ordnung bestimmt, was naturgemäß ist. Die Rede von der „Naturgemäßheit" – insbesondere dann, wenn die Natur des Kindes als sich dem Lernen widersetzende gesehen wird und von daher der Zwang zum Lernen mit dem Ziel der Erfüllung göttlicher Ordnung legitimiert wird – verschleiert den Zwangscharakter dieser Didaktik. Ihre Faszination gewann sie wohl zum Großteil aus ihrem Versprechen der Machbarkeit, der Berechenbarkeit und Voraussagbarkeit, der „kunsthandwerklichen" Beherrschbarkeit und damit bis zu einem gewissen Grade ihrer Lehrbarkeit.

J. A. Comenius: *Orbis sensualium pictus*, 1658 (Reprint 1978)

Eine typische „Erzeugerdidaktik" also (im Sinne von Heinze/Loser/Thiemann 1981, 12). Eine als Maschine gedachte Ordnung kann nur funktionieren durch „Maschinisierung des Menschen" (Adam 1988, 157). Pädagogik als Zurichtung des Menschen für die Gesellschaftsmaschine. Das „Maschinenparadigma" also als erster Höhepunkt oder als „Sündenfall" der Didaktik!?

Die Aufklärung – das 18. Jahrhundert

> „Aufklärung ist der Ausgang des Menschen aus seiner selbstverschuldeten Unmündigkeit. Unmündigkeit ist das Unvermögen, sich seines Verstandes ohne Leitung eines anderen zu bedienen" (Immanuel Kant).

Das Ideal des Comenius von einer Schule, die jedem offen steht und neben religiösen Inhalten auch naturwissenschaftliche Erkenntnisse vermittelt, bleibt vorerst Utopie: Bis ins 17. Jahrhundert steht Bildung noch unter der Autorität der Religion, Erziehung bemüht sich um Frömmigkeit, Gelehrsamkeit definiert sich durch Latein- und Schriftkenntnisse. Für das einfache Volk gibt es allenfalls die „Küsterschule", der Kirchendiener, Küster, erteilt nebenher – unter der Oberaufsicht des Pfarrers – einfachsten Unterricht, in dem er rudimentäre Lese- und Schreibkenntnisse zum Lesen des Katechismus und der Kirchenlieder beibringt. Aber die bereits durch Renaissance, Humanismus und Reformation eingeleiteten Tendenzen zu einem neuen, selbstbewussteren Menschenbild verstärken sich gegen Ende des 17. Jahrhunderts drastisch – der dogmatischen Autorität des göttlichen Rechts steht plötzlich in einer „*starken Verdiesseitigung des Lebens*" (Reble 1967, 124) die befreiende Erkenntnis des Naturrechts gegenüber. Zwei Geschichtsleitfäden um 1685 von Cellarius und Horn verdeutlichen dieses veränderte Menschenbild: Nicht mehr göttliche Fügung, sondern von Menschen vollbrachte Taten gestalten die Geschichte. Der Mensch wird von Vernunft gelenkt, und diese auszubilden soll neue Aufgabe der Erziehung werden. Bereits John Locke entwickelt eine fortschrittliche Pädagogik (1693: Thougts concerning Education), die neben körperlicher Gesundheit die moralische Charakterbildung, Tugend, Lebensart und Weisheit in den Mittelpunkt rückt, während das Wissen nur am Rande gewürdigt wird. Der Lehrer soll nicht nur lehren, „*sondern Liebe und Achtung für die Kenntnisse in dem jungen Menschen erwecken und ihm Wege weisen, wie er selbst Wissen erlangen kann*" (Blättner 1973, 86).

Das ganze 18. Jahrhundert ist durchzogen von verschiedenen, zum Teil gegensätzlichen pädagogischen Strömungen, die sich bestimmten religiösen, philosophischen oder wirtschaftlichen Erziehungszielen verschrieben haben, allen gemeinsam ist die erstmalige Thematisierung und Entwicklung eines Erziehungssystems als eigenständiger Lebensbereich. Die wenigsten dieser Schultheorien haben dauerhaften Bestand, beleben aber die öffentliche Diskussion und fördern die fortschreitende Weiterentwicklung. Exemplarisch für die vielen Versuche und pädagogischen Theorien sind zu erwähnen

- der Pietismus als religiös geprägte Richtung
- Merkantilismus und Industrieschulkonzepte
- bürgerliche Konzepte: Realschulen und Fachschulen
- Philanthropen mit Schulversuchen nach Rousseau

Aber nicht nur im engen Kreis der Philosophen und Gelehrten macht sich das neue Denken über die Erziehung bemerkbar. 1619 wird in Weimar, 1640 in Gotha und 1717 in Preußen eine Art Schulpflicht eingeführt, die aber nicht zu ernst zu nehmen ist, denn de facto gibt es viel zu wenige Lehrer und Schulen, außerdem muss ein Großteil der Kinder in der elterlichen Landwirtschaft mithelfen und besucht nur im Winterhalbjahr den Unterricht. In diesen deutschsprachigen Bauernschulen auf dem Land wird neben Religion, Lesen und Schreiben höchstens etwas Rechnen vermittelt, während in der Stadt anfangs weiterhin die kirchliche Lateinschule das Monopol innehat. Erst das „General-Landschulreglement" von 1763 legt endgültig die Schulpflicht und Unterrichtsbereiche fest. Einen guten Einblick in den Bildungszustand der Schulamtsbewerber gewährt ein Prüfungsprotokoll über eine Lehrerwahl, die 1729 in einem pommerschen Dorfe abgehalten wurde. Das Protokoll, wahrscheinlich von dem Geistlichen abgefasst, ist einem Haufen alter Akten entnommen und lautet (Fischer, 1892, 238 f.):

„*Nachdem auf geschehenes tötliches Ableben des bisherigen Schulmeisters sich nur fünf Liebhaber gemeldet, so wurde zuvörderst vom Pastor loci in einer Betstunde nach Matth. 18, 19–20 die Gemeinde zu herzlicher Erbittung göttlicher Gnade zu diesem wichtigen Geschäfte erinnert, sodann in der Kirche vor Augen und Ohren der ganzen Gemeinde die Singprobe mit denen Bewerbern fürgenommen und nach deren Endigung dieselben im Pfarrhaus von Endesunterschriebenen Personen noch weiter auf folgende Art und Weise tentiret:*

1. *Martin Ott, Schuster allhier, 30 Jahre des Lebens alt, hat in der Kirche gesungen*
    a) *Christ lag in Todesbanden*
    b) *Jesus meine Zuversicht*
    c) *Sieh, hier bin ich, Ehrenkönig*
    Hat aber noch viel Melodie zu lernen, auch könnte seine Stimme besser sein. Gelesen hat er Genesis 10, 26 bis aus, buchstabirte Vers 16 bis 29. Das lesen war angehend, im Buchstabieren machte er zwei Fehler. Dreierlei Handschriften hat er gelesen – mittelmäßig; drei Fragen aus dem Verstand beantwortet – recht; aus dem Catechismo de sc. coena und die 54. Frage recitieret ohne Fehler; drei Reihen dictando geschrieben – vier Fehler; des Rechnens ist er durchaus unerfahren.

2. *Jakob Maehl, Weber aus D., hat die Fünfzig hinter sich, hat gesungen*
    a) *O Mensch, bewein dein Sünde groß*
    b) *Zeuch ein zu deinen Thoren*
    c) *Wer nur den lieben Gott lässt walten*
    Doch Melodie ging ab in viele andere Lieder; Stimme sollte stärker sein, quekte mehrmalen, so doch nicht sein muss. Gelesen Josua 19, 1–7 mit 10 Lesefehlern; buchstabirte Josua 18, 23–26 ohne Fehler. Dreierlei Handschriften gelesen – schwach und mit Stocken; drei Fragen aus dem Verstand, hierin gab er Satisfaction. Aus dem Catech. Den Dekalog und die 41. Frage recitieret ohne Fehler; dictando drei Reihen geschrieben – fünf Fehler; des Rechnens auch nicht kundig.

3. *Philipp Hopp, Schneider aus G., schon ein alt gebrechlicher Mann von 60 Jahren, sollte lieber zu Haus geblieben sein, als sich dies vermessen. Hat gesungen:*
    a) *Ein Lämmlein geht*
    b) *Mitten wir im Leben*
    Stimme wie ein blöckend Kalb, auch öfter Malen in unrechte Lieder verfallen. Gelesen Josua 19, 7–13 – gar jämmerlich; buchstabierte 18, 22–23 mit viel Anstoßen, das große T ein Stein des Anlaufens, kam endlich rüber. Drei Fragen aus dem Verstand – blieb fest sitzen. Dreierlei Handschriften gelesen, schon im Anfang gesagt, dass er des nicht erfahren sei. Dictando nur drei Wöreter geschrieben – mit Mühe zu lesen. Rechnen ganz unbekannt, er zählte an den Fingern wie ein klein Kind. Wurde ihm gemeldet, dass er thöricht gehandelt habe, sich zu melden, was er auch mit Thränen und Seufzen bekannt.

4. *Johann Schütt, ein Kesselflicker von allhier, hat 50 Jahre des Lebens auf Erden gewandelt, und hat gesungen:*
    a) *O Ewigkeit, du Donnerwort*
    b) *Eins ist Noth*
    c) *Liebster Jesu, wir sind hier*

mit ziemlichem applausu. Gelesen und buchstabiret Genesis 10, 13–18, auch nicht uneben. Beim Catech. Bemerkte man, dass er sothanen Stücken noch nicht im exercitio stehet. Dicctando drei Reihen geschrieben – ging an, was Buchstaben betrifft, doch zehn Fehler! Des Rechnens nur im Addiren erfahren.
5. Friedrich Loth, ein Unteroffizier aus Schl., so im hochedlen von Grumkow'schen Regiment den Feldzug gegen die Schweden gemacht und alldort ein Bein verloren, 45 Jahre des Lebens alt, hat gesungen:
a) Christ lag in Todesbanden
b) Allein Gott in der Höh' sei Ehr'
gut, starke Stimme, doch fehlt die Melodie im Ganzen, fiel einmal in ein ander Lied. Dreierlei Handschriften fertig gelesen. Gelesen und buchstabiret Genesis 10, 13–18, ging ziemlich; Catech. – wohl inne. Vier Fragen aus dem Verstand – ziemlich. Dictando drei Reihen, doch mit acht Fehlern; Rechnen – Addiren und bischen Subtrahiren inne.

Es wurde nun einmütig davon gehalten, dass Jakob Maehl wohl der kapabelste, allein da derselbe fremd und ohne Vermögen, haben etliche Anwesende dem Pastori angelegen, dass er er zu einem bekannten Manne incliniren wolle, ob sie schon wissen, dass er die größte Mühe mit ihm haben werde, ihn zu informieren, er sei gar nicht so schlecht und erbötig, Informationen anzunehmen; item sei seine Aufführung bekannt und gut, wogegen den anderen, namentlich dem Kesselflicker, nicht zu trauen, sintemalen er viel durch die Lande streiche, dagegen der Kriegsknecht wohl die Fuchtell gegen die armen Kindlein zu stark zu gebrauchen in Verdacht zu nehmen sei, was denen mitleidigen Müttern derselben doch sehr in's Herz stechen und wehe tun könnte; auch sei zwischen rohen Soldaten und solchen Würmlein doch ein Unterschied zu setzen. Pastor ließ nun votieren und wurde Maehl einstimmig erwählet. Da nun selber Jakob Maehl allezeit bonae famae gewesen und die ganze Gemeinde Pastoren darum bitten, so gibt auch dieser im Vertrauen auf Gottes Segen gemeldetem Maehl sein votum ab. Nach abgelegten votis wurde solchem der Entschluss nebst erforderlicher Erinnerung und Vorhalten eröffnet, auch angezeigt, dass er flugs anziehen sollte. Hierauf wurde bei herzlichem Segenswunsche des Pastoris mit dessen und der ganzen Gemeinde Befriedigung, auch beiderseitigen Einigkeit solches Protokoll verfasset und unterschrieben"

Während die zwei Instanzen Klerus und Adel nach und nach an Bedeutung verlieren, entwickeln sich im 18. Jahrhundert drei kulturtragende grundlegende Systeme (nach Gudjons 1993, 61/Reble 1967, 125 ff.):

- Das **kulturelle System:** In Lebensstil und Kunst findet eine radikale Abkehr von der Schwere des Barock statt, „*die Epoche zeigt der Welt ein lachendes Gesicht, sie hat keinen Sinn für das Abgründige und Schaudernde in der menschlichen Seele*" (Reble 1967, 127) – Architektur, Malerei und Musik zeugen von Leichtigkeit, Lieblichkeit und Einfachheit. Dieser Optimismus spiegelt sich auch in der Wissenschaft wieder, vor allem Philosophie, Religion und Pädagogik sind von diesem Vernunfts- und Fortschrittsoptimismus angesteckt – der Mensch kann alles, wenn er die nötigen

Kenntnisse hat. Deshalb sollen Bildung und Erziehung allen zur Verfügung stehen – die allgemeine Volksbildung ist eine der Hauptforderungen der Aufklärung –, um die angestrebte Gleicheit der Menschen in die Tat umzusetzen.

- **Das politisch-administrative System:** Es entsteht der moderne, „weltliche" Verfassungsstaat. Die Idee des Staatsvertrags löst den zentralistischen Machtstaat des Barock ab, der Fürst trägt als „Landes*vater*" und „*Erzieher*" (ebd., 125) zum Wohl und der Aufklärung der Bürger bei, Förderung der Wirtschaft, Schulbildung und Hygiene werden vorrangig. Im Gedanken einer allgemeinen Menschenwürde, die durch den Staat gewährleistet werden muss, bildet sich ein starkes und selbstbewusstes Bürgertum, das sich nicht mehr als Gruppe unmündiger Untertanen, sondern als Staatsbürger mit eigenen Rechten definiert.

- **Das ökonomische System:** Die immer größere wirtschaftliche Unabhängigkeit des Einzelnen durch die Auflösung zentralistischer Staatsgefüge fördert die Entwicklung der kapitalistischen Marktwirtschaft, der Industrie, des Gewerbes und der Städte – aber auch der Armut.

Ein bedeutender Vertreter dieser Zeit, nicht nur im Zusammenhang mit Erziehung und Bildung, ist Jean-Jaques Rousseau; mit seinem kurzen Portrait seien im Folgenden nochmals wesentliche aufklärerische Anschauungen und Forderungen skizziert.

Jean-Jacques Rousseau (1712–1778)

Leben: Als Sohn eines Uhrmachermeisters in Genf geboren, bricht er mit 16 Jahren seine Ausbildung als Kupferstecher ab und flieht von zu Hause. Es folgen ruhelose Jahre (beschrieben in seiner autobiographischen Schrift von 1782 „Confessions"), in denen er viele Berufe (Operettenkomponist, Notenschreiber etc.) ausübt, oft Wohnort und Beziehungen wechselt und sich schließlich vorübergehend in Paris niederlässt. Seit 1745 lebt er mit der Dienstmagd Thérèse Levasseur zusammen, die er erst 23 Jahre später heiratet; die gemeinsamen 5 Kinder wachsen im Findelhaus auf (nicht alle Vorbilder der Pädagogik waren also vorbildliche Pädagogen!). Ab 1756 lebt Rousseau in Montmorency, wo er die meisten Werke schreibt. Der Erziehungsroman „Emile" wird vom Parlament verboten und verbrannt, worauf er in die Schweiz und nach England fliehen muss. Erst 1767 kehrt er nach Südfrankreich, 1770 dann nach Paris zurück, wo er bis zu seinem Tod lebt.

Werke: 1750 „Discours sur les sciences et les arts" (Abhandlung über die Wissenschaften und Künste), 1761 „Julie ou la nouvelle Héloïse", 1762 „Emile oder über die Erziehung", im gleichen Jahr „Contrat social" (Gesellschaftsvertrag).

Lehre: Rousseaus Botschaft bezieht sich nicht nur auf die Erziehung, sondern auch auf Politik und Gesellschaft, auf Künste und Wissenschaft: Retour à la nature – zurück zur Natur heißt seine Maxime. Als Aufklärer und Revolutionär kritisiert er nicht nur das absolutistische Regime, sondern auch die sozial zerklüftete und unnatürliche Gesellschaft. Im „Contrat social" schildert er sein Ideal eines Staates, in dem die Volkssouveränität zum Ausdruck für den Gemeinwillen als oberste Staatsgewalt wird, dem sich der Einzelwille zum Wohl aller freiwillig unterordnet. „*Die natürliche Gleichheit unter den Menschen ist ein Grundsatz, den wir nicht aus den Augen verlieren dürfen. [...] Wenn das Gemeinwohl erfordert, dass die Unteren gehorchen, so verlangt es aber auch, dass die Oberen die Rechte ihrer Untergebenen achten und ihre Herrschaft nur dazu ausüben, sie glücklicher zu machen. Jeder Obere hat seine Stellung nicht um seiner selbst willen, sondern einzig für die anderen, nicht zu seiner eigenen Ergötzung oder persönlichen Erhöhung, sondern zum Glück und Frieden der anderen. Ist er denn als Mensch, nach der natürlichen Ordnung der Dinge, mehr als sie?*" (Rousseau: aus dem Artikel „Gesellschaft" der Enzyklopädie). Diese Forderungen nach Freiheit und Gleichheit betreffen auch seine Erziehungsprinzipien, die der natürlichen Entwicklung der Kinder folgen. Rousseau betrachtet den Menschen als von Natur aus vernunftbegabtes und gutes Wesen, das durch die ‚unnatürliche' Gesellschaft und ihrer Erziehungsinstitutionen verbildet wird: „*Alles, was aus den Händen des Schöpfers kommt, ist gut, alles entartet unter den Händen des Menschen. [...] Er erschüttert alles, entstellt alles. [...] nichts will er so, wie es die Natur gemacht hat, nicht einmal den Menschen. Er muss ihn dressieren wie ein Zirkuspferd*" (Rousseau: Emile). In seinem bekanntesten pädagogisches Werk: „Emile oder über die Erziehung" entwirft er eine Erziehungskonzeption, die das Eigenrecht des Kindes, das seine Reife in sich trägt, respektiert. Das Kind wird Subjekt, ist nicht mehr Objekt der Erziehung. Der Erzieher muss sich also möglichst zurückhalten, ist aber ständig Arrangeur einer naturgemäßen Umgebung und bietet Erfahrungsmöglichkeiten. Schulung der Sinne, Einheit in Leib und Seele, Kreativität, Eingehen auf die Interessen des Kindes, Experimentieren, Beobachten, exemplarisches Lernen – diese Schlagworte zeigen die eigentliche Fortschrittlichkeit und Aktualität seiner Erziehungslehre, die nicht nur die Pädagogik nachhaltig beeinflusste.

Die „deutsche Klassik" und der Neuhumanismus

Innerhalb des engen Zeitraums der Jahre zwischen etwa 1770 und 1830, der Klassik im weiteren Sinn, kommt es zu einem dreifachen Wandel: In den 60er- und 70er-Jahren des 18. Jahrhunderts gibt sich vor allem die Jugend einem neuen Lebensgefühl hin – in der Literatur als „Sturm-und-Drang"-Periode klassifiziert –, das sich gegen die Verstandesbetonung der Aufklärung wendet. Aus dieser sehr ‚heißblütigen' und fast rauschhaften Bewegung entwickelt sich schon bald die gemäßigtere Klassik im engeren Sinn, der zwar das Irrationale, das Naturerleben, die Humanitätsidee erhalten bleiben, dies allerdings auf der höheren Ebene der Selbstbeschränkung, Sittlichkeit und Bildung. Um 1800 entwickeln sich bereits erste Ansätze der Romantik, die, in besinnlicherer Form, auf das Gefühlsleben und die Natürlichkeit des Sturm und Drang zurückgreift. Längst hat sich der Gedanke der Allgemeinbildung durch ein staatlich kontrolliertes Schulwesen vollends etabliert, im Aufstieg des Bürgertums werden Standesunterschiede weiter abgebaut, das Volk bestimmt in immer stärkerem Maß das politisch-gesellschaftliche Leben. Als Gegenbewegung zu den stark rationalistischen Tendenzen der Aufklärung spielen vor allem die „irrationalen Kräfte" (Reble 1967, 160) des Menschen eine Rolle – *„beherrschend ist der Gedanke einer allgemein menschlichen und allseitig harmonischen Bildung. Der Mensch soll alle seine Kräfte – nicht, wie bei der Aufklärung, in erster Linie die Verstandeskräfte – entfalten und zu einer harmonisch inneren Gestalt kommen; und er soll in erster Linie zum Menschen gebildet werden"* (Humboldt in: Knoop/Schwab 1992, 96). Der Erziehungsgedanke ist stark verinnerlicht: Das Bildungsideal wird nicht von außen an den Zögling herangetragen, sondern er trägt das Rohmaterial als seine Anlagen bereits in sich, sie müssen nur noch geformt, harmonisiert und veredelt werden (Jean Paul prägt das Bild des *Erziehers als Gärtner*). Demnach ist der wahre Zweck des Menschen *„die höchste und proportionierlichste Bildung seiner Kräfte zu einem Ganzen"* (Humboldt in: Reble 1967, 179) und dabei aber die Abgrenzung der individuellen Eigenarten von der Allgemeinheit: *„Wer sich zu einem bestimmten Wesen bilden will, dem muss der Sinn geöffnet sein für alles, was er nicht ist"* (Schleiermacher in: Reble 1967, 195). Innerhalb kürzester Zeit äußern sich viele bedeutende Persönlichkeiten zu dieser neuhumanistischen Geistes- und Menschenbildung, entwickeln Theorien und praktische Handhabungen, u.a. Immanuel Kant (1724–1804), Johann Gottfried von Herder (1744–1803), der Schweizer Johann Heinrich Pestalozzi (1746–1827), Wilhelm von Humboldt (1767–1835), Friedrich Daniel Ernst Schleiermacher (1768–1834), Johann Friedrich Herbart (1776–1841), Friedrich Fröbel (1782–1852), Adolph Diesterweg (1790–1866).

Exemplarisch für die vielen sei an dieser Stelle eine Darstellung der Erziehungsideen von Pestalozzi und Fröbel und deren praktische Umsetzung vorgestellt.

Arbeitsvorschlag:
Verfassen Sie für eine andere der hier genannten Personen einen ähnlichen „Steckbrief"

Johann Heinrich Pestalozzi (1746–1827)

Leben: 1746 in Zürich als Sohn eines Chirurgen geboren, besucht er dort 1761–65 das Colleg gerade zur Zeit der Herausgabe von Rousseaus Schriften (u. a. Emile 1762). Dieses Gedankengut lässt sein ohnehin starkes Mitgefühl für die übergroße Armut der vielen streunenden Kinder zu der Idee heranreifen, ihnen Erziehung und Bildung zu ermöglichen. 1769 beginnt er mit der Bewirtschaftung eines durch Freunde und Verwandte finanzierten Gutshofs, scheitert aber selbst an der Verwaltung, an der allgemeinen Hungersnot und Missernten. Nach dem wirtschaftlichen Ruin seines Guts gründet er 1774 eine Armenanstalt, in der er Kinder – neben gewerblichen und handwerklichen Fähigkeiten – auch Lesen und Schreiben lehrt, um ihre ökonomische Abhängigkeit zu verringern und ihre Selbstständigkeit zu fördern. Später folgt die Übernahme eines Waisenhauses in Stans speziell für durch die Französische Revolution verwahrloste Kinder. Hier macht er die Erfahrung, dass „Fürsorge zu Dankbarkeit, Liebe zu Liebesfähigkeit und gelebte Gemeinschaft zu Gemeinsinn" (Gudjons 1993, 64) führt. Pestalozzi setzt seine pädagogische Arbeit in Burgdorf und Iferten fort, nun als Schule, Pensionat, Lehrerseminar, Armen- und Waisenhaus in einem. Am Anfang seines Schaffens noch missverstanden und (eigentlich bis zum Schluss) erfolglos, wird seine Arbeit am Ende seines Lebens anerkannt und als Vorbild vielfach nachgeahmt.

Werke: 1780 „Abendstunde eines Einsiedlers", 1781 „Lienhard und Gertrud", 1797 „Nachforschungen über den Gang der Natur in der Entwicklung des Menschengeschlechts", 1800 „Die Methode", 1801 „Wie Gertrud ihre Kinder lehrt"

Lehre: In der Nachfolge Rousseaus sieht er die Natur zwar als die eigentliche Erzieherin, erkennt aber gleichzeitig an, dass die zunehmende Industrialisierung institutionalisierte Bildung und Erziehung nötig macht, um das gesellschaftlich nötige Wissen vermitteln zu können und der Gefahr einer ungebildeten, nicht voll gesellschaftsfähigen Unterschicht zu begegnen. Im Gegensatz zu den Industrieschulen jener Zeit geht es ihm nicht nur um Arbeitsfähigkeit, sondern auch um geistige Ausbildung und seelische Widerstandskraft. Sein philosophisches wie praktisches Interesse gilt dem Zusammenhang zwischen Erziehung und Bildung auf der einen Seite und wirtschaftlicher Brauchbarkeit und sozialer bzw. politischer Lebensgestaltung auf der anderen Seite. Seine Zöglinge lernen neben den Kulturtechniken Lesen, Schreiben, Rechnen und landwirtschaftlichen Tätigkeiten auch Ordnung, „Angewöhnung der strengsten Einschränkungen, Sparsamkeit, Übung im ruhigen Umschauen" (Murtfeld 1975, 64), um sie auf ihr Leben in Armut vorzubereiten. Die Atmosphäre seiner Heime ist menschlich und liebevoll, denn die häuslichen Verhältnisse bereiten auf das Leben vor. Das methodische Vorgehen ist von Anschaulichkeit und Praxisnähe gekennzeichnet, in der Schule wird gebastelt, gearbeitet, Naturkundeunterricht findet oft im Freien statt. Das bis heute oft genannte Zitat „Lernen mit Kopf, Herz und Hand" bringt Pestalozzis Unterrichtsprinzipien auf den Punkt: *„Sie sahen, dass in allem, was ihre Kinder vom Morgen bis an den Abend thaten,* **ihr Kopf, ihr Herz und ihre Hand,** *folglich die drey Grundkräfte, von denen alles Fühlen, Denken und Handeln der Menschen ausgeht, gemeinsam [...] belebt, beschäftigt und gestärkt werden. [...] Das Wesen des Unterrichts [...] sind nicht Worte, es ist ihr Thun, es ist das Leben selber"* (Pestalozzi 1960, 65).

Friedrich Fröbel (1782–1852)

Leben: Als Pfarrerssohn aus Oberweißbach im Thüringer Wald wird Friedrich Fröbel früh mutterlos und erfährt weder durch seinen Vater noch durch die Stiefmutter gute Behandlung. Nach harten Lehrjahren in verschiedenen Berufen beginnt er ein Studium an der Universität in Jena, wo er in die Naturforschende Gesellschaft eintritt und sich viel mit der Identitätsphilosophie Schellings beschäftigt. Daneben fühlt er sich zu dem bereits 1801 früh verstorbenen Dichter Novalis und dessen romantisch verklärter Dichtung stark hingezogen: „Die Welt muss romantisiert werden. So findet man den ursprünglichen Sinn wieder." Diese Suche nach der Ursprünglichkeit und Einheit mit der Natur kennzeichnet Fröbels ganzes Leben und ist Triebfeder für seine spätere pädagogische Arbeit. Seine eigenen schlechten Kindheitserfahrungen drängen ihn immer wieder zur Beschäftigung mit Kindern, denen er zu der Harmonie verhelfen will, die ihm fehlt – er wird nicht wie vorgesehen Architekt, sondern Lehrer in der Musterschule des Pestalozzi-Anhängers Gruner in Frankfurt am Main. Nach einem eineinhalbjährigen Aufenthalt bei Pestalozzi in Iferten mit seinen Schülern kehrt er 1810 wieder zurück, um ab 1811 in Göttingen zu studieren. Die Faszination der Naturwissenschaft und die Frage nach dem Wesen des Menschen und seiner Stellung im Kosmos lässt ihn Chemie, Mineralogie und Volkswirtschaftslehre studieren, immer wieder durchzogen von philosophischen und religiösen Überlegungen. Durch den Dienst als Kriegsfreiwilliger 1813/14 wird seine Sinnsuche und Sehnsucht nach Friede und Eintracht verstärkt, er zieht sich ab 1816 nach Griesheim bei Stadt-Ilm, 1817 nach Keilhau bei Rudolfstadt zu erzieherischen Betätigungen zurück. Seine pädagogische Arbeit in Erziehungsheimen findet 1826 in der fragmentarischen Schrift „Die Menschenerziehung" Ausdruck, 1830 folgt „Grundzüge der Menschenerziehung", wo er nicht nur erzieherisch, sondern auch auf der Ebene der Metaphysik argumentiert. 1840 erfolgt die Gründung des ersten **Kindergartens** bei Blankenburg in Thüringen, danach widmet er sich vor allem der Ausbildung von Helferinnen für die Erziehung. Die Verantwortung für das Reifen des Kindes unterstellt er der Mutter, für die Mütter gründet er 1840 den Verein deutscher Frauen und Jungfrauen und ruft sie unter anderem zur Erneuerung der Familie auf. Im Pestalozzi-Fröbel-Haus in Berlin werden bald tausende junge Helferinnen in seinem Sinne ausgebildet, durch mütterliche Kräfte, durch Liebe zum Kind und nach dem Prinzip der Selbsttätigkeit zu erziehen.

Lehre: *„Ich will Menschen bilden, die mit ihren Füßen in Gottes Erde, in der Natur eingewurzelt stehen, deren Haupt bis zu dem Himmel ragt und in denselben schauend liest, deren Herz beides, Erde und Himmel, das gestaltenreiche Leben der Erde und Natur und die Klarheit und den Frieden des Himmels, Gottes Erde und Gottes Himmel eint"* (Fröbel in Murtfeld 1975, 102 f.). Diese romantische Grundhaltung durchzieht Fröbels gesamtes Gedankengut, „des Herzens stillen Frieden, des Lebens Einklang, der Seele Klarheit" glaubt er in der Seele der Kinder unversehrt zu finden. Die Hauptaufgabe seiner Pädagogik sieht er darin, die Selbstentfaltung dieses Zustandes zu schützen und dem Heranwachsenden die Zerrissenheit des Lebens zu ersparen. Besondere Bedeutung kommt seinem Schaffen vor allem durch die Entwicklung von Lernmaterialien, Beschäftigungsspielzeug, Mutter- und Koseliedern und Reihenspielen mit Tanz und Gesang zu, in denen er Phantasie und Gemüt zeigt. Anschaulichkeit und Selbsttätigkeit sind wesentliche Prinzipien, die zur Erkenntnis führen sollen, im Spiel mit Wollbällen, Holzkugeln, Plättchen, Perlenschnüren etc. bildet sich „*der Herzpunkt seines ganzen künftigen Lebens in Erziehung auf alles das aus, was wir im Keime und Herzpunkt als schon gegeben erkennen müssen: als Eigenlebendigkeit, Selbstigkeit, einstige Persönlichkeit.*" Fröbel fordert vom Erzieher, dem Wesen des Zöglings nachzugehen seine Eigenarten zu erforschen und zu entfalten, aber gleichzeitig auch an Vorbilder zu binden. Diese „nachgehende und durch Beispiel und Symbol fordernde Erziehung" (Murtfeld 1975, 107) ermöglicht dem Kind, zum Frieden mit Natur und Menschheit und zur Einigung mit Gott zu kommen.

Die Industrialisierung

Die zweite Hälfte des 19. Jahrhunderts ist in gesellschaftlicher Hinsicht vor allem geprägt durch die rasante technische und wirtschaftliche Entwicklung im Zeichen der Industrialisierung, kombiniert mit Urbanisierung und Anonymisierung der Gesellschaft. Eine ursprünglich landwirtschaftlich geprägte Nation wird binnen kürzester Zeit zum Industriestaat, Arbeit wird kollektiviert, das Leben ‚entmenschlicht'. Das in der Klassik erstarkte Bürgertum zerfällt in das wohlhabende Besitzbürgertum und das Proletariat. Auch Weltanschauung und Lebensgefühl bleiben von dieser Entwicklung nicht unberührt, die Ideale der Klassik, die Schwärmereien der Romantik weichen einem realistischen Naturalismus und Materialismus (Marx), an die Stelle philosophischer Betrachtungen treten technische und naturwissenschaftliche Forschung (Darwin). Im Gegensatz zu Aufklärung und Klassik, die, von der Bildung des Menschen beseelt, höhere Ideale anstrebten, grenzt sich das ausgehende 19. Jahrhundert von philosophischen Höhenflügen ab und wendet sich methodisch gesicherten Erkenntnissen zu. Beispielhaft dafür ist der Positivismus (Auguste Comte u. a.), der in kritischer Haltung unter Absage an Religion und Metaphysik nur Erfahrungen und Tatsachen anerkennt. Die allgemeine Technisierung und Effektivierung zwingt auch die Schule zu effektiverem Unterricht und Erfolgsnachweisen, durch genaue Vorgaben in den Lehrplänen sowie eine systematisierte Lehrerausbildung ist der Unterricht zunehmend gleichförmig, individuelle pädagogische Konzepte werden verdrängt. In der Fehlinterpretation des Artikulationsschemas von Herbart (s. Kap. 6.2) entsteht ein verbindliches Methodenprogramm, das den Lehrern die Gestaltung des Unterrichtsverlaufs vorschreibt. „Kritische Beobachter der Zeit klagen über die Entseelung des Unterrichtsbetriebs, die Überbelastung der Schüler, polizeimäßige Handhabung des Unterrichts" (Reble 1967, 237).

Seit 1812 heißen die ehemaligen Gelehrtenschulen Gymnasien, ab 1819 gibt es für sie offizielle und verpflichtende Lehrpläne, der Gymnasialabschluss wird zur einzigen Zugangsberechtigung für die Universitäten. Die schulische Infrastruktur verbessert sich immer mehr, 1848 gehen trotz starken Bevölkerungswachstums 82% aller Kinder (zumindest zeitweise) in die Schule. Ab 1872 werden zunehmend Mittelschulen eingeführt, die die bereits vorhandenen Realschulen ergänzen und so weiterführende Bildung für größere Bevölkerungsgruppen ermöglichen. Die Verschulung der Gesellschaft ist gelungen, der Staat hat über seine Schulen Einfluss auf alle seine Bürger. Zwar ist die „Auswendiglern- und Prügelmethodik des Mittelalters und der chaotische Schulbetrieb der frühen Neuzeit" (Gudjons 1993, 68) überwunden, dafür nimmt die inhaltliche Überfrachtung und gleichzeitig die Trennung vom Lebensbezug mehr und mehr zu – einer der Hauptkritikpunkte der Reformpädagogik.

Die Reformpädagogik

Die Reformpädagogik umfasst ungefähr den Zeitraum von 1890 bis 1933; aber diese Bezeichnung ist weniger eine epochale Charakterisierung als vielmehr die Kennzeichnung einer speziellen pädagogischen Bewegung, der sich längst nicht alle Zeitgenossen anschlossen. Dabei gibt es keine theoretische Einheit, sondern viele einzelne praktische und theoretische Strömungen: Kunsterziehungsbewegung, Landerziehungsheimbewegung, Arbeitsschulbewegung. Ausgangspunkt ist der Protest und die Abkehr von der immer ‚unmenschlicher' und unnatürlicher werdenden industrialisierten Gesellschaft, ist Kultur- und Zivilisationskritik, ist schließlich die Anklage gegen die erstarrte, autoritäre, verkopfte, lebensfremde und deshalb ebenfalls unmenschliche Schule. Daraus erwachsen einerseits Forderungen nach einer umfassenden Bildungs- und Schulreform, andererseits konkrete Umsetzungen in alternativen Modellschulen und der Entwicklung praxisnaher Unterrichtskonzepte. Symbolträchtig und fast programmatisch erscheint im Jahr 1900 das Buch „Das Jahrhundert des Kindes" der schwedischen Pädagogin Ellen Key, in dem sie die Schwierigkeiten der Reformpädagogik beschreibt, gegen die „Seelenmorde in den Schulen" anzugehen: „*Wer vor die Aufgabe gestellt würde, mit einem Federmesser einen Urwald zu fällen, müsste vermutlich dieselbe Ohnmacht der Verzweiflung empfinden, die den Reformeiferer vor dem bestehenden Schulsystem ergreift – diesem undurchdringlichen Dickicht von Torheit, Vorurteilen und Missgriffen, wo jeder Punkt sich zum Angriff eignet, aber jeder Angriff mit den zu Gebote stehenden Mitteln fruchtlos bleibt*" (Key in: Dietrich 1972, 5).

Die Erziehung definiert sich jetzt vom Standpunkt des Kindes aus, seine Eigenrechte und Entwicklung stehen – bei Gefahr der Überhöhung – im Vordergrund: *„Ruhig und langsam die Natur sich selbst helfen lassen und nur sehen, dass die umgebenden Verhältnisse die Arbeit der Natur unterstützen, das ist Erziehung."* Hier wird die Nähe zu Rousseau deutlich: *„Nur eines soll geleistet werden: dass die Entwicklung jedes einzelnen Menschen seiner Natur gemäß und im großen Strome der nationalen und menschlichen Entwicklung sich frei gestalten kann"* (Gurlitt in: Dietrich 1972, 36).
Bedeutende Namen dieser im Gegensatz zur objektivistischen Pädagogik des 19. Jh. „subjektivistisch-sentimentalen" (Reble 1967, 270) Bewegung sind:

> Ellen Key (1849–1926), Georg Kerschensteiner (1854–1932) und die Arbeitsschulbewegung, Berthold Otto (1859–1933) und der Gesamtunterricht, Hugo Gaudig (1860–1923) und das Prinzip der Selbsttätigkeit, Rudolf Steiner (1861–1925) und die Waldorfschule, Hermann Lietz (1868–1919) und die Landerziehungsheime, Maria Montessori (1870–1952), Peter Petersen und die Jena-Plan-Schule (1884–1952), Célestin Freinet (1896–1966) u. a.

In dieser Einführung können die vielen Ideen und ihre Umsetzungsversuche nicht im Einzelnen dargestellt werden, verwiesen sei in diesem Zusammenhang auf die kurze Darstellung einiger reformpädagogischer Alternativschulen in Kap 1.4; exemplarisch wird im Folgenden das sehr praxisorientierte Erziehungsmodell der Maria Montessori vorgestellt.

> **Arbeitsvorschlag:** Auch hier könnte man wieder über die Anfertigung von kurzen Steckbriefen über *zwei* der aufgeführten Pädagogen und/oder ihre Schulen wenigstens etwas tiefer in diese für die Pädagogik so wichtige Epoche einsteigen.

Maria Montessori (1870–1952)

Leben: Maria Montessori, in Chiaravalle geboren, besucht nach der Primarschule eine Schule mit technisch-naturwissenschaftlichem Zweig, von 1890 bis 1896 studiert sie als erste Frau Italiens an der Universität in Rom Medizin. Zunächst arbeitet sie als Ärztin und engagiert sich in Frauenfragen, bis sich dann um die Jahrhundertwende ihr Interesse durch ihre Arbeit mit behinderten Kindern mehr und mehr der Psychiatrie zuwendet, deren Erkenntnisse sie in Verbindung mit pädagogischen Überlegungen bringt: Geistesschwäche ist nicht nur ein medizinisches Problem, sondern kann mit entsprechender Förderung erheblich verbessert werden. Bereits im Alter von dreißig Jahren ist sie in der Lehrerausbildung tätig, gleichzeitig unternimmt sie an Modellschulen für Geistigbehinderte zahlreiche Lehrversuche und entwickelt und erprobt Lernmaterialien speziell für diese Kinder. Im Jahr 1901 zieht sie sich zunächst aus ihrer Forschungstätigkeit zurück, um ein zweites Studium zu beginnen: Neben Anthropologie auch Pädagogik und Psychologie. 1906/07 übernimmt sie den Aufbau und die Leitung einer Kindertagesstätte in einem Elendsviertel in Rom – der durchschlagende Erfolg ihrer Konzeption wird in ganz Europa bestaunt und festigt die Berühmtheit der ‚dotoressa'. Nach einigen Fortbildungskursen, in denen sie ab 1909 ihre Erfahrungen weitergibt, veröffentlicht sie ihr erstes Grundlagenwerk, die „Selbsttätige Erziehung im frühen Kindesalter". 1913 gibt es allein in den USA bereits 100 Montessori-Einrichtungen. In den nachfolgenden Jahren reist Maria Montessori durch die Welt, hält Vorträge, bemüht sich um die Verbreitung ihres Werks und differenziert ihr Konzept weiter aus. Insbesondere viele katholische Kindergärten und Grundschulen arbeiten nach den Prinzipien und mit den Materialien der (ebenfalls frommen) M. Montessori.

Lehre: Die Pädagogik Maria Montessoris ist geprägt von Respekt und Wertschätzung gegenüber dem Kind. Erziehung zur Selbstständigkeit hat oberste Priorität, der Titel eines ihrer Werke ist programmatisch: „Hilf mir, es selbst zu tun". Damit wird dem Kind eine ihm eigene Fähigkeit und Kompetenz zugetraut, die man ihm im Allgemeinen aberkannte: *„Das Kind war ein bloß ‚Zukünftiges'. Es wurde nur als etwas betrachtet, das werden soll, und deshalb galt es nichts, bevor es das Erwachsenenstadium erreicht hatte."* Unterricht ist das Streben, *„dem Leben zu helfen, die Persönlichkeit zu entwickeln"* (Montessori in: Lenzen 1989, 1061) und somit eine lebendige Einheit in der Vielfalt gestalteter Sach-, Sozial-, Selbst- und Wertbeziehungen zu bilden. Zu dieser Einheit gehört das Lernen in großen Zusammenhängen statt vieler Einzelheiten, was Montessori als „kosmisches Denken" bezeichnet. Dem Lehrer kommt die Aufgabe zu, Hilfestellung in diesen Lernprozessen zu geben durch didaktisch sinnvoll ausgewählte Materialien und eine geeignete Lernumgebung – *„das Kind begreift durch eigene Aktivität, indem es die Kultur aus seiner Umgebung und nicht vom Lehrer übernimmt"* (ebd., 1064). Erziehung ist also nicht Formung, sondern Öffnung, wie ihr Modell „Zentrum und Peripherie des Kindes" verdeutlicht: „Das Zentrum gehört dem Individuum allein. Wir haben uns mit den Dingen, die im Zentrum vorgehen, nicht zu befassen ... (Aber) das Individuum nimmt durch die Sinne auf und handelt. Das ist die Peripherie" (ebd.). Hier kann Erziehung ansetzen, indem sie die Peripherie des Kindes anspricht und öffnet. Entsprechend der Entwicklungsperioden beim Kind bestimmt Montessori sensible Phasen, denen im Kinderhaus (3.–6. Jahr) und in der Primarstufe (7.–10.Jahr) didaktische Übungen, Materialien und Arbeitsprinzipien direkt zugeordnet sind. Diese werden bereitgestellt, damit das Kind von sich aus ganz spezielle Übungen machen und selbst Erfahrungen sammeln kann. In der Arbeit mit den Materialien erfährt das Kind – so die Überzeugung – elementare geistige Ordnungskriterien (Identitäten, Kontraste) und fundamentale Erkenntnis – wesentliche Bedingung für die Einordnung in das „Leben auf der Erde".

Das 20. Jahrhundert

Die Entwicklung des deutschen Schul- und Ausbildungswesens schreitet immer rascher voran und ist durch eine starke Ausdifferenzierung der Bildungswege gekennzeichnet. 1909 vereinbaren alle deutschen Länder die gegenseitige Anerkennung der Reifezeugnisse, ab 1910 sind auch die Abschlüsse der Mittel- oder Realschulen als „Mittlere Reife" geregelt und anerkannt. Nach dem ersten Weltkrieg werden in der Reichsverfassung zwar Rahmenbestimmungen über das Bildungswesen aufgenommen, eine vereinheitlichende Regelung wird aber trotz vielfacher Entwürfe und Verhandlungen der Reichsschulkonferenz von 1920 nicht erreicht, sodass die einzelnen Länder ihr Schulwesen weitgehend selbstständig ordnen. Nur in einem wichtigen Punkt wurde eine grundlegende Weichenstellung erreicht: Die **Grundschule** wird zur allgemeinen Vorbereitungsschule für das weiterführende Schulwesen überall verpflichtend eingeführt. Über die Zeit des Nationalsozialismus ist aus schulpädagogischer Sicht nicht viel bemerkenswertes zu berichten. Wie in allen öffentlichen Bereichen – sei es Politik, Wirtschaft, Wissenschaft oder Kunst – hält auch im Bereich der Bildung und Erziehung ab 1933 das „Führerprinzip seinen Einzug" (Reble 1967, 308). Gleichschaltung und straffe Organisation werden nach und nach durch raffinierte Propaganda, Schulung und neue Bestimmungen umgesetzt, die Staatsführung kontrolliert mehr denn je das Bildungsziel. Neben körperlicher Ertüchtigung, die zu Stärke, Härte und Entschlossenheit verhelfen soll, dient die geistige Ausbildung der politischer Indoktrination und Weitergabe national-sozialistischen Gedankenguts. In zentralistischer Ausrichtung auf den Führer werden alle Bildungsanstalten vereinheitlicht, die Selbstverwaltung der Hochschulen wird aufgehoben, alle Versuchs- und Privatschulen umgewandelt oder geschlossen, einige nationalsozialistische Spezialschulen werden gegründet. Jüdische Lehrer und Mitschüler werden entlassen oder „verschwinden" plötzlich. In der neu organisierten Lehrerausbildung treten methodisch-didaktische Fragen in den Hintergrund, entscheidend ist die nationalsozialistische Durchdringung aller Inhalte und Maßnahmen. Erziehung, einst Weg zur Mündigkeit, wird zum größten Machtmittel des Staates über die Menschen. „Zäh wie Leder, hart wie Kruppstahl, schnell wie Windhunde" wünschte sich der „Führer" die deutsche Jugend – damit sie recht lange in den Schützengräben durchhalten konnte.

Arbeitsvorschlag: Auch hier soll wieder angeregt werden, den engen Rahmen einer solchen Einführung zu verlassen. Sie könnten z. B. folgenden Fragen nachgehen: Welche private Reformschulen wurden aufgelöst? Gab es welche, die weiter bestanden, in welcher Form? Gingen ganze Schulen ins Exil? Wer war Adolf Reichwein?

„Nach 1945 wurde die Chance einer grundlegenden Neugestaltung des Schul- und Bildungswesens weitgehend verpasst" (Gudjons 1993, 70). Man knüpfte fast nahtlos an die Weimarer Zeit an (dreigliedriges Schulsystem, vierjährige Grundschule etc.). Während die 50er Jahre noch maßgeblich von Restaurationsmaßnahmen geprägt sind, kommt es erst in den 60er und 70er Jahren zu bedeutenden Reformversuchen. 1964 hatte Georg Picht die „Bildungskatastrophe" diagnostiziert und zu Reformen aufgefordert. Die Studentenbewegung der 68er Jahre und die SPD mit Willi Brandt als Bundeskanzler seit 1969 machten sich diese Forderungen zu Eigen und versuchten, orientiert an den skandinavischen Ländern und an den USA, die nach dem „Sputnikschock" ebenfalls große Anstrengungen unternahmen im Bereich Naturwissenschaften nicht hinter der Sowjetunion zurückzubleiben, das gesamte Bildungssystem zu reformieren, mehr Begabungsreserven auszuschöpfen und allen Schülerinnen und Schülern in Stadt und Land die gleichen Bildungschancen zu eröffnen. Das „katholische Arbeitermädchen vom Land" hatte bisher die schlechtesten Chancen auf eine seiner Begabung entsprechende Schulbildung gehabt. Die in allen (westlichen) Nachbarländern üblichen **Gesamtschulen** sollten die Dreigliedrigkeit unseres Schulsystems überwinden und über Kurssysteme mehr Durchlässigkeit ermöglichen, damit jeder entsprechend seiner Begabung (und nicht mehr entsprechend dem sozialen Status seines Elternhauses) die ihm angemessene Schulbildung und den entsprechenden Schulabschluss erreichen konnte. Die Lehrpläne wurden entsprechend der amerikanischen **Curriculumbewegung** von den vorher üblichen ganz allgemeinen Inhaltsangaben in sehr dezidierte Aufgabenkataloge (welches Ziel kann an welchem Inhalt mit welchen Methoden und Materialien erarbeitet werden?) – eben Curricula – umgewandelt (vgl. dazu auch Kap. 5.2.3). Nach der Bildungsreformdiskussion der 60er Jahre mehren sich die Anzeichen, dass Bildung erneut zum „Megathema" (R. Herzog) werden könnte. Man ist als Schüler wie als Lehrer unzufrieden mit dem gegenwärtigen Schulsystem, man beklagt überholte Organisationsformen (zu starke Abhängigkeiten, zu starre Strukturen, zu wenig Durchlässigkeit), zu wenig Chancengleichheit und zu viel Zeit- und Leistungsdruck (bei gleichzeitig zu schlechten Leistungen im internationalen Vergleich). Das Anknüpfen, das Wiederaufgreifen „alter", aus der Reformpädagogik bekannter, Unterrichtskonzeptionen (vgl. Kap. 8) möchte hier in der gleichen Richtung Verbesserungen bewirken wie neuerdings die **konstruktivistische Didaktik** (Maturana/Varela 1987, Reich 1997, Glasersfeld 1997) mit ihrem „systemischen Denken". Diese will die Schule als soziales System weiterentwickeln zur lernenden Organisation, in der Unterricht verstanden wird als Anregung für die Schüler, die als komplexe, affektiv-kognitive und selbstreferentielle „Systeme" aktiv in diesen Prozess eingreifen. Lehren als Anregung von Subjekten, ihre Weltsicht weiterzuentwickeln, kritisch zu hinterfragen, evtl. zu verwerfen usw. Der Lehrer als Dialogpartner, als Anreger und Moderator. Einiges kommt einem bekannt vor. Man darf gespannt sein.

Auf einen Blick ...
Geschichte der Pädagogik

Antike: Bildung ist zunächst nicht institutionalisiert, sie dient dem Adel ausschließlich zum Erhalt des höfischen Standes (Kampfdisziplinen, Musik, Dichtung), wie u. a. in Homers Epen *Ilias* und *Odyssee* geschildert. Mit der Entstehung eines Rechts- und Staatswesens werden höhere Qualifikationen durch die Sophisten in Vorträgen vermittelt (Rhetorik, Dialektik, Mathematik etc.). Dagegen wenden sich **Sokrates** und seine Anhänger **(Platon),** die durch gezielte Fragetechnik zum selbstständigen Denken anregen. Es entstehen Privatschulen, die gegen hohes Entgeld Unterricht anbieten. Ziel aller Bildungseinrichtungen und -bemühungen ist die Erziehung zu guten Staatsbürgern, die zu politischem Handeln fähig sind.

Mittelalter: Schulische Bildung ist an Schrifttum gebunden und somit nur einer kleinen Gruppe zugänglich: dem Klerus. Das vermittelte Wissen ist in den ‚septem artes liberales' (Grammatik, Rhetorik, Dialektik + Arithmetik, Geometrie, Astronomie, Musik) fixiert und statisch. Dahinter verbirgt sich die Auffassung, dass der Mensch bereits alles entdeckt hat, was es zu wissen gibt. Parallel dazu existiert für Laien die Möglichkeit der standesgebundenen (Aus-)Bildung (Ritter, Handwerker, Kaufmann), die sehr viel praxisbezogener aufgebaut ist.

Humanismus – Renaissance – Reformation: Als Gegenbewegung zum ‚finsteren Mittelalter' mit seiner drückenden Religiosität und wissenschaftlichen Stagnation wendet sich der Mensch des Humanismus den antiken Idealen zu, der Mensch steht im Mittelpunkt der Schöpfung und wird sich seiner Fähigkeiten und Macht stärker bewusst. Zwar spielt der Glaube immer noch eine wesentliche Rolle, wird aber durch das neue Menschenbild spätestens in der Reformation neu geprägt. Die Naturwissenschaften gewinnen an Bedeutung und halten, bestärkt durch die Forderungen des **Comenius,** auch in der schulischen Bildung Einzug. Die Jesuiten gründen während der Gegenreformation berühmte Schulen.

Die Aufklärung: Das Erwachen aus der Unmündigkeit, die Befreiung des Bürgers aus der zentralistischen Staatsmacht, der Gebrauch von Verstand und Vernunft charakterisieren die eine Seite der Aufklärung, auf der anderen steht die Besinnung auf die Natürlichkeit und Ursprünglichkeit des Menschen, die von **Rousseau** als Erziehungsprinzipien in seinem Erziehungsroman *„Emile"* ausführlich darlegt werden. An die Stelle des Glaubens und der Orientierung an einem jenseitigen Leben tritt das Interesse an den Naturwissenschaften, das aufklärerische Lebensgefühl ist von einer starken Diesseitigkeit geprägt, von Freiheitsdrang, Lebenslust und Leichtigkeit.

Deutsche Klassik, Neuhumanismus und Romantik: Die Schriften von Immanuel Kant, Johann Gottfried Herder, Johann Heinrich Pestalozzi, Wilhelm von Humboldt, Friedrich Daniel Ernst Schleiermacher, Friedrich Fröbel zeugen von einer Epoche der intensivsten Auseinandersetzung mit dem Erziehungs- und Bildungsbegriff. Der Vernunftglaube der Aufklärung wird durch die Vorstellung von der individuellen, harmonischen Formung des Menschen zu sittlicher Haltung und innerem Wachstum abgelöst. In diesem Neuhumanismus wird das Bild des ganzheitlich gebildeten Menschen, den man in der Antike verwirklicht sah, wieder aufgegriffen.

Industrialisierung und Reformpädagogik: Das rasante Bevölkerungswachstum und die enorme technische und wirtschaftliche Entwicklung führen zu einer ‚Entmenschlichung' und Abkehr von einer natürlichen Lebensweise, woran vor allem die Kinder und Heranwachsenden leiden. Hier setzt die Kritik und gleichzeitig die Idee der Reformpädagogik an: Statt von toten Sprachen, Drill und Lebensferne soll die Schule wieder von Natürlichkeit, Menschlichkeit und Selbsttätigkeit geprägt sein – **„Pädagogik vom Kinde aus".** Kunsterziehungsbewegung, Landerziehungsheimbewegung und Arbeitsschulbewegung setzen in Modellschulversuchen und praxisnahen Unterrichtskonzeptionen unterschiedliche Schwerpunkte, die aber alle dieser Maxime folgen.

Das 20. Jahrhundert: Prägende Einschnitte sind die beiden Weltkriege, die den Anstoß zu einer erneuten Reflexion über die Aufgaben und Wirkungsweisen der Pädagogik geben. Vor allem nach dem 2. Weltkrieg expandiert die Erziehungswissenschaft stark, bilden sich neue Richtungen und Forschungsmethoden heraus. Die Schulreformdiskussion der 70er Jahre wird bestimmt durch die Begriffe: Bildungsnotstand, Chancengleichheit, Gesamtschule, Curriculumreform.

5. Was ist Didaktik?

5.1 Der Versuch einer Definition

Die Frage, was Didaktik sei, ist nicht so einfach zu beantworten. Manche unterscheiden scherzhaft drei Arten von Didaktik: *Autodidaktik, Türklinken-* oder *Schwellendidaktik* und *Hammerdidaktik*. *Auto-Didaktiker* bereiten sich auf der Fahrt im Auto vor, *Türklinken-Didaktiker* überlegen was sie wie tun wollen, wenn sie die Türklinke des Klassenzimmers in die Hand nehmen bzw. die Türschwelle überschreiten, und die *Hammer-Didaktiker* betreten die Klasse und fragen: „Was ham'mer denn in der letzten Stunde gemacht?" Auch einem Studienanfänger begegnen bald sehr viele Begriffe im Zusammenhang mit Didaktik. Einige dieser Begriffe sollen zunächst untersucht werden (vgl. zur Übersicht das Schaubild) bevor danach die wichtigsten und bekanntesten didaktischen Modelle in groben Zügen vorgestellt werden.

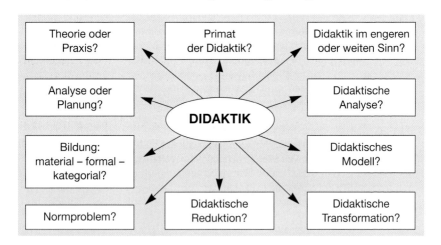

Das Wort Didaktik ist griechischen Ursprungs: *didáskein* bedeutet lehren, unterweisen, im Passiv lernen, belehrt werden. Bereits hier deutet sich die Wechselbeziehung zweier untrennbarer, sich ergänzender Prozesse an, die bis heute die Didaktik durchzieht. Um sich der heutigen Bedeutung zu nähern, ist es hilfreich, eine Definition (auch im wortwörtlichen Sinne: Eingrenzung) von verschiedenen Ebenen und Perspektiven aus zu versuchen:

- Spricht man von der **Didaktik im weiten Sinn** (i. w. S.), so ist damit allgemein die Theorie vom Lehren und Lernen gemeint. Die **Didaktik im engeren**

Sinn (i. e. S.) ist die *Theorie des schulischen Unterrichts*, ist Theorie vom Lehren und Lernen in der Schule und ist damit die **„Berufswissenschaft" für jeden Lehrer** (eine andere, noch engere Auffassung von Didaktik beschränkt sich auf Fragen der Theorie der Bildungsinhalte und des Lehrplans). Die Allgemeine Didaktik/Schulpädagogik versucht diese Theorie für alle Schularten und alle Fächer zu sein, die Fachdidaktiken ergänzen, spezialisieren jeweils aus Sicht der Bezugswissenschaften für ihr Fach; daneben könnte man noch unterscheiden nach Stufen- oder Schulformdidaktik.

- Nach welchen Kriterien, Normen, Zielen etc. soll erzogen, sollen Lehrgegenstände ausgewählt, soll Unterricht gestaltet werden? Hier wird nach dem zugrunde liegenden **Bildungsbegriff** gefragt. Ein Bildungsbegriff ist unverzichtbar, damit schulische Bemühungen nicht in *„ein Nebeneinander von Einzelaktionen zerfallen"* (Klafki in: Adl-Amini/Künzli 1991, 11). In der Geschichte der Pädagogik hat es unzählig viele verschiedene Definitionen der idealen Bildung gegeben, die immer auch durch religiöse, gesellschaftliche, ideologische Faktoren beeinflusst waren. Alle Versuche lassen sich aber im Grunde auf zwei Hauptauffassungen zurückführen, die W. Klafki herausgearbeitet hat:

1. Die **materiale Bildung** fragt vor allem nach dem Wissen (‚Material'), das der Lernende gleich einem Lexikon enzyklopädisch anhäuft. Bei der Auswahl von Bildungsinhalten geht es darum, welches Wissen für die Schüler und ihr Leben objektiv wichtig und wertvoll ist.
2. Die **formale Bildung** geht zunächst vom Subjekt aus: Welche Bedürfnisse hat der Schüler, welches ‚Werkzeug' des Lernens und Denkens muss man ihm mitgeben? Im Vordergrund steht weniger das Wissen als vielmehr die *„Kräfteschulung"*, die Vermittlung von funktionalen Methoden, wie man sich z. B. informiert, sich etwas aneignet etc.

Materiale Bildung
objektiv,
„klassisch"

Formale Bildung
funktional,
methodisch

Im Begriff der **kategorialen Bildung** gelingt es W. Klafki diesen Gegensatz aufzuheben, beide Aspekte zu integrieren. Kategorial heißt: Die objektbezogene materiale Seite der Didaktik und die subjektbezogene formale Seite werden dialektisch verschränkt – *„[...] kategoriale Bildung in dem Doppelsinn, dass sich dem Menschen eine Wirklichkeit kategorial erschlossen hat und dass eben damit er selbst – dank der selbst vollzogenen kategorialen Einsichten, Erfahrungen, Erlebnisse – für diese Wirklichkeit erschlossen worden ist"* (Klafki in: Jank/Meyer 1991, 143).

Anders formuliert: Der kategorial Gebildete hat einerseits Wissen und Erkenntnis entdeckt und gewonnen, gleichzeitig hat er sich damit seinen Horizont erweitert und seine Persönlichkeit (aus-)gebildet. Weiter führt Klafki zum Begriff der kategorialen Bildung aus: *„Die ‚Sache', um die der Lehrer sich bemühen, deren Struktur, deren Bildungsgehalt er erschließen soll, ist also ein eigentümlich dynamisches Gebilde: Indem sie den jugendlichen Geist zugleich erschließen und erfüllen soll, weist sie voraus auf die zukünftigen Aufgaben und Möglichkeiten des reifen Leben."* (Klafki 1963, 9). Zwar stützt sich der Bildungsbegriff auf die Vergangenheit (sowohl der schulische Fächerkanon als auch die christlich orientierten Werte und Normen bestehen ja teilweise seit Jahrhunderten), ist aber gleichzeitig in seiner Intention auf die Zukunft gerichtet. Das sogenannte ‚Normproblem', also die Frage, nach welchen grundlegenden Wert- und Zielentscheidungen erzogen werden soll, hat die neuere Bildungstheorie mit der Wiederentdeckung grundlegender Begriffe beantwortet: Vernunft, Partizipation, Emanzipation, Selbstbestimmungs-, Mitbestimmungs- und Solidaritätsfähigkeit gehören zu den wesentlichen Fähigkeiten, die in der schulischen Erziehung vermittelt werden sollen. Nicht alle didaktischen Richtungen haben sich aber dieser Frage gestellt.

● Zwei weitere Aspekte: Die Didaktik beschäftigt sich mit den Fragen
 – wie Unterricht tatsächlich ist, also mit **Analyse** und **Deskription**, und
 – wie Unterricht sein *soll* oder *sollte*, also mit **Planung** und **Präskription**.

Im Grunde handelt es sich in beiden Fällen um Reflexionen über dieselbe Sache aus verschiedenen Perspektiven, wird aber gerade von Studenten und jungen Lehrern oft als harter Kontrast zwischen **Theorie** und **Praxis** empfunden. „Was nützt einem alles didaktische Wissen, wenn man vor der Klasse steht?", wird sich schon mancher Anfänger gefragt haben. Aber ohne reflektierten wissenschaftlichen Hintergrund bleibt Unterrichtsplanung und Unterrichtsdurchführung mehr oder weniger ein Zufallsprodukt. Dennoch: Wissen allein garantiert das Gelingen vor der Klasse nicht – *„Wissen beeinflusst die Entscheidungen, aber es kann sie nicht ersetzen"* (Jank/Meyer 1991, 69). Die Didaktik bietet in den **Didaktischen Modellen** einerseits den Überblick über größere Zusammenhänge und Kriterien für die Analyse (Modell **von** Unterricht) und in den sogenannten „Planungs-Rastern" gleichzeitig Hilfe zur Unterrichtsplanung, indem alle wichtigen, zu bedenkenden Punkte wie in einer „Check-Liste" als Planungshilfe für zu entwerfende Unterrichtsituationen angeboten werden: Wie soll mein Unterricht gut/besser werden (Modell **für** Unterricht). Die vermeintlich tiefe Kluft zwischen Theorie und Praxis wird im konkreten Handeln überbrückt – *„zwischen der Aneignung von Theoriewissen und dem Aufbau von Handlungskompetenz besteht eine komplexe, durch die unterrichtspraktische Tätigkeit vermittelte Wechselwirkung"* (ebd., 44).

Aus der Erforschung unterrichtlicher und erziehungsrelevanter Zusammenhänge und der daraus entstehenden Theorie können also hilfreiche Erkenntnisse für die Unterrichtspraxis abgeleitet werden, gleichzeitig ist aber die Unterrichtspraxis Forschungsgegenstand der Didaktik.

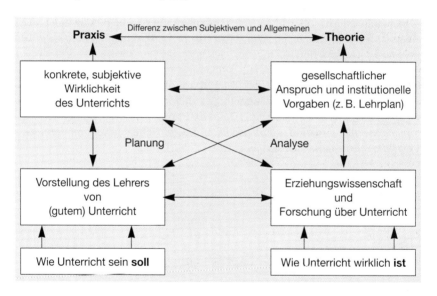

Didaktische Überlegungen betreffen also nicht nur den Unterrichtsforscher, sondern jeden Lehrer, der Unterricht plant und vorbereitet.

● Im direkten Vorfeld von Unterricht ergeben sich zwei didaktische Probleme:
  – die **didaktische Reduktion** als die Auswahl des Unterrichtsinhalts aus dem Bereich aller möglicher Inhalte,
  – die **didaktische Transformation**, also die Aufbereitung der ausgewählten Inhalte hinsichtlich der Intention und der Adressaten.

Ein Beispiel soll dies verdeutlichen: Das Pflanzenwachstum ist bereits Thema der ersten Klasse. Während der Botaniker und Experte sofort an die Vorgänge der Photosynthese denkt, wird der Grundschullehrer diese überhaupt nicht ansprechen – er reduziert und transformiert den inhaltlichen Rohstoff zu einem für *seine* Intention und *seine* Adressaten passenden Unterrichtsthema. So wird er mit den Schülern vielleicht Gras aussäen und dessen Wachstum beobachten, die Geschichte von der Tulpenzwiebel vorlesen und einen szenischen Blumentanz einstudieren.

Didaktische Reduktion meint die Rückführung komplexer Sachverhalte auf wesentliche Elemente und ein verständliches Niveau, didaktische Transformation bedeutet deren Umgestaltung zu unterrichtlichen Zwecken. Dabei ist darauf zu achten, dass zu starke Vereinfachung nicht in Verfälschung umschlägt. Beides, didaktische Reduktion und Transformation, dienen der Vermittlung zwischen Sache und Schüler, sind nicht nur Verminderung des Umfangs, sondern wollen gleichsam symbolisch die Wirklichkeit in den Unterricht transportieren – „*im Unterricht wird die Wirklichkeit der Welt neu inszeniert*" (Kaiser 1991, 242).

Die Abbildung der Tulpe an der Tafel, das aufklappbare Modell einer Blumenzwiebel, die tänzerische Darstellung von Wachstum sind alles didaktische Bearbeitungen der Wirklichkeit. „*Didaktik ist also die nach bestimmten Prinzipien durchgeführte und auf allgemeine Intentionen bezogene Transformation von Inhalten zu Unterrichtsgegenständen*" (ebd.).

Gelungene didaktische Transformation?

Der Begriff ‚didaktische Transformation' setzt zur Umformung von reinem Fachwissen in einen Unterrichtsinhalt auch die Fähigkeit zu Übertragung didaktischen Theoriewissens in unterrichtliche Handlungskompetenzen, also in die konkrete Planung und Gestaltung von Unterricht, voraus.

- Didaktische Reduktion und Transformation sind eng mit methodischen Fragen verknüpft – „Methodik *ist die auf die bestimmte Lerngruppe ausgerichtete Aufarbeitung der transformierten Inhalte*" (ebd., 243). Das Verhältnis von Didaktik und Methodik, also auch von Inhalt und Vermittlung ist in der Unterrichtsplanung komplementär, es gibt keine starre Hierarchie dieser beiden Aspekte. Die Diskussion, ob Primat der Didaktik oder Primat der Methodik, ist in dieser zugespitzten Form eigentlich müßig: Beide Teile ergänzen sich, denn kein Inhalt wird ohne methodische Aufbereitung zum Unterrichtsgegenstand, ebenso wenig wie keine Methode ohne Inhalt auskommt. In den meisten Fällen steht am Anfang planerischer Tätigkeit allerdings die grundlegende Entscheidung über den Inhalt bzw. die Vorgabe eines Inhaltes durch den Lehrplan, seine weitere methodische Aufbereitung ergibt sich als Folge in einem ständigen Perspektivwechsel – weshalb es deshalb eigentlich heißen müsste: seine weitere didaktisch-methodische Aufbereitung. Natürlich wird dem Lehrenden in Bezug auf die grobe Auswahl der Lehrinhalte ein Großteil an Entscheidungen durch den Lehrplan (bzw. die Systematik des Faches) abgenommen, dennoch muss vor jeder Unterrichtseinheit oder einzelnen Unterrichtsstunde erneut der vorgegebene Stoff didaktisch hinterfragt, d. h. prinzipiell neu begründet und für ganz konkrete Schüler hier und jetzt aufbereitet werden. Das bekannteste Verfahren dazu lieferte W. Klafki mit der sogenannten **didaktischen Analyse**, inzwischen bewährter Bestandteil, gelegentlich unter anderem Namen, vieler Raster der Unterrichtsplanung bzw. des schriftlichen Unterrichtsentwurfs (vgl. Kap. 9.2.3). Die folgende Übersicht fasst die bisherigen Überlegungen graphisch zusammen:

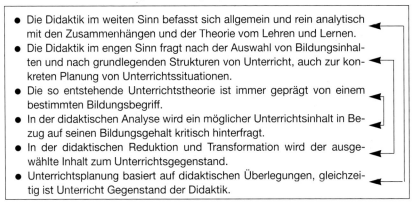

5.2 Didaktische Modelle

Didaktische Modelle zeigen, orientiert an bestimmten erziehungswissenschaftlichen Richtungen, grundsätzliche Strukturierungsmöglichkeiten und Wechselwirkungen innerhalb von Unterricht auf und sprechen immer in allgemeinen, übergeordneten Begriffen – nur so ist dann die Übertragung auf verschiedene Lehr-Lern-Situationen möglich. Anders formuliert: „*Ein didaktisches Modell ist ein erziehungswissenschaftiches Theoriegebäude zur Analyse und Modellierung didaktischen Handelns in schulischen und nichtschulischen Handlungszusammenhängen. Es stellt den Anspruch, theoretisch umfassend und praktisch folgenreich die Voraussetzungen, Möglichkeiten und Grenzen des Lehrens und Lernens aufzuklären*" (Jank/Meyer 1991, 92). Aufgrund des zum Teil hohen Abstraktionsgrades ist es leichter, nach diesen Modellen Unterricht zu analysieren als zu planen (eine Form der planerischen Konkretisierung ist die didaktische Analyse von Wolfgang Klafki, vgl. Kap. 9.2.3). Allen Modellen gemeinsam ist die Suche nach einem allgemein gültigen Schema zum Verständnis von Lehr-Lern-Prozessen, als solches haben sie die Funktion einer Problematisierungs- und Reflexionshilfe. Gleichzeitig schaffen sie innerhalb ‚ihrer' erziehungswissenschaftlichen Richtung durch die Festsetzung von Fachtermini eine einheitliche Kommunikationsebene – und somit die Möglichkeit des kritischen Austauschs.

5.2.1 Von der bildungstheoretischen zur kritisch-konstruktiven Didaktik

„*Didaktik setzt generelle Zielentscheidungen bzw. einen Begriff von Bildung voraus oder schließt ihn ein. Daher wird die Geisteswissenschaftliche Didaktik mit Recht auch als bildungstheoretische Didaktik bezeichnet*" (Klafki 1996, 87).

Mit diesem „Charakteristikum" beschreibt Wolfgang Klafki, einer der Hauptvertreter der bildungstheoretischen Didaktik, ihre Herkunft und Orientierung. Der geisteswissenschaftlichen Pädagogik verdankt sie als Grundlage aller unterrichtlichen Reflexion und Planung den zentralen Begriff der **Bildung**. „*Bildung und Erziehung haben die Aufgabe, dem unmündigen Menschen zur Mündigkeit zu verhelfen*" (Jank/Meyer 1991, 137) – diese knappe Zielformulierung beinhaltet drei Grundfähigkeiten: **Selbstbestimmungsfähigkeit**, **Mitbestimmungsfähigkeit** und **Solidaritätsfähigkeit**. Hier wird der Bezug zur Aufklärung und Kants Forderung nach Mündigkeit als

„Ausgang des Menschen aus seiner selbstverschuldeten Unmündigkeit" deutlich. Der Bildungsbegriff ist hierbei kategorial zu verstehen (vgl. S. 100) und versteht sich, eingebettet in historisch-gesellschaftliche Zusammenhänge, als geschichtlich vermitteltes Bewusstsein von zentralen Problemen der Menschheit in der Gegenwart und Zukunft mit der Konsequenz, an deren Bewältigung mitzuwirken. Bildung kann also nicht von der aktuellen politischen, gesellschaftlichen, ökonomischen, ökologischen und kulturellen Wirklichkeit getrennt werden. Mit dieser Definition erweitert Klafki den Aufgabenbereich der Didaktik: Sie muss *„einerseits die Erscheinungsweisen von und die Gründe für Hemmnisse, die dem Lehren und Lernen im Sinne der Entwicklung von Selbstbestimmungs-, Mitbestimmungs- und Solidaritätsfähigkeit entgegenstehen, untersuchen und andererseits Möglichkeiten, solche Lehr- und Lernprozesse zu verwirklichen, ermitteln, entwerfen und erproben"* (Klafki 1996, 90).

Und weiter führt er aus: *„Angesichts der unendlichen Fülle des Konkreten, Einzelnen ist solche ‚wechselseitige Erschließung' von Subjekt und Wirklichkeit aber nur möglich, wenn es gelingt, jene Fülle des Konkreten auf Grundformen, -strukturen, -typen, -beziehungen, kurz: auf ein Gefüge von Kategorien zurückzuführen und deren aktive Aneignung/Entwicklung im Bildungsprozess mit pädagogischer Unterstützung zu ermöglichen."* (ebd., 96).

Wie kann nun kategoriale Bildung im Unterricht sich ereignen/angestrebt werden? Drei Dimensionen machen den bildenden Unterrichtsinhalt aus:

- das **Elementare** zeigt die Anfangsgründe, den allgemeinen Gehalt,
- das **Fundamentale** ermöglicht subjektives Erleben des Bildungssinnes,
- das **Exemplarische** schließt am fruchtbaren Beispiel das Elementare und Fundamentale auf.

> „Unterricht muss die für einen Umkreis zusammenhängender Erscheinungen bestimmenden Inhalte herausheben (= das **Exemplarische** auswählen), diese Inhalte nicht nur hinsichtlich ihrer Besonderheit, sondern des in ihnen zum Ausdruck kommenden allgemeinen Gehalts durchlichten (= das **Elementare** aufsuchen), diese Gehalte auf ihren grundlegenden Sinn für das Verhältnis von Mensch und Welt befragen (zum **Fundamentalen** vorstoßen), das Ergebnis zu klaren Begriffen und damit zu weiteren Denkinstrumenten ausformen (Kategorien gewinnen)" (Glöckel 1990, 262).

In solch „originaler Begegnung" (H. Roth), in solch „fruchtbarem Moment im Bildungsprozess" (F. Copei) kann sich Bildung ergeben.

Hiermit ist eine klare Aussage in Bezug zur konkreten Unterrichtsplanung und -gestaltung getroffen: Die bildungstheoretische Didaktik definiert einen über allem Unterrichtsgeschehen stehenden **Bildungsbegriff** als sinnstiftendes Kriterium, aus welchem sie wesentliche Kriterien und Dimensionen für einen bildenden Inhalt ableitet und mit der didaktischen Analyse (s. Kap. 9.2.3) gleich auch ein Instrument für die ersten Schritte der konkreten Unterrichtsplanung vorgibt:

Bildung: Erziehung zu Mündigkeit =
Selbstbestimmung, Mitbestimmung und Solidarität

Bildung ist nicht nur formal oder material, sondern kategorial

---

Kriterien eines kategorialen Bildungsinhalts:
elementar, fundamental, exemplarisch

Didaktische Analyse als Reflexionshilfe und Mittel der Überprüfung:
Treffen die genannten Kriterien auf den konkreten Inhalt zu?

Aus diesen Zusammenhängen wird deutlich: Die Betrachtung und Bearbeitung des Unterrichtsgegenstandes ist nicht nur durch die Vorgaben des Lehrplans bestimmt, sondern entscheidend abhängig von der didaktischen Zielsetzung des Lehrers. Es ist demnach die Aufgabe des Lehrers in der didaktischen Analyse zu „ermitteln, worin der allgemeine Bildungsgehalt des jeweils besonderen Bildungsinhalts liegt" (Klafki 1963, 14), also die bildende Potenz und Intention des Gegenstands herauszuarbeiten.

Die fünf Fragen der **Didaktischen Analyse** formuliert Klafki erstmals 1958 in seinem heute noch wichtigen Aufsatz: „Die didaktische Analyse als Kern der Unterrichtsvorbereitung" (vgl. dazu später Kap. 9.2.3). Durch die Fragen nach (1) **Exemplarität**, (2) **Gegenwarts-** und (3) **Zukunftsbedeutung** muss der Inhalt seinen immanenten Bildungsgehalt für „meine" Schüler hier und jetzt nachweisen.

„Was ein Bildungsinhalt sei oder worin sein Bildungsgehalt oder Bildungswert liege, das kann erstens nur im Blick auf bestimmte Kinder und Jugendliche gesagt werden, die gebildet werden sollen, und zweitens nur im Blick auf eine bestimmte, geschichtlich-geistige Situation mit der ihr zugehörigen Vergangenheit und der vor ihr sich öffnenden Zukunft" (ebd., 12).

Die Herausarbeitung der (4) **Struktur des Inhalts**, eventuell auftretender Schwierigkeiten und möglicher Formen der (5) **Zugänglichkeit** und **Darstellbarkeit** beleuchtet Möglichkeiten der unterrichtlichen Umsetzung, bietet allerdings noch keine konkrete Feinplanung. Mit der didaktischen Analyse will Klafki auch noch kein Schema zur vollständigen Unterrichtsplanung vorlegen – die Feinplanung soll auf die didaktische Analyse folgen –, sondern eine Orientierungs- und Reflexionshilfe zur Begründung/Legitimation der Auswahl der Inhalte anbieten; tatsächlich hat er damit ein bis heute – vor allem in der Lehrerausbildung – gern benutztes Instrument geliefert.

Die starke Orientierung am **Bildungsbegriff** wird bald schon zum Anlass für Kritik. Außerdem fehle der Bezug zur konkreten Unterrichtswirklichkeit. Weiter lasse der hohe bildungsphilosophische Anspruch keine klare Lernzielformulierung zu, die Vernachlässigung der Methodik mache sie zu einer „Feiertagsdidaktik" an der Schulpraxis vorbei. Schließlich gibt es das Normproblem der Didaktik – wie kann ein als allgemein gültig postulierter Bildungsbegriff legitimiert werden, wenn ideologiekritische Elemente fehlen?

Die Antwort auf die allgemeine Kritik und gleichzeitig Stellungnahme zu neueren didaktischen Modellen erfolgt Jahre später durch Klafki selbst, indem er Mitte der 70er-Jahre eine Neufassung seines Modells vorlegt: aus der bildungstheoretischen Didaktik wird

die **kritisch-konstruktive Didaktik.**

Klafki beschreibt die Neuerung wie folgt: „*Grundmotive und Grundprinzipien der geisteswissenschaftlichen Pädagogik bzw. Didaktik, vor allem ihr historisch-hermeneutischer Ansatz, gehen als nach wie vor wesentliche, unverzichtbare Momente in den neuen, inhaltlich und methodisch umfassenderen Entwurf ein. Dieses Didaktik-Konzept aber ist eine bereichsspezifische Konkretisierung einer allgemeinen kritisch-konstruktiven Erziehungswissenschaft*" (Klafki 1996, 84).

Kritisch meint: Das Ziel aller didaktischen Bemühungen, zu wachsender Selbstbestimmungs-, Mitbestimmungs- und Solidaritätsfähigkeit zu verhelfen, bleibt zwar, gleichzeitig aber muss realisiert werden, dass „*die Wirklichkeit der Bildunginstitutionen jener Zielsetzung vielfach nicht entspricht*" (ebd., 90). Als Konsequenz dieser Erkenntnis muss sich auch die Didaktik um ständige kritische Verbesserung bemühen.

Konstruktiv meint: In diesem weiterentwickelten Modell weist der stärkere Praxisbezug auf eine tatsächliche Veränderung und neue Formen der Kooperation von Theorie und Praxis hin. Wichtig bleibt nach Klafki aber weiterhin das der Praxis vorausgehende Theorieverständnis und -bewusstsein des Pla-

nenden über Voraussetzungen, Möglichkeiten und Grenzen pädagogischen Handelns.
Auch in den in diesem Zusammenhang aufgestellten „Perspektiven konkreter Unterrichtsplanung" (ausführlich in Kap. 9.1) setzt die Reflexion nicht bei den Unterrichtsmethoden, sondern bei den Unterrichtsinhalten ein, es bleibt das Primat der Zielentscheidungen, nach denen sich die Unterrichtsplanung ausrichtet.

Das bekannte Schaubild zeigt zusammenfassend die Beziehung, in der die einzelnen Planungsschritte zueinander stehen.

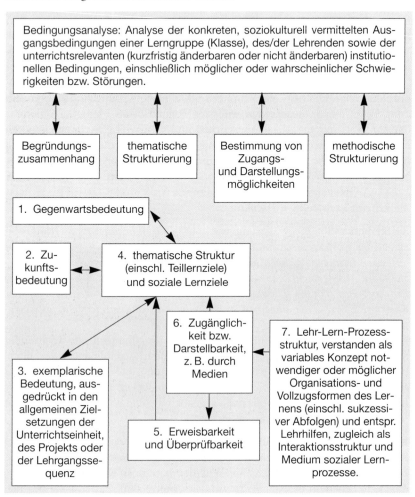

Dieses „**Perspektivschema zur Unterrichtsplanung**" von Wolfgang Klafki (ebd., 272) gliedert sich in verschiedene Ebenen und Bereiche:

1. Für Klafki geht Unterrichtsplanung zunächst von der Bedingungsanalyse (erste Ebene) aus, in der alle den Unterricht begleitenden Umstände sowie die Vorbedingungen der Schüler untersucht und abgeklärt werden.
2. Auf dieser übergreifenden Grundlage bauen die vier Bereiche der zweiten Ebene auf:
   – Begründungszusammenhang: Gegenwarts-, Zukunfts- und exemplarische Bedeutung ergeben zusammen mit der ...
   – thematischen Strukturierung die didaktische Analyse
   – Bestimmung von Zugangs- und Darstellungsmöglichkeiten
   – methodische Strukturierung: Lehr-, Lernprozessstruktur

   Die Doppelpfeile zwischen der ersten und zweiten Ebene zeigen an, dass sich beide Bereiche wechselseitig bedingen und aufeinander beziehen.
3. Die Elemente der zweiten Ebene werden zunächst von links nach rechts gelesen, also ausgehend vom Begründungszusammenhang zur thematischen Struktur bis hin zur Verlaufsplanung. Aber auch hier sind wechselseitige Querverbindungen vorgesehen, und es wird deutlich: Die Formulierung von Lernzielen auf der Basis des strukturierten Inhalts steht als Zentrum in der Mitte der Planung – sie sind die Brücke zwischen der didaktischen Reflexion und der konkreten Festlegung des Unterrichtsverlaufs.

Während Klafki aber noch Anfang der 70er Jahre über die Methode schreibt, dass es *„immer um die Auseinandersetzung mit Inhalten oder um den Gewinn inhaltsbezogenen Könnens"* geht und folglich den *„Fragen nach dem ‚Wie' und ‚Womit' des Unterrichts grundsätzlich die Frage nach der Auswahl und Struktur der Inhalte vorgeordnet ist"* (Klafki in: Röhrs 1971, 12), bekommt die Methode in der kritisch-konstruktiven Didaktik eine weitere, wesentliche Funktion: *„Das heißt, dass Methoden ihr Kriterium nicht nur darin haben, ob sie ziel- und sachgemäß sind [...], sondern zugleich darin, ob sie entsprechende Lernprozesse herausfordern. [...] Unterrichtsmethode muss immer auch als Strukturierung sozialer Beziehungen verstanden und auf den dem Unterricht vorangehenden und ihm folgenden Entscheidungsebenen bedacht werden"* (Klafki 1996, 131/134). Hiermit wird die Unterrichtsmethode als eigenständiges Moment und wesentlicher Bestandteil der Planung betont.

Weiterhin einen wichtigen Schwerpunkt der Planung bildet die *didaktische Analyse*, die den Unterrichtsinhalt begründet, didaktisch interpretiert und strukturiert. Neu hingegen ist die Betonung einer der Planung vorausgehenden Bedingungsanalyse, in der unter anderem die Arbeitsbedingungen, die soziokulturellen Voraussetzungen und Motivationen der Schüler etc. ge-

klärt werden – hier ist der Bezug zur Lehr/Lerntheoretischen Didaktik spürbar.
Die Darstellung des Inhalts und die methodische Strukturierung, der Prozess und die Organisation der Stunde steht im Planungsverlauf in engem Bezug zum Begründungszusammenhang der didaktischen Analyse. Der Planende soll also diese Komplexe nicht starr nacheinander abarbeiten, sondern die ständige *„Interdependenz, also wechselseitige Abhängigkeit und Beeinflussung aller für den Unterricht konstitutiven Faktoren"* (ebd., 259) berücksichtigen.
Wie sieht die praktische Umsetzung aus? Lernen und Lehren wird als Interaktionsprozess verstanden, in den die Schüler miteinbezogen werden sollen. Die Prinzipen der Mit- und Selbstbestimmung und Solidarität können hier bereits umgesetzt werden. *„Lernen im Sinn kritisch-konstruktiver Didaktik muss in seinem Kern entdeckendes bzw. nachentdeckendes und sinnhaftes, verstehendes Lernen anhand exemplarischer Themen sein, ein Lernen, dem die reproduktive Übernahme von Kenntnissen und alles Trainieren, Üben, Wiederholen von Fertigkeiten eindeutig nachgeordnet oder besser: eingeordnet werden muss"* (ebd., 129).
Abschließend bleibt festzuhalten: Auch die kritisch-konstruktive Didaktik sieht sich als Planungs- und Reflektions*hilfe,* nicht als starres Korsett – *„Unterrichtsplanung im hier vertretenen Sinn kann nie mehr als ein offener Entwurf sein, der den Lehrer zu reflektierter Organisation, Anregung, Unterstützung und Bewertung von Lernprozessen und Interaktionsprozessen, also zu flexiblem Unterrichtshandeln befähigen soll"* (ebd., 296).

5.2.2 Lern- bzw. Lehrtheoretische Didaktik

Auch innerhalb dieser ‚Didaktik' gab es eine Weiterentwicklung. Ursprünglich gegen die vermeintliche Unklarheit des Bildungsbegriffs und seinen geistesgeschichtlichen Hintergrund gerichtet, sollte ein stärker empirisch orientiertes Instrument zur Analyse von Unterricht entwickelt werden, welches dann allerdings bald auch ungeheuer rasch Verbreitung als Planungsinstrument innerhalb der Lehrerbildung fand.
Paul Heimann (1901–1967) entwickelte Anfang der 60er Jahre zusammen mit Gunter Otto (*1927) und Wolfgang Schulz (1929–1993) in Berlin – daher auch die Bezeichnung **Berliner Modell** – die **Lern**theoretische Didaktik. Ende der 60er Jahre überarbeitete Wolfgang Schulz, inzwischen in Hamburg tätig, aus verschiedenen Gründen dieses ursprüngliche Modell: Er benannte die Lerntheoretische in **Lehr**theoretische Didaktik um und entwickelte bis 1980 das Berliner zum **Hamburger Modell** weiter.

„Wir betrachten es als Charakteristikum des lehrtheoretischen Ansatzes, dass er zunächst vor allem eine Sprache zur Beschreibung des Unterrichtsprozesses zu entwickeln versucht hat, sich bemühend, nicht von den Vorlieben didaktischer Schulen, sondern von den in der Mannigfaltigkeit der Interpretationen sichtbar werdenden formalen Strukturen des Unterrichts auszugehen, um die Möglichkeit zu gewinnen, sich über didaktische Lager hinweg über die Realität zu verständigen [...]" (Schulz in: Röhrs 1971, 22).

Mit diesem Zitat fasst Wolfgang Schulz bereits wesentliche Elemente der Lern- Lehrtheoretischen Didaktik zusammen:

- Heimanns ursprüngliche Intention seiner Strukturtheorie war die Beantwortung der Frage, was Unterricht sei, oder anders formuliert, welche allgemeine Faktoren Unterricht ausmachen und welche zeitlose und konstante formale Struktur Unterricht bedingt.
- In dieser Definition ist die lerntheoretische Didaktik um Wertfreiheit bemüht, sie steht für ein „normativ, programmatisch und inhaltlich nicht festgelegtes System aller interdependent wirkenden Unterrichtsfaktoren auf kategorial-analytischer Grundlage" (Lenzen 1989, 745).
- In dieser Wertfreiheit stellt sie sich nicht der Normproblematik und bildet somit ein Gegenstück zur bildungstheoretischen Didaktik.
- Die Strukturtheorie von Unterricht schafft tatsächlich die oben erwähnte ‚Sprache' zur Beschreibung, welche wesentlichen Aspekte Unterricht kennzeichnen. Im Berliner und Hamburger Modell verdeutlicht sie, *welche* Entscheidungen in der Unterrichtsplanung getroffen werden müssen, aber sie sagt nichts darüber, *wie* diese Entscheidungen aussehen können oder müssen – auch hier ist die Kluft zwischen Unterrichtsanalyse und Unterrichtsplanung nicht endgültig überbrückt.

In einem 1961 gehaltenen Vortrag beschreibt Heimann die Unterricht konstituierenden Strukturelemente wie folgt:

„Im Unterricht geht stets Folgendes vor:

a) Da ist jemand, der hat eine ganz bestimmte Absicht.
b) In dieser Absicht bringt er irgendeinen Gegenstand in den
c) Horizont einer bestimmten Menschengruppe.
d) Er tut das in einer ganz bestimmten Weise,
e) unter Verwendung ganz bestimmter Hilfsmittel, [...] den Medien,
f) und tut es auch in einer ganz bestimmten Situation.

Indem ich das hier so einfach aufgezählt habe, habe ich die sechs grundlegenden Gesichtspunkte zum Betrachten der Grundstruktur des Unterrichtens mitgeteilt. Wir können sie auf eine einfache Weise in Fragen verwandeln.

Dann stellt sich Unterricht dar als eine Beantwortung folgender Grundfragen:
1. In welcher Absicht tue ich etwas?
2. Was bringe ich in den Horizont der Kinder?
3. Wie tue ich das?
4. Mit welchen Mitteln verwirkliche ich das?
5. An wen vermittle ich das?
6. In welcher Situation vermittle ich das?" (Heimann in: Jank/Meyer 1991, 185).

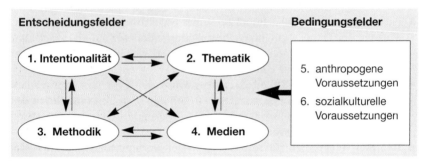

In dieser Form wurde das Berliner Modell in der Lehrerausbildung auch als Gegenstück zu Klafkis didaktischer Analyse zeitweilig fast alleiniges Raster zur Unterrichtsvorbereitung, weil es praxisnah, kompakt, anwendungsorientiert, leicht verständlich und direkt auf konkrete Situationen übertragbar ist und damit den Ansprüchen einer wissenschaftlichen Lehrerausbildung eher zu entsprechen schien.

Entscheidend für diese Modell und gleichzeitig wesentlicher Unterschied zur bildungstheoretischen Didaktik ist das **Prinzip der Interdependenz**: Für Heimann stehen alle Faktoren in untrennbarer Beziehung zueinander, bedingen und beeinflussen sich und müssen als gleichwertig betrachtet werden, während die bildungstheoretische und auch die kritisch-konstruktive Didaktik die Ziel- und Inhaltsfragen der Methodik voranstellen und trotz eingestandener Wechselwirkungen dennoch eine Hierarchie der Planungsentscheidungen vertreten. Dieser Implikationszusammenhang aller Faktoren macht ihre gegenseitige Abhängigkeit auch in Bezug auf die Planung deutlich, die folglich an jedem Punkt einsetzen kann.

Die Interdependenztheorie hat für Heimann innerhalb seiner Strukturanalyse oberste Priorität, wird aber von Schulz in den 70er Jahren modifiziert: Sie ist eine analytische, allgemein didaktische Aussage, die auf die Komplexität von Unterrichtsgeschehen hinweist – Unterrichtsprozesse lassen sich, so wie sie ablaufen, nicht monokausal erklären, auf der Ebene grundlegender didaktischer Strukturen gibt es tatsächlich kein Primat der Zielentscheidungen. Auf der Ebene der konkreten Planung aber orientieren sich die Entscheidungen über unterrichtliche Ziele, Inhalte, Methoden und Medien schon an einer allgemeinen Zielsetzung. Die Aussage „Alles hängt mit allem zusammen" mag theoretisch richtig sein und sich durch Unterrichtsanalysen im Nachhinein bestätigen, in der Planung „unterliegen alle Aspekte und alle Momente der Unterrichtsplanung einer allgemeinen Zielorientierung" (Jank/Meyer 1991, 196). Das Primat der Didaktik im Sinne der Zielentscheidungen und die Theorie der Interdependenz aller Unterrichtsfaktoren schließen sich insofern nicht aus, sondern ergänzen und präzisieren einander.

Obwohl sich Heimann gegen das „bildungsphilosophische Stratosphärendenken" (ebd., 204) der bildungstheoretischen Didaktiker wandte, hatte auch er eine Bildungstheorie, eine Idealvorstellung von Bildung. Für ihn steht im Mittelpunkt die **Daseinsbewältigung** und entsprechend die dazu notwendigen Techniken auf kognitiver, pragmatischer und affektiver Ebene: *„Diese drei Dinge – Werk, Tat und Lebensgestaltung – liegen eigentlich in der Perspektive unseres bildenden Tuns! Gebildet wäre demnach der Mensch, bei dem in seinen Taten, in seiner Lebensgestaltung und in seinen Werken der hier angedeutete Reichtum an möglichen Weltverhältnissen erkenntnismäßiger Art, pragmatischer Art, gefühlsmäßiger Art auch immer realisiert gewesen ist! Sie müssten so realisiert sein, dass sie ein Maximum an Daseinserhellung aufweisen, ein Maximum an Daseinsbewältigung und ein Maximum an Daseinserfüllung. Das ist also ein Idealschema. Es ist aber wert, es anzustreben"* (Heimann in: Jank/Meyer 1991, 213).

Neben der wertfreien **Strukturanalyse** mit den Bedingungs- und Entscheidungsfeldern ist ein zweites wichtiges Element die **Faktorenanalyse**, die die drei Bereiche Normenkritik, Faktenbeurteilung und Formenanalyse beinhaltet. Schon die Bezeichnungen ‚-kritik' und ‚-beurteilung' verdeutlichen, dass es sich hier nicht mehr um allgemein gültige, inhaltsfreie Elemente handelt, sondern um eine situationsspezifische Bedingungsprüfung möglicher Einflussfaktoren: „Normenkritik meint das Bedenken vorhandener Normen sowie deren kritische Überprüfung, Faktenbeurteilung nimmt alle relevanten Gegebenheiten, die in Unterricht hineinspielen, in den Blick (z. B. Ergebnisse der Milieu-, der Jugend-, Medien- oder Schulforschung), die Formenanalyse schließlich beachtet die den Unterricht bisher strukturierenden Verkehrs-, Lehr- und Lernformen" (Martial/Bennack 1995, 73).

Das Hamburger Modell, das in seiner endgültigen Form erst 1981 in dem Buch „Unterrichtsplanung" von Wolfgang Schulz veröffentlicht wurde, ist das Ergebnis eines langen Entwicklungsprozesses: als Antwort auf Kritik von Erziehungswissenschaftlern an der von Heimann postulierten Wertfreiheit, aber auch als Reaktion auf die Forderungen der 68er Bewegung. In Distanz zur kybernetischen Didaktik und der lernpsychologischen Pädagogik benennt Schulz Anfang der 70er Jahre das Attribut lerntheoretisch in lehrtheoretisch um (Klafki in: Röhrs 1971, 22). 1977 entsteht gemeinsam mit Wolfgang Klafki und Gunter Otto die Schrift „Didaktik und Praxis", in der sich die beiden ehemals konkurrierenden Modelle in einigen Punkten annähern.

An die Stelle der Wertfreiheit tritt die engagierte Forderung nach mehr Beteiligung der Schüler, Stichworte sind jetzt Kompetenz, Autonomie und Solidarität auf den Ebenen der Sach-, Gefühls- und Sozialerfahrung. Erziehung wird als Dialog zwischen potentiell handlungsfähigen Subjekten verstanden, nicht als Unterwerfung eines Unterrichts- und Erziehungsobjekts unter die Absichten des Erziehers – „Erziehung zur größtmöglichen Verfügung aller über sich selbst" (Schulz in: Jank/Meyer 1991, 220) (man erinnere sich an Klafkis Forderung nach Mündigkeit!).

Während das Berliner Modell zunächst vor allem als Instrument zur Unterrichtsanalyse gedacht war, rückt die Planung im Hamburger Modell in den Mittelpunkt: Schulz nennt vier **Planungsebenen** in einer Hierarchie von **abstrakt** nach **konkret** und von **grundsätzlich** nach **situationsspezifisch**:

1. *Perspektivplanung:* Stoffverteilungsplan über längeren Zeitraum
2. *Umrissplanung:* Beantwortung der vier Entscheidungsfragen in der Strukturanalyse zur konkreten Unterrichtseinheit
3. *Prozessplanung:* Übersetzung in konkreten Unterrichtsablauf
4. *Planungskorrektur:* während der Realisierung des Unterrichts

„Die Klärung der Gesamtaufgabe wird immer vorausgesetzt, wenn die Teilaufgaben in ihrer Abfolge bestimmt werden" (Schulz 1981, 162). Besondere Bedeutung kommt der Umrissplanung zu, für die Schulz ein der Strukturanalyse von Heimann ähnliches Schema erstellt hat, er nennt es „Handlungsmomente didaktischen Planens in ihrem Implikationszusammenhang". Diese Handlungsmomente entsprechen den Entscheidungs- und Bedingungsfeldern des Berliner Modells, sie sind ebenfalls formale, nicht inhaltsbezogene Bestandteile der Unterrichtsplanung. Neu hinzu kommt das Entscheidungsfeld ‚Evaluation und Erfolgskontrolle' sowohl für Schüler als auch für Lehrer, das zwar auch schon in der Berliner Didaktik als Planungsprinzip Bedeutung hat, aber nicht als Entscheidungfeld in Erscheinung tritt.

Unterricht ist nicht isoliert zu betrachten, sondern zunächst in institutionelle Bedingungen und Vorgaben eingebettet. Diese wiederum sind Abbild der aktuellen Produktions- und Herrschaftsverhältnisse und werden durch sie

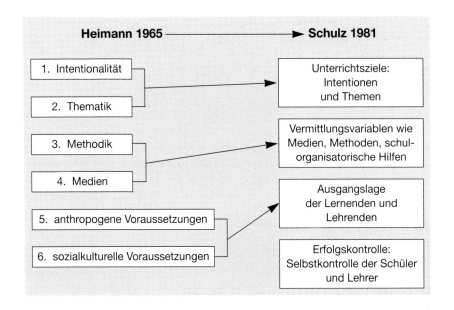

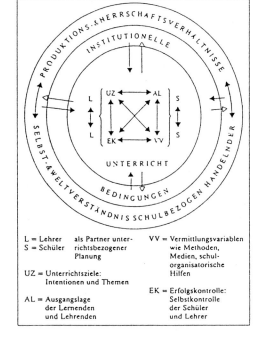

*„Handlungsmomente
didaktischen Planens in ihrem
Implikationszusammenhang"
(Schulz 1981, 82)*

beeinflusst. In diesem gesellschaftlichen Beziehungsgefüge entwickelt sich das Selbst- und Weltverständnis schulbezogen Handelnder, die in diesem Sinne ebenfalls direkt oder indirekt Einfluss auf das Unterrichtsgeschehen ausüben (diese Zusammenhänge sind durch die Doppelpfeile angedeutet). Lehrer und Schüler sind als Partner in der Unterrichtsplanung gleichermaßen von diesen institutionellen, gesellschaftlichen und weltanschaulichen Rahmenbedingungen geprägt. Richtlinien der Unterrichtsplanung sind unter dem allgemeinen Anspruch der Schülerbeteiligung die Vermittlung von **Kompetenz, Autonomie** und **Solidarität** – Unterricht muss also so gestaltet werden, dass eine Balance zwischen **Sachansprüchen, Personenansprüchen** und **Gruppenansprüchen** gewährleistet ist.

5.2.3 Weitere didaktische Modelle

5.2.3.1 Kybernetische Didaktik

Die wörtliche Bedeutung von Kybernetik als ‚allgemeine Steuer- oder Regelkunde' deutet bereits die Richtung der kybernetischen Didaktik an; Felix von Cube, einer ihrer Hauptvertreter, erklärt ihre Bedeutung am Beispiel kybernetischer Maschinen:

„Bei den kybernetischen Maschinen handelt es sich nicht – wie in der traditionellen Technik – um Energieerzeugung und Arbeitsleistung (im physikalischen Sinn), sondern um die Aufnahme, Speicherung und Verarbeitung von Information. Die maschinelle Aufnahme von Information lässt sich beispielsweise dadurch erreichen, dass man umgangssprachliche Informationen wie Buchstaben, Bilder etc. in eine Sprache übersetzt, die der Elektrorechner ‚versteht'. Diese Sprache besteht nur aus zwei Elementen, z.B. ‚Stromimpuls' und ‚Pause' oder ‚Schalter ein' und ‚Schalter aus'. […] Neben dem Bau und der Funktionsweise informationsverarbeitender Maschinen steht vor allem die technische Regelung im Zentrum der Kybernetik. Unter einem Regelkreis versteht man eine rückgekoppelten Vorgang, der zur Erreichung eines bestimmten Ziels oder zur Aufrechterhaltung eines Zustandes dient. […] Bekannte Beispiele für technische Regelkreise sind Thermostat und Druckregler, […] es gibt indessen auch im biologischen Bereich eine ganze Reihe von Regelkreisen: die Aufrechterhaltung der Körpertemperatur, des Blutzuckergehaltes, […]
Aus den angegeben Überlegungen heraus ergibt sich ein Begriff der Didaktik, den ich zunächst so formulieren möchte: Didaktik als Wissenschaft untersucht, wie die Lernprozesse eines Lernsystems zu initiieren und steuern sind, um vorgegebene Lernziele in optimaler Weise zu erreichen […], sie ist die Wissenschaft von den prinzipiellen Eingriffsmöglichkeiten und Konstruktionsmöglichkeiten im Bereich menschlichen Lernens" (v. Cube in: Röhrs 1971, 31 ff.).

Diese technische, zielorientierte Auffassung von Unterrichtsprozessen – Erziehung und Ausbildung werden mit einem Regelkreis verglichen – überträgt

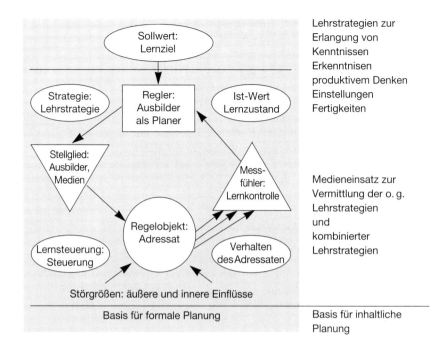

Die kybernetische Planung von Lernprozessen beinhaltet fünf Schritte:

1. ○ **Zielplanung:** Ziele werden unter Berücksichtigung der allgemeinen Legitimation, der Adressaten- und Realisationsmöglichkeiten reflektiert und definiert.

2. ☐ **Strategieplanung:** Ausgangspunkte der Entwicklung einer Lehrstrategie sind der Ist-Wert und der Soll-Wert, anhand derer die Teilziele zeitlich und strategisch angeordnet und die geeignete Lehrstrategie entworfen wird. Lehrstrategie ist die „zu optimierende Überordnung und Zielrichtung von Methoden, Unterrichtsformen und -prinzipien" (Martial/Bennack 1995, 75).

3. ▼ **Medienplanung:** Der Einsatz adäquater Medien als auditive oder audiovisuelle Codierung und Transformation des Inhalts.

4. ▲ **Kontrollplanung** zur Klärung, an welchem Punkt Lernkontrolle angebracht ist und in welcher Form sie stattfinden soll.

5. ► **Verlaufsplanung:** Anhand der zuvor getroffenen Festlegungen erfolgt die konkrete Verlaufsplanung.

kybernetisch-informationstechnische Begriffe und Methoden auf den Unterricht. Hauptziel ist die Präzisierung und Optimierung von Lehrstrategien, dabei wird die Selbstbestimmung von Schülern allerdings weitgehend ausgeklammert – bzw. sie kommt evtl. als Störgröße im Verhalten der Adressaten vor. In der sehr engen Auffassung und Reduktion von Didaktik auf den methodischen Aspekt, Lehren und Lernen vor allem effizienter zu machen, bei weitgehender Ausklammerung der Ziel- und Normproblematik als nicht zur Wissenschaft vom Unterricht gehörend, konnte sich diese Position nicht durchsetzen. Während sie für den schulischen Unterricht fast keine Rolle spielt, hat sie wohl für die Erwachsenen- und Weiterbildung eine gewisse Bedeutung: Nach dieser, auf kleine Informationshäppchen und deren kontrollierter Aneignung ausgerichteten Konzeption wurden in der Industrie, beim Militär usw. entsprechende Ausbildungseinheiten etwa zum Drill, zum Selbststudium oder um einen Stoff nachzuholen entwickelt. Weitere Möglichkeiten sieht von Cube, der das Prinzip der Kybernetik nicht nur auf die Erziehungswissenschaft begrenzt sieht, in anderen Bereichen: *„Unter Kybernetik im engeren Sinne versteht man die Wissenschaft und Technik von den informationsverarbeitenden Maschinen wie programmgesteuerten Rechenautomaten, lernenden Automaten, Übersetzungsmaschinen, Lehrmaschinen usw.; unter Kybernetik im weiteren Sinne versteht man die mathematische und konstruktive Behandlung allgemeiner struktureller Beziehungen, Funktionen und Systeme, die verschiedenen Wirklichkeitsbereichen gemeinsam sind"* (ebd., 34).

In dem Verständnis vom *Ausbildungsvorgang* als **Regelkreis** ist das angestrebte *Lehrziel* der **Soll-Wert**, der durch den *Ausbilder* mit der Lehrstrategie als **Regler** anhand personaler oder technischer *Medien*, den **Stellgliedern**, der **Regelgröße** alias *Adressat* vermittelt werden soll. Die *Lernkontrolle* findet über **Messfühler** statt, indem der Ist-Wert gemessen und mit dem Soll-Wert verglichen wird.

5.2.3.2 Kritisch-kommunikative Didaktik

Die kritisch-kommunikative Didaktik – zumindest in der Version wie sie Rainer Winkel (in: Gudjons/Teske/Winkel 1980) vertritt, und auf die wollen wir unsere kurze Einführung beschränken – erhebt nicht den Anspruch, eine völlig neue didaktische Konzeption darzustellen, sondern lenkt den Blick auf Einzelelemente unterrichtlichen Geschehens. **Kritisch** ist sie im Sinne der Einforderung einer ständigen Verbesserung der vorhandenen Wirklichkeit, das Attribut **kommunikativ** deutet auf ihr zentrales Element hin: die unterrichtliche Kommunikation und deren mögliche Störungen. Unterrichtswirklichkeit wird als ineinander greifendes Gesamt von Inhalt, dessen Vermittlung und den dazugehörenden zwischenmenschlichen Beziehungen aufgefasst. Die Unterrichtsplanung ist in diesem Modell weniger differenziert entwickelt, sie soll nicht nur sach-, sondern auch interaktionsadäquat im Sinne einer ‚symmetrischen' Kommunikation erfolgen. Neben Inhalt und Vermittlung sind also vor allem die Beziehungsstruktur innerhalb des Unterrichts und ihre möglichen Störungen wichtig, eine Problematik, die in der Didaktik bislang nur wenig thematisiert wurde. Unterricht kann seine gesetzten Ziele, die Ermöglichung von erfolgreichen Lernprozessen, nur erreichen, wenn eine störungsfreie, ausgewogene Atmosphäre herrscht – Störungen behindern den Lernprozess. Auf dieser Basis helfen folgende Aspekte, im Unterricht auftretende Störungen zu identifizieren und gegebenenfalls auszubalancieren:

- Störungsarten: Disziplinstörungen, Provokationen, Lernverweigerung
- Störungsfestlegungen: vom Lehrenden, vom Lernenden, vom Prozess her
- Störungsrichtungen: Schüler → Schüler, Schüler → Lehrer
- Störungsfolgen: Stockungen, Unterbrechungen, Verletzungen
- Störungsursachen: Lernschwierigkeiten, aufgestaute Aggression, ...

5.2.3.3 Curriculare Didaktik

Der Begriff *Curriculum* taucht bereits in der mittelalterlichen Pädagogik auf als allgemein gültig festgelegter Plan oder Ablauf der Erziehung von Klosterschülern. In der Schrift „Polyhistor" des Barockpädagogen Georg Daniel Morhof aus dem Jahr 1688 findet sich ein Kapitel „De curriculo scholastico", das ebenfalls auf eine inhaltlich geregelte Unterrichtsfolge hinweist. Nach 1960 kommt der Begriff Curriculum aus der angloamerikanischen über die schwedische Bildungsdiskussion mit erweiterter Bedeutung wieder zu uns zurück: Curriculum wird zum Inbegriff für eine neue Form von umfassend formulierten Lehrplänen mit genauen Zielvorgaben, methodischen Anregungen, Arbeitsaufgaben für die Schüler und Testaufgaben zur Evaluation. Das Curriculum sollte die Antwort sein auf die Forderung nach wissenschaftlich begründeten, gesellschaftlich legitimierten und praktisch umsetzbaren Bildungszielen. Ein Hintergrund ist die Kritik, dass es bisher nicht gelungen sei, die Auswahl der Bildungsinhalte in den Lehr- oder Stoffverteilungsplänen überzeugend zu begründen. In Deutschland begann diese Diskussion und Neuorientierung mit dem Buch „Bildungsreform als Revision des Curriculums" von Saul B. Robinsohn (1967).
Darin wird argumentiert, dass angesichts der wichtigen gesellschaftlichen Veränderungen demokratisch legitimierte Lehrpläne gebraucht würden, die eine eindeutige Verbindung herstellen zwischen zukünftigen Lebenssituationen und den dafür durch die Schule zu vermittelnden Qualifikationen.

*„Gehen wir von den Annahmen aus, dass in der Erziehung Ausstattung zur Bewältigung von Lebenssituationen geleistet wird, dass diese Ausstattung geschieht, indem gewisse Qualifikationen und eine gewisse ‚Disponibilität' durch die Aneignung von Kenntnissen, Einsichten, Haltungen und Fertigkeiten erworben werden und dass eben die Curricula und – im engeren Sinne – ausgewählte Bildungsinhalte zur Vermittlung derartiger Qualifikationen bestimmt sind. Dann ergibt sich für die Curriculumforschung die Aufgabe, **Methoden** zu finden und anzuwenden, durch welche diese **Situationen** und die in ihnen geforderten Funktionen, die zu deren Bewältigung notwendigen **Qualifikationen** und die **Bildungsinhalte** und Gegenstände, durch welche diese Qualifizierung bewirkt werden soll, in optimaler **Objektivierung** identifiziert werden können"* (Robinsohn in: Röhrs 1971, 236).

Die Hauptkritik der Curriculumbewegung richtet sich gegen die zum Teil veralteten Lehrpläne, ihre relativ unverbindliche Sammlung von Inhalts- bzw. Stoffvorschlägen und die unklaren, z. T. undemokratischen Umstände, unter denen sie entstanden sind. Dagegen wird nun gefordert:

- Offenlegung der Entscheidungsprozesse (wer hat mit welcher Legitimation und Kompetenz an den Lehrplänen mitgearbeitet?)
- Aktualisierung der Bildungsinhalte
- Präzisierung der Aussagen: genaue Angabe der Lernziele, ihrer Operationalisierung und Hierarchisierung mit Hilfe von Taxonomien, außerdem Vorgaben über Lehrmethoden, Medien und Möglichkeiten der Lernerfolgskontrolle
- Evaluation der Ergebnisse: Einführung einer Bewährungskontrolle der Lehrrpläne im Schulalltag, Rückmeldung der Lehrer.

Hieraus ergeben sich folgende Kriterien für die Curricula:
- rationale Begründung und Offenheit aller Lehrplanentscheidungen
- statt Durchsetzung der Bildungspläne mit politischer Macht: wissenschaftlich begründete und begleitete Einführung in die Schulpraxis und rückkoppelnde Evaluation unter prinzipieller Beteiligung der Lehrer
- klare Definitionen von Qualifikationen statt vager Zielumschreibungen
- konkrete Informationen über Operationen der Umsetzung und Evaluation.

Die Curriculumtheorie befasst sich also mit der **Auswahl**, der **Begründung**, der **Anordnung** und der **Überprüfung von Lerninhalten**. Im Zuge dieser Lehrplanrevision werden beispielsweise neue Inhalte wie Wirtschaftslehre, Verkehrserziehung, Sexualkunde etc. aufgenommen.

Die Lehrpläne erhalten eine neue, konkretere Form, wie folgender Vergleich (Glöckel 1990, 221) zeigt:

> „Lehrordnung für die Bayerischen Volksschulen" aus dem Jahr 1926, Klasse 8 zum Thema Winkel in der Raumlehre:
> 4. Flächen- und Körperbetrachtungen. Berechnungen hierzu:
> a) Winkel, Kreis, Kreisbogen, Kreisausschnitt, Kreisring. Das regelmäßige Drei-, Vier- und Sechseck.
> b) Prisma, Zylinder, Pyramide, Kegel, Kugel.

> „Rahmenrichtlinien des hessischen Kultusministeriums für die Sekundarstufe I aus dem Jahr 1973:
> 9.1 Winkel und Winkelmessung
> (1) Wissen, dass zwei von einem Punkt ausgehende Halbgeraden die Ebene in zwei Gebiete zerlegt.
> (2) Einen Winkel als (abgeschlossenes) Gebiet auffassen, das durch zwei Halbgeraden mit demselben Anfangspunkt begrenzt wird.
> (3) Wissen, dass ein Winkel eine achsensymmetrische Figur ist.
> (4) Wissen, dass ein Winkel eine Punktmenge ist ... [usw. bis Ziffer (23)]

In der Bildung von Forschungsgruppen aus Planern und (leider nur vereinzelt) Praktikern und der Durchführung von Versuchen (z. B. in der Curriculumwerkstatt der Laborschule Bielefeld oder der Gesamtschule Weinheim) wird versucht eine Verbindung von Forschung und Praxis zu erreichen. Zwei unterschiedliche Modelle kristallisieren sich heraus:

1. Das situationsanalytische und planrationale Modell des **geschlossenen** Curriculums: Von der (gegenwärtigen oder) zukünftigen Lebenssituation der Schüler werden für deren Bewältigung benötigte Qualifikationen abgeleitet und dafür entsprechende Lerninhalte formuliert. In dieser Intention werden Curricula im Sinne präzise konstruierter, fertig geplanter Unterrichtseinheiten für einzelne Fächer durch Spezialistenteams meist an Hochschulen und Forschungseinrichtungen entwickelt und an die Schulen durchgereicht. Lehrer (und Schüler) wurden selten vorher gefragt oder in den Entwicklungsprozess eingebunden und stehen nun unter dem Zwang, einen von anderen vorgefertigten Plan mit allen Inhalts- und Zielentscheidungen auf vorgeschriebenen methodischen Lernwegen erreichen zu müssen. Dahinter stand die an sich ja auch ehrenwerte Absicht, dass alle Kinder, egal bei welchem Lehrer oder welcher Schule, eine wissenschaftlich hoch stehende und demokratisch legitimierte Schulbildung erhalten sollten. Schon bald zeigte sich aber, dass die Lehrer nicht so wie erwartet mitzogen. Sie fühlten sich von diesen „teacher-proof" Curricula zu Recht übergangen, pochten auf ihre Kompetenz und pädagogische Freiheit. Manche allerdings waren einfach nicht bereit oder in der Lage sich in diese neuen, fachwis-

senschaftlich und – didaktisch sehr anspruchsvollen Pläne einzuarbeiten, geschweige denn sie intentionsgemäß umzusetzen – ihnen fehlte schlicht das nötige Fachwissen.

2. Eine Alternative stellten die so genannten **offenen** Curricula (Brinkmann 1975; Garlichs 1974) dar: Als Antwort auf die erhobene Kritik wird mehr Raum für die Ausgestaltung der Lehrgänge unter Berücksichtigung situativer Bedingungen und unter Beteiligung der Betroffenen eingeräumt.

Trotz dieser verspätet einsetzenden Bemühungen um stärkeren Bezug zur alltäglichen Schulwirklichkeit und der Berücksichtigung der Erfahrungen der direkt betroffenen Lehrer (vereinzelt auch Schüler und Eltern), hatte die angestrebte Reform nicht den erhofften durchgreifenden Erfolg. Die Entwicklung umfassender Curricula für alle Fächer, Klassenstufen und Schularten erwies sich als zu langwierig – die Schulbehörden verlangten nach schnellen Lösungen. Manche Schulen versuchten sich eigene Curricula zu entwerfen, in vielen Fällen blieben Curricula in der Planungsphase stecken und/oder wurden durch einfachere Verfahren ersetzt. Insofern ist die Umsetzung der Forderungen Robinsohns zwar gescheitert, dennoch hat der Prozess der Curriculumentwicklung gezeigt, dass Entscheidungen über Lehrpläne und Ziele des Unterrichts nicht allein der Bildungsadministration überlassen und im öffentlichen Interesse mehr Transparenz bei der Entwicklung ermöglicht werden sollte, außerdem wurden viele Unterrichtsfächer inhaltlich wissenschaftlich überarbeitet, einige Fächer oder Schwerpunkte kamen neu hinzu.

5.2.3.4 Lernzielorientierte Didaktik

Unter Bezug auf einige Grundlagen des Behaviourismus (Skinner, Bloom, Mager) versucht die aus der curricularen Didaktik hervorgegangene Unterform der lernzielorientierten Didaktik, der Unterrichtsplanung eine empirisch-wissenschaftliche Grundlage zu geben. Vor allem in dieser Form als **lernzielorientierter Unterricht** wurden die Überlegungen der Curriculumtheorie für das Handeln des einzelnen Lehrers bedeutsam. Der Erfolg von Unterricht, so die These, kann am besten anhand klar formulierter Lernziele, die in einem genau beschriebenen Lernzielfindungs- und -begründungsprozess (vgl. Curriculum) herzuleiten sind, durch objektive Tests ermittelt werden. Dabei dürfen die Lernziele keine schwammigen, allgemeinen Absichts- oder Wunschformulierungen sein, sondern antizipieren und ganz konkret beschreiben, was Schüler können, kennen, wissen müssen, damit das Lernziel als „erreicht" gelten kann. Dies gelingt immer dann besonders gut, wenn das Lernziel als beobachtbare Handlung, als „Operation", die ein Schüler nach durchlaufen des Lernprozesses ausführt, beschrieben wird: *als operationales Lernziel.*

> Lernziele sind also Aussagen, die sich auf ein beobachtbares Verhalten (Kenntnisse, Haltungen, Fertigkeiten) von Schülern/Lernern beziehen, indem sie dieses Verhalten vorwegnehmend (antizipierend) beschreiben.

Bei lernzielorientierter Planung sind mehreren Schritte zu durchlaufen:

1. **Lernplanung:**
   a) Lernziele werden **bestimmt und legitimiert** hinsichtlich ihrer Bedeutung für den Erziehungs- und Bildungsprozess der Schüler.
   Sie werden
   b) **geordnet** nach (1.) ihrem *Abstraktionsniveau* als Richt-, Grob- und Feinziele (z. B. nach Chr. Möller) (2.) nach *Verhaltensbereichen* als *kognitiv, affektiv, psychomotorisch* (B. Bloom u. a.) und (3.) ihrer *Komplexität* bzw. ihrem Schwierigkeitsgrad nach (Taxonomien von Bloom u. a.),
   c) durch die präzise Angabe eines erwünschten Endverhaltens *operationalisiert* (Welche beobachtbaren Handlungen/Operationen muss der Lernende unter welchen Bedingungen können, tun [evtl. sogar mit Angabe des Beurteilungsmaßstabes]), um zu zeigen/zu beweisen, dass er das Lernziel erreicht hat.
2. **Lernorganisation:** Auswahl der geeigneten Methoden und Medien anhand dieser Zielvorgaben, um den Schülern das Erreichen der Ziele zu ermöglichen.
3. **Lernkontrolle** über lernzielorientierte Tests.

a) Ordnung nach Abstraktionsniveau:

Nach Möller (1969) können die Lernziele nach ihrem Abstraktionsniveau in drei **Lernzielebenen** voneinander unterschieden werden als

RICHTZIEL: Formulierungen auf höchstem Abstraktionsniveau, wie sie sich in Präambeln von Bildungsplänen finden. Sie können fächerübergreifend oder fachgebunden sein und sind durch ihren geringen Grad an Eindeutigkeit gekennzeichnet, wodurch sehr viele inhaltliche Konkretisierungen möglich werden. *„Fähigkeit, sich in unserer kommerziellen Welt zurechtzufinden."*

GROBZIEL: Formulierung auf mittlerem Abstraktionsniveau. Das Themengebiet ist zwar inhaltlich schon eingegrenzt, die Endverhaltensbeschreibung bleibt aber noch zu vage, es gibt keine Angaben über den Beurteilungsmaßstab, es bleiben Alternativen. *„Mit Münzgeld umgehen können."*

FEINZIEL: Ganz konkret und eindeutig wird das Endverhalten der Schüler in zu beobachtenden Handlungen/Operationen und unter welchen Bedingungen es aufzutreten hat, evtl. sogar unter Angabe des Beurteilungsmaßstabes, beschrieben. Es gibt keine Alternativen, in den Formulierungen liegt der höchste Grad an Eindeutigkeit vor.

„*Die Schüler sollen mit Ein-, Zwei- und Fünfmarkstücken eine Einkaufssituation nachspielen können und dabei mindestens zwei mit Preisen ausgezeichnete Produkte richtig ‚bezahlen'.*"

b) Ordnung nach Verhaltensbereichen und Komplexität

Die Aufteilung der Lernziele nach lernpsychologischen Dimensionen, nach **Verhaltensbereichen** auf die sie sich beziehen als – **kognitiv** – **affektiv** – **psychomotorisch** orientiert sich an der dem Menschen wohl eigenen Unterscheidung von Körper, Geist und Seele (vgl. Pestalozzis Ausspruch über ‚Lernen mit Kopf, Herz und Hand' Kap. 4.2). Hierbei geht es nicht um Hierarchie oder Bewertung, sondern um das gleichwertige Miteinbeziehen aller dem Lernen zugänglicher Bereiche, um Einseitigkeiten möglichst zu vermeiden.

„*Lernen führt zum Erwerb von Wissen, zur Befähigung, Handhabungen auszuführen, zu Gefühlen und Einstellungen*" (v. Martial/Bennack 1995, 95). Durch **Taxonomien** (von griech. taxis = Ordnung, Stellung, Reihe; nomos – Gesetz) kann man versuchen, Lernziele des Weiteren nach ihrem Komlexitätsgrad, ihrem Anspruchsniveau zu ordnen.

c) Taxonomie von Lernzielen des kognitiven Bereichs (nach Bloom u. a. 1956)

Lernziele im kognitiven Bereich beziehen sich auf intellektuelle Fähigkeiten wie den Erwerb von Wissen und Kenntnissen, die Entwicklung von logischem Denken durch Fähigkeiten wie Analysieren und Vergleichen, Klassifizieren, Einordnen, Beurteilen und Bewerten; die Hierarchie ergibt sich aus dem Grad der Komplexität (Beispiele aus dem Fach Geographie/Wirtschaftskunde von Messner/Posch [1971]):

einfach

1. **Wissen:** Der Schüler kennt die Bedeutung der Ausdrücke „Halbinsel" und „Lagune".
2. **Verstehen:** Der Schüler kann den Inhalt des Textes „Italien" in seinem Geographiebuch mit eigenen Worten wiedergeben.
3. **Anwendung:** Der Schüler kann erklären, warum bei Ravenna das Land jährlich ca. 1m ins Meer wächst.
4. **Analyse:** Der Schüler kann in einem Film über die Automobilindustrie Italiens Tatsachen von Einschätzungen, Folgerungen von Meinungen unterscheiden.
5. **Synthese:** Der Schüler erstellt mit Hilfe des Atlasses eine Ferienreise nach Italien.
6. **Bewertung:** Der Schüler kann Behauptungen über die wirtschaftliche Lage Italiens kritisch bewerten.

komplex

d) Taxonomie von Lernzielen im affektiven Bereich
(nach Krathwohl u. a. 1964):

Affektive Lernziele beziehen sich auf die Veränderung von Einstellungen und Interessenlagen, auf die Bereitschaft etwas zu tun oder zu denken und die Entwicklung dauerhafter Orientierungen und Werthaltungen. Dazu gehören dann auch Ziele des Sozialverhaltens inner- und außerhalb des Klassenzimmers. Es wird aufgefordert, zu bestimmten Inhalten, Themen, Vorgängen usw. **wertend Stellung zu beziehen, eine Haltung einzunehmen.** Das Erreichen dieser Lernzielgruppe ist schwer überprüfbar, kaum nachweisbar, dafür aber *hoch bedeutsam* in allen Fächern. Ordnungsgesichtspunkt ist hier der Grad der Verinnerlichung (Beispiele zum Ziel „Lesen guter Bücher" nach Messner/Posch [1971]):

Emotion

1. **Beachtung:** Der Schüler hört den Ausführungen des Lehrers über gute und schlechte Bücher zu.
2. **Reaktion:** Der Schüler liest ein Buch, weil es der Lehrer empfohlen hat.
3. **Wertung:** Der Schüler empfiehlt seinen Kameraden ein gern gelesenes Buch.
4. **Wertordnung:** Das Lesen guter Bücher wird vom Schüler als ein wesentlicher Wert im Leben angesehen.
5. **Bestimmtsein durch Werte:** (kein Beispiel – über 4. hinaus – zum Ziel „Lesen guter Bücher" möglich).

Einstellung

e) Taxonomie von Lernzielen im psychomotorischen Bereich
(nach Dave 1968):

Diese Lernzielkategorie bezieht sich auf motorische und manipulative Fähigkeiten und betrifft alle Fächer, in denen entsprechende Fähigkeiten gefordert sind, und zwar nicht nur in Bezug auf die Grobkoordination (Sport, Technik, Werken etc.), sondern auch auf die Feinkoordination (z. B. Schreibhaltung, Sprachverhalten). Die Hierarchisierung erfolgt nach dem Grad der Koordination:

geringe Koordination

1. **Imitation** (beobachtete Handlungen werden nachgeahmt): Der Schüler ‚schreibt' mit dem Finger Schleifen in der Luft nach.
2. **Manipulation** (Festigung des Handlungsablaufs): Der Schüler malt Schleifen mit Wachsstiften auf Papier.
3. **Präzision** (Handlung wird gefestigt ohne Modell): Der Schüler schreibt Schleifen und Bögen flüssig mit dem Bleistift.
4. **Integration** (Handlungen werden zu koordinierten Bewegungsabläufen): Der Schüler verbindet mehrere Schriftelemente.
5. **Naturalisierung** (höchster Beherrschungsgrad von Handlungsabläufen): Der Schüler schreibt das ‚e' und ‚l' korrekt, flüssig und schnell.

hohe Koordination

Es dürfte einsichtig sein, dass solche Taxonomien das Finden und Formulieren von Lernzielen mit den dazugehörigen Lernzielüberprüfungen erleichtert. Allerdings darf nicht übersehen werden, dass gerade die kognitive Taxonomie noch keine Entscheidungshilfe über die thematische Vollständigkeit oder Wünschbarkeit der Ziele liefert. Darüber hinaus wurde immer kritisch gefragt, ob nicht doch einige eher verborgene geistige Lernprozesse, die sich nicht in beobachtbarem Verhalten zeigen, unberücksichtigt bleiben oder ob ganze Bereiche sich der Operationalisierung entziehen (müssen) bzw. als zu wenig betont – weil in keiner Taxonomie extra aufgeschlüsselt, sondern in allen implizit vorhanden – leicht übersehen werden können. Sollten die *sozialen Verhaltensweisen* nicht in einer eigenen Taxonomie stärker betont und ausgewiesen werden? Zum Ersten – so könnte man gleich entgegnen – gibt es auch in anderem Unterricht solche „unfassbaren", manchmal unerkannten, vielleicht sogar unbeabsichtigten und ungewollten Nebenwirkungen (vgl. dazu auch Kap. 3.3 der „heimliche Lehrplan"). Vor allem bei den affektiven Lernzielen hat man gelegentlich den Eindruck, dass die Möglichkeiten der entsprechenden Taxonomie den Kritikern nicht deutlich genug sind. Was allerdings das erwünschte Sozialverhalten angeht, so könnte man sich – um die Wichtigkeit zu betonen – schon eine eigene Taxonomie wünschen.

Die lernzielorientierte Didaktik erlebte ihren größten Boom vor allem in den 60er und 70er Jahren, versprach sie dem Planenden und Unterrichtenden doch größte Effizienz und Kontrollierbarkeit der Lernprozesse, und auch für den Lernenden sollten Lernvorgänge, Lernkontrolle und Beurteilung transparenter werden (es wird nur geprüft, was auch tatsächlich gelehrt und gelernt wurde). Diesen Vorteilen steht die Kritik gegenüber, dass die komplexe didaktische Problematik durch zu technische Vorgehensweisen überdeckt wird, dass Lernziele letztlich – und seien die Verfahren noch so aufwendig – nicht wissenschaftlich zu gewinnen und ihre Beziehung zueinander nicht wissenschaftlich eindeutig zu begründen sind (Deduktionsproblem!). Immer wieder wird auch als Kritik formuliert, dass die starke Orientierung an operationalisierten Lernzielen dazu führen könne, dass einige Bereiche im Unterricht dann nicht mehr vorkommen würden, da sie sich nicht operationalisieren ließen. Oft liegt solcher Kritik aber auch ein falsches Verständnis von Operationalisierung bzw. ungenügende Kenntnis der Lernzielarten zugrunde, denn es fällt den Kritikern meist sehr schwer, Beispiele für angeblich nicht mehr vorkommende – weil nicht in Lernziele zu fassende – Bereiche zu nennen, oder sie können nicht beweisen, ob und wie denn in ihrem – nicht so zielorientierten Unterricht – jene Bereiche *wirklich* gelehrt und ob sie tatsächlich gelernt werden. Man kann nicht ausschließen, dass hinter mancher Kritik an operationalisierten Zielen und einen darauf abgestellten Unterricht die (berechtigte) Sorge steht, dann als Lehrer ebenfalls kontrolliert werden zu können, an der Zielerreichung gemessen werden zu können. Viele der Befürchtungen der Kritiker dieses Ansatzes, insbesondere die bezüglich völlig (mit eindeutigen Lernzieldeduktionen bis zu den Testaufgaben zur Überprüfung) durchstrukturierter „lehrersicherer" Curricula, haben sich nicht bestätigt. Heute ist die Formulierung von Lernzielen – ohne dabei allen Kriterien der Ableitung und Operationalisierung immer genügen zu wollen – üblicher und wichtiger Bestandteil der Unterrichtsvorbereitung nicht nur in der Lehrerausbildung (s. a. Kap. 9.2.4 Unterrichtsentwurf). Lernziele sind hilfreiche Orientierungspunkte, die antizipatorisch Endverhalten von Schülern/Lernern aus der Sicht des Planers als Kenntnisse, Haltungen, Fertigkeiten eindeutig beschreiben, die man offenlegt, evtl. gemeinsam mit den Schülern entwickelt, die anzustreben man beabsichtigt, deren Erreichung man zwar nicht erzwingt, anhand derer man aber seinen Unterricht kontrollieren und modifizieren kann.

Diese Argumente gegen Lernzielorientierung werden häufig vorgebracht, Wolfgang Schulz hat sie gesammelt (in Mager 1965, S. XII):

1. Präzisierte Lernziele schränken, so hört man, die Lehrfreiheit der Unterrichtenden in unzumutbarer Weise ein. Die Lehrenden sind nicht mehr in der Lage, ihre persönlichen Vorzüge, ihre Kenntnisse der Lernenden und der Situation gegenüber vorgegebener Planung zur Geltung bringen, wenn diese so konkret und präzise festgelegt wird, wie Mager es fordert.	
2. Man ist leicht geneigt zu fürchten, dass ein energisch zielbestimmter Unterricht die Lernenden der Möglichkeit beraubt, das Geschehen mitzubestimmen.	
3. Viele warnen vor der Orientierung an prüfbarem Verhalten, weil das leicht Prüfbare auch oft das weniger wichtige Wissen und Können sei. Sie fürchten, dass die Verlagerung des Interesses auf operationalisierte Ziele zu einer Verflachung der erzieherischen Wirksamkeit der Schule führt.	

Die Gegenargumente
von W. Schulz (Schulz 1965, XI–XV)

Zu 1. Dieser Einwand übersieht, dass die unangemessene Einschränkung nicht von der Genauigkeit der Lehrziele ausgeht. Wenn die Ziele nämlich nicht als machtvoll durchgesetzte Fremdbestimmung daherkommen, sondern als unter Fachleuten verabredete Setzungen, dann braucht man auch ihre Ungenauigkeit nicht, um sich entfalten zu können: Die Mitbestimmung der Ziele ist legitimer Teil der Lehraufgabe. Genauigkeit der Zielbestimmung sagt auch nicht, dass die Ziele nicht etwa änderbar wären und nicht ergänzt werden dürften, wenn neue Informationen vorliegen. Im Gegenteil: Gerade wer etwas ändern will, muss genau wissen, was es denn eigentlich zu ändern gilt. „Lernziele" legen übrigens auch nicht die Wege fest, die man beschreitet, um sie zu erreichen. Sie helfen einem aber um so besser zu erkennen, ob man Fortschritte macht, je genauer sie sind.

Zu 2. Wieder wird die Genauigkeit der Zielangabe mit der Art und Weise verwechselt, in der Ziele leider meist gesetzt werden. In Wahrheit ist es prinzipiell möglich, Lernende an der Formulierung genauer Ziele zu beteiligen. Man kann sie zumindest zwischen Alternativen wählen lassen; die Wege zur Erreichung der Ziel können gemeinsam überlegt werden. Die Kanalisierung, die dann bleibt, ist eine von den Lernenden mitbestimmte, von der Sache her erforderliche Begrenzung, nicht zu verwechseln mit der Bestimmung durch die Frage „Was meint Ihr, was wir heute Interessantes tun werden?" oder die Antwort „Das war es aber noch nicht, was ich hören wollte". Genaue Ziele in der Hand von Lehrenden wie Lernenden führen zu wechselseitiger Kontrolle der Partner und erleichtern die Selbstkontrolle beider Seiten.

Zu 3. Nun ist die gegenwärtige Praxis der Zielsetzungen weit entfernt, solche Befürchtungen zu rechtfertigen. Für die Bildungspläne gelten immer noch die 1960 formulierten Einwände gegen allgemeine Erziehungsziele. Ein bekannter Didaktiker hat vor kurzem festgestellt, dass der Gesichtspunkt der Effektivitätskontrolle in der Didaktik neu sei. Die vorliegenden Ergebnisse der Unterrichtsforschung zeigen also die Zustände auf, die eingetreten sind, als die Lehrziele nicht exakt formuliert wurden.

von Messner/Posch (Messner/Posch 1971, 14 f.)

1. Die Bedeutung konkreter Ziele für den Lernenden

a) Wirkungen auf die Motivation

Die Bereitschaft des Schülers, Anstrengungen auf sich zu nehmen, wird von seiner Zustimmung zu den Zielen wesentlich beeinflusst. Diese primäre Motivation kann umso eher entstehen, wenn die Ziele klar genug sind, dass der Lernende sie verstehen und sich – mit zunehmendem Alter – mit ihnen auseinandersetzen kann.

Die Leistungsmotivation des Schülers wird auch erhöht, wenn er selbstständig seinen Lernfortschritt beurteilen kann, wenn er selbst feststellen kann, wo er im Hinblick auf die Ziele „steht". Die Angst vor der Leistungskontrolle durch den Lehrenden kann dadurch reduziert werden.

b) Wirkungen auf die Effektivität des Lernens

Konkrete Ziele erlauben individuellere Formen des Lernens, weil der Schüler in zunehmendem Maße selbst Zusammenhänge zwischen seinen Voraussetzungen, bestimmten Mitteln (z. B. Informationen aus Büchern, von Lehrern oder Mitschülern) und den Zielen erkennen kann. Die Beurteilung des Lernfortschritts erlaubt außerdem Rückschlüsse auf die Qualität der Lernaktivitäten und erleichtert ihre Verbesserung.

2. Die Bedeutung konkreter Ziele für den Lehrenden

a) Wirkung auf die Motivation

Die Existenz empirischer Korrelate zu den dispositionalen Zielen ist die Voraussetzung dafür, dass sie Gegenstand rationaler Argumentation werden können. Die Abhängigkeit des Lehrers gegenüber vagen Anforderungen verschiedener Ideologien an die Schule, die sich wegen ihrer Unbestimmtheit einer kritischen Überprüfung entziehen, wird dadurch vermindert. Es ist anzunehmen, dass sich dies positiv auf die Leistungsbereitschaft des Lehrers auswirkt.

Außerdem geben konkrete Ziele dem Lehrenden einen Maßstab, an dem er die Qualität seines Unterrichts selbst beurteilen kann. Sie bieten damit objektive Kriterien für die professionelle Kompetenz des Lehrers.

Konkrete Ziele ermöglichen auch eine angemessene Beurteilung der Lehrerleistung. Derzeit wird die Leistung der Lehrer weniger nach den Lernfortschritten der Schüler, sondern danach beurteilt, ob der Lehrer nach bestimmten Methoden vorgeht bzw. ein erwünschtes Verhalten zeigt.

b) Wirkungen auf die Effektivität des Lehrens

Die zentrale Aufgabe des Lehrers besteht darin, den Unterricht so zu gestalten, dass die Ziele von den Schülern erreicht werden. Es erscheint selbstverständlich, dass diese Aufgabe umso eher erfüllt werden kann, je eindeutiger die Ziele formuliert sind. Operationale Ziele erleichtern es dem Lehrer, die relevanten Voraussetzungen der Schüler zu identifizieren, das Unterrichtsangebot darauf abzustimmen und – wenn nötig – die Ziele bewusst zu modifizieren.

5.3 Didaktische Modelle im Überblick (Mähler/Schröder 1991, 22)

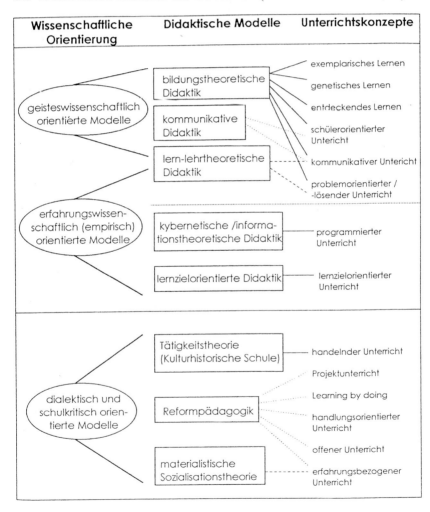

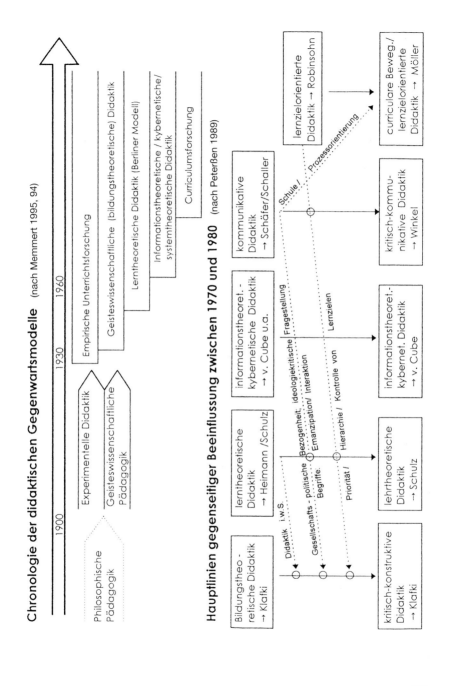

Teil 2: Die Schulpraxis

6. Was ist Unterricht?

6.1 Unterricht ist ...

Unterricht ist keine Maschine! Die Differenz von Absicht und Ergebnis ist insofern kein Mangel, sondern gehört zu der Besonderheit einer Praxis, in der die „Faktoren" Menschen sind, die sich entscheiden können, die nicht mitmachen oder übereifrig sind, die stören oder mitgehen"
(Prange 1986, 9).

Met der Schole est es wie met einer Medizin - sä moß better schmecken, sonst nötzt sä nechts.
Heinrich Spoerl: Die Feuerzangenbowle

Unterricht ist eine namentlich von der Schule gepflegte und entwickelte Form der gelenkten Bildungsaneignung. Das angebotene Bildungsgut ist so ausgewählt, dass das einsichtige Lernen und Verstehen erleichtert wird.
Der großeHerder,1956

Unterricht ist lernzielorientierte Interaktion.
Wolfgang Memmert: Didaktik in Grafiken und Tabellen

Unterricht ist ein Ineinandergreifen von interaktionell-sozialen und didaktisch-methodischen Prozessen. Zum einen sollen im Unterricht Lerninhalte an bestimmte Adressaten vermittelt werden, zum anderen ist diese Vermittlung, das Lehr-Lerngeschehen in Interaktion eingebettet. [...], es läuft also eine Vielzahl komplexer sozialer Handlungen ab.
Kaiser /Kaiser: Studienbuch Pädagogik

„Unterricht ? - Dazu da, die Schüler so lange aufzubewahren (und zu quälen ...), bis sie alt genug sind, um zu arbeiten."
Schüleräußerung

„Unterricht ist das oft vergebliche Mühen, den Schülern neben fachlichen Kenntnissen auch soziale Fähigkeiten wie höflicher Umgang, Rücksicht, Zusammenarbeit etc. beizubringen. Meist muss der Lehrer als Tyrann vor der Klasse stehen, um den einigermaßen geregelten Ablauf zu garantieren."
Lehreräußerung

Lehrer ⟷ Sache ⟷ Schüler

Unterricht ist Wissensvermittlung; Unterricht ist Erziehung, ist Charakterbildung; Unterricht ist Interaktion zwischen Lehrer und Schüler; Unterricht ist kommunikatives Handeln.
Kaiser /Kaiser: Studienbuch Pädagogik

Unterricht ist gesteuertes Lehren eines durch ein bestimmtes Bildungsziel geprägten Fächerkanons und findet meist außerhalb des 'natürlichen' Lebenszusammenhangs statt.
Brockhaus Enzyklopädie

Unterricht ist die Organisation von systematisch (orientiert an der Komplexität der Lerngegenstände und der Lernvoraussetzungen auf der Seite der Schüler) aufgebauten, in der Regel von Ernstsituationen (zeitlich und räumlich) abgesonderten und in getrennten Zeitabschnitten für eine mehr oder weniger konstante Lerngruppe (Schüler) geplanten Lernprozessen."
Lenzen 1989, 1327

Was also ist Unterricht? Aus den oben aufgelisteten Definitionen sind einige Aspekte, die unterschiedlich betont werden, herauszulesen:
1. Unterricht ist eine Form institutionalisierter Lernsituationen und Lernprozesse
2. Unterricht ist mit Interaktion und Kommunikation verbunden
3. Unterricht dient nicht nur der Wissensvermittlung, sondern direkt und indirekt auch der Erziehung, Charakterbildung und Persönlichkeitsentwicklung
4. Unterricht ist geplant, absichtsvoll und zielorientiert
5. Unterricht ist durch verschiedene Methoden gestaltet

Unterricht hat also mindestens eine *inhaltliche* und eine *soziale* Seite:

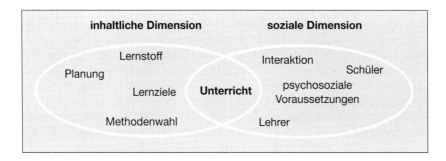

Diese bislang noch zweidimensionale Beschreibung von Unterricht als Wechselbeziehung Mensch – Inhalt kann zu einem dreiteiligen Gefüge ausdifferenziert werden: Sache – Schüler – Lehrer.

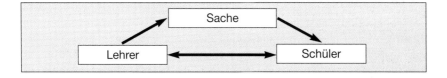

Diese Figur ist als „**didaktisches Dreieck**" ein sehr vereinfachendes Modell von Unterricht.

Jedem dieser Momente kommt eine eigene, für das Unterrichtsgeschehen unersetzbare Funktion zu:
- Die Sache erhebt einen inhaltlichen Anspruch, sie hat Appellcharakter und bedarf spezieller Aufbereitung, um ‚unterrichtsfähig' zu werden.

- Der Schüler hat individuelle Lernmöglichkeiten und -wege, Vorerfahrungen und Interessen, mit denen er seiner Umwelt begegnet.
- Der Lehrer muss als Brücke zwischen beiden Elementen bestmöglichst vermitteln und den Unterricht nach ihren Ansprüchen gestalten.
- Das Ganze ist eingeordnet in einen institutionellen Rahmen, findet in einer dafür geschaffenen Institution, der Schule, statt.

Ein weiterer Aspekt vervollständigt dieses Schema: Die Wechselbeziehung von Mensch und Inhalt ist nicht statisch, sondern ein fortschreitender Prozess, sowohl innerhalb einzelner als auch in der Folge mehrerer Stunden. „Unterricht ist Struktur. [...] Unterricht ist eine Abfolge von Situationen" (Glöckel 1990, 315). Die Gliederung, auch **Artikulation** des Unterrichts genannt, gibt den Verlauf des Lernprozesses wieder, der sich durch den Wechsel der Interaktionsformen ergibt. Selbst eine einfache Übungsstunde weist doch zumindest drei Phasen auf: Der Lehrer wird zu Anfang die Aufgaben erläutern, die die Schüler in einer Arbeitsphase lösen, bis dann zum Schluss Korrektur und Ergebnissicherung erfol-gen. Unterricht ohne Phasenwechsel, ohne unterschiedliche Abschnitte ist für Schüler wie Lehrer gleichermaßen belastend – wer kann schon 45 Minuten wirklich konzentriert einer (meist einseitig kognitiven) Tätigkeit nachgehen?
Jetzt fehlt noch die Abgrenzung von Nachbarbegriffen bzw. die Einordnung in übergeordnete Zusammenhänge, denn wissenschaftliche Begriffe sollten zweckmäßig, eindeutig und trennscharf sein. *Zweckmäßig* ist ein Begriff, wenn er die Kommunikation zwischen Fachleuten bzw. zwischen Fachleuten und Laien erleichtert, wenn er die wichtigsten (empirischen) Bestimmungsvariablen subsumiert, er also Oberbegriff zur Bezeichnung von (empirischen) Systemen sein kann, *eindeutig* wenn man die konkreten Ereignisse, Inhalte und Situationen angeben kann, auf die er sich bezieht, und *trennscharf*, wenn es gelingt, ihn von Nachbarbegriffen möglichst eindeutig zu unterscheiden bzw. ihn in übergeordnete Zusammenhänge einzufügen.
Schließt man sich der verbreiteten Auffassung an, dass es bei *Unterricht um die Beeinflussung von Lernprozessen menschlicher Individuen* (in der Regel Kinder oder Jugendliche, aber auch Erwachsene) geht, also nicht um biologische Reifungsprozesse, muss man gleich auch konstatieren, dass durchaus

nicht alle Beeinflussungen von Lernprozessen Unterricht genannt werden, sondern dass viele unter den Oberbegriff „Erziehung" fallen. Außerdem ist zu fragen, ob alle Arten von Beeinflussungen von Lernprozessen Erziehung heißen sollten, oder ob es nicht angebracht ist, zu unterscheiden nach solchen Beeinflussungen, die das Wohl des zu Erziehenden, seine Mündigkeit zum Ziel haben, und solchen Formen, die dies verhindern bzw. die Anpassung, die Unmündigkeit des Individuums zum Ziel haben (oder diese in Kauf nehmen), und ob man diese Formen dann nicht besser Manipulation, Propaganda, Werbung – in krassester Form vielleicht sogar – Gehirnwäsche nennen sollte. Eine weitere Differenzierung käme hinzu, wenn man (wie bei intentionaler und funktionaler Erziehung) dann auch hier zwischen absichtsvoller/intentionaler Anpassung (= Manipulation) und funktionaler Anpassung, bei der die Absicht nicht nachweisbar ist, unterscheiden würde. In diesem Sinne könnte man dann mit Flechsig (1970) definieren:

Unterricht ist eine Form der intentionalen Erziehung, die sich von anderen Formen unterscheidet durch ihre
- Institutionalisierung,
- ihre methodische Organisation und ihre
- vorwiegend auf kognitives und psychomotorisches (zunehmend auch auf affektives) Verhalten bezogene Inhaltlichkeit.

Dabei meint *Institutionalisierung,* dass das betreffende System, also in unserem Fall die Schule, speziell für diese Prozesse eingerichtet wurde (intentionale Erziehung innerhalb der Familie wäre demnach kein Unterricht), das es von relativ langer Lebensdauer ist und schließlich, dass es professionell betrieben wird, von haupt- und nebenamtlich besoldeten Mitarbeitern (In diesem Punkt könnte es zu Differenzierungsproblemen kommen, wenn man etwa an verschiedene Formen des organisierten Nachhilfeunterrichts denkt).

Methodische Organisation heißt, dass die Planung und Durchführung intentionaler Erziehung nach bestimmten – prinzipiell – formulierbaren Kriterien/Methoden erfolgt, die eben dadurch kommunizierbar und – bis zu einem gewissem Sinn – auch lehr- und lernbar sind .

Das letzte Unterscheidungskriterium, die Konzentration auf kognitives und psychomotorisches Verhalten, ist zwar geschichtlich nachweisbar und auch heute noch überwiegend, sollte aber in Zukunft immer stärker durch Einbeziehung des affektiven Verhaltens überflüssig werden.

Grafisch ließe sich diese Definition von Unterricht in Form eines logischen Baumes dann so darstellen:

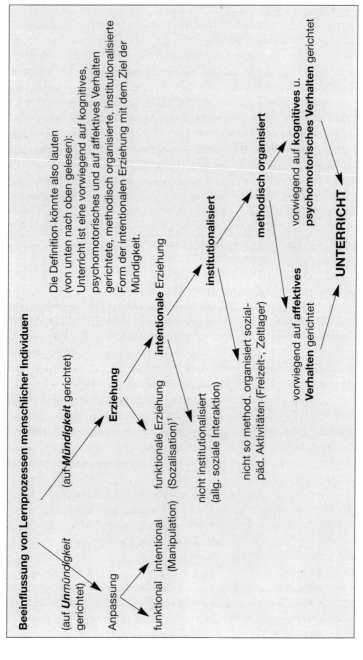

1 Sozialisation kann auch Oberbegriff von Erziehung und Unterricht sein.

6.2 Artikulationsschemata

Ein Thema macht noch keinen Unterricht. Jeder, der sich schon mit Unterrichtsplanung beschäftigt hat, kennt die Fragen, die es zu entscheiden gilt: Womit fange ich an? Wann wird erklärt, wann geübt? Entscheidender Faktor für gelingenden Unterricht ist neben den inhaltlichen Details das Gerüst, die zeitliche Abfolge. Ein Vergleich (Hausmann in: Prange 1986, 93) macht dies deutlich: Sieht man Unterrichtsplanung als Dramaturgie, Unterricht als Bühne und Schule als Schauspiel, so könnte man dem Unterrichtsverlauf ähnliche Gliederungsmomente wie Exposition, Hauptteil mit Höhepunkt, Lösung der Verkettung und Schluss zuordnen. Ob man nun ein Schauspiel im Sinne der comedia dell'arte oder antiker Tragödien veranstaltet, hängt vom Temperament des Regisseurs ab, gleich bleibt in jedem Fall, dass die Geschehnisse auf der Bühne nach einem zeitlichen Plan und einer inhaltlichen Struktur ablaufen. Auch Unterricht ist gestuft, gegliedert und verläuft mehr oder weniger zielgerichtet als Prozess.

6.2.1 Johann Friedrich Herbarts Formalstufen

Die **Artikulation** (von lat. *articulus* = Glied) ist die „Gliederung von Unterricht zum Zwecke der Deutlichkeit" in Phasen bzw. Stufen (man sagt ja auch manchmal, dass jemand „unartikuliert" spricht oder gut „artikuliert") hat sowohl analytische als auch planerische Funktion: analytisch im Sinne einer von außen (zum Beispiel bei einer Unterrichtsbeobachtung) herangetragenen Einteilung komplexer Unterrichtsvorgänge in verschiedene Phasen, planerisch im Vorfeld von Unterricht zur Strukturierung des Lernprozesses in einzelne Schritte bzw. Stufen. Viele der Versuche der letzten 200 Jahre, Unterrichtsstufen oder Phasen zu unterscheiden, beriefen sich auf Joh. Friedrich Herbarts *Artikulationsschema* der **Formalstufen**.

Vor allem die in seiner Nachfolge entstandenen Schemata mussten sich immer wieder die Kritik gefallen lassen, Unterricht in ein starres, unflexibles Gefüge zu pressen, dennoch wurde bislang die Idee von einem allgemein gültigen Verlaufsmuster nie ganz aufgegeben. Ungeachtet der Kritik ist die Gliederung von Lernprozessen für Planung und Analyse unerlässlich, allerdings stellt sich die Frage, ob eine altersstufen-, fächer- und lernzielunabhängige und -übergreifende Gliederung tatsächlich der Fülle von Bedürfnissen und Möglichkeiten gerecht werden könnte.

In jedem Fall sind Artikulationsschemata aber eine hilfreiche Orientierung bei der Planung von Unterricht, da sie verschiedene Gliederungsmöglichkeiten, etwa nach lernpsychologischen und methodischen Gesichtspunkten, anbieten.

In seinem 1806 erschienen Hauptwerk „Allgemeine Pädagogik, aus dem Zweck der Erziehung abgeleitet" definiert Herbart (1776–1841, er war Nachfolger auf dem Lehrstuhl von I. Kant in Königsberg) das übergeordnete Ziel der Erziehung als Vielseitigkeit der Interessenbildung der Schüler. Dies sei nur zu erreichen, wenn dem Schüler ein regelmäßiger Wechsel von Vertiefung und Besinnung bei der Auseinandersetzung geboten würde. Der vielseitig Gebildete soll in der Vertiefung *„jedes mit reinlicher Hand fassen, er soll sich jedem ganz geben*. Denn nicht allerlei verworrene Spuren sollen ihm eingeritzt sein; das Gemüt soll nach vielen Seiten deutlich auseinander treten"* (Herbart 1964, 51 ff.). Wo aber mehrere Vertiefungen aufeinander treffen, muss die Besinnung wieder die Einheit des Bewusstseins herstellen. *„Gleichzeitig kann das, was wir fordern, nicht sein; es muss also aufeinander folgen. Erst eine Vertiefung, dann eine andere, dann ihr Zusammentreffen in der Besinnung. Wie viele zahllose Übergänge dieser Art wird das Gemüt machen müssen, ehe die Person im Besitz einer reichen Besinnung und der höchsten Leichtigkeit der Rückkehr in jede Vertiefung sich vielseitig nennen darf!"* (ebd.).

Diese zwei aufeinander bezogenen Pole des Bildungsprozesses gliedern sich jeweils in weitere zwei Phasen:

VERTIEFUNG ⟶ **BESINNUNG**	
Durch ruhiges Versenken in den Lerngegenstand gewinnt der Lernende Klarheit über das Einzelne, die sich in einer weiteren, bewegteren Vertiefung in Assoziationen mit anderen Vorstellungen verbindet. Ohne Klarheit über das Einzelne kann es den nächsten Schritt, die Systematisierung nicht geben.	In der Besinnung wird das Verhältnis der Mehreren deutlich, die neugewonnenen Vorstellungen ordnen sich in einem System. Erst jetzt kann in einem letzten Schritt der Besinnung die Erkenntnis zur Umsetzung kommen, die Methode *„wacht über die Konsequenz"* (ebd.) der Anwendung.

KLARHEIT ⟶ **ASSOZIATION** ⟶ **SYSTEM** ⟶ **METHODE**

Es geht also um gründliche Vertiefung in eine Sache, die beim Lernenden zur Klarheit über die Vorstellungselemente und Sachzusammenhänge führt, die er bereits besitzt und gleichzeitig zur Assoziation der neu aufgenommenen Elemente mit schon früher aufgenommenen Einsichten oder Vorstellungen. In der Besinnung werden zunächst die neuen Vorstellungselemente systematisch in den bisherigen Vorstellungsbestand eingeordnet, wozu System nötig ist, bevor schließlich die neu assoziierten und eingeordneten Elemente geübt, angewendet werden, mit ihnen experimentiert wird, ein Vorgang, den man auch Methode nennt. Herbart weist in seiner Schrift deutlich darauf hin, dass beide Elemente aufeinander angewiesen sind und dass im Laufe eines Lernprozesses ständig zwischen Vertiefung und Besinnung gewechselt wird – durch bestimmte Assoziationen von bereits Gelerntem könnten zum Beispiel Fragen auftauchen, die eine erneute Vertiefung nach sich ziehen und erst dann den Übergang zur Systematisierung zulassen. Unterricht hat nicht nur eine Verlaufsform, sondern vor allem eine *Qualität*, er geht in die Tiefe und zielt auf intensiven Kenntnis- und Wissenserwerb. „Der Unterricht soll die Person vielseitig bilden, also nicht zerstreuend wirken" (Herbarts Schriften 1888, 182).

Da Unterricht für Herbart stets **erziehender Unterricht** ist, liegen für ihn die geistige und sittliche Bildung sehr nahe beieinander, da mit den geweckten Assoziationen *in der vertieften Auseinandersetzung mit der Sache*, dem Inhalt gleichzeitig Empfindungen verknüpft sind, die die Ursache sittlichen Handelns sind. Es geht also nicht, wie manch einer beim Begriff „erziehender Unterricht" immer wieder kurzschlüssig fälschlich folgert, um platte moralisierende Beeinflussung der Schüler – Stichwort Moralerziehung/Werterziehung –, sondern um die vertiefte Auseinandersetzung mit den Sachen, den Inhalten: *„Dem erziehenden Unterricht liegt alles an der* **geistigen Tätigkeit***, die er veranlasst. Diese soll er vermehren und veredeln."* Es geht darum, durch *„Lehrstunden (das sind mir ein für alle Mal* **die** *Stunden, da der Lehrer mit den Zöglingen ernst und planmäßig beschäftigt ist), solche Geistesarbeit herbei(zu)führen, die das Interesse füllt"* (ebd., 163). Dem Lehrer stellt sich also die Aufgabe, dem Schüler das für ihn momentan bedeutsame Wissen anzubieten, um ihm die richtigen Assoziationen zu ermöglichen – *„dies vorzuempfinden ist das Wesentliche des pädagogischen Takts, des höchsten Kleinods für die pädagogische Kunst"* (Herbart 1964, 51 ff.).

6.2.2 „Der regelrechte Verlauf" – die Formalstufentheorie der Herbartianer

Während Herbart sein Schema des Wechsels von Vertiefung und Besinnung nicht mit einer festen Abfolge verknüpft, sondern vielmehr dem Gespür der Schüler für ihre Bedürfnisse vertraut, entwickeln seine ‚Nachfolger', die sogenannten Herbartianer, in der Formalstufentheorie ein festgefügtes, lehrerzentriertes Raster. Dieses Schema diente in Preußen lange Zeit als einzig geduldete Lehrmethode und wurde in den Lehrerseminaren als ‚Technik des Lektionenlernens' weitergegeben. Tuiskon Ziller (1817–1882) zergliedert die Stufe der Klarheit in die zwei Phasen Analyse und Synthese und hebt somit den gleichmäßigen Wechsel Herbarts von Vertiefung und Besinnung, Spannung und Entspannung auf. Während Herbarts Phasen vor allem den gedanklichen Verlauf von Lernprozessen darstellen und deshalb Rückschritte und Wiederholungen zulassen, wird das Schema der Herbartianer ein zeitlich-planerisches und somit linear – Unterricht muss nach dieser Reihenfolge aufgebaut werden.

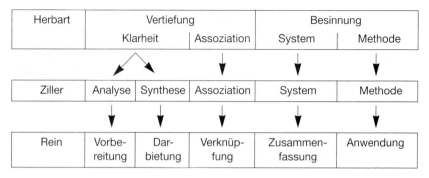

Wilhelm Rein (1847–1929) deutscht die für viele abstrakten Begriffe ein, wobei der Stufe der Vorbereitung noch zusätzlich die Funktion der Zielformulierung zukommt. Ende des 19. Jahrhunderts schreibt Rein (mit den zwei weiteren Herbartianern Pickel und Scheller) in dem Lehrerhandbuch „Theorie und Praxis des Volksschulunterrichts" dazu:

„Hiernach nimmt der Unterricht in jeder methodischen Lehreinheit folgenden Verlauf. Er hat zunächst das Ziel anzugeben und sodann:

1. durch eine Vorbesprechung das neue Pensum einzuleiten und vorzubereiten; → VORBEREITUNG

2. das Neue selbst darzubieten; → DARBIETUNG

3. dasselbe unter sich und mit Älterem zu vergleichen und zu verknüpfen; → VERKNÜPFUNG

4. die begrifflichen Resultate abzuleiten und in systematischer Ordnung zusammenzustellen, und → ZUSAMMENFASSUNG

5. das erlangte Wissen durch Anwendung in den Gebrauch überzuführen. → ANWENDUNG

In der Durcharbeitung der methodischen Einheiten nach den fünf **formalen Stufen** liegt die **Artikulation des Unterrichts,** bei der innerhalb jeder Einheit der Lernprozess mit seinem Fortschritt von der Anschauung zum Begriff und seinem Wechsel von Vertiefung und Besinnung zum naturgemäßen Ablauf kommt" (Rein, Pickel, Scheller in Jank/Meyer 1991, 172).

6.2.3 „How we think" – John Dewey

In seiner gleichnamigen Schrift aus dem Jahr 1909 entwickelt der amerikanische Reformpädagoge Dewey fünf Lernstufen, die in jedem Lernprozess durchlaufen werden.

① Man begegnet einer Schwierigkeit	② Sie wird lokalisiert und präzisiert	③ Ansatz einer möglichen Lösung	④ Logische Entwicklung der Konsequenzen des Ansatzes	⑤ Weitere Beobachtung und experimentelles Vorgehen führen zur Annahme oder Ablehnung

Im Unterschied zu Herbart, der von einem Wissenspotential ausgeht, das erweitert werden muss, steht bei Dewey das Können am Anfang, dem das Wissen zugeführt wird. Herbart sieht das Interesse und das Können-Wollen am Ende des Lernprozesses in der praktischen Umsetzung der Methode, für Dewey ist gerade in außerschulischen, alltäglichen Lernsitutionen die Motivation entscheidend, die als Triebfeder immer am Anfang einer Gedankenkette steht. Die unterrichtliche Umsetzung von Deweys „Denken im Handeln" findet sich im Projekt wieder, „einer realen Lebensaufgabe von praktischer Bedeutung für das Gemeinschaftsleben" mit einem „sinnhaft greifbaren, praktisch brauchbaren Ergebnis" (Glöckel 1990, 114). Als Mitbegründer der Projektmethode (vgl. Kap. 8.4.3) will er die in der Schule vorherrschende Trennung von Geist und Tätigkeit aufheben – Erfahrungen aus dem Handeln werden direkt zur Lösung von Problemen umgesetzt.

Folgendes Beispiel Deweys für denkendhandelndes Lernen in einer alltäglichen Situation kann in die genannten Lernschritte untergliedert werden. Dabei ist entscheidend, dass sie nicht in dieser Reihenfolge auftreten müssen, sondern je nach Problemlage wiederholt und/oder übersprungen werden können. Die rechts stehenden Ziffern bezeichnen die mögliche Lernstufe:

„Gläser wurden in heißem Seifenwasser gewaschen und mit der Öffnung nach unten auf eine Platte gestellt. Es wird beobachtet, dass außerhalb der Öffnungen Blasen erscheinen, die dann in das Innere der Gläser wandern. Wie ist das zu erklären? Das Vorhandensein der Blasen lässt auf Luft schließen, welche – so folgere ich – aus dem Inneren der Gläser kommt. Ich sehe, dass das Seifenwasser auf der Platte das Entweichen der Luft verhindert, außer in Form von Blasen. Aber warum sollte Luft aus den Gläsern entweichen? Es ist keine Substanz eingedrungen, die sie verdrängt haben könnte. Sie muss sich daher ausgedehnt haben. Ausdehnung wird aber durch Wärmezufuhr hervorgerufen oder durch Druckverminderung oder durch beide Faktoren. Konnte eine Erwärmung der Luft stattgefunden haben, nachdem die Gläser aus dem heißen Seifenwasser genommen wurden? […] Ich mache eine Probe, um zu sehen, ob meine Annahme richtig ist, indem ich noch eine Anzahl Gläser herausnehme. Einige schüttle ich so, dass ich sicher bin, kalte Luft in ihnen eingefangen zu haben. Einige nehme ich mit der Öffnung nach unten heraus, um zu verhindern, dass kalte Luft eindringt. Nun kann ich beobachten, dass sich bei allen Gläsern der ersten Gruppe Blasen bilden, nicht aber bei denen der zweiten. Mein Schluss ist also richtig. Luft muss sich durch die Wärme der Gläser ausgedehnt haben, und das erklärt das Vorhandensein der Blasen […]." (Dewey 1951, 75).

→ ①
→ ②
→ ①
→ ③
→ ④
→ ⑤
→ ⑤: Annahme

6.2.4 Lernen in Stufen – Heinrich Roth

Auf der Basis von lerntheoretischer Forschung entwickelt Heinrich Roth Ende der 50er Jahre in einem lernpsychologischen Ansatz sechs Lernstufen, die in den 60er und 70er Jahren in der Bildungspolitik und Lehrerausbildung auf große Resonanz stoßen. Grundlage ist die Aufspaltung von drei verschiedenen Lernarten:

1. Lernen in alltäglichen, realen Problemsituationen, was vom Kind nicht als Lernprozess empfunden wird – dieser findet unbewusst, „indirekt" statt.
2. Lernen an vom Kind selbst gewählten Fragestellungen, die in bewusster Lernabsicht, „direkt" als Problem angegangen werden.
3. Lernen durch von außen gestellte Anreize und Aufgaben wie z. B. in der Schule – nach Roth „Lernen beim Lehren".

Alle drei Lerntypen weisen folgende sechs Stufen auf:

① Motivation	② Schwierigkeit	③ Lösungsversuche	④ Tun und Ausführung	⑤ Behalten und Einüben	⑥ Transfer, Bereitstellen, Integration

Dem Lehrer kommt die Aufgabe zu, den Schülern in allen Stufen Hilfestellung zu geben und den Lernprozess zu unterstützen, sei es durch Motivierung oder durch Vermittlungshilfen bei der Überwindung von Schwierigkeiten, bei der Lösung oder Ausführung. Folgende Übersicht (nach Memmert 1995, 75) zeigt die drei Lerntypen mit den jeweiligen phasenspezifischen Vorgängen. Der kursiv gedruckte Tabellentext stammt aus Roths „Pädagogische Psychologie des Lehrens und Lernens" (Roth 1963, 223 ff.).

	unbewusst – indirekt	bewusst – direkt	vermittelt durch Lehre
1. Motivation	Eine Handlung kommt zustande.	Ein Lernwunsch erwacht.	Ein Lernprozess wird angestoßen. Eine Aufgabe wird gestellt. Ein Lernmotiv wird erweckt.
2. Schwierigkeit	Die Handlung gelingt nicht. Die zur Verfügung stehenden Verhaltens- und Leistungsformen reichen nicht aus bzw. sind nicht mehr präsent. Ringen mit den Schwierigkeiten.	Die Übernahme oder der Neuerwerb einer gewünschten Leistungsform in den eigenen Besitz macht Schwierigkeiten.	Der Lehrer entdeckt die Schwierigkeiten der Aufgabe für den Schüler bzw. die kurzschlüssige oder leichtfertige Lösung des Schülers.
3. Lösungsversuch	Ein neuer Lösungsweg zur Vollendung der Handlung oder zur Lösung der Aufgabe wird durch Anpassung, Probieren oder Einsicht entdeckt.	Die Übernahme oder der Neuerwerb der gewünschten Leistungsform erscheint möglich und gelingt mehr und mehr.	Der Lehrer zeigt den Lösungsweg oder lässt ihn finden.
4. Ausführung	Der neue Lösungsweg wird aus- und durchgeführt.	Die neue Leistungsform wird aktiv vollzogen und dabei auf die beste Form gebracht.	Der Lehrer lässt die neue Leisungsform durchführen und ausgestalten.
5. Behalten und Einüben	Die neue Leistungsform wird durch den Gebrauch im Leben verfestigt oder wird vergessen und muss immer wieder neu erworben werden.	Die neue Verhaltens- oder Leistungsform wird bewusst eingeübt. Variation der Anwendungsbeispiele. Erprobung im praktischen Gebrauch, Verfestigung des Gelernten.	Der Lehrer sucht die neue Verhaltens- oder Leistungsform durch Variation der Anwendungsbeispiele einzuprägen und einzuüben. Automatisierung des Gelernten.
6. Transfer, Bereitstellen, Integration	Die verfestigte Leistungsform steht für künftige Situationen des Lebens bereit oder wird in bewussten Lernakten bereitgestellt (s. dann die Schritte 5 und 6 der Lernart 2).	Die eingeübte Verhaltens- oder Leistungsform bewährt sich in der Übertragung auf das Leben oder nicht.	Der Lehrer ist erst zufrieden, wenn das Gelernte als neue Einsicht, Verhaltens- oder Leistungsform mit der Persönlichkeit verwachsen ist und jederzeit zum freien Gebrauch im Leben zur Verfügung steht. Die Übertragung des Gelernten von der Schulsituation auf die Lebenssituation wird direkt zu lehren versucht.

Auf einen Blick: Artikulationsschemata

Dreischritt

Psycholog. Grundvorgang	Reiz	Reflektion	Reaktion
Aristoteles	Wahrnehmung	Verstand	Streben
Ley	Beobachtung	geistige Verarbeitung	Darstellung
Weber	Eindruck	Aneignung	Ausdruck
v. Sallwürk	Hinleitung (Gegenstand)	Darstellung (Lehrstück)	Verarbeitung (Ergebnis, Einfügung)
Dörpfeld	Anschauen	Denken	Anwendung
Willmann	Auffassen empirisches Moment	Verständnis rationales Moment	Betätigung technisches Moment
Eggersdorfer	Empirisches Erfassen	Logisches Begreifen	Praktisches Verfügen

Herbart und Herbartianer

Herbart (1806)	Vertiefung		Besinnung		
	Klarheit	Assoziation	System	Methode	
Ziller	Analyse	Synthese	Assoziation	System	Methode
Rein (1878)	Vorbereitung	Darbietung	Verknüpfung	Zusammenfassung	Anwendung

Weitere Modelle

Kerschensteiner	Schwierigkeitsanalyse, Umgrenzung	Lösungsvermutung	Prüfung der Lösungskraft	Bestätigungsversuche (wiederholt)		
Dewey	Man begegnet einer Schwierigkeit	Sie wird lokalisiert und präzisiert	Ansatz einer möglichen Lösung	Logische Entwicklung der Konsequenzen	Weitere Beobachtung und experim. Vorgehen führen zu Annahme oder Ablehnung	
Roth (1957)	Motivation	Schwierigkeit	Lösungsversuche	Tun und Ausführung	Behalten und Einüben	Transfer, Bereitstellen Integration
Neubert	Einstimmung	Darbietung	Besinnung		Tataufruf	
Project-Methode	purposing (Zielsetzung)	planing (Planung)	executing (Ausführung)		judging (Beurteilung)	

Projektmethode ...

6.3 Strukturmomente von Unterricht

6.3.1 Der Einstieg

Mit dieser Bezeichnung kann sowohl der Stundenbeginn als auch der Einstieg in eine neue Thematik oder Fragestellung gemeint sein. Für beide Situationen gilt: Der Einstieg soll „*die Schüler für das Thema und das Thema für die Schüler erschließen*" (Meyer 1989, 123). Er dient der Motivation und der Problemstellung, hat also sowohl eine affektive als auch eine kognitive Dimension (nicht selten sogar eine psychomotorische). Ein weiterer, nicht zu vernachlässigender Aspekt so genannter ‚einleitender Maßnahmen' (EM) ist das Disziplinieren, Dirigieren und Konzentrieren auf einen bestimmten Sachverhalt – nach der Pause oft nicht leicht! Hier lag früher die Rechtfertigung von Ritualen wie Aufstehen, gemeinsame Begrüßung des Lehrers etc. mit der Absicht der Sammlung bzw. Konzentration und als Signal: Jetzt beginnt die Stunde! Heute finden sich gerade in den unteren Klassenstufen wieder verstärkt Rituale zum Unterrichtsbeginn wie Lied, kleines Spiel, Sitzkreis u. a. Durch einen gelungenen Stundenbeginn werden die Schüler aus ihrer Pausenwirklichkeit abgeholt und behutsam, aber doch bestimmt in die Stunde geführt. Nur so ist gewährleistet, dass alle von Anfang an und aufmerksam dabei sind, die wichtigste Voraussetzung für gelungenen Unterricht. „Verpasst" einer den Absprung, ist es oft für Lehrer und Schüler schwer, den Anschluss herzustellen. Motivierende Einstiegsphasen können gelingen durch

– das **Vorstellen des Stundenziels**: „Heute erfahren wir etwas über das Radio ..."

- Herstellen eines **persönlichen Bezugs**: „Jeder von euch hat schon Radio gehört …"
- **Verdeutlichen des Stellenwerts**: „Das ist die Grundlage für alle technischen Geräte …"
- **Planen des Vorgehens mit Schülern**: „Wie könnten wir das angehen?"
- **Anknüpfen an Bekanntes**, Erfragen vorhandener Kenntnisse, Darstellen früher erarbeiteter Kenntnisse: „Vielleicht erinnert ihr euch noch an …"
- **eine Interesse weckende Präsentation**: einen überraschenden oder unerwarteten Einstieg wählen, widersprüchliche oder provokante Themen formulieren, bluffen oder etwas vortäuschen, Experten interviewen, Reportage über ein Thema vorführen, stille Impulse einsetzen (z. B. Bild/Gegenstand/thematisches Plakat kommentarlos zeigen), Brainstorming durchführen, Thema verfremden/verrätseln/in Comics oder Karikaturen darstellen, technisches Medium einsetzen (z. B. Lehrfilm) mit einer Demonstration beginnen etc.
- Stellen eines **Arbeitsauftrags**, der **zum Handeln** auffordert oder provoziert
- zusätzliche, **sachfremde Lernanreize** (Lob, Tadel) einsetzen

(viele gelungene Unterrichtseinstiege findet man bei Greving/Paradies 1996).

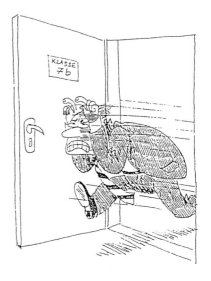

1. Der Einstieg soll den Schülern einen **Orientierungsrahmen** vermitteln.
2. Der Einstieg soll in **zentrale Aspekte** des neuen Themas einführen.
3. Der Einstieg soll an das **Vorverständnis** der Schüler anknüpfen.
4. Der Einstieg soll die Schüler sich ‚sammeln' lassen.
5. Der Einstieg soll den Schülern möglichst oft einen **handelnden Umgang** mit dem neuen Thema erlauben (ebd., 129).

6.3.2 Die Erarbeitungsphase

In diesem sehr bedeutenden Unterrichtsabschnitt werden verschiedene Leistungen erbracht: neben Erarbeiten auch Ver- und Aufarbeiten, Lösen, Transfer zu anderen Bereichen leisten, Verknüpfen, Deduzieren (Ableiten von abstrakt zu konkret), Ordnen und Gestalten. Als Voraussetzung muss gewährleistet sein, dass die erforderlichen Denkleistungen den Möglichkeiten der Schüler entsprechen, dass die einzelnen Schritte genau geplant sind, dass das Ziel für alle erkennbar feststeht und die Arbeits- und Sozialform(en) der inhaltlichen Aufgabenstellung angepasst sind. Am Ende der Erarbeitungsphase sollten die Ergebnisse und Produkte festgehalten und zusammengefasst oder zumindest in der Klasse besprochen werden, damit eventuelle Fehler korrigiert werden können und außerdem die geleistete Arbeit einen Sinn bekommt und Würdigung findet.

In der Erarbeitungsphase soll...

1. die **Sach-** und **Fachkompetenz** sowie die **Methodenkompetenz** (Arbeitstechniken, Organisationsroutine) der Schüler gefördert werden,

2. die **soziale** und **kommunikative Kompetenz** eine Rolle spielen,

3. soziale und leistungsbezogene **Differenzierung** ermöglicht und

4. die **Selbstständigkeit** in Denken, Handeln und Fühlen angestrebt werden (ebd., 152).

Methodenkompetenz kann heißen:
- wesentliche Arbeitstechniken: Selbstinformation durch Nachschlagen, Befragen, Protokollieren, Abschreiben, Zeichnen, schriftlich und mündlich Zusammenfassen, handwerkliches (Feinmotorik) und räumliches Geschick, Genauigkeit beim Beobachten und Kontrollieren.
- Organisation der Arbeit: Arbeitsanweisungen beachten, selbstständig arbeiten und üben, Arbeitsschritte planen und realisieren, Arbeitsergebnisse ordnen und präsentieren, Zeit einteilen.
- Schlüsselqualifikationen: Verantwortungsgefühl, Selbstbewusstsein und Selbstdisziplin, soziale Kompetenz, Ausdauer, Geduld, Neugier und Offenheit entwickeln, sich in andere Rollen und Standpunkte hineinfühlen können, Sprach- und Kommunikationsfähigkeit ausbauen.

Wem nun in Erinnerung an seine eigene Schulzeit nur Erarbeitungsphasen einfallen, in denen langweilige Arbeitsblätter ausgefüllt und Mathematikaufgaben aus dem Buch gelöst wurden, könnte sich an folgenden handlungsorientierten Vorschlägen orientieren, die bestimmt jede Erarbeitung interessanter machen:

- Zeitung/Reportagen erstellen, Fotokollagen/Video-Film entwerfen
- technische Hilfsmittel einsetzen
- Schüler über den Themenbereich selbst unterrichten lassen, Referate gemeinsam entwickeln und gestalten
- Ausstellung vorbereiten und durchführen, Revue mit Pantomime/Tanz/Akrobatik einstudieren, Lieder erfinden, Hörspiele schreiben und aufnehmen
- Modelle von Lehrgegenständen bauen
- Lern- und Übungsspiele erfinden, basteln und einsetzen, Arbeitsmappe anlegen
- Konzept für Schulhof-/Klassenzimmergestaltung entwerfen
- Lokalitäten besuchen, Experten interviewen, Erkundungsgänge planen, durchführen und nachbereiten
- Rollenspiele konzipieren und spielen, Geschichten neu- oder umschreiben
- wie Steinzeitmenschen mit einfachen Materialien Werkzeuge herstellen
- Flohmarkt und Kuchenverkauf organisieren
- Experimente und Erhebungen durchführen ...

6.3.3 Die Ergebnissicherung

Längst nicht alles, was im Unterricht gelernt wird, kann erfragt, kontrolliert und überprüft werden. Die Lernziele, die als operationalisierbar angegeben werden (vgl. Kap. 9.2.4), erfassen nur einen Bruchteil dessen, was die Schüler im Unterricht tatsächlich lernen (vgl. Kap. 3.3 Der heimliche Lehrplan). Gerade im affektiven und sozialen Bereich kann in den wenigsten Fällen nachvollzogen werden, was wirklich angekommen ist – nicht für die Schule, sondern fürs Leben lernen wir!
Ergebnisevaluation hat für viele die negative Bedeutung der Leistungskontrolle, verbunden mit Eigenschaften wie Leistungsdruck und entfremdetes Lernen, was ihrem eigentlichen Zweck nicht sehr nahe kommt. „Lernen ist Leistungsgewinn" (Kaiser 1991, 220), und der sollte dokumentiert und sichergestellt werden. Leistung kann sich in Form eines Produkts widerspiegeln (→ Produktevaluation), aber auch als Prozess (→ Prozessevaluation) in Erscheinung treten.
Nur durch regelmäßige Ergebnissicherung kann zum Beispiel festgestellt werden, an welcher Stelle der Lernende steht, wo noch Unverständnis oder Lücken sind und welche Übungen im weiteren Verlauf angebracht sind. Insofern hat die Evaluation auch für den Lehrer eine wichtige Funktion, sie lässt Rückschlüsse über seine Arbeit zu.

Zur Ergebnissicherung gibt es viele Möglichkeiten, der Zweck ist allen gleich:

1. Unterrichtsergebnisse protokollieren und dokumentieren und somit dem Schüler zeigen: Dies ist verbindliches **Mindestwissen**!
2. Kenntnisse, Fähigkeiten und Fertigkeiten **vertiefen** und so die Sach-, Sozial-, und Sprachkompetenz **festigen** (= Übung).
3. Geleistete Arbeit kritisch **bewerten**, aber auch lobend anerkennen. Positives oder negatives **Feedback** zeigt dem Schüler, wo er steht.
4. Dem Lehrer und den Schülern in einer Form der **demokratischen Kontrolle** die Möglichkeit der **Reflexion** über die gemeinsame Unterrichtsarbeit bieten.

Kurz: „Übergeordnetes Ziel der Ergebnissicherung ist die konstruktive Aufarbeitung der Differenz zwischen den Lehrzielen des Lehrers und den Handlungszielen der Schüler" (Meyer 1989, 165).

Die **Übung** ist ein wesentlicher Bestandteil, wird aber oft aufgrund von Zeitmangel stark gekürzt oder ganz weggelassen – zum Nachteil schwächerer Schüler. Gerade in der Übungsphase werden die zuvor oft nur einmalig präsentierten Sachverhalte vertieft, aufgearbeitet und nochmals erläutert, „erst im Üben wird der Lerngegenstand endgültig erschlossen" (ebd., 171). Daneben hat auch die Phase der Ergebnissicherung den Effekt der Disziplinierung: Wer in der Erarbeitung nicht sein Pensum geschafft hat, bekommt jetzt die Quittung! Zudem ist beim Zusammenfassen und Abstrahieren des Lehrgegenstands Kürze und Prägnanz gefragt, wer nicht mitmacht, verliert den Anschluss. Im Folgenden sind einige Beispiele für die Gestaltung der Ergebnissicherung aufgelistet, wobei die ersten zwei Vorschläge zu den eher konventionelleren Methoden zählen:

- Abfragen oder Abhören, Hausaufgaben besprechen oder neu aufgeben, mündliche oder schriftliche Zusammenfassung am Ende der Stunde durch Lehrer oder Schüler
- Protokollieren der Stunde durch Schüler, z. B. auch durch ein Simultanprotokoll auf einem Plakat während der Stunde
- Schülerbuch/Schülerlexikon/Klassenzeitung mit Beiträgen zur aktuellen Thematik
- Wandzeitung/Wandfries/Zeitleiste/Plakate zur Präsentation von Gruppenarbeiten
- Film/Hörspiel/Video selbst herstellen, um Projekte oder selbst verfasste Werke zu dokumentieren
- gelenktes Unterrichtsgespräch oder Streitgespräch/Diskussion über das behandelte Thema zum Austausch von Standpunkten
- Standbild/Rollenspiel/Planspiel zur Vertiefung und Veranschaulichung
- Feste und Feiern: Elternabende, Schul- und Sportfeste sind ein gutes Podium für Theateraufführungen oder Ausstellungen von Produkten einer Unterrichtseinheit
- Selbstständige Einzelarbeit: Schüler erforschen auf eigene Faust verwandte Themenbereiche

7. Protokollieren von Unterricht

7.1 Funktion und Phasen der Hospitation

Zu Beginn jedes Praktikums ist es empfehlenswert, sich einen Überblick über Geschichte, Struktur und Aufbau der Praktikumsschule zu verschaffen, um so das Profil der Schule kennen zu lernen. Dies ist nicht unwesentlich für die spätere Beurteilung der Klasse als Teil der Schule – Unterricht ist nicht nur eine Sache zwischen Lehrer und Schülern, äußere Faktoren wie Größe, Zusammensetzung und pädagogische Richtlinien des Lehrerkollegiums, Ausstattung mit Räumen und Medien der Schule etc. spielen eine wesentliche Rolle! In einem zweiten Schritt wird die Klasse in Augenschein genommen, auch hier sind sowohl Äußerlichkeiten wie Ausstattung des Klassenzimmers und Zusammensetzung der Klasse als auch gruppeninterne Faktoren wie anthropogene und soziale Voraussetzungen und das Beziehungsgeflecht der Schüler untereinander im Voraus abzuklären.

Eine sinnvoll gestaltete Hospitationsphase sollte möglichst in drei Schritten aufgebaut werden: Beobachten – Reflektieren und Beurteilen – Handeln. Im ersten Stadium, dem gezielten **pädagogischen Sehen** werden die Grundlagen gelegt: Das Lernumfeld, die Lernvoraussetzungen und Lernbedingungen können nachvollzogen und das Empfinden für die Vielschichtigkeit des täglichen Unterrichtsgeschehens sensibilisiert werden. Die zweite Stufe, das **pädagogische Verstehen** ist unbedingte Voraussetzung für die Verwirklichung des Berufsziels ‚Lehrer'. Um eine humane Schule zu schaffen, in der der Schüler in seinen Bedürfnissen, Interessen und Erfahrungen dort abgeholt wird, wo er momentan steht, in der das Kind also nicht nur als Schüler, sondern als Mensch gesehen wird, bedarf es empathiefähiger Lehrer. Neben dem Studium im Hörsaal ist also das Hospitieren unerlässlich, es steht allerdings nicht im Gegensatz zur Wissenschaftlichkeit der Lehrerbildung, sondern ist vielmehr Voraussetzung, um pädagogisches Verstehen in allen Dimensionen (soziologisch, psychologisch, pädagogisch etc.) zu erfassen. Das Motiv „Ich mag Kinder" ist zwar eine notwendige, aber noch keine hinreichende Bedingung zu einem erfüllten Lehrerdasein, fundierte Kenntnisse im Beurteilen von Situationen und Prozessen sind deshalb unerlässlich. Erst so können im dritten Schritt, dem **pädagogischen Handeln und Unterrichten**, die Erfahrungen tatsächlich umgesetzt und Anregungen für das weitere Studium gewonnen werden. Hilfreich gerade in der Lehrerausbildung ist das Lesen von Kinder- und Jugendbiographien, von zeitgenössischen Interviewstudien über Kinder und Jugendliche und nicht zuletzt das Notieren und Besprechen von eigenen Erinnerungen aus der Kindheit.

7.2 Beobachtungsschwerpunkte und Beobachtungsverfahren

Um die Phase der ersten Beobachtung zielgerichtet und enger zu definieren, bietet es sich an, bestimmte Themenschwerpunkte zu wählen. Folgende Auflistung häufiger unterrichtlicher Phänomene soll Anregungen geben zu eigenen Fragestellungen:

- die Klasse als heterogene Lerngruppe: Umsetzung von Differenzierung und Integration
- unterrichtliche Routine contra didaktische Phantasie: Gibt es Auswirkungen auf die Schüler?
- Disziplinprobleme und Störungen
- Geschlechterrollen im Unterrichtsgeschehen
- Lernen im 45-Minuten-Takt: Auswirkungen auf Schüler und Lehrer
- Interaktionsformen und Kommunikation: Möglichkeit der Festigung von Machtpositionen?
- Wirkungsfeld Methode – Motivation: Sind Zusammenhänge erkennbar?

Die Beobachtung ist eine spezielle Form der Wahrnehmung, sie fokussiert gezielt, geht planvoll und selektiv vor und ist um möglichst objektive Ergebnisse bemüht.

Für die Hospitation zu Beginn eines Praktikums ist die teilnehmende Beobachtung von Bedeutung, bei der der Beobachter in das Geschehen miteinbezogen ist (Aufenthalt im Klassenzimmer, Befragung der Beteiligten, Interpretation etc.) und seine eigene Einschätzung in die Erhebung einfließt. Die Protokollverfahren sind in dreifacher Hinsicht für Praktikanten sinnvoll:

- Die Beobachtung wird von der absichts- und interessenlosen zur gezielten und kontrollierten Hospitation gelenkt, an die Stelle von langweiligem Unterricht-Absitzen tritt eine sinnvolle und interessante Tätigkeit.
- Der Beobachtende muss über seine eigene Vorstellung von Unterricht reflektieren, da diese in die Erhebung und deren Auswertung unbewusst einfließt und sie beeinflusst. Die Beobachtung ergibt sich nicht nur durch das Instrument, die Methode, sondern mit der „Explikation des möglichen Sinns", also der subjektiven Interpretation. Natürlich trägt die Auswahl eines bestimmten Verfahrens zusätzlich zur Schwerpunktbildung und Selektion weniger Aspekte bei.
- Nicht zuletzt bietet die Hospitation eine Hinführung zu den Problemen und verschiedenen Richtungen der Unterrichtsforschung, die Schwierigkeit der Abgrenzung und der objektiven, alle Faktoren einschließenden Bewertung kann in kleinem Rahmen nachvollzogen werden.

Zu Anfang ist es hilfreich, in einer topologischen Skizze (Klassenzimmer, Sitzplan, Sozialformen des Unterrichts etc.) zunächst die soziale Dimension und in einer Zeitleiste den inhaltlichen Verlauf des Unterrichts festzuhalten, um einen Orientierungsrahmen zu haben. Diese zwei Aspekte beinhalten bereits die wesentlichen Merkmale von Unterricht als Prozess sozialer, wechselseitiger Interaktion zwischen Lehrer und Schülern um einen bestimmten Inhalt, stellen aber noch kein umfassendes Protokoll dar. Die hier aus der Literatur gesammelten vorgestellten Beobachtungsverfahren (vgl. Wittenbruch 1985) unterliegen bestimmten Fragestellungen und setzen unterschiedliche Schwerpunkte. Günstig ist immer die Beobachtung durch mehrere Hospitanten und gleichzeitige Fixierung des Unterrichts durch Tonband- oder Videoaufnahmen, um Vergleichs- und Kontrollmöglichkeiten zu haben.

7.2.1 Verlaufsprotokoll[1]

In einem fortlaufenden Text wird sowohl der Gesamtverlauf als auch die Äußerungen und das Verhalten Einzelner gezielt innnerhalb eines bestimmten Zeitraums (nicht länger als 30 min.) protokolliert. Die ersten Notizen werden an Ort und Stelle und zeitlich parallel festgehalten, sprachliche Äußerungen müssen wortwörtlich niedergeschrieben werden, sinnvoll ist außerdem eine Markierung für den zeitlichen Ablauf. Aus diesem Manuskript entsteht eine erste Fassung des eigentlichen Textes, der möglichst einer außenstehenden Person zur Kontrolle des Verständnisses vorgelesen werden sollte. Nach eventueller Korrektur kann diese revidierte Fassung zur Auswertung verwendet werden, zu beachten ist jedoch, dass die Aktionen und Reaktionen immer reduziert und interpretiert wiedergegeben sind.

„Nachmittags-Turnstunde im Kindergarten Essen-Werden am 27. 6. 1983. Wir sitzen an der hinteren Wand des Raumes auf einer Bank und werden von den Kindern, die etwa zwischen vier und sechs Jahre alt sind, fast nicht beachtet. [...] Die erste Übung besteht darin, über die Bank zu gehen, einen Ball mit den Händen vor sich herzurollen. Nach dem ersten Durchgang geht ein Mädchen, klein, schmal, mit blassen Gesicht, [...] auf die Kindergärtnerin zu und streckt ihr die Hand entgegen:„Hier, ich habe mir heute weh getan." Das „Es wird schon nicht so schlimm sein!" der Kindergärtnerin wartet sie gar nicht ab, sondern geht wieder in ihre Reihe zurück. Der kurze Moment der ihr allein gewidmeten Aufmerksamkeit von Seiten der Kindergärtnerin scheint ihr zu genügen ..."

---

1 Die eingerahmten Beispiele stammen aus: Wittenbruch 1985, 72 ff.

7.2.2 Wortprotokoll

Dieses anspruchsvolle und aufwendige Verfahren der Unterrichtsbeobachtung verlangt eine wortwörtliche Notation aller verbalen Äußerungen innerhalb eines bestimmten Zeitraums, daneben in Klammern die Elemente der nonverbalen Kommunikation wie Gestik, Mimik, Murmeln etc. Auch hier ist die Arbeit mit Kürzeln entscheidend, außerdem das Abwechseln der Protokollanten im Fünf-Minuten-Takt, um eine unverkürzte und originalgetreue Notation zu garantieren. Hilfreich ist in jedem Fall die Unterstützung durch technische Medien wie Tonband oder Video zur Kontrolle.

> L: So, guten Morgen. (Einige Schüler antworten, nicken mit dem Kopf, aber die meisten Schüler lassen keine Reaktion erkennen). Ja?
> S1: Ich wollt' fragen, singen wir heute?
> L: Wir singen heute, und zwar hab' mer uns als Thema ausgedacht, dass wir einfach mal des Felice Navidad richtig einüben ... Moment, ganz kurz, ... richtig einüben ... und dazu die Percussion-Instrumente, äh, üben und dazusingen, dass mer da auch ‚nen Ablauf haben, ... weil mer des ja auch auf dem Weihnachtskonzert singen, außerdem müß' mer heut', Moment ... heute die Namen festhalten, wer welche Instrumente spielt, ...
> S2: Ja, ich wollt' jetzt auch fragen, wie es denn jetzt ist, ich find's ziemlich blöd, dass der Chor vorsingt, weil Sie hab'n doch schon gefragt, ob wir's mit ‚ner ander'n Klasse zusammen machen wollen, aber das klappt nicht.
> L: Ja, ... ja, ich hab' das mit Frau Kurt nochmal besprochen, und der Chor will auch noch mitmachen, ne.
> S2: Ach, Mann. ...

7.2.3 Übersichtsprotokoll

Im chronologischen Ablauf wird das Geschehen in seiner zeitlichen Dimension erfasst, sodass durch den Wechsel der Situationen, Fragestellungen und markanter Ereignisse eine Struktur des Unterrichts entsteht. Anhand einer Zeitleiste in Intervallen von 3 bis 5 Minuten wird die inhaltliche und methodische Darbietung des Stoffes und das Verhalten der Schüler notiert, parallele Aktionen wie Meldungen und Störungen bleiben weitgehend unbeachtet. Äußerungen einzelner Personen werden in 1 bis 5 Stichworten, wichtige nonverbale Kommunikation in Klammern festgehalten. Da in kleinen Zeiteinheiten gearbeitet wird, müssen vor Beginn Kürzel festgesetzt werden, bedeutende Situationen erhalten eine spezielle Kennzeichnung. Von entscheidender Bedeutung ist der Gesamtverlauf, Details bleiben eher unberücksichtigt.

8.40	Schüler versammeln sich im Klassenraum
8.50	Begrüßung durch die Referendarin
8.53	Beginn des Unterrichts; Hinleitung zum Thema: Gespräch über eine Situation aus dem Schulalltag; Transfer auf weltpolitische Lage (Klassengespräch), Arbeit anhand der Karte im Lehrbuch (Staaten der NATO werden der Klasse genannt, ein Schüler schreibt Text an die Tafel)
8.56	Lehrerin fordert dazu auf, den an der Tafel stehenden Text ins Heft zu übertragen; sie ergänzt das Tafelbild
9.02	Schüler sind zum Teil fertig, unterhalten sich untereinander
9.05	...

7.2.4 Episode

Anstatt das gesamte Geschehen oder nur einzelne Aspekte zu erfassen, bemüht sich die Episode um eine möglichst umfassende Wiedergabe komplexer Handlungszusammenhänge einzelner Aktionen oder Situationen. Episoden werden unter Beachtung des groben Protokollschemas z. B. in drei Gliederungspunkte unterteilt –

1. Merkmale,
2. Erfassung des Verlaufs und
3. Interpretation –,

beschrieben und nach bestimmten Gesichtspunkten in das Gesamtgeschehen eingeordnet. Zur Niederschrift und Bewertung von Episoden sind zur Kontrolle einige Kriterien hilfreich:

- *umfassend* und *planmäßig:* keine Akzentuierung, Teilbeobachtungen etc.?
- *zuverlässig* und *nicht beobachterbestimmt:* unbeeinflusst von Interpretation, persönlicher Befindlichkeit?
- *situations-* und *zeitpunktbestimmt:* unbeeinflusst von Ersteindruck/Situation?
- *abgesichert* und *objektiv:* Was ist belegbar, was ist interpretiert?
- *Umsetzung in der Sprache identisch:* Gewährleistung der Verständlichkeit für Außenstehende?

1. Merkmale: E. umfasst mehrere Aktivitäten, an denen mehrere Personen beteiligt sind. E. hat Mittelpunkt, selbstständige Bedeutung in einem größeren Handlungszusammenhang und aufschließende Bedeutung für den Unterricht.
.....

2. Erfassung: Eine Schülerin steht an der Tafel und notiert die Beiträge, die aus der Gruppe zu der Aufgabe ‚Beschreibung des Schubert-Bildes' kommen. Schüler: „Die eine Dame, die den Kopf senkt, ist mehr mit den Gefühlen dabei. Und die andere mehr so ohne Gefühle, so wie das aussieht." Darauf der Lehrer: „Ja, schreib 'mal auf, unterschiedliche Formen des Hörens." Die Schülerin folgt der Anweisung des Lehrers, möchte aber den Beitrag oben rechts neben die schon gefüllte Spalte der Tafel eintragen. Lehrer: „Kannst du versuchen, es noch da unten hinzuschreiben?" Schülerin folgt der Anweisung.

3. Interpretation: Die dargestellte Situation zeigt, dass Schülerbeiträge vom Lehrer in absichtsvoller Weise gefiltert und auf eine abstraktere Ebene gehoben werden. Damit wird der Gehalt der Schülerbeiträge verkürzt und möglicherweise falsch interpretiert. Die vom Lehrer erzeugte Erwartungshaltung, dass der Schüler den Verlauf des zukünftigen Unterrichts mitgestalten kann, wird zunichte gemacht durch die vorstrukturierten Überlegungen des Lehrers, sodass die Schülerin zur Einsicht gelangt: Wir dürfen ja doch nichts selbstständig tun!

7.3 Erste eigene Protokolle

Erste Protokolle von Unterrichtsbeobachtungen dienen der Analyse und insbesondere der Nachbesprechung von gesehenem Unterricht, entweder im Austausch mit einem Ausbildungslehrer/Mentor oder mit den Mitpraktikanten und evtl. dem Hochschulbetreuer. Bei ersten Hospitationen kommen meistens Mischformen der bisher vorgestellten Protokollarten zum Einsatz, weil das Sehen, das Wahrnehmen wichtiger Phänomene des vielschichtigen Unterrichtsgeschehens ja erst geübt werden muss, bevor dann diskutiert, interpretiert und verstanden wird, was hinter der beobachteten, sichtbaren, hörbaren ... Oberfläche von Unterricht möglicherweise noch alles ablief.

Gesichtspunkte für eine solche zunächst lose strukturierte Beobachtung und Analyse von Unterricht könnten z. B. sein:
- Wie wird der Unterricht eingeleitet?
- Führt die Einleitung ins Zentrum des Themas?
- Führt die Einleitung bei den Schülern zu einem Aufgabenbewusstsein?
- Welche Ziele streben Lehrer und Schüler an?
- Welche Lern- und Vermittlungshilfen gibt der Lehrer?

- Welche Wechselbeziehungen bestehen zwischen dem Schüler- und Lehrerverhalten?
- Werden Sachverhalte/Inhalte richtig, dem Stand der Wissenschaft entsprechend, dargestellt?
- Ist der Unterricht gegliedert?
- Können die Schüler aktiv werden?
- Gibt es offene Handlungssituationen?
- Erscheint der Unterricht abwechslungsreich?
- Welche Medien werden wie eingesetzt?
- Wie lauten die Arbeitsaufträge? Haben die Schüler sie verstanden?
- Wie arbeiten die Schüler miteinander?
- Verhalten sich einzelne oder mehrere Schüler auffällig?
- Wie verhält sich der Lehrer in schwierigen Situationen?
- Welche Lernzielkontrollen werden eingesetzt?
- Zeichnen sich Lernergebnisse ab?

Beim Protokollieren kommt es darauf an, bedeutsam erscheinende Ereignisse wahrzunehmen, zu beobachten und verständlich zu beschreiben. Zu protokollieren sind u. a. das Lehrerverhalten und das Schülerverhalten in der zeitlichen Abfolge. Zu trennen sind wirkliche Beobachtungen von Vermutungen und Interpretationen, wobei man letztere als solche kennzeichnen sollte. Ein Vergleich der Protokolle wird zeigen, dass verschiedene Protokollanten Ereignisse oft sehr unterschiedlich wahrnehmen und deuten. Deshalb empfiehlt es sich, in bestimmten Situationen die Aussagen wörtlich mitzuschreiben, um sich später in der Auswertungsbesprechung auf sie beziehen zu können. Zum Protokollieren kann folgendes Schema hilfreich sein:

Zeit	Lehrerverhalten (einleit. Maßnahme, wörtlicher Arbeitsauftrag ...)	Schülerverhalten (offen/verdeckt, ...)	Vermutung/ Interpretation/ Fragen ...

7.4 Weitere Protokollverfahren

a) Protokoll in Zeichensystemen:

Ein zuvor festgelegtes Merkmal (z. B. das Aufgerufenwerden innerhalb einer Stunde) wird in Strichlisten dokumentiert; dabei wird nach Schüler, Zeitpunkt und Form differenziert. Zu diesem Zweck wird ein Sitzplan der Klasse angefertigt, in den mit verschiedenen Symbolen sowohl die Quantität des Aufrufens und des Aufgerufenwerdens als auch die Art der Beiträge eingetragen werden. Unter Berücksichtigung des Gesamtgeschehens können später Rückschlüsse und Interpretationen möglich sein.

b) Protokoll in Kategorisierungssystemen:
Auch hier wird ein bestimmtes Element des Unterrichtsgeschehens (z. B. Interaktionsverhalten/Sozialformen) in seiner zeitlichen Dimension und in seinen unterschiedlichen Kategorien (z. B. Einzel-, Gruppen-, Partnerarbeit) beobachtet und in einem zweidimensionalen Schaubild festgehalten. Eine Interpretation ist auch hier zum Verständnis noch notwendig. Vor der Beobachtung müssen die verschiedenen Kategorien genau definiert sein.

c) Protokoll mittels Schätzverfahren:
Dieses Verfahren kann sowohl parallel zum Geschehen als auch anschließend in einer Befragung der Beteiligten angewendet werden; in bipolaren Schätzskalen (++ + 0 – – –) werden bestimmte Kriterien des Verhaltens beurteilt und in einem Fragekatalog bewertet.

Vor dem Einsatz des Verfahrens muss der Idealfall des zu beobachtenden Moments in den einzelnen Kriterien definiert werden, um eine Vergleichsmöglichkeit für das spätere Ergebnis zu haben (Bsp. Idealfall des Moments ‚Erklären‘: hohes Maß an Einfachheit und Gliederung = ++, mittleres Maß an Kürze und Stimulanz = 0, niederes Maß an Einfachheit und Gliederung = – –).
Ausgehend von der Idealform des zu beobachtenden Verhaltens wird ein Fragebogen entwickelt, anhand dessen sowohl während als auch nach dem Unterricht die Bewertung vorgenommen werden kann.

Hier ein Beispiel zu ‚*Erklären*‘:

++ +	0	– – –
treffend		unzutreffend
einfach		umständlich
genau		ungenau
folgerichtig		unstrukturiert
übersichtlich		unübersichtlich
anregend		trocken
konzentriert		weitschweifig
interessant		langweilig
…		…

Unterrichtsbeobachtung …?

8. Was ist Methodik?

8.1 Eine erste Abgrenzung

Die Unterrichtsmethode ist nach wie vor das Stiefkind der Erziehungswissenschaft; während Ziele, Inhalte und Medien von Unterricht in ausreichender und vielfältiger Weise erforscht, erprobt und entworfen wurden, nahm die Methode (hinter der Didaktik) bei den Forschern immer einen zweiten Rang ein und erhielt weniger Aufmerksamkeit. „Diesem defizitären Forschungsstand entspricht dann auch das Niveau der Theoriebildung. Es fehlt an Systematisierungsversuchen, die eine nachhaltige Diskussion ausgelöst hätten" (Adl-Amini u. a. 1993, 83). Dennoch sind natürlich Definitionen versucht und unzählige Methodenkataloge erstellt worden. Unterrichtsmethoden lassen sich zunächst auf drei verschiedenen Verständnisebenen definieren (ebd., 84 ff.):

1. Ebene: Die Lehrmethode wird – entsprechend ihrem ursprünglichen Sinn: *méthodos = der Weg (der Untersuchung), die Darstellungsweise* – als Weg zu einem durch die Didaktik festgelegten Ziel aufgefasst, sie spielt eine zweitrangige Rolle, das ‚Was' entscheidet über das ‚Wie'.

Zeitökonomie ist ein Schlagwort, dem Lehrer obliegt der Ausgleich der Wissensdifferenz zu den Schülern in möglichst effektiver Form, er führt sie zu einem ihnen meist nicht bekannten Ziel, erlebt selbst im Unterricht keine Überraschungen. Innerhalb dieser Ebene gibt es drei Unterscheidungsmöglichkeiten:

a) Systematisierung nach **Form**: Hier sind Äußerlichkeiten wie Unterrichtsaufbau, Interaktionsform etc. die zu unterscheidenden Kriterien. Effizienz, Wirkung und Zeitfaktor bleiben eher unberücksichtigt.

b) Systematisierung nach **Typ**: Hier entscheidet hauptsächlich das Lehrerverhalten über die Einordnung; je nach dem Verhältnis von Lehrer- und Schülerbeteiligung wird unterschieden zwischen dem ...

- darbietenden Typ: der Lehrer trägt den Stoff vor (Exposition: Lehrervortrag, -demonstration), die Schüler nehmen vorwiegend auf (Retention).
- erarbeitenden Typ: Lehrer und Schüler sind am Unterricht gleich beteiligt: fragend-entwickelndes Unterrichtsgespräch, Diskussion gemeinsame Experimente, Lehrgänge etc.
- entdecken lassenden Typ: Der Lehrer gibt zwar Anregungen, gewährt aber ansonsten (Retention), er lässt die Schüler agieren (Exposition: Schülervortrag, -demonstration, von Schülern durchgeführte Experimente, Versuche, Übungen etc.).

c) Systematisierung nach Lehr**stil**: Die zwischenmenschlichen Beziehungen und das Lehrerverhalten stehen hier im Vordergrund, sie haben Einfluss auf das Erreichen des Unterrichtszieles und auf Lernmotivation und Sozialverhalten der Schüler (vgl Kap. 10.3).

2. Ebene: Hier ist die Unterrichtsmethode, also der (Lern-)Weg selbst das Ziel, denn nur im Handeln und Erleben kann Lernen und Erziehen vollzogen werden. Durch die Methode soll das Lernen realistischer, glaubwürdiger und damit dem Leben entsprechend gestaltet werden, der Lehrer ist hierbei nicht mehr allwissender Vermittler, er beschreibt gemeinsam mit den Schülern den Lernweg als Suchen und Finden von neuem Wissen. Nicht das methodische Können des Lehrers steht im Mittelpunkt, sondern die Entwicklung von Methodenkompetenz der Schüler. Beispiele für dieses Methodenverständnis sind die Projektmethode (Dewey/Kilpatrick 1935), die exemplarische Methode (Gerner 1963) und das entdeckende Lernen (Neber 1973).

3. Ebene: Die Unterrichtsmethode steht hier für eine allgemeine Methodik im Sinne der Erforschung allgemeiner Lehr- und Lerngesetze als Voraussetzung für die Entwicklung allgemein gültiger Lehrmuster für entsprechende Situationen und Inhalte. Es geht also darum, ‚das' allgemeine Lernschema herauszufinden und *„es mit den unterrichtlich initiierten Lernprozessen in Einklang zu bringen"* (ebd., 87). Bedeutende Vertreter sind unter anderem J. H. Pestalozzi, Herbart und die Herbartianer (Artikulationsschemata), H. Aebli u. a., die besonders über die Psychologie einen Zugang zu den unterrichtlichen Vorgängen suchten.

An der Methodenwahl kann die Lehr-Lern-Strategie eines Lehrers und seine Auffassung von Unterricht erkannt werden: Vertritt er ein expositorisches Konzept, wird sich seine methodische Gestaltung auf eher lehrerzentrierte, darbietende Arbeitsformen konzentrieren, er definiert seine Aufgabe im Methodenverständnis der ersten Ebene als ‚An- und Darbietung' von Wissen. Das entdecken lassende Konzept schließt die Schüler in die Planung mit ein, will Methodenkompetenz vermitteln und beansprucht Selbsttätigkeit als wichtiges Prinzip.

„Die Bestimmung dessen, was Methoden des Unterrichts sein können, hängt zu allererst davon ab, wie Unterricht verstanden wird. Wird Unterricht als eine Veranstaltung verstanden, in der möglichst effektiv in begrenzter Zeit eine bestimmte Menge Wissen zu vermitteln ist, ergibt sich das Thema „Methode" anders, als wenn Unterricht in der Organisationsform etwa der allgemein bildenden Schule als Gelegenheit für Kinder und Jugendliche verstanden wird, Zugänge zur Welt der Menschen zu gewinnen, Aufschlüsselungen für die Objektivationen in ihrer vielfältigen Gestalt zu erhalten, sich die Lebenswelt in all ihren Aspekten anzueignen. Methoden des Unterrichts sind dann entweder Strategien der Vermittlung oder Schlüssel zur Welt" (Bönsch 1991).

Welche Rolle spielen Methoden nun im Unterricht? Sie weisen nach Meyer drei Dimensionen auf, die untereinander und in Bezug zu Ziel und Inhalt des Unterrichts in Wechselwirkung stehen (nach Meyer 1988, 115):

Der Unterrichtsprozess
konstituiert sich in konkreten, sinnlich-anschaulich erlebten und gestalteten

Handlungssituationen
entfalten sich in drei Dimensionen, die untereinander und
zur Ziel-Inhaltsdimension in Wechselwirkung stehen

Sozialformen	Handlungsmuster	Unterrichtsschritte
Frontalunterricht Gruppenunterricht Partnerarbeit Einzelarbeit	Lehrervortrag Schülerreferat Unterrichtsgespräch Rollenspiel	Einstieg/Hinführung Erarbeitung/Aneignung Übung/Anwendung Kontrolle
→ Beziehungsstruktur	→ Handlungsstruktur	→ Prozessstruktur
äußere Seite: **Raumstrukur** / innere Seite: **Kommunikationsstruktur**	äußere Seite: **Inszenierung von Wirklichkeit** / innere Seite: **Aufbau von Handlungskompetenzen**	äußere Seite: **zeitlicher Ablauf** / innere Seite: **methodischer Gang**
↓	↓	↓
Diese Beziehungsstrukturen verfestigen sich zu Differenzierungs- und Integrationsformen (Jahrgangsklassen, Kurse, Arbeitsgemeinschaften ...)	Diese Handlungsstrukturen verfestigen sich zu methodischen Großformen (Lehrgang, Lektion, Projekt, Trainingsprogramm)	Diese Prozessstrukturen entwickeln sich zu fachdidaktischen oder individuellen Verlaufsformen (Unterrichtsgliederung, Artikulationsschemata)

Die Sozialform bestimmt die Handlungsmuster, die sinnvolle Anordnung und Abfolge der Handlungsmuster ergibt den Unterrichtsverlauf. Methodische Unterrichtsplanung beinhaltet also sowohl einen zeitlichen als auch einen sozialen Aspekt. Hilbert Meyer verbindet diese zwei Dimensionen zum Methoden-Kreuz (Meyer 1989, 97), das das Beziehungsgefüge sehr plastisch aufzeigt. Insgesamt sind es fünf Dimensionen, die das methodische Handeln von Lehrern und Schülern kennzeichnen (nach Meyer 1988, 222):

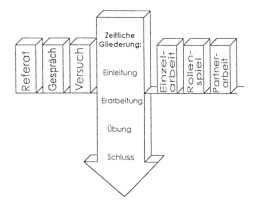

| Ziel | Inhalt | Interaktion | Handlung | Zeit |

8.2 Funktionen von Unterrichtsmethoden

Auch eine Funktionsbestimmung kann zum Begriffsverständnis und der Definition von *Methode* beitragen, deshalb an dieser Stelle eine lose Folge einiger möglicher Funktionen von Unterrichtsmethoden:

1. Methode ist der „Inbegriff der **Organisations- und Vollzugsformen** zielorientierten unterrichtlichen Lehrens und Lernens" (Klafki 1996, 131). Im Gegensatz zu nichtschulischen Lernprozessen z. B. innerhalb der Familie oder in der Freizeit zeichnet sich das institutionalisierte Lernen durch eine starke Zielorientierung aus und ist deshalb in besonderem Maß auf Methoden angewiesen, um das Lernen möglichst effektiv und für alle Schüler gleichermaßen ansprechend zu gestalten. Der Vater, der gemeinsam mit seinen Kindern die Fahrräder vor dem Ausflug repariert, überlegt sich wohl keine besondere Methode zur Erklärung der Gangschaltung. Wohl aber der Techniklehrer, der zu diesem Zweck einen Lernzirkel entwickelt hat, um in möglichst kleinen Gruppen einzelne Reparaturen wie ‚Schlauch flicken' ausprobieren lassen zu können.

2. Methoden sind **inhaltsbezogen**: Methode und Inhalt sind zwei nicht zu trennende Komponenten, einerseits konstituiert die Methode den Inhalt

im Unterricht, andererseits hat Methode ohne Inhalt keinen Sinn. Diese Stoff-Methoden-Verschränkung ist zielgerichtet und an grundlegende Entscheidungen über die Lernvoraussetzungen der Schüler und die daraus resultierende Form der Stoffvermittlung gebunden.

3. Methoden sind das **Werkzeug** des Lehrers: Als Teil seiner unterrichtlichen Handlungskompetenz sind Methoden Arbeitstechniken; das Methodenrepertoire bestimmt ganz wesentlich Planung und Gestaltung von Unterricht.

4. Methode ist **Verpackung**: Je nachdem, welche Methode ein Lehrer wählt, kann ein Inhalt die Schüler ansprechen und der Unterricht interessant sein, oder die Schüler schalten schon nach fünf Minuten ab, weil sie sich angeblich von der Thematik, in Wirklichkeit aber vom Unterricht gelangweilt fühlen – frei nach dem Motto: Es gibt (fast) keine langweiligen Inhalte, nur schlechte Darbietungen ...

Die Lehrmethode trägt wesentlich zur Motivierung der Schüler bei, deshalb an dieser Stelle ein kurzer Exkurs zum Thema **Motivation**:

Motivation (lat: der Beweggrund) ist ein entscheidender Faktor in Lernprozessen, denn Lernbereitschaft und Lernwille sind Voraussetzung für erfolgreiches Lernen. Die Motivierung der Schüler ist deshalb eine der Hauptaufgaben des Lehrers. Eng mit *Motivation* ist die *Emotion* verbunden – eine angenehme Atmosphäre und freundliche Lehrer wirken sich ebenso positiv wie Leistungsdruck und Angst negativ aus. Man unterscheidet

- **extrinsische Motivation:** Sie ist sachfremd und von ‚außen' ausgelöst ...
... durch die Situation: Erreichbarkeitsgrad des Lernstoffes und der Anforderungen, Anreiz der Aufgabe und der Darstellung, Neuigkeitsgrad, Lehrerpersönlichkeit, praktische und organisatorische Umstände,
... durch die Lage des Schülers: Er reagiert auf Lob und Tadel, Lohn und Strafe, Zuwendung, soziale/persönliche Geltung, Druck von den Eltern.

- **intrinsische Motivation:** Sie ist sachbezogen und entsteht im Schüler ...
... aus Interesse an der Sache, Neugierde, verinnerlichten Normen, Streben nach Leistung, Kompetenz, Identifikation oder Konformität.

5. Methoden leisten die „**symbolische Vermittlung der Wirklichkeit**" (Meyer 1988, 83) und setzen somit didaktische Reduktion und Transformation in die Tat um (vgl. Kap. 5.1). Das chemische Experiment, das Tierpräparat, das in Englisch geführte Verkaufsgespräch sind Abbildungen von Teilen der Wirklichkeit, auf welche die Schule vorbereiten soll.

6. Methode ist **Lernhilfe**: Methodische Vielfalt ermöglicht Differenzierung in Bezug auf unterschiedliche Lernwege und -bedürfnisse. Die Bereitstellung alternativer Lösungswege oder verschiedener Übungsmöglichkeiten lässt die Schüler ihren eigenen Lernweg, also *Methode* finden – praktizierte formale Bildung (vgl. Kap. 5.1).

7. Methoden strukturieren den **Lernweg**: In der abwechslungsreichen methodischen Gestaltung gliedert sich Unterricht in viele kleine Schritte, die zum (Lern-) Ziel führen – Weg und Ziel beeinflussen sich (vgl. Kap. 6.2).

8. Die Methode bestimmt das **Maß der Schülerbetätigung** im Unterricht, je nach Arbeitsform und Aufgabenstellung ist sie …

   → **rezeptiv:** Klassisches Beispiel ist der sogenannte Frontalunterricht – die Schüler lassen über sich ergehen, was der Lehrer vorträgt. Ihre einzige Aktivität besteht darin, Informationen aufzunehmen, ohne Einfluss darauf ausüben zu können. Auch Einzel-, Partner- und Gruppenarbeit können rein rezeptiv angelegt sein, wenn es beispielsweise darum geht, Texte durchzulesen oder sich etwas anzueignen.
   → **reproduktiv:** Hier ist schon mehr Eigenaktivität der Schüler gefordert: Sie geben in irgendeiner, auch selbst gewählten und selbst gestalteten Form wieder, was sie zuvor aufgenommen und gelernt haben. Reproduktiv können Schülerantworten innerhalb eines Lehrgesprächs (auch ‚Fragend-entwickelnder Unterricht' genannt), Schülervorträge (Referate, Präsentationen etc.) und auch entsprechend konzipierte Einzel-, Partner- und Gruppenarbeiten sein, in denen geübt oder abgefragt wird.
   → **produktiv:** Produktiv kann wörtlich im Sinne von ‚etwas herstellen' (also Kunst, Musik, Technik oder Werken) gemeint sein, sollte aber auch alle anderen Fächer betreffen im Sinne von ‚etwas entwickeln' oder ‚sich etwas ausdenken' oder ‚etwas selbst erarbeiten'. Eindeutig produktiv orientiert ist das Rollenspiel und die Diskussion, ebenfalls aktiv und kreativ können Schüler bei der Gestaltung eines Schülervortrags sein, im Klassengespräch, wenn es z. B. um das gemeinsame Entwickeln einer Idee geht (Durchführug eines Projekts, z. B. Basar), und bei Einzel-, Partner- und Gruppenarbeit.

9. Methoden bestimmen die Wahl der **Medien**: Tafelanschrieb oder Overhead-Projektor, Arbeitsblatt oder Plakat, Modell oder Lehrfilm? Diese Entscheidungen sollten immer von der jeweiligen Zielsetzung des Unterrichts abgeleitet werden – selbst das beste Anschauungsmaterial ist wertlos, wenn es nichts zum Lern- und Verstehensprozess der Schüler beiträgt. Medien und Materialien unterstützen die Umsetzung von Methoden, bieten Anschauung und Motivation; aber auch hier gilt: Weniger ist oft mehr. Wem es eher um Materialschlachten (Und jetzt die Folie Nr. 27 ..., das Arbeitsblatt 9...) geht, braucht sich nicht zu wundern, wenn die Aufmerksamkeit bald nicht mehr der eigentlichen Thematik gilt.

8.3 Methodische Unterrichtselemente

Unterricht lässt sich in Ablauf und Struktur nicht einheitlich definieren. Vielleicht hilft der Vergleich mit einem Mosaik oder einem Bausatz an Legosteinen: Einzelne Bestandteile (also methodische Elemente), die in sich abgeschlossen sind, werden zu einem veränderlichen, sich immer wieder erneuernden Ganzen zusammengefügt. Architekt und Baumeister ist der Lehrer, aber auch die Klientel, die Schüler können und müssen im Entwurf und Entstehungsprozess mit ihren Wünschen und Vorstellungen miteinbezogen werden – im Rahmen ihrer Möglichkeiten. Der Bauplan wird bestimmt durch die Lernziele, die es zu erreichen gilt. Um das Bauwerk vernünftig, zweckmäßig und statisch sicher zu gestalten, muss der Architekt – also der Lehrer – methodische Überlegungen anstellen, er bestimmt die Anordnung und Verknüpfung der einzelnen Bauteile zu einem sinnvollen Ganzen – einem funktionalen und hoffentlich gleichzeitig wohnlichen und ansprechenden Gebäude.
Methodische Überlegungen befassen sich also mit der konkreten Unterrichtsgestaltung, mit Fragen des Ablaufs, der Sozialformen, des Medieneinsatzes etc. (Konstruktion, Statik), aber auch mit ‚ästhetischen‘ Entscheidungen (Hundertwasser-Haus oder Plattenbau?) wie Motivation der Schüler, Einsatz von ansprechendem Material/Texten, Eigenaktivität der Schüler, abwechslungsreiche und interessante Gestaltung des Stundenverlaufs etc.
„Der methodische Gang beschreibt die Prozessstruktur des Unterrichts. Er ergibt sich aus der Wechselwirkung zwischen dem methodischen Handeln des Lehrers und dem der Schüler. Der methodische Gang hat eine äußere, in der zeitlichen Abfolge der Unterrichtsschritte vorliegende und eine innere, aus der Folgerichtigkeit dieser Schritte zu erschließende Seite" (Meyer 1989, 110). Im zielgerichteten Ablauf von Handlungsmustern und Handlungssituationen, den einzelnen Bausteinen von Unterricht, ergibt sich der methodische Gang als Bauplan der Stunde (vgl. Kap. 6.2 Artikulationsschemata).

8.3.1 Überblick über die Arbeits- und Sozialformen

Mit diesem Begriff bezeichnet man alle möglichen *Interaktions- und Kooperationsformen* zwischen Lehrer und Schüler und der Schüler untereinander: „Es sind die Unterrichtsformen, begrifflich bestimmt als ‚*Gesamtcharakter der Stellung von Lehrer, Schüler und Lehrinhalt in Bezug auf den Vorgang des Lehrens und Unterrichtens*' (Dolch), gewissermaßen die ‚*Rollenverteilung zwischen Lehrer und Schülern in der Auseinandersetzung mit dem Unterrichtsgegenstand*' (Rabenstein). Aus der Sicht des Lehrers sind sie Lehrformen, aus der des Schülers Lernformen" (Glöckel 1990, 57). Der umfassende und relativ weit definierte Begriff der Arbeits- und Sozialformen lässt sich unter drei Aspekten näher bestimmen:

1. Arbeits- oder Aktionsformen bezeichnen *gegenstandsbezogene* Aktivitäten (1. Reihe: darbietend, 2. Reihe zusammenwirkend, 3. Reihe aufgebend)
2. Sozialformen oder Interaktionsformen sind *personenbezogen*, sie untergliedern sich nach der Größe der Gesprächsgruppe (Klasse, Kleingruppe etc.) und der Zusammensetzung der Beteiligten (2. Reihe mit Lehrer, 3. Reihe ohne Lehrer)
3. Gesprächsformen als spezielle Arbeitsformen

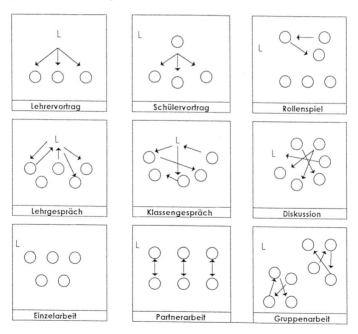

1. Spalte: lehrerzentriert   2. und 3. Spalte: schülerorientiert/selbsttätig

8.3.2 Gesprächsformen im Unterricht

Das Gespräch ist die Kommunikationsform, die den Menschen vom Tier unterscheidet und differenzierte Interaktion möglich macht. Die Urform, der Dialog, wurde von Anfang an und in allen Kulturen als Instrument der Erziehung und Wissensvermittlung eingesetzt und (u. a. durch Sokrates) als pädagogische Lehrform etabliert. Während an den Universitäten seit dem Mittelalter die dialektische Disputation, Vorgänger der Debatte, die unbestrittene Lehrmethode darstellt, erlangt durch Luthers Katechismen das Examinieren an Bedeutung. Ende des 18. Jh. erlebt die sokratische Gesprächsform, das spätere ‚fragend – entwickelnde Unterrichtsgespräch' eine erneute Renaissance, die erst durch die Reformpädagogik relativiert wird: Nach Gaudig ist die Lehrerfrage „das fragwürdigste Mittel der Geistesbildung und der ärgste Feind der Selbsttätigkeit". Neue Gesprächs- und Interaktionsformen innerhalb des Unterrichts werden das Schülergespräch, die Diskussion und Teamarbeit.

Das Gespräch ist die häufigste, aber auch schwierigste Unterrichtsform, 58 % des gesamten Unterrichts fallen auf Gesprächsmethoden, 49 % allein auf das Lehrgespräch. Die Verwendung unterschiedlicher methodischer Termini erschwert die eindeutige begriffliche Definition der Gesprächsformen, wie folgende Zusammenstellung aufzeigt.

Lehr(er)-gespräch ● fragend-entwickelndes Unterrichtsgespräch ● gelenktes oder gebundenes Unterrichtsgespräch:

Seine Struktur ist linear-sukzessiv, der Lehrer führt die Klasse durch Impulse und Fragen zu einem bestimmten Ergebnis oder Ziel. Interaktion zwischen Schülern ist selten; die Gefahr des ‚Ping-Pong'-Effekts zwischen Lehrer und Schülern kann durch die richtige Fragetechnik vermieden werden:
Statt kurzschrittiger Sach- oder Infofragen sowie Entscheidungsfragen (geschlossene W-Frage: „Wer...?" „Was...?") sind Fragen nach Meinung und Beurteilung (halboffene/offene Fragen) fruchtbarer. Das Lehrgespräch ist auch eine Form der Examinierung/Disziplinierung, sollte aber hauptsächlich in seiner ursprünglichen Intention des sokratischen Dialogs eingesetzt werden: Wahrheit und Erkenntnis schlummern in jedem Menschen, der Lehrer muss sie lediglich hervorrufen (* Mäeutik = Hebammenkunst). Voraussetzung für ein gelungenes Lehrgespräch ist die kommunikative Kompetenz des Lehrers – er muss schüler-

gemäß und impulsgebend fragen – und eine vorausgehende Informationsaufnahme der Schüler als Gesprächsgrundlage. Diese sehr lehrerdominante und -zentrierte Gesprächsform eignet sich z. B. zur Text- und Bilderschließung, Problemerörterung und Prüfung von Argumenten.

Klassengespräch ● Schülergespräch ● freies, offenes oder thematisch gebundenes Unterrichtsgespräch:

In einem lockeren Gespräch bewegen sich Schüler und Lehrer gleichberechtigt in konzentrischen Schritten um das Gesprächsthema. Der Lehrer gibt als Moderator lediglich Hilfestellung in Bezug auf die Gesprächsführung, ansonsten sollte er sich mit bewertenden oder kritischen Einwänden stark zurückhalten. Im Vordergrund steht kein bestimmtes Ziel, sondern Reflexion, Stellungnahme und Problemerörterung. 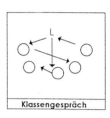 Die Schüler reden mit- und untereinander, der Lehrer sorgt dafür, dass das Gespräch nicht versandet oder sich im Kreis dreht. Diese sehr schülerzentrierte Methode fordert von den Schülern ein hohes Maß an Selbstständigkeit und Interaktionsfähigkeit, sie eignet sich für Problemerörterung aktueller politischer und existentieller Fragen, zum gemeinsamen Entwickeln eines Projekts sowie zur Reflexion (z. B. über Klassengemeinschaft, Unterricht etc.). Eine im Unterricht oft eingesetzte Sonderform ist das Kreisgespräch (Sitzkreis), das durch seine Sitzordnung direkten (Augen-) Kontakt der Beteiligen zueinander und Betrachten des in der Mitte liegenden Materials erlaubt. Es sollte allerdings nicht für jeden unterrichtlichen Zweck ‚missbraucht' werden, um die ihm eigene Atmosphäre nicht abzunutzen und seine Besonderheit zu bewahren.

Diskussion:

Charakteristisch ist die Konfrontation von zwei oder mehr Meinungen, deren Standpunkte mit schlüssigen Argumenten vertreten werden müssen. Im Gegensatz zu den anderen Gesprächsformen geht es weniger um ein ‚Zusammensetzen' als vielmehr um das ‚Auseinandersetzen' mit einer Problematik.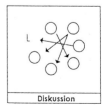
Der Diskussionsleiter – im Idealfall nicht der Lehrer – hat die Aufgabe, die Diskussion zu organisieren (Rei-

167

henfolge der Beiträge, Redezeit, Zwischenbilanz etc), enthält sich aber inhaltlicher Stellungnahmen (Neutralität). Der konstruktive Meinungsaustausch und das Abklären von Standpunkten setzt Information, konträr angelegte Themen und argumentative wie kommunikative Fähigkeiten der Teilnehmer voraus. Hilfreich ist das gemeinsame Festlegen von Gesprächsregeln und die genaue Definition der Leiter-Rolle. Diese wichtige Form der demokratischen Auseinandersetzung ist schülerorientiert, aber auch anspruchsvoll und braucht Übung und Korrektur durch anschließende Meta-Reflexion. Besondere Formen sind die Debatte oder das Streitgespräch nach dem Vorbild des englischen Parlaments.

Gespräche innerhalb von Kleingruppenarbeitsphasen:

Diese Gespräche liegen ganz in der Verantwortung der Schüler, der Lehrer sollte keinerlei Einfluss ausüben und sich nur bei Nachfragen der Schüler einschalten. Gerade hier haben sie die Möglichkeit, völlig frei zu sprechen und sich selbstständig zu organisieren. Auch wenn nicht immer garantiert ist, dass die Gespräche in der Arbeitsgruppe tatsächlich die aktuelle Problematik betreffen, so sind doch trotzdem in den meisten Fällen sehr fruchtbare und kreative Ergebnisse zu erwarten.

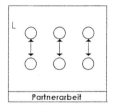

Im konstruktiven Zwiegespräch der Partnerarbeit ist zwar Konsens angestrebt, Debatte und Streitgespräch aber durchaus erwünscht – schließlich sollen alle Seiten einer Problematik beleuchtet werden. Gerade durch die Konzentration auf zwei Gesprächspartner kommt ein besonders intensiver Gedankenaustausch zustande – im Dialog ergänzen sich These und Antithese. Das Ergebnis der gemeinsamen Erarbeitung sollte immer im Sinne *beider* Partner sein, sei es der Konsens, sei es ein von beiden Seiten als berechtigt und begründet bestätigter Dissens.

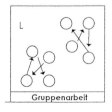

In der Runde der Kleingruppe ist Selbstdisziplin nötig, ohne Gesprächsleiter muss sich von selbst eine Ordnung ergeben. Gruppenarbeit ist generell von sozialintegrativem Charakter und besonders für die Klassengemeinschaft förderlich, außerdem entwickeln die Schüler durch diese Arbeitsform mit den damit verbundenen sozialen Anforderungen am ehesten die Schlüsselqualifikation ‚Teamfähigkeit'.

Lernen als Ziel von Unterricht ist immer an Interaktion gebunden, dazu gehört als Hauptelement die **Kommunikation**. Diese ist bedingt durch **Interdependenz** (Abhängigkeit) und **Komplementarität** (Ergänzung), was der gegenseitigen **Kooperation** innerhalb der Klasse bedarf.

Hindernisse für gelungene Gespräche können sein ...
- Fremdheit oder Voreingenommenheit gegenüber der Thematik,
- soziale Fremdheit durch fehlende Klassengemeinschaft oder eine ungute Atmosphäre innerhalb der Klasse oder zwischen einzelnen Gruppen. Hier muss der Lehrer als Vermittler wirken und durch geschickte Methodenwahl die Klasse nach und nach zusammenführen.
- Unsicherheit einzelner Schüler, die kein Vertrauen zu ihrem eigenen Standpunkt haben. Hier gilt es, jedem Schülerbeitrag *Wert* beizumessen und im Unterricht zu ‚ver‚werten‘, außerdem sollte in verstärktem Maß darauf geachtet werden, ob sich übersteigertes Konkurrenzdenken in der Klasse negativ auswirkt.

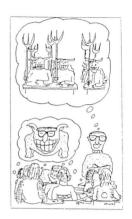

Symbolische Lehrer-Schüler-Interaktion

8.4 Unterrichtskonzeptionen

Unterrichtskonzeptionen bemühen sich um die praxisnahe Umsetzung didaktischer Überlegungen, um einen ausgearbeiteten Entwurf methodischen Handelns. Sie erheben nicht den Anspruch umfassender Theoriebildung, sondern sind aus der Praxis, z. B. als Reaktion auf bestimmte Unterrichtsdefizite entstanden. Anders als allgemein didaktische Modelle sind Unterrichtskonzeptionen „normativ (wertend) und präskriptiv (vorschreibend)" (Jank/Meyer 1991, 290): „*Konzeptionen solcher Art wollen Unterricht nicht nur beschreiben, sondern eine bestimmte Art von Unterricht als ‚gut‘ empfehlen, basieren damit auf Wertentscheidungen und geben Handlungsempfehlungen. [...] Sie sind weniger prägnant auf das Wesentliche reduziert als ‚Modelle‘ und nicht so systematisch durchdacht und geprüft wie ‚Theorien‘; sie haben mehr werbenden, fordernden, programmatischen Charakter. [...] Als Teilansätze sind sie für sich zumeist sinnvoll, geben aber keine umfassende Antwort auf alle Fragen des Unterrichts*" (Glöckel 1990, 312/313). Viele Konzeptionen sind auf reformpädagogische Konzepte und deren Unterrichtsprinzipien zurückzuführen; manche existieren noch in ihrer ursprünglichen Form (z. B. die Montessori-

oder Freinet-Pädagogik), andere wurden weiterentwickelt oder in neue Konzepte teilweise übernommen (z. B. die Ideen der Arbeitsschulbewegung von Georg Kerschensteiner oder seinem Kontrahenten Hugo Gaudig). Gemeinsam ist ihnen allen die Orientierung an den Bedürfnissen der Schüler und deren Lernverhalten, was in Unterrichtsprinzipien wie Individualität, Anschauung, Mündigkeit, Selbsttätigkeit, Erfahrung, Handlung etc. deutlich wird. Im Gegensatz zu den allgemein didaktischen Prinzipien werden sie aber nicht theoretisch begründet, sondern in ihrer methodischen Umsetzung dargestellt. Aufgrund ihrer Praxisorientierung sind Unterrichtskonzeptionen im Allgemeinen schnelllebiger als die theoretisch fundierteren didaktischen Modelle (natürlich gibt es Ausnahmen!) – „*es gibt Modeströmungen, regelrechte Konjunkturen und Flauten der Konzepte*" (Jank/Meyer 1991, 290). Bei aller Kritik muss aber festgehalten werden: Die Entwicklung von Unterrichtskonzeptionen ermöglicht einen Ausblick, wie Schule auch sein könnte – sie entwerfen manchmal eine **konkrete Utopie**.

> „Unterrichtskonzeptionen sind Gesamtorientierungen methodischen Handelns, in denen explizit ausgewiesene oder implizit vorausgesetzte Unterrichtsprinzipien, allgemein- und fachdidaktische Theorieelemente und Annahmen über die organisatorisch-institutionellen Rahmenbedingungen und die Rollenerwartungen an Lehrer und Schüler integriert werden (Meyer 1988, 208).

Einige Unterrichtskonzepte im Überblick (Grafik aus Jank/Meyer 1991, 294; dazu auch Schaubild Kap. 5.3, S. 130):

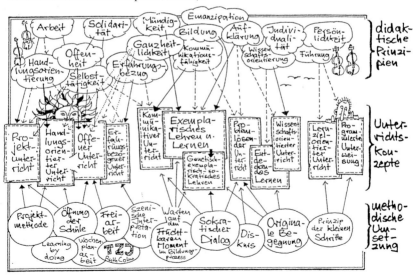

Während die auf der linken Seite gruppierten Unterrichtskonzeptionen in der direkten oder indirekten Nachfolge der Reformpädagogik stehen, beziehen sich die mittleren auf die Tradition der bildungstheoretischen Didaktik. Ganz rechts finden sich Konzepte im empirisch-analytischen Verständnis. Obwohl es den Unterrichtskonzeptionen eher um unmittelbaren Praxisbezug als um theoretische Fundierung geht, beziehen sie sich doch auf unterschiedliche Hintergrundtheorien, deren Versatzstücke sie sich manchmal recht unbefangen bedienen, was es im Zusammentreffen mit dem Bemühen, sich voneinander abzugrenzen, nicht leicht macht, das Gemeinsame, Konvergente herauszuarbeiten. Die meisten dieser Unterrichtskonzeptionen verstehen sich als gegen den traditionellen Unterricht gerichtet, sie wollen einen anderen, besseren Unterricht. Mit dem jeweiligen Attribut wollen sie ein Spezifikum ihrer Kritik noch betonen:

- Die Schule soll sich **öffnen zur** natürlichen und gesellschaftlichen Wirklichkeit und **Lebenswelt**, indem über Exkursionen u. Ä. Erfahrungen aus der Umgebung, aus Betrieben und Behörden hereingeholt werden in den Unterricht. Eltern oder Experten sollen Lebenswelt als Zeitzeugen erschließen helfen. Es geht um die Überwindung der „lebensfremden Lernschule" (Garlichs/Groddeck 1978).
- Der Unterricht soll die **Erfahrungen, Erlebnisse und Interessen**, die die Schüler mitbringen in die Schule, auch ihre Körperlichkeit und Sinnlichkeit, **aufgreifen** und vertiefen. Schülerzentriert und „praktisch" soll gelernt werden, **damit Unterricht Spaß** macht.
- Schüler sollen als prinzipiell gleichberechtigt über **Diskurs und Dialog** an Planungs- und Durchführungsprozessen beteiligt, Unterricht als kommunikativer Interaktionsprozess verstanden werden.
- Schließlich will man weg vom Zuhören, Zusehen, vom Rezipieren. Im Unterricht soll **durch Handeln** gelernt werden. Vor allem Projekte als „Hochform handlungsorientierten Unterrichts" (Gudjons) wollen den ganzen Schüler mit „Kopf, Herz und Hand" als Subjekt eigener Lernprozesse (wieder) in sein Recht setzen.
- Insgesamt wird angestrebt – und damit könnte man die neueren Unterrichtskonzeptionen fast zusammenfassen –, die „Schule **vom Kind aus**" zu gestalten, sie mit Leben, Lust, Freude, Eifer der Kinder zu füllen, das Kind und seine Bedürfnisse sollen im Mittelpunkt stehen.

Alle diese Gemeinsamkeiten kann man als ernste Hinweise auf die Krise unseres Schulsystems verstehen. Hier wird grundlegende Schulkritik vorgetragen. Wie in der Reformpädagogik schon die Begriffe „vom Kinde aus", Arbeitsschule, Landerziehungsheim, Schulleben, Schulgemeinde, Selbsttätigkeit u. a. dienen heute „Offenheit", „Schülerorientierung", „Handlungsorientierung", „kommunikatives" oder „praktisches" Lernen als Orientierungs- oder Schlüsselbegriffe, Signale, an denen sich Gleichgesinnte erkennen, Programme, denen sich Anhänger anschließen sollen (vgl. Hänsel 1989, Schulz 1990). In diesem Sinne kann man sie auch als *didaktische Prinzipien* verstehen, die als regulierende und orientierende Handlungsmaximen Geltung beanspruchen (Schulz/Treder 1985). Womit aber gleichzeitig einige Gefahren und Grenzen mitangezeigt wären. Liegt in einer solchen Akzentuierung, der (Über-)Betonung einzelner Prinzipien, nicht auch die Gefahr der Einseitigkeit durch Vernachlässigung oder Ausblendung anderer wichtiger Bereiche bzw. die Gefahr des Übersehens von Unvereinbarkeiten (auf diese Einseitigkeiten und Unvereinbarkeiten, z. B. die Vernachlässigung des Sachaspektes, kann hier nicht näher eingegangen werden, vgl. dazu Gonschorek 1993).

Wir stellen einige Unterrichtskonzeptionen ganz kurz vor:

8.4.1 Offener Unterricht

„Offener Unterricht ist kein Unterrichtskonzept im üblichen Sinne, sondern ein dynamischer und vernetzter Prozess der Entfaltung einer neuen Unterrichtskultur im Schulalltag" (Jank/Meyer 1991, 323).

Diese Umschreibung weist bereits auf einen wesentlichen Aspekt der Konzeption hin: Es handelt sich nicht um den Entwurf einer nur in Modellschulen oder Sonderstunden praktizierbaren methodischen Idee, sondern um ein handhabbares, schulalltägliches Konzept der Öffnung, wie es in manchen Schulen schon seit zwei Jahrzehnten umgesetzt wird. Zum einen gründet es in reformpädagogischen Bestrebungen von M. Montessori, C. Freinet und P. Petersen, zum anderen ist es aber auch Antwort auf die Problematik der veränderten Kindheit und die daraus entwachsenen neuen Bedürfnisse der Kinder.
Offen ist das Konzept im Hinblick auf die transparente Unterrichtsplanung und -gestaltung, auf eine neue Lehrerrolle, auf Lernmöglichkeiten auch außerhalb der Schule. Die äußere zeitliche und räumliche Organisation von Unterricht wird zugunsten einer anregenden Lernumwelt mit Werkstattcharakter, wenig Frontalphasen und einer freien und flexiblen Lernorganisation durch die Kinder aufgehoben.
Wichtige methodische Bausteine sind der Morgenkreis, Tages- und Wochenpläne für Freiarbeitsphasen und projektorientiertes Arbeiten. Durch eine Fülle von bereitgestellten Arbeitsmitteln sollen selbsttätige Einzel-, Partner- oder Gruppenarbeiten ermöglicht werden, zur Dokumentation von Lern-

ergebnissen stehen im Klassenraum Möglichkeiten bereit. Während Unterricht im Klassenverband sehr reduziert, aber regelmäßig stattfindet (Morgenkreis, Präsentationen, Planungsbesprechungen), ist der größte Teil des Unterrichts durch den Wochen- bzw. Tagesplan organisiert: Gemeinsam wird dieser zusammen mit den Schülern erstellt und ist Richtlinie für das zu leistende Pensum. Entsprechend dieser methodischen Gestaltung ähnelt das Klassenzimmer weniger einem sterilen Konferenzraum als vielmehr einer Werkstatt mit Raumteilern, verschiedenen Arbeits- und Ruhebereichen, Büchern und anderen Materialien. Der ‚Stundenplan' des offenen Unterrichts setzt sich zusammen aus einem Wechsel von durch den Lehrer gestalteten Stunden, Wochenplanstunden, in denen die Schüler in wechselnden Sozialformen ihre Aufgaben selbstständig erarbeiten, und Freiarbeitsstunden, die den Schülern zur freien Gestaltung und Themenwahl zur Verfügung stehen.

„Offener Unterricht ist ein schüler- und handlungsorientierter, auf Problemlösen angelegter und deshalb notwendig fächerübergreifender Unterricht, der sich im Sinne von Projektarbeit um einen Themenschwerpunkt zusammenfügt" (ebd., 327).

8.4.2 Handlungsorientierter Unterricht

Auch der handlungsorientierte Unterricht beruft sich in seinen pädagogischen Zielen auf reformpädagogische Ideen und Grundannahmen. Die zweite Tradition auf die er sich in seiner lernpsychologischen Herleitung berufen kann, ist die materialistische Tätigkeitspsychologie und Lerntheorie der kulturhistorischen Schule der Sowjetunion (Leontjew, Galperin, Wygotsky) und – noch wichtiger für uns – die kognitive Handlungstheorie von Piaget und vor allem Aebli. *Tätigkeit und Handlung* sind zentrale Begriffe innerhalb der materialistischen Aneignungstheorie als auch der – westlichen – kognitiven Handlungstheorie.

Ziel dieser Konzeption ist die Ausgewogenheit von Kopf- und Handarbeit, welche die Trennung von Schule und Leben teilweise aufheben soll. So gesehen zielt er in die gleiche Richtung wie der kommunikative, der offene, der erfahrungsbezogene und der schüleraktive Unterricht. Im Mittelpunkt steht der gemeinsame Planungsprozess von Schülern und Lehrern, der zunächst auf der Grundlage institutionell vorgegebener Themen vom subjetiven Interesse der Schüler ausgeht. Die Aufgabe des Lehrers besteht darin, den Schülern bei der Entwicklung eines Lernwegs zu dem gemeinsam erstellten Ziel zu helfen. Nach Vorbereitung, Einstieg und Erarbeitung eines „Produktes" ist ein wichtiges Element die Auswertungsphase, in der gemeinsam geübt, präsentiert und reflektiert wird.

8.4.2.1 Zu den lerntheoretischen Grundlagen

(vgl. zum Folgenden Gudjons 1986, Söltenfuß 1983, Aebli 1980):

a) Materialistische Lerntheorie

Die genannte materialistische Lerntheorie zerfällt – genau betrachtet – in eine Erkenntnistheorie und eine darauf aufbauende Lerntheorie. Die Erkenntnistheorie sieht das Erkennen als Folge der psychischen *Tätigkeit* der „Widerspiegelung". Widerspiegelung meint die dialektische Beziehung zwischen dem Abzubildenden (Gegenstände oder Strukturen dieser Welt) und dem Abbild im Bewusstsein (als Bild ebenso wie als Begriff oder Gefühl); Tätigkeit meint die Prozesse, die dieses Abbild herstellen. Dabei ist mit dem Begriff Tätigkeit bereits angedeutet, dass hier kein passiv reproduzierender Vorgang gemeint ist, sondern dass Widerspiegelung, die Aneignung der Umwelt eine aktive Mitarbeit des Bewusstseins verlangt.[1] Es ist die Transformation von Materiellem in Ideelles, die „Interiorisierung", ein Prozess, in dessen Verlauf sich das Abzubildende ebenso verändert wie das aneignende Subjekt, welches aber gleichzeitig noch in die Lage versetzt wird, seinerseits in die Verhältnisse der es umgebenden Welt prägend und verändernd einzugreifen.[2] Die objektive Welt also spiegelt sich im Subjekt wider, gebrochen durch Besonderheiten dieses Subjektes, etwa als Folge von „Engagiertheit" desselben. Im idealen Fall wären objektive „Bedeutung" – das Materielle – und persönlicher „Sinn" – das ideelle Abbild – weitgehend deckungsgleich, im ungünstigsten

---

1 *Tätigkeit* und *aktive Beziehung* sind Zentralbegriffe bei Leontjew: „Damit im Kopf des Menschen ein wahrnehmbares, visuelles oder akustisches Abbild des Gegenstandes entsteht, ist es jedoch notwendig, dass zwischen dem Menschen und diesem Gegenstand eine aktive Beziehung entsteht. Von den Prozessen, die diese Beziehung realisieren, hängt auch die Adäquatheit und der Vollständigkeitsgrad des Abbildes ab. Folglich genügt es nicht, will man die Entstehung und die Besonderheiten des subjektiven sinnlichen Abbildes wissenschaftlich erklären, einerseits den Aufbau und die Arbeit der Sinnesorgane und andererseits die physikalische Natur der Einwirkungen, die von dem Gegenstand auf sie ausgeübt werden, zu untersuchen. Man muss auch noch in die Tätigkeit des Subjekts eindringen, die dessen Zusammenhang mit der gegenständlichen Welt vermittelt" (Leontjew 1977, 38).
2 „Es ist eine Gesamtheit, genauer gesagt, ein System einander ablösender Tätigkeiten. In der Tätigkeit erfolgt auch der Übergang des Objekts in seine subjektive Form, in das Abbild; gleichzeitig erfolgt in der Tätigkeit auch der Übergang der Tätigkeit in ihre objektiven Resultate, in ihre Produkte. Nimmt man die Tätigkeit von dieser Seite, fungiert sie als ein Prozess, in dem die wechselseitigen Übergänge zwischen den Polen ‚Subjekt – Objekt' verwirklicht werden. ‚In der Produktion objektiviert sich die Person, in der Konsumption subjektiviert sich die Sache', schreibt Marx. Dieser Gedanke der Aneignung entspricht weitgehend dem der *Assimilation* bei Piaget. Er versteht darunter das Einverleiben von Objekten in die Schemata des Geistes, die wiederum nichts anderes sind als „Gerippe von Handlungen", die der Mensch in der Wirklichkeit aktiv widerholen kann. Piagets anderer wichtiger Begriff der Interiorisierung spielte in der sowjetischen Aneignungstheorie eine bedeutende Rolle (ebd., 83, vgl. auch seine Kritik an Piagets Auffassung, 96).

Fall weichen beide stark voneinander ab. Wie weit die Deckungsgleichheit geht, ist natürlich nicht bestimmbar, dazu bedürfte es einer Metaperspektive – und damit bräuchte diese Erkenntnistheorie die Hilfe der Philosophie. Die subjektiven Bedingungen der Erkenntnis werden in diesem marxistischen Verständnis natürlich geprägt durch die gesellschaftlichen Verhältnisse (vgl. Leontjew 1977, 58 f.). Eine auf solchen Erkenntnissen aufbauende Lerntheorie benutzt wiederum den Begriff der *Tätigkeit* als Schlüssel. Ist die Erkenntnis – als notwendige Voraussetzung des Lernens – ein Akt *psychischer Tätigkeit,* so geschieht Lernen, die organisierte Wechselwirkung zwischen *objektiver* Außenwelt und *subjektiver* menschlicher Innenwelt, wiederum in der Tätigkeit, die diesen Prozess beschreibt. Dieser tätige Prozess bezeichnet also eine mehrfache Veränderung: Die Veränderung der Dinge und Erscheinungen der Welt in Begriffe und Strukturen, die Veränderung des Menschen selbst bei diesem Erkenntnis- und Lernprozess und schließlich – im Rahmen der „Exteriorisierung" – die Veränderung der Verhältnisse, der Dinge und Erscheinungen der Welt durch Anwendung angeeigneter Erkenntnis- und Lernbereiche. Womit wiederum Verhältnisse geschaffen werden, die dann erkannt und gelernt werden können – Interiorisierung und Exteriorisierung – ein ständiger Kreislauf. Auffallend und für uns in diesem Zusammenhang bedeutsam an diesem Konzept ist zum einen die Betonung des Handelns und der praktischen Tätigkeit, die Betonung der Aktivität also bei Erkenntnis- und Lernprozessen, im Unterschied zu den verbreiteten Vorstellungen einer eher passiven Wissensaufnahme anderer didaktischer Vorstellungen. Allerdings liegen Galperins

5 Niveaustufen der Interiorisierung
1. Orientierungsgrundlage schaffen
2. Materialisierte Handlung
3. Übertragung der Handlung in gesprochene Sprache
4. Sprechen für sich
5. Innere Sprache/geistige Handlung mit anschließender Kontrollhandlung

noch zu naiv-materialistische Vorstellungen mit einem umweltkausalistischen Lernverständnis zu Grunde, bei dem das Denken sekundär und das praktisch-gegenständliche Tun (fast im Sinne von „Drill") das Primäre ist, das Individuum nicht losgelöst vom praktischen Handeln denken kann und somit durch die Umwelt determiniert erscheint mit dem Zwang zur Anpassung, bei der Eigeninitiative meist nur als Fehlerquelle gilt. Hier haben erst Rubinstein (vgl. bei Söltenfuß 1983), Piaget und vor allem Aebli den Ausweg gezeigt zu einem Verständnis eines *aktiven Subjekts.*

Bedeutsam zum anderen aber ist der grundsätzlich soziale Charakter, der dem Erkennen und Aneignen bei Galperin und Leontjew zugeschrieben wird, denn erkannt wird gesellschaftlich verdichtete Erfahrung, das kulturelle Erbe, und in der Anwendung des Gelernten werden gesellschaftlich relevante Verhältnisse geschaffen.

b) Kognitive Handlungstheorie

Anders als die sowjetische Psychologie tat sich ihr westliches Pendant – stark geprägt vom amerikanischen Behaviorismus – lange Zeit schwer, eine Erkenntnistheorie zu entwickeln, man überließ das lieber der Philosophie. Die behavioristisch orientierte Lernpsychologie war nur an objektiv messbarem Verhalten interessiert, nur beobachtbare Reaktionen wurden als relevant, weil messbar, betrachtet (Reiz-Reaktions-Schema). Was zwischen Reiz und Reaktion liegt, was nicht beobachtbar an Vorgängen im Organismus – in der *black box* – ablief, wurde ausgeblendet. Erst der Neobehaviorismus integrierte „intervening variables", Zwischenvariablen also, um die Lücke der *black box* zu schließen. Trotzdem liegt nach diesem Verständnis das Hauptgewicht auf einer passiven, reagierenden Sicht des Lernens, weniger bei der aktiven, handelnden.[1] Dieses Erbe erklärt, warum im Westen an Stelle einer Erkenntnistheorie ein Zwitter, die „kognitive Handlungstheorie" entstand. Die Handlung ist das genuine Feld der Behavioristen, sozusagen das Zugeständnis an sie. Das Kognitive, die Erkenntnis betreffende, forderten neue Strömungen in der Psychologie, die einsahen, dass mit der Messung der organischen Reaktionen nicht alles zu verstehen und zu erklären ist. Behaviorismus und kognitive Psychologie haben sich inzwischen von den einfachen und rigiden Anfängen eines dogmatischen Behaviorismus so weit entfernt, dass sich kognitive Handlungstheorie und materialistische Psychologie in ihren Ergebnissen sehr nahe kommen. Verantwortlich für diese Annäherung ist der Begriff der *Handlung*.

Unter **Handlung** verstehen wir (mit G. Dietrich, vgl. Dietrich 1984, 58)
1. „…eine zielgerichtete (intentionale) Tätigkeit, in der eine Person versucht, mittels Veränderung von Selbst- und/oder Weltaspekten einen für sie befriedigenden (…) Zustand zu erreichen oder aufrecht zu erhalten."
2. „Handlung ist proaktive bzw. reaktive Auseinandersetzung mit einer Situation. (…) Auf der Grundlage mehr oder weniger komplexer Situationsdeutungen stellt die Person den Grad der Handlungsdringlichkeit und das Ausmaß der Ermöglichungschancen der Zielrealisierung fest."

---

[1] vgl. zur Kritik an den intervenierenden Variablen, die die „gegenständliche *Tätigkeit*" des Subjektes" nach wie vor nicht berücksichtigen würden Leontjew 1977, 77 ff.

3. „Handlung ist die Auseinandersetzung der personalen Ganzheit mit einer Situation. Dieses Merkmal enthält mehrere Aspekte. Es beinhaltet zum ersten den Tatbestand, dass in der Handlung – in welchem Anteil auch immer – physische (physiologische, motorische) und psychische Bestandteile zusammenwirken."

Eindeutig und für uns interessant fallen hier Denken und Handeln, Kognition und Aktion zusammen; ein traditioneller abendländischer Dualismus (vita activa oder vita passiva, Handeln oder Denken, Hand oder Kopf, Hauptschule oder Gymnasium) wird aufgehoben. Kognition, Deutung, Bewertung und Erstellung von Strukturen werden hier als für das Handeln unabdingbar angesehen, sie sind selbst Handlung.

1980/81 veröffentlichte Hans Aebli seine Handlungstheorie unter dem zusammenfassenden Titel „Denken: Das Ordnen des Tuns". Er vergleicht darin Denkstrukturen mit Handlungsstrukturen, die beide aufzugliedern sind in Situationserkenntnis, Reaktionsmöglichkeiten, Auswahl der Reaktionen, der Mittel, etc. Über diese Ähnlichkeiten kommt er zu der Erkenntnis, dass Denken verinnerlichte Handlung ist, Denkstrukturen verinnerlichte Handlungsstrukturen sind („Kognitive Tätigkeit – Denken – ist Sicherung, Aufbau und Ausbau der Struktur des Handelns, des Operierens, des Wahrnehmens und des Deutens"; Aebli 1981, 13). Denken ordnet das Tun, ordnet es ein, bewertet es, wird also im Tun entzündet und angeregt, um dann, wenn es das Tun verinnerlicht hat, auf kommende Tätigkeiten zurückzuwirken.

Diese Wechselwirkung von Außen nach Innen und umgekehrt kennen wir als Interiorisierung und Exteriorisierung aus der materialistischen Aneignungstheorie und ähnlich von Piaget. Söltenfuß, der die Bedeutung Rubinsteins in diesem Zusammenhang und die Weiterentwicklung über Piaget hinaus durch Aebli sehr klar beschreibt (vgl. Söltenfuß 1983), fasst den Kern des handlungsorientierten Ansatzes zusammen:

„Wahrnehmen und Deuten nehmen die Handlung auf. Sie verfolgen das Ziel, ein Bild der Situation zu gewinnen, indem sie die Handlung nachkonstruieren. Die Handlung bleibt dagegen nicht bei der gegebenen Situation stehen, sondern greift in sie ein und stiftet neue Beziehungen. Die Erzeugung der Handlung ist somit ein konstruktiver und kreativer Akt und nicht wie Wahrnehmung und Deutung lediglich ‚abbildend', d. h. ein Vorgang der Nachkonstruktion. Dies ist der Kern eines handlungsorientierten Ansatzes: Der Mensch wirkt aktiv auf seine Umwelt (Situation) ein und die zielbezogenen Veränderungsprozesse wirken auf ihn zurück, indem er diese wahrnimmt und ideell nachkonstruiert" (ebd., 73).

Hier wird mit dem **epistemologischen Subjektmodell** ein Mensch beschrieben, der über sich nachdenkt und intentional auf die Umwelt bezogen handelt, wobei die gesellschaftliche Realität subjektiv verarbeitet wird und die

„Handlungsorientierter Unterricht ist interessenbezogen, schüleraktiv und ..." – frei nach Johannes Hickel

persönliche Identität die Wahrnehmung und die Handlungsziele beeinflusst. Begriffsinhalte spiegeln den strukturellen Kern von Handlungen wider; mit praktischen Handlungen können Begriffsbildungsprozesse unterstützt werden. Subjekt und Handlung verbinden sich durch beziehungsstiftende Handlungsschemata, praktische Handlungen tragen bei zur Differenzierung der kognitiven Strukturen. Deshalb gibt es keine Einengung auf nur **eine** (vom Lehrer vorgedachte/-geplante) Dimension der Sache (wie etwa bei den Montessori-Materialien), sondern es geht um Mehrperspektivität unter Berücksichtigung der subjektiven Bedeutsamkeit des Lerngegenstandes, der Bedürfnisse und Interessen der Beteiligten und ihrer Beziehungen.

Wir haben diese Konzeption und das zugrundeliegende Subjektmodell etwas ausführlicher umrissen, weil wir erstens den hohen Anspruch unterstreichen wollen, dem man genügen muss, um sagen zu können, man unterrichte handlungsorientiert, und zweitens haben wir damit gleich die lernpsychologischen Grundlagen des Projektunterrichts, der Hochform handlungsorientierten Unterrichts (Gudjons) mitbeschrieben. Deshalb müssen wir im Folgenden nur die andere historische Wurzel und die wichtigsten Merkmale nachtragen.

8.4.3 Projektunterricht

William H. Kilpatrick gelangt während seiner Studien in den USA um 1930 zu der Erkenntnis, dass die Gesellschaft sich zwar ständig und immer schneller ändert, die Schule aber weiter die veralteten Stoffe mit den gleichen Mitteln und Methoden vermittelt, ohne eine ähnliche Entwicklung mitzumachen. Er stellt dabei die aristotelische Auffassung von *Wandel als Konstanz* mit seiner zyklischen Wiederkehr des Gleichen seinem eigenem Ideal von *Wandel als ständige Veränderung* gegenüber. „Die Misere der Schule bestehe darin, dass die Schüler ihre gegenwärtige Lebenszeit mit dem Erlernen eines veralteten Wissenskanons verbringen müssten. Es sei daher verständlich, dass solches Wissen die Schüler nicht für das konkrete Leben handlungsfähig machen könne" (Adl-Amini u. a. 1993, 96). Seine Konsequenzen aus diesen kultursoziologischen Analysen spiegeln sich in dem von ihm entworfenen, völlig neuen Bild von Schule und Unterricht wider: Lernen durch das authentische Erleben von Leben statt gestellter Situationen und Fragestellungen, Bewältigung von aktuellen und lebensnahen Problemen statt aufgesetzter Motivation. Ziel einer solchen Erziehung ist es, *„das Leben durch besseres Denken und Handeln zu verlängern und zu verbessern, und das ist seinerseits wieder Erziehung. So besteht die Erziehung in dem Leben und für das Leben. Ihr Ziel liegt im Vorgang selbst. Ein solches Ziel ist das einzige, das auf eine Welt passt, die sich entwickelt"* (Dewey/Kilpatrick 1935, 83).

Diese neue Form von Erziehung nennt sich ‚Projekt' und bedeutet den Abschied von Wissensvermittlung im 45-Minuten-Takt: Die Schüler arbeiten in Eigenverantwortung und selbstständig, die Lerninhalte sind in keiner Weise vorgeschrieben. Der Lehrer gibt lediglich pädagogische Hilfestellung, ist aber ansonsten ebenfalls ‚Lernsubjekt' (natürlich mit anderen Voraussetzungen). Das ‚Wie' des Lernens führt zu neuem ‚Was', der Lernweg – also die handelnd-lernende Bearbeitung einer konkreten Aufgabenstellung oder eines Vorhabens durch Selbstplanung, Selbstverantwortung und die praktische Verwirklichung eines gewählten Projekts – ist also das entscheidende Element (‚Um'wege inklusive) und macht Schule lebensnah.

8.4.3.1 Schritte und Merkmale des Projektunterrichts, der „Hochform des handlungsorientierten Unterrichts" (Gudjons 1986; vgl. auch: Bastian/Gudjons (Hrg.) 1986, Frey 1991, Struck 1980, Jank/Meyer 1991).

Wahrscheinlich ist es illusorisch zu hoffen, alle der folgenden zehn Merkmale in einem Unterrichtskonzept anzutreffen, aber Gudjons ist zuzustimmen – schon um den inflationären Gebrauch des Begriffes einzuschränken –, dass ein Unterricht, „in welchem sich diese Merkmale gar nicht finden, nicht Projektunterricht genannt werden" kann:

Projektschritt 1: *Eine für den Erwerb von Erfahrungen geeignete, problemhaltige Sachlage auswählen*

1. Situationsbezug
- Projekte sind inhaltlich nicht an eine Fachwissenschaft und die entsprechenden Schulfächer gebunden,
- sie orientieren sich an der Einbettung in Lebenssituationen, am Zusammenhang der Dinge in der Wirklichkeit und nicht an deren Abstraktion in der Wissenschaft,
- „Grundsätzlich sind alle Erscheinungen unseres Lebens sowie der natürlichen und hergestellten Umwelt würdig, Gegenstand einer Projektinitiative zu werden" (K. Frey),
- das Projektthema wird durch Lehrer und Schüler legitimiert (freier Projektvertrag),
- situationsbezogene Problemlösung: Themen enthalten konkrete Aufgaben und Probleme, die gelöst werden sollen, zu deren Bewältigung sind praktische Arbeiten nötig und sinnliche Erfahrungen möglich.

2. Orientierung an den Interessen der Beteiligten
- Vor allem in der ersten Beschäftigung und Auseinandersetzung mit der Projektinitative und dem Thema bringen die Beteiligten ihre Bedürfnisse, Betätigungswünsche und Ablehnungen ein,
- der Projektverlauf muss offen sein für das Artikulieren und Einbringen von neu entstandenen Interessen; Interessen sind nicht mit einem Schlag da, sie entwickeln sich durch erste Handlungserfahrungen im Projekt,
- Projektunterricht bezieht sich auf Inhalte der von den Schülern erfahrenen und erlebten Umwelt, nicht nur auf die schulische Wirklichkeit, sondern auf die „wirkliche Wirklichkeit" (Gudjons).

3. Gesellschaftliche Praxisrelevanz
- Projekte können/sollen in die lokale oder regionale Wirklichkeit eingreifen und diese ein wenig verändern (wollen).
- Durch Bezug auf einen „Ernstfall" wird Schule zur Werkstatt, in der etwas „produziert" wird, das konkreten Gebrauchswert hat.
- Die gesellschaftliche Praxisrelevanz von Projekten fördert die Motivation.

Projektschritt 2: *Gemeinsam einen Plan zur Problemlösung entwickeln*

4. Selbstorganisation und Selbstverantwortung
- Sachanalyse erfolgt durch Lehrer und Schüler gemeinsam; beide machen sich kundig und leiten daraus Zielsetzung, Planungsschritte, Art und Methoden des Lernens ab, wobei der Lehrer Anregungen hinsichtlich Verfahrensregeln, Vermittlung methodischer Kompetenzen u. Ä. gibt.

- Projektziele können immer nur vorläufig formuliert werden, da während des Bearbeitens häufig zusätzliche Probleme auftauchen, deren Bewältigungen wieder neue Teilziele darstellen.
- Wichtig: Reflexions- und Koordinationspausen (Frey: Fixpunkte) festlegen, in denen die Teilnehmer Gelegenheit haben, sich gegenseitig über den Stand ihrer Arbeit zu informieren, die nächsten Schritte zu organisieren sowie den Bezug zum Gesamtvorhaben herzustellen,
- ebenso: metakommunikative Phasen, falls es Unstimmigkeiten oder Missverständnisse zwischen den Teilnehmern gibt.

5. Zielgerichtete Projektplanung

- Projektunterricht ist immer zielgerichtetes Tun – die Ziele werden jedoch nicht vom Lehrer allein festgelegt.
- Durch Mitbestimmung der Schüler bei der Entscheidung über Ziele und zu erwerbende Qualifikationen werden aus Lehrzielen Lernziele.
- Neben der Zielfestlegung sind sowohl Tätigkeitsarten, ihre Dauer, ihre Abfolge und die handelnden Personen festzulegen.

Projektschritt 3: *Sich mit dem Problem handlungsorientiert auseinander setzen*

6. Einbeziehung vieler Sinne

- Neues Verhältnis von Lernen und Arbeiten, von geistiger und körperlicher Arbeit soll erreicht werden.
- Alle Sinne sollen angesprochen werden.
- Ganzheitliches Erleben von „Denken und Handeln, Schule und Leben, Arbeiten und Genießen, Verstand und Sinnlichkeit" (Bastian/Gudjons 23) wäre ideal.
- Projektunterricht fordert andere Zeitrhythmen, erleichtert kontinuierliches Arbeiten – Pausen werden gemacht, wenn die Projektarbeiter sie brauchen und wollen (und nicht wenn es klingelt).

7. Soziales Lernen im Projekt

- Gegenseitige Rücksichtnahme, Kooperation und Kommunikation aller untereinander sind unverzichtbare Elemente des Projektunterrichts und Voraussetzung für ein gelungenes Produkt, „demokratische Verkehrsformen" (Bastian/Gudjons) haben Vorrang.
- Voneinander und miteinander wird gelernt, die Schüler sollen zu Planungs-Handlungs- und Kooperationsfähikeit erzogen werden.
- Im Streitfall sollen kooperative Konfliktlösungen angestrebt werden.

Projektschritt 4: *Die erarbeitete Problemlösung an der Wirklichkeit überprüfen*

8. Produktorientierung

- In den angestrebten Produkten liegt die organisierende Kraft für die gesamte Unterrichtsgestaltung.
- Wenn unmittelbarer Gebrauchswert eines Produktes nicht möglich ist, können andere Dokumentationsformen gewählt werden (z. B. Ausstellung).
- Wichtig: „Produkte" müssen öffentlich gemacht werden, um der Kenntnisnahme und Kritik zugänglich, um kommunizierbar zu sein.
- Der Lernerfolg ist am Arbeitsergebnis ablesbar, und die Möglichkeit der Selbstüberprüfung geleisteter Arbeit ist pädagogisch sinnvoller und wertvoller als sachfremde Zensierung durch Außenstehende; Stolz auf ein Produkt kann zu neuer Projektarbeit anregen.

9. Interdisziplinarität

- Fächergrenzen werden überschritten, Phänomene werden ganzheitlich wahrgenommen.
- Der Beitrag der Fachdisziplinen zur Lösung der Probleme wird sichtbar gemacht.
- Probleme und Aufgaben werden begriffen als in komplexen Lebenssituationen und im Schnittpunkt vieler Fachdisziplinen angesiedelt.

10. Bezug zum Lehrgang/Grenzen des Projektunterrichts

- Der traditionelle systematische Lehrgang ist das unverzichtbare Gegenstück zum Projektunterricht, er ist die grundlegende Form schulischer Lehr- und Bildungsprozesse.
- Auch innerhalb des Projektunterrichts ist der Lehrgang notwendig und empfehlenswert, gerade, wenn es darum geht, „eigene Erfahrungen in systematische Zusammenhänge einzuordnen" (Bastian/Gudjons 26)

8.4.4 Weitere Unterrichtskonzeptionen

8.4.4.1 Erfahrungsbezogener Unterricht

Unter diesen Oberbegriff fallen einige, in den 70er Jahren entstandene Unterrichtskonzeptionen, die insbesondere das Prinzip ‚Erfahrung' mit schulischem Lernen verbinden wollen. Viele dieser Entwürfe sind stark fachgebunden, deshalb wird hier der Ansatz ‚Erfahrungsbezogener Unterricht' von Ingo Scheller (1981) vorgestellt. Auch hier ist der Ausgangspunkt die Kritik am Schulsystem und seiner Unterrichtspraxis: Die Unterrichtsthemen sind fern von allen Lebensbezügen und eigenen, sinnlichen Erfahrungen der Schüler, Themen werden in zerstückelten Einheiten ohne Zusammenhänge verabreicht, Lernprozesse laufen vor allem auf der sprachlichen Ebene ab, schulische Sozialisation ritualisiert soziale Beziehungen und Rollenverhalten, Wissen wird verabreicht, ohne dass die Schüler die Möglichkeit haben, den Sinn zu hinterfragen oder eigene Erlebnisse zu verarbeiten. Kurz: Schulisches Lernen ist entsinnlichtes und entfremdetes Lernen (Jank/Meyer 1991, 312 ff.). Aus diesen Kritikpunkten leitet Scheller direkt Forderungen für seine Unterrichtskonzeption ab: Die körperlichen, sinnlichen, kognitiven und sozialen Erfahrungen, die Phantasien, Gefühle und Haltungen der Schüler *und* Lehrer sollen Ausgangs- und Zielpunkt von Unterricht werden. Die Arbeit an Einstellungen und Haltungen ist wichtiger Bestandteil, nur so können soziale, politische, familäre etc. Erfahrungen und Erlebnisse *verwertet* und *wert*voll werden.

Durch Symbolisierung in szenischem Spiel, Kunst oder Musik wird die nötige Distanz bewahrt und Möglichkeit zu Reflexion erhalten. Zur konkreten unterrichtlichen Umsetzung seines Konzepts schlägt Scheller folgendes Planungsschema vor:

1. Aneignung: In dieser ersten Phase sollen sich die Schüler durch geeignete Medien oder Situationen ihrer vorhandenen Erfahrungen bewusst werden.
2. Verarbeitung: Das Thema konfrontiert mit neuen, objektiven Perspektiven, Erklärungen und Erfahrungen, bietet neues Wissen, regt zu Reflexion an.
3. Veröffentlichung: Die verarbeiteten Erfahrungen und Einstellungen werden nochmals rekonstruiert und können über den Rahmen der eigenen Klasse hinaus öffentlich zur Diskussion gestellt werden.

Diese Planungsstufen entsprechen zwar in ihrer Begrifflichkeit vielen anderen Artikulationsschemata und sind insofern keine Neuerung, die Basis des Erfahrungsbezugs ist jedoch ein völlig neuer Ansatz. *„Das Zentrum des Konstituierungsprozesses verschiebt sich vom Inhalt auf die Bedeutungen, die ihm beigemessen werden"* (Meyer 1991, 321).

8.4.4.2 Fächerübergreifender Unterricht

Diese Bezeichnung steht heute weniger für eine spezielle Unterrichtskonzeption als für ein Unterrichtsprinzip, das sogar im Lehrplan verankert ist. *Fächerübergreifender* Unterricht bedeutet die Thematisierung verwandter, aber nicht fachspezifischer Inhalte in einem Fach und somit die Verknüpfung und Einordnung des behandelten Lehrstoffs in andere oder größere Zusammenhänge. Im Gegensatz dazu wird im **fächerverbindenden** Unterrrricht eine Thematik parallel in verschiedenen Fächern unter anderen Gesichtspunkten behandelt. Entscheidend ist hierbei die gute Zusammenarbeit der Fachlehrer und eine vernetzte Planung, um einerseits Wiederholungen auszuschließen, andererseits aber auch umfassende Information zu garantieren. Gerade für diese Unterrichtsform sind Methoden geeignet, die eine projektartige Arbeitsweise im Team erlauben.

8.4.4.3 Programmierter Unterricht

Auf der Basis der informationstheoretischen, kybernetischen und lernzielorientierten Didaktik (vgl. Kap. 5.2.3.) werden hier bestimmte Sozialformen in Kombination mit (technischen) Medien zu einem mehr oder weniger festgefügten oder variablen, sehr kleinschrittigen Lernweg verknüpft. In der heutigen Schule ist er von keiner großen Bedeutung, seine Möglichkeiten liegen eher im Nacharbeiten von Inhalten (z. B. nach Krankheit) bzw. in individuell abzuarbeitenden Lernprogrammen (über Multimedia, CD-ROM usw.) Hier liegen möglicherweise beachtliche Potentiale dieser Konzeption. Denn sich sein eigenes Lernprogramm nach vorgefertigten, auf Datenträgern zur Verfügung stehenden Bausteinen selbst zusammenstellen zu können, interaktiv damit arbeiten zu können usw., dürfte in vielen Bildungsbereichen von immer größerer Bedeutung werden.

Wir haben hier nur einige der z. Zt. am häufigsten genannten Unterrichtskonzeptionen vorstellen können (vgl. die Übersichten auf S. 130 und S. 170). In diesem Bereich gibt es auch viel Begriffsverwirrungen – (manche meinen mit einem anderen Attribut das Gleiche) oder Schaumschlägereien (nicht jeder Spaziergang mit der Klasse zu einem Lindenbaum rechtfertigt den Begriff Projekt und nicht jedes Einkleben von Bildern in das Heft ist handlungsorientierter Unterricht).
Einen sehr bemerkenswerten Vorschlag, einige der in den Kapiteln 5, 6 und 8 bereits behandelten Begriffe – didaktische Modelle, Methoden, Arbeits- und Sozialformen, Artikulation, Unterrichtsprinzipien (vgl. Kap. 9.1.1) und Unterrichtskonzeptionen – zu definieren und ihre Beziehung zu klären, hat K. Prange (1986) vorgelegt. Mit seiner Übersicht wollen wir dieses Kapitel schließen.

Arbeitsvorschlag: Bitte lesen und diskutieren Sie Pranges Vorschlag, und diskutieren Sie, ob man alle bisher vorgestellten Unterrichtskonzeptionen und -methoden in den drei Modellen *Lektionsmodell, pragmatisches Modell* und *Erlebnismodell* wiederfindet.

Figuren des Unterrichts

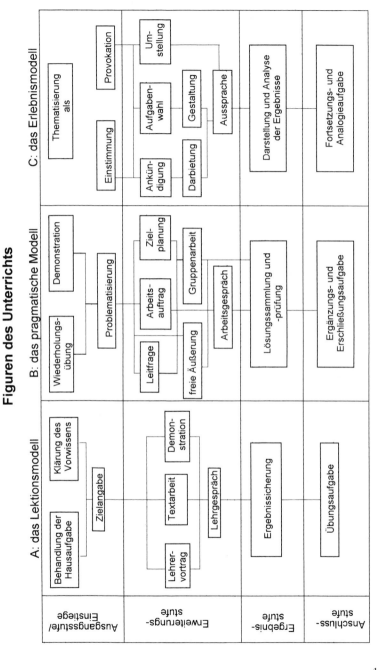

9. Planung von Unterricht

9.1 Strategien der Planung

Der Titel dieses Kapitels ist ebenso verheißungsvoll wie trügerisch – natürlich gibt es nicht *die* Strategie, auf deren Patentrezept man sich vertrauensvoll stützen könnte. Vorbereiten bedeutet nicht exaktes Vorhersagen, die Ausrichtung auf Zukünftiges verlangt ein Höchstmaß an Einfühlungsvermögen und das Bedenken aller beteiligter Momente. Eine durchdachte Unterrichtsvorbereitung ist notwendige Grundlage für einen guten Unterricht – wenn auch keine hinreichende Garantie für sein Gelingen.

9.1.1 Unterrichtsprinzipien

Hintergrund aller Unterrichtsplanung ist die Didaktik als Unterrichtstheorie; aus ihren Erkenntnissen kann und soll in der Praxis geschöpft werden. Auf der (unabgeschlossenen) Suche nach einer möglichst umfassenden Unterrichtstheorie wurden in der Geschichte der Didaktik als erste Annäherungen an eine Theorie zunächst oft praxisnahe Unterrichtsprinzipien definiert – manchmal auch als didaktische Prinzipien bezeichnet –, die gerade bei der Planung von Unterricht als Richtlinien dienen sollten: „*Didaktische Prinzipien sind allgemeine Grundsätze der inhaltlichen und organisatorischen-methodischen Gestaltung des Unterrichts, die aus den Zielen und den objektiv wirkenden Gesetzmäßigkeiten des Unterrichts abgeleitet sind*" (Klingberg 1974, 252). Sie sagen also nichts über den Ablauf von Unterricht, sondern über die Gestaltung und Bewältigung der Lerninhalte; nach ihren Kriterien wird in der didaktischen Transformation mittels einer didaktische Reflexion (Klafki nannte das ja bekanntermaßen „didaktische Analyse" [vgl. Kap. 5.2.1 und 9.2.3]) aus einem Sachverhalt ein Unterrichtsgegenstand. Durch ihren hohen Allgemeinheitsgrad sind sie auf verschiedene Geltungsbereiche übertragbar, bei aller Gültigkeit dennoch keine letzte Instanz für pädagogische Entscheidungen.

Comenius 1592–1670	Pestalozzi 1746–1827	Klingberg *1926
Naturgemäßheit Anschauung Fasslichkeit Elementarisierung	Naturgemäßheit Lebensnähe Individualisierung Selbsttätigkeit Anschauung	Einheit von Bildung und Erziehung Lebensverbundenheit Planmäßigkeit und Systematik Fasslichkeit Anschaulichkeit Ergebnissicherung

Die in dieser Tabelle (nach Kretschmer/Stary 1998, 71) aufgelisteten Unterrichtsprinzipien deuten die Entwicklung in der Geschichte der Pädagogik an, die Grafik der nächsten Seite zeigt eine Zusammenstellung ‚aktueller' Unterrichtsprinzipien:

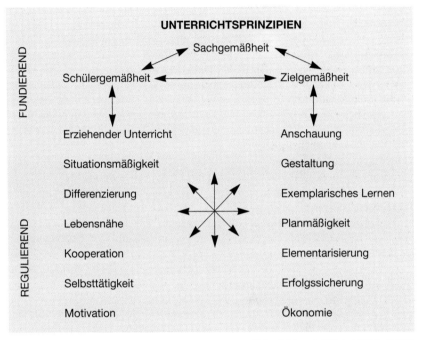

Schaubild nach Glöckel (1990, 276 ff.)

Während die fundierenden Unterrichtsprinzipien drei Hauptbestandteile und den Kern des Unterrichtsgeschehens betreffen, nämlich Schüler – Sache – Ziel (der Lehrer ist hier ausgeblendet), treten die regulierenden in veränderlicher Form und Gewichtung auf, ihre Zahl ist unbegrenzt (welche Auflistung derselben könnte wohl allen Anforderungen und Ansprüchen an guten Unterricht gerecht werden?).
Weil er letztlich nie eindeutig sein kann, wurde der Kanon vielfach in Frage gestellt und eine Reduktion auf wenige, aber übergreifende Prinzipien für sinnvoller erachtet.
Wolfgang Schulz (nach Schulz 1981) bietet drei formale Prinzipien an, die sich ebenfalls aus der Didaktik ableiten und Unterricht sehr grundlegend und prägnant definieren:

INTERDEPENDENZ ↓	VARIABILITÄT ↓	KONTROLLIERBARKEIT ↓
„Widerspruchsfreie Wechselwirkung aller den Unterricht konstituierenden Momente."	„Absichtsvolle Bereitstellung von Alternativen"	„Kontrollierbarkeit der Unterrichtserfolge sowohl auf Schüler- wie auch auf Lehrerseite"
→ Soll dieses Prinzip gewährleistet sein, müssen alle Planungsmomente nach dem didaktischen Strukturmodell der Berliner Schule (vgl. Kap. 5.2.2.) ausgewogen und aufeinander abgestimmt werden: Intention – Inhalt – Methode – Medien.	→ Gerade die anthropogenen Bedingungen der Didaktik – Unterricht ist ja Interaktion, also direkte Begegnung von Menschen mit Menschen und Sachen – verlangen Flexibilität und das Zulassen von Variationen je nach Situation. Die Beteiligung der Schüler an der Planung ist eine Möglichkeit von vielen.	→ Hier geht es nicht darum, nur noch das zu lehren, was direkt überprüfbar ist, vielmehr soll auch der Lehrer sich und seine Vorbereitung ständiger Kontrolle unterziehen, um den Unterricht möglichst wirksam zu gestalten und die eigene Aktivität realistisch einschätzen zu können.

9.1.2 Konkrete Planung

„Die Unterrichtsvorbereitung soll eine oder mehrere Möglichkeiten zu fruchtbarer Begegnung bestimmter Kinder mit bestimmten Bildungsinhalten entwerfen" (Klafki 1963, 6).

Auf diese einfache Formel bringt Wolfgang Klafki die Zielsetzung des komplexen Entstehungsprozesses einer Unterrichtsstunde. Bevor diese ‚fruchtbare Begegnung' aber tatsächlich umgesetzt ist, muss sich der Planende (besonders der Anfänger ...) über so manche Problematik den Kopf zerbrechen. Die folgende Vorgehensweise ist die Schnittmenge einiger Modelle der Unterrichtsplanung, die alle in diesen Punkten übereinstimmen und sie somit als ‚kleinsten gemeinsamen Nenner' zu den Grundelementen von Unterrichtsplanung machen.

Vor der Planung der eigentlichen Stunde müssen zwei Komponenten berücksichtigt werden: der amtliche **Lehrplan** und der persönliche **Stoffverteilungsplan**. Jeder Lehrer teilt zu Schuljahresbeginn den im Lehrplan angegebenen Stoff in kleineren Paketen auf die einzelnen Unterrichtswochen auf. An diesem Plan ist nun nicht dogmatisch festzuhalten, er bietet aber doch eine

Orientierungshilfe zur Bewältigung der durch den Lehrplan vorgegebenen Stofffülle. Durch ihn ist die einzelne Stunde in einen größeren Zusammenhang eingebettet.

Für die auf dieser Basis ansetzende konkrete Vorbereitung der einzelnen Stunden gibt es nun die verschiedensten Modelle und Strategien, die aber alle drei wesentliche Fragestellungen aufweisen:

Was will ich lehren?
Welche Umstände muss ich berücksichtigen?
Wie will ich das vermitteln?

Kürzer formuliert: Ich muss Entscheidungen treffen hinsichtlich ...
... des **Inhalts** und des **Ziels**,
... der **Methode** und der **Artikulation** und schließlich
... des umgebenden **Bedingungsfeldes**.

Hier wird der Bezug zu einzelnen didaktischen Modellen (Bildungstheoretische Didaktik, Lehr-Lerntheoretische Didaktik u. a., s. a. Kap. 5) deutlich – **die Praxis der Unterrichtsvorbereitung basiert auf den Erkenntnissen didaktischer Theorien.**

Die nachfolgende Abbildung „Bausteine der Unterrichtsplanung" zeigt wesentliche Faktoren der drei Grundfragen im Überblick und soll verdeutlichen: Die Unterrichtsvorbereitung kann an jedem beliebigen Punkt ansetzen – alle Faktoren befinden sich auf einer Ebene. Für einen *erfahrenen Planer* ist es üblich und vorteilhaft, im Entstehungsprozess von Unterricht möglichst häufig die Perspektive zu wechseln, also nicht die einzelnen Punkte nacheinander abzuhaken. *„Für diesen Entstehungsprozess würde sich eine vorgegebene Reihenfolge der Planungsschritte als hemmendes Korsett auswirken und den notwendigen Wechsel der Einstellungen und Blickrichtungen behindern. Dem Planenden sollen möglichst viele der zu berücksichtigenden Faktoren gegenwärtig sein, ohne dass dadurch der Gang seiner Überlegungen eingeengt wird"* (Glöckel 1989, 19).

Diese ‚Beliebigkeit' hat aber gerade für *ungeübte Planer* eher den Charakter von „Wo soll ich bloß anfangen?" – ein ‚stützendes Korsett' kann auch Hilfe sein! Es gibt sicher kein allgemein gültiges Rezept, aber empfehlenswerte, oft bewährte Vorgehensweisen, die der Unterrichtsplanung eine Richtung geben und sie strukturieren. Die folgenden vier Schritte entsprechen in etwa auch den Gliederungspunkten des Unterrichtsentwurfs – eine von vielen Möglichkeiten.

Bausteine der Unterrichtsplanung (nach Glöckel 1989, 1990)

INHALT und ZIEL

- Bedeutung des Themas (übergeordnete Zielsetzung)
- Didaktische Konzeption/Vorentscheidung
- Gestaltungsgedanke/Struktur des Inhalts
- Spezielle Eigenarten des Unterrichtsgegenstandes
- Einordnung in Lehrgang und Lehrplan
- Allg. Erkenntnisbedingungen des Fachs
- Fachwissenschaftliche Klärung der Unterrichtsinhalte
- Einzelziele (Grob-Feinziele)

METHODE und ARTIKULATION

- Sozial- und Arbeitsformen
- Notwendige Unterrichtstechniken
- Artikulation, Gliederung in Stufen und Schritte
- Unterrichtsprinzipien
- Vor- und Nachbereitung der Hausaufgaben nötig?
- Lernerfolgskontrolle/Evaluation?

BEDINGUNGSFELD

- Vermutliche Störquellen
- Umwelteinflüsse
- Medien/Hilfsmittel
- Innerschulische Bedingungen
- Räumliche Ordnungen
- Zeitplan
- Organisatorische Maßnahmen

- Voraussetzungen und Situation beim Lehrer, Lehrerpersönlichkeit

- Aktuelle Situation der Klasse
- Allgemeine Voraussetzungen
- Individuelle Voraussetzungen
- Streuung der Voraussetzungen

1. Schritt: **Was** will ich mit meinem Unterricht erreichen?

Die grobe Inhalts- und **Zielbestimmung** ergibt sich zunächst aus Lehr- und Stoffverteilungsplan, daneben müssen aber für jede Stunde Grob- und Feinziele (zu den Lernzielen vgl. Kap. 9.2.4) festgesetzt werden, die gleichzeitig schon die Struktur für den Unterrichtsverlauf vorgeben. Oftmals bekommen Praktikanten nur vage Angaben zum Inhalt einer Unterrichtsstunde. In diesem Fall ist es entscheidend, sich genau darüber klar zu werden, welches Wissen, welche Fertigkeiten im Unterricht vermittelt werden sollen. Anhand dieser Teilziele, die meistens in einer Beziehung zueinander stehen (sei es, dass sie aufeinander aufbauen oder dass sie sich von leicht nach schwer steigern), wird der Unterricht bereits strukturiert. Die Vorgabe „Machen Sie etwas zum Thema ‚Brot'!" lässt zunächst viele Möglichkeiten offen. Brot unter dem Aspekt gesunder Ernährung? Brot als veredeltes Naturprodukt? Im Lehrplan der dritten Klasse findet sich die Themenangabe „Vom Korn zum Brot". Was also? Hält man sich an die Angaben des Lehrplans, könnte man als Stundenziel festsetzen: Die Schüler sollen die einzelnen Produktionsschritte vom Korn zum Brot kennen lernen. Geht man davon aus, dass die Produktionskette in folgende wesentliche Schritte zu untergliedern ist – 1. säen, 2. ernten, 3. dreschen, 4. mahlen, 5. Brot backen –, ergibt sich hieraus schon eine nahe liegende Unterrichtsgliederung. Der Planende muss nun entscheiden, ob die Schüler um diese Vorgänge nur *wissen* sollen oder ob sie auch selbst *tun* können sollen (z. B. Brot backen), welche Begriffe wichtig sind etc.

2. Schritt: Welche **Umstände** muss ich beachten?

Hier spielen alle Faktoren eine Rolle, die einen Einfluss auf den Unterricht haben oder haben könnten: sowohl äußere Bedingungen wie Schulausstattung, Klassenzimmer, Zeit, benötigte Materialien etc. als auch ‚innere' Bedingungen auf Schülerseite (vgl. Kap. 9.2.2 Lernvoraussetzungen).
Da die Thematik ‚Vom Korn zum Brot' viele Möglichkeiten der handelnden Umsetzung im Unterricht bietet, muss zunächst die Ausstattung der Schule begutachtet werden. Gibt es einen Backofen? Habe ich genug Zeit, einen ganzen Vormittag etwa, oder ist der Stundenplan im 45-Minuten-Takt zergliedert? Sind die organisatorischen Fragen geklärt, werden die Lernvoraussetzungen der Schüler überprüft: Haben die Schüler diese Thematik schon einmal bearbeitet und somit Vorwissen? Kennen sie handlungs- und produktionsorientierte Methoden und Arbeitsformen oder erleben sie hauptsächlich

Frontalunterricht? Gibt es Ausländerkinder, die für ihre Heimat typische Brotrezepte oder -sorten mitbringen könnten?

3. Schritt: **Wie** will ich meine Ziele erreichen?

In dem Bestreben, die gesetzten Lernziele zu erreichen, stellt sich die Frage nach der besten **Methode**, also wie Sachverhalte und Problemstellungen am besten vermittelt werden, was die Schüler wann tun müssen, welche Sozialformen geeignet sind, welche Medien eingesetzt werden können, welche Hilfestellung der Lehrende geben muss, welche Kontrollmöglichkeiten die Schüler haben etc. All diese Faktoren sind Bausteine der Unterrichtsplanung, die es zu beachten und zu ordnen gilt.

Wie schon festgestellt, lässt sich das Thema ‚Vom Korn zum Brot' sehr gut handlungs- und produktionsorientiert umsetzen. Aufgrund der klaren Strukturierung des Inhalts in die fünf Schritte 1. säen, 2. ernten, 3. dreschen, 4. mahlen, 5. backen, wäre zum Beispiel die Gestaltung des Unterrichts durch einen Lernzirkel oder Stationenbetrieb denkbar: An fünf Stationen zum jeweiligen Produktionsschritt könnten die Tätigkeiten ausprobiert und das nötige Hintergrundwissen selbstständig und selbsttätig erworben werden. Es bleibt die Überlegung, ob die Kleingruppen wechselnd an jede Station kommen, oder ob den einzelnen Gruppen eine Station zugeteilt wird, die sie bearbeiten und später der Klasse anhand eines selbstentworfenen Plakates präsentieren. Als Alternative zur Gruppenarbeit könnten die Teilschritte auch in Partner- oder Einzelarbeit erarbeitet werden: Vergleichbar mit einer Rallye sind auf Arbeitsblättern Fragen oder Aufgaben vorgegeben, die die Schüler mit Hilfe von zur Verfügung stehenden Materialien bearbeiten könnten usw.

Der konkrete **Verlauf**, also der spezifische Stundenverlauf, ergibt sich durch die Reihung der zum Teil oben genannten einzelnen Elemente nach themenabhängigen Gesichtspunkten: In manchen Fällen wird es sich anbieten, den Unterricht streng nach dem Schwierigkeitsgrad der Anforderungen aufzubauen, ein anderes Mal ist ein spezielles Medium oder die einleitende Maßnahme der Aufhänger und rote Faden der Stunde, oder der Unterricht steht ganz unter dem Zeichen einer bestimmten Arbeitsform oder Methode, die geübt und angeeignet werden soll. Die Artikulation ergibt sich durch die Abfolge von einzelnen Unterrichtssequenzen, die durch eine neue Fragestellung, Sozial- oder Arbeitsform eingeleitet werden können. Je kleingliedriger ein Unterricht ist, desto abwechslungsreicher und transparenter wird er für Schüler und Lehrer, durch viele einzelne Schritte können beide Seiten flexibel agieren und an unterschiedlichen Stellen eingreifen, abbrechen, andere Wege einschlagen. Unterricht kann gegliedert sein in ...

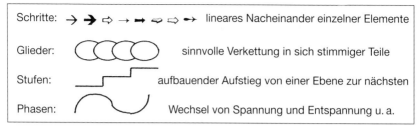

Grafik nach Kretschmer/Stary 1998, 68

Die Qualität von Unterricht ist auch von der Auswahl an Alternativen bestimmt. Unterricht ist zwar immer zielorientiert, aber nicht nur sach-, sondern auch interaktions- und situationsbestimmt – wer kann schon planen, wie die Schüler ausgerechnet heute gelaunt oder motiviert sind? Unterrichtsplanung ist zwar unverzichtbar, sollte aber nicht so überbewertet werden, dass man sie im Zweifelsfall nicht auch über den Haufen werfen könnte. Eine zu starke und ausschließliche Fixierung auf den Planungsentwurf birgt die Gefahr in sich, den Kontakt zum eigentlichen Unterrichtsgeschehen zu verlieren und die Schüler zu überfahren. Indem aber **Alternativen eingeplant** werden, sind mögliche Abweichungen vom eigentlichen Konzept bereits erwogen und miteinbezogen.

Wichtig ist bei aller kreativer Gestaltung immer die reflektierende Prüfung im Hinblick auf die Ziele – nicht selten geschieht es, dass sich eine Methode oder ein bestimmtes Medium in der Unterrichtsplanung verselbstständigt und zum Selbstzweck wird, während das eigentliche Unterrichtsziel in den Hintergrund tritt.

Da der Lernzirkel eine sehr zeitintensive, dabei aber ergiebige und obendrein schülermotivierende Arbeitsform ist, wird ihm die meiste Zeit im Verlauf dieser Stunde eingeräumt. Deshalb sind aber Einstieg und Abschluss nicht weniger bedeutend – sie geben dem Unterricht einen Rahmen und machen ihn stimmig. Zum Einstieg könnte die Vorstellung der Thematik als stiller Impuls gestaltet werden: In der Mitte des Stuhlkreises liegen unbearbeitete Körner und ein Brot, die Schüler können sich frei äußern. Eine andere Möglichkeit ist das Austeilen von Brotstücken (möglichst Körnerbrot), das die Kinder auf Inhalt und Zutaten untersuchen müssen.

Im Anschluss an die einleitende Maßnahme folgen kurze Instruktionen zum Ablauf des Lernzirkels, um dann direkt mit der Arbeit zu beginnen. Der Abschluss könnte je nach Gestaltung der einzelnen Stationen in einer allgemeinen Schlussrunde mit evaluierendem Gespräch stattfinden oder durch eine Präsentation der Gruppenergebnisse gestaltet werden. Beliebt und nahe liegend folgt ein gemeinsames Frühstück mit dem selbst gebackenen oder analysierten Brot, um den Lebensbezug der Thematik zu verdeutlichen und die geleistete Arbeit gebührend zu würdigen.

4. Schritt: Was **sage ich**, wenn ...?

Nun steht der Ablauf der Stunde grob fest, die benötigten Arbeitsmittel sind hergestellt und beschafft und eigentlich kann jetzt nichts mehr schief gehen, oder? Die so durchgeführte Planung gleicht einer Trockenübung, theoretisch müsste sie funktionieren, aber in der Praxis sieht vieles anders aus.

Folgendes Gespräch (nach Meyer 1981, 22) zwischen Student Jochen und Lehrer P. verdeutlicht die Problematik:

Lehrer: „[...] Es hat zum Stundenanfang geklingelt. Wir gehen aus dem Lehrerzimmer zum Klassenraum. Ich stelle dich der Klasse vor und sage, dass du in den nächsten Wochen den Heimat- und Sachkundeunterricht machen wirst. Dann stehst du also vor den Schülern – die schauen dich hoffnungsfroh bis gelangweilt an. *Und was tust du dann?*"

Student: „Ich erzähle ihnen dann erstmal, worum es in dieser Unterrichtseinheit gehen soll und wie ich mir die Mitarbeit gedacht habe."

Lehrer: „Formuliere mal den ersten Satz, mit dem du die Schüler anreden willst!"

Student: „Äh, ich könnte sagen, dass wir interessante Experimente und Texte zur Nahrungsmittelherstellung behandeln wollen."

Lehrer: „Formuliere den ersten Satz doch mal wörtlich!"

Student: „Also: Liebe Schüler, hört mal her. Wir wollen heute einsteigen mit einem Lernzirkel zum Thema ... Scheiß, mir fällt das so schwer – ich kenne die Klasse doch gar nicht!"

Lehrer: „Das ist richtig. Aber deshalb sitzen wir ja hier! Meinst du, das wird die Schüler vom Hocker reißen, wenn du ihnen da etwas von Experimenten und Arbeitsblättern über die Herstellung von Nahrungsmitteln oder irgendwelchen Lernzirkeln erzählst? – Zu Stundenbeginn sind die mit allem Möglichen beschäftigt – nur nicht mit *deiner* Fragestellung."

Wichtig ist also, die Stunde nicht nur zu planen, sondern sich auch ‚auszumalen', gedanklich durchzuspielen und durchzudenken, was alles passieren könnte. Gerade an sogenannten „Gelenkstellen" wie Überleitungen in eine andere Sozialform oder zu einer neuen Fragestellung müssen die Anweisungen klar, die Impulse verständlich und bewusst formuliert werden. Weitere bedenkenswerte Momente sind:
Welche Vermittlungshilfen gebe ich, wenn etwas nicht verstanden wird? Was sage ich den Schülern, wenn sie sich schon in der Pause vor der Stunde über meine vorbereiteten Materialien hermachen etc.

Im Kapitel 5 haben wir schon einige Modelle zur Unterrichtsplanung in ihrer Entstehung und theoretischen Einordnung vorgestellt. Im Anhang werden weitere Schemata und Raster der Unterrichtsplanung vorgestellt; an dieser Stelle folgt ein Raster, das sich unserer Meinung und Erfahrung nach – wir haben seit Jahren gute Erfahrungen damit mit Studierenden sammeln können – für die **ersten Planungsversuche** von Studienanfängern besonders eignet. Teilweise lassen sich bei den vorher noch zu bearbeitenden Vorschlägen im Anhang starke Ähnlichkeiten in der Auswahl und der Anordnung der einzelnen Gliederungspunkte erkennen; daneben gibt es aber auch deutliche Unterschiede, beipielsweise in Bezug auf den Abstraktionsgrad oder in der gewählten Terminologie. Die sehr kurzen Darstellungen können allenfalls Einblicke gewähren – zum besseren Verständnis ist das Studium der angegeben Literatur angebracht.

9.2 Der ausführliche schriftliche Unterrichtsentwurf

Das im Folgenden vorgestellte Raster zur schriftlichen Vorbereitung in Form eines ausführlichen Unterrichtsentwurfs bietet einen hilfreichen Rahmen, der einerseits weit genug gesteckt ist, um auf ganz verschiedene Unterrichtssituationen und -methoden eingehen zu können, gleichzeitig aber doch den Berufsanfänger an die Hand nimmt und in einem recht eng definierten Raum zu eingehenden Überlegungen und Entscheidungen über die zu planende Stunde ‚zwingt'. Der ausführliche schriftliche Unterrichtsentwurf während der Praktika oder im Referendariat dient u. a. als Beleg, dass der Studierende die Stunde gründlich und durchdacht vorbereitet hat – was allerdings noch nichts über den gehaltenen Unterricht aussagt! Je detaillierter aber die einzelnen Kriterien bearbeitet und abgewogen wurden, desto besser ist der Unterrichtende auf alle möglichen Unwegsamkeiten eingestellt und kann während der Stunde angemessen (re-)agieren. Darüber hinaus ist der Entwurf wichtige Grundlage des Beratungs- und Auswertungsgesprächs zwischen Betreuer/Lehrer und Praktikant. Als Modell für eine aufwendige Unterrichtsvorbereitung ist der Unterrichtsentwurf auch Anregung und Check-Liste für die Planung in den späteren Praktika, ja sogar im Referendariat oder späteren Berufsalltag greifen viele gelegentlich darauf zurück.

In seinem Aufbau und den einzelnen Elementen hat der Unterrichtsentwurf vor allem die Funktion, möglichst alle Faktoren, die für den geplanten Unterricht wichtig sind/sein könnten, abzuschätzen und in die Planung miteinzubeziehen. Neben der notwendigen sachlichen Reflexion über das Thema und den daraus folgenden didaktisch-methodischen Überlegungen werden auch Faktoren wie die Lernvoraussetzungen der Schüler berücksichtigt, um nicht nur sach-, sondern auch kindgerecht zu planen.

In der folgenden Gliederung des Entwurfs ist zu erkennen, dass die meisten Elemente schon in anderen Zusammenhängen (vgl. Didaktische Modelle Kap. 5.2) erwähnt oder vorgestellt wurden. Ein solcher Versuch, ein Raster zu empfehlen, das sich aus Bausteinen verschiedener Modelle zusammensetzt, ist wissenschaftstheoretisch nicht unumstritten – es rechtfertigt sich allerhöchstens durch seine nachweisbare Verständlichkeit und Praktikabilität für Anfänger und durch den Umstand, dass die sechs Momente in fast allen Planungsrastern – gelegentlich unter einem anderen Begriff – ebenfalls zu finden sind. Das Raster soll Anfängern (1. oder 2. Semester) dabei helfen, eine Einzelstunde oder Doppelstunde zu planen (es ist grundsätzlich aber auch für Unterrichtseinheiten geeignet).

1. SACHANALYSE	2. LERNVORAUSSETZUNGEN
3. DIDAKTISCHE ANALYSE	4. LERNZIELE
5. VERLAUFSPLANUNG	6. STRUKTURSKIZZE

9.2.1 Die Sachanalyse

Wie der Name schon sagt, befasst sich die Sachanalyse ausschließlich mit dem Inhalt, dem Gegenstand der Unterrichtsstunde. Diese Analyse soll gewährleisten, dass der Lehrende die Thematik nicht nur verstanden, sondern auch in allen Bereichen durchdacht hat und sich wirklich auskennt – die erste Voraussetzung für einen guten Unterricht. Heinrich Roth schreibt in seiner Pädagogischen Psychologie des Lehrens und Lernens über die Sachanalyse: *„Es ist völlig verkehrt, bei diesen ersten Bemühungen schon an das Kind zu denken. Es geht zunächst nur um die Sache. [...] Es geht nicht schon um das mögliche Verhältnis des Kindes zu dieser Wahrheit, sondern um das Verhältnis des Lehrers zu dieser Wahrheit. [...] Das Verhältnis des Lehrers zu seinem Lehrgegenstand muss immer seinem eigenen geistigen Niveau entsprechen, nicht dem des Kindes. Und zwar immer seiner höchstmöglichen geistigen Fassungskraft. Jedes halbe, schiefe oder seichte Wissen verfehlt gerade das, worauf es bei der stofflichen Besinnung ankommt: die Erfassung des wahren Wesens, des sachlichen Gehalts, des existenziell Wichtigen"* (Roth 1963, 119). Und weiter führt er aus, dass erst dieses tiefe Durchdringen der Sache eine *„Umsetzung ins Kindgemäße"* ermöglicht. Die Sachanalyse ist die Grundlage für alle weiteren didaktischen und methodischen Entscheidungen.

Das Beziehungsgefüge des Unterrichtsentwurfs

Grundlage: INHALT/STOFF und LERNVORAUSSETZUNGEN	DIDAKTISCHE TRANSFORMATION UND REFLEXION DES INHALTS IN BEZUG AUF DIE SCHÜLER	KONKRETE ZIELE, PLANUNG DES UNTERRICHTS, METHODISCHE ÜBERLEGUNGEN UND BEGRÜNDUNGEN
Auf der Basis des ausgewählten oder vorgegebenen Lehrinhalts wird die Planung aufgebaut. Obwohl nicht zwingend bei diesem Unterrichtsmoment begonnen werden muss, ist eine wissenschaftliche Analyse des Inhalts in jedem Fall erforderlich – gerade wenn fachfremd unterrichtet werden muss. Die sich anschließende Reflexion klärt die Voraussetzungen der Schüler und das Bedingungsfeld des Unterrichts.	Der (fach-)wissenschaftlich erschlossene Inhalt ist in Bezug auf den Unterricht noch ein Rohling; er muss nun, um bildender Unterrichtsinhalt zu werden, in der didaktischen Analyse hinterfragt und hinsichtlich seines Bildungs- und Erziehungswerts für ganz konkrete Schüler begründet werden. In der didaktischen Analyse werden damit die Überlegungen der Sachanalyse und der Lernvoraussetzungen miteinander in Beziehung gebracht.	Vor dem Hintergrund der Lernvoraussetzungen der Klasse und der einzelnen Schüler sowie der didaktischen Analyse werden konkrete Lernziele formuliert als Wegweiser für die einzelnen Unterrichtsschritte. Die methodischen Überlegungen nehmen Bezug auf die vorangegangenen sachbezogenen, didaktischen und klassenbezogenen Reflexionen, diskutieren Alternativen und begründen das geplante Vorgehen. Die Phasen/Situationen werden in der Strukturskizze in zeitliche Abfolge gebracht.

In der ausformulierten Sachanalyse zeigt der Planende, dass er sich in den Unterrichtsgegenstand vertieft hat, sich mit der Sache vertraut gemacht hat, die wichtigsten Momente und Strukturen und deren Beziehungen untereinander verstanden hat. Es ist ein abgerundeter, rein (fach-)wissenschaftlicher sachlicher Text vergleichbar mit einer *fachlichen Abhandlung nach Art eines Lexikonartikels*. In vielen Fällen muss eine unterrichtsbezogene Auswahl aus dem überreichen Angebot von Fakten und Informationen getroffen werden.

Dennoch gilt: Überlegungen zur Unterrichtsstunde oder Bezüge zum Wissen der Schüler gehören noch *nicht* in die Sachanalyse. Wird zum Beispiel in einer Deutschstunde ein literarischer Text bearbeitet, gehört neben Informationen über Autor und Entstehung auch eine literaturwissenschaftliche Interpretation zur Sachanalyse. Die Sachanalyse wird verfasst auf dem (fach-)wissenschaftlichen Niveau des Lehrers – er vergewissert sich der Sache und fasst *seinen Kenntnisstand* für sich und andere (Mitpraktikanten, Lehrer) nachvollziehbar zusammen.

Dabei macht es selbstverständlich keinen Sinn, nur einfach alle möglichen Fakten im Sinne einer Materialsammlung wahllos aneinanderzureihen. Sinn der Sachanalyse ist es, Strukturen herauszuarbeiten, Beziehungen herzustellen und die Thematik in größere Zusammenhänge einzuordnen, um sich den nötigen Überblick zu verschaffen. Folgende Fragen können als Richtlinien dienen (vgl. auch Klafki 1958):

- Welche elementaren Probleme, Begriffe und Zusammenhänge enthält das Thema?
- Welche Bedeutung hat das Thema in der Fachwissenschaft?
- In welchen größeren Sinnzusammenhang ist das Thema einzuordnen?
- Welche Struktur und einzelne Elemente weist das Thema auf?
- Welche Beziehungen oder Gesetzmäßigkeiten sind erkennbar/herausarbeitbar?
- Hat das Thema/der Gegenstand verschiedene Sinn- oder Bedeutungsschichten?
- Gibt es Verbindungen zu anderen Themenkreisen oder Strukturen?
- Welche Inhalte sollten vorausgegangen sein/welche folgen?
- Welche Angaben finden sich im Lehrplan? Was ging voraus/was folgt?

9.2.2 Die Lernvoraussetzungen

Gerade während der Praktika ist es außerordentlich hilfreich, sich als ‚Neuling' über die Situation der Schule und der Klasse zu informieren – nicht nur für das aktive Unterrichten, sondern auch zur qualifizierten Unterrichtsbeobachtung und -beurteilung (vgl. Kap. 7). Die so entstehende Analyse der Lernvoraussetzungen spiegelt das aktuelle Lernklima wider und beeinflusst die nachfolgenden methodischen Überlegungen ganz wesentlich – schließlich hängt der Unterrichtserfolg auch davon ab, ob der Klassenraum z. B. für

Gruppenarbeit geeignet ist, die Schüler diese Arbeitsform schon kennen und, falls nicht, überhaupt kognitiv wie sozial bereit sind, sie zu erlernen. Die Analyse dieser Lernvoraussetzungen ist deshalb besonders schwer, weil man meist erst wenige Male Gelegenheit hatte, die Klasse zu beobachten, und muss deshalb ständig ergänzt und aktualisiert werden.

1. **Klasseninterne Bedingungen:**
Diese Faktoren betreffen die Klasse direkt, sie können im Laufe längerer Zeiträume bedingt beeinflusst werden. Gleich einem Soziogramm werden zum einen die Struktur und Zusammensetzung der Klassengemeinschaft, aber auch die allgemeinen wie individuellen Voraussetzungen hinsichtlich des Lernvermögens analysiert.

- **Aktuelle Situation der Klasse:** In einem ersten Schritt werden die allgemeinen Voraussetzungen wie Alter der Schüler, Klassengröße, Sitzordnung, Anteile der Mädchen und Jungen, der Kinder mit anderer Muttersprache, eventuell auffälliger oder behinderter Kinder festgestellt. Folgende Fragen können zur weiteren Reflexion anregen und zu einer gezielteren Beobachtung der Klasse führen:

  Welchen kulturellen und sozialen Gegebenheiten treffen in der Klasse aufeinander?
  Wirkt sich dies innerhalb der Klassengemeinschaft aus?
  Wie ist das soziale Gefüge der Klasse, gibt es feste Untergruppen, Außenseiter?
  Ist die Atmosphäre freundschaftlich oder eher von Konkurrenzdenken geprägt?
  Ist die Klasse lernfreudig oder eher unmotiviert?
  Welche Arbeitsformen und methodischen Konzeptionen werden häufig praktiziert?

- **Streuung der Voraussetzungen:** Da gerade in der Grundschule, aber oft auch in anderen Schularten innerhalb einer Klasse die Lernvoraussetzungen nicht homogen sind, muss nach ihrer Streuung, also der Verteilung gefragt werden. In vielen Fällen ist es empfehlenswert, ein Angebot an Differenzierungsmöglichkeiten bereitzustellen, um Leerläufe oder Engpässe während des Unterrichts zu vermeiden und jedem Schüler die angemessenste Förderung zukommen zu lasssen.

- **Entwicklungspsychologische Aspekte:** Obwohl man Kinder einer Altersstufe nicht einheitlich hinsichtlich ihrer Entwicklung beurteilen sollte, gibt es doch altersstufenspezifische Unterschiede der psychomotorischen oder kognitive Fähigkeiten, die in der Unterrichtsplanung berücksichtigt werden müssen. Wie flüssig z. B. können Kinder am Anfang der zweiten Klasse schreiben? Haben Erstklässler ein ausreichend ausgeprägtes räumliches Vorstellungsvermögen? Kann man in der fünften Klasse philosophische Fragestellungen behandeln? Ein Blick in den Lehrplan kann hier gerade für Anfänger sehr hilfreich sein!

- **Individuelle Voraussetzungen:** Auf die im ersten Schritt eher allgemein formulierten Bedingungen wird nun gezielter und individueller eingegangen. Die Schüler können in ihrer kulturellen und familialen, ihrer emotionalen und sozialen sowie ihrer kognitiven und psychomotorischen Situation skizziert werden. In jedem Fall ist allerdings in den Formulierungen Fingerspitzengefühl nötigt – es geht nicht darum, eine Beurteilung zu verfassen! Wendungen wie „Da sich Schüler XY im Unterricht oft vorlaut und wenig rücksichtsvoll artikuliert, sind während der Gruppenarbeit Probleme zu erwarten", gehören in dieser Form nicht in den Unterrichtsentwurf, auch wenn der Sachverhalt für die zu planende Stunde relevant sein kann. Falls notwendig und der Klärung dienlich, können persönliche Hintergründe angerissen werden, um Vorgänge innerhalb der Klasse plausibel zu machen, immer aber unter dem Vorbehalt der genauen Kenntnis und behutsamen Darstellung. Insbesondere Zuschreibungen von Charaktermerkmalen oder Krankheiten sollte gerade der Berufsanfänger unterlassen („In der Klasse sind drei vorlaute und hyperaktive Kinder: Sven, Oliver und Jana").

2. Innerschulische Bedingungen:

Diese Gegebenheiten müssen als Rahmenbedingungen des Unterrichts hingenommen werden, da sie in den meisten Fällen nicht durch Praktikanten beeinflussbar. Dazu gehören:

- **Ausstattung der Schule:** Viele Schulen leiden an Lehrmittelknappheit, Unterrichtsmedien und Arbeitsmittel sind veraltet oder nicht in Klassensätzen vorhanden, Bastelmaterial und Kopierbudget sind eingeschränkt (also Maßhalten bei der Produktion von Arbeitsblättern während der Praktika!). In vielen Fällen helfen sich die Lehrer selbst und sind außerordentlich kreativ bei der Herstellung von Arbeitsmaterialien – natürlich mit viel persönlichem Engagement und zeitlichem wie auch finanziellem Aufwand. Weitere Faktoren sind z. B. die Ausrüstung der Turnhalle, Mobiliar und Einrichtung der Schul- und Klassenräume, finanzielle Unterstützung der Schule für Ausflüge oder Feste etc.
- **Räumliche Ordnung:** Hiermit ist vor allem die Aufteilung der Räume innerhalb des Schulgebäudes und die Einrichtung des Klassenzimmers gemeint. Ist die Zimmergröße von der Klassenstufe abhängig? Gibt es Ausweichräume? Anordnung der Stühle und Tische für welche Sitzordnung? Gibt es eine Spiel- oder Leseecke im Zimmer?
- **Zeitplan:** Gibt es einen Schulgong oder flexible Stundeneinteilung?
- **Ausbildungslehrer/Kollegium:** Vertritt der Ausbildungslehrer/Mentor oder das Kollegium ein bestimmtes pädagogisches Konzept, das – profilbildend –

an der Schule im Unterricht umgesetzt werden soll? Gibt es Kollegen, mit denen fächer- und klassenübergreifende Projekte durchgeführt werden können?
- **Organisatorische Maßnahmen:** Erfordert das methodische Konzept oder die klasseninterne Unternehmung besondere Vorbereitungen?
- **Vermutliche Störquellen:** Sind Unterbrechungen oder Störungen durch andere Klassen oder Umwelteinflüsse wie z. B. Straßenlärm zu erwarten?

9.2.3 Die didaktische Analyse

Der in der Sachanalyse ausführlich durchleuchtete und (fach-)wissenschaftlich aufbereitete Inhalt, mit seiner fachlichen Einordnung im Lehrplan, ist der Rohstoff, der nun in der nachfolgenden didaktischen Analyse im Hinblick auf die *konkreten Kinder* dieser Klasse als möglicher *Bildungs*inhalt bearbeitet werden muss. Der Lehrende legt sich und anderen Rechenschaft ab über das, was er und *warum* lehren will, was am Thema jetzt und vor allem für die Zukunft zur Bildung beiträgt, Bildung ermöglicht.

Didaktische Analyse bedeutet:
– Begründung der Auswahl des Lehrinhaltes als *Bildungs*inhalt,
– Reflexion über die allgemeinen Bildungs- und Erziehungsziele und Herausarbeiten des eigentlich und speziell Bildsamen des Unterrichtsinhaltes,
– Reduktion bzw. Modifikation fachwissenschaftlicher Themen, ohne sie zu verfälschen.

Kurz: Didaktische Analyse heißt, „den Stoff in den Verstehens- und in den Motivationshorizont des Schülers zu bringen" (Kretschmer/Stary 1998, 61). Dazu muss herausgearbeitet werden, welcher Bildungs**gehalt** für diese konkreten Kinder – die in meiner Klasse gerade jetzt vor mir sitzen, in dieser zeitlichen und räumlichen Situation – in diesem speziellen ausgewählten (oder vorgegebenen) Unterrichts**inhalt** stecken könnte.

Was sich sehr abstrakt und eigentlich kaum praktikabel und planbar anhört, ist doch wichtige Vorarbeit zur Planung des Unterrichts, denn hier wird legitimiert, was im Sinne der Absicht, langfristig Bildung zu ermöglichen, vermittelt werden soll – entscheidend für die Formulierung der konkreten Lernziele und alle methodische Überlegungen.

Für das Bestimmen und Legitimieren von Unterrichtsinhalten gibt es natürlich in allen Fachdidaktiken spezielle Gesichtspunkte. Die allgemeine Didaktik bleibt hier etwas abstrakter weil weitgehend inhaltsneutral.

Nach Möller (1969) könnten folgende Fragen hilfreich sein:
- Ist der Inhalt für ein bestimmtes Wissensgebiet bedeutsam?
- Hat sich der Inhalt von alters her bewährt?
- Ist der Inhalt nützlich?
- Ist der Inhalt für die Lernenden interessant?

Robinsohn (1967) schlug vor, zu fragen:
- Hat der Gegenstand eine herausragende Bedeutung im Gefüge der Wissenschaft?
- Leistet der Inhalt Wesentliches für das Weltverstehen?
- Hat der Inhalt eine wichtige Bedeutung für spezifische Verwendungssituationen des privaten oder öffentlichen Lebens?

Wir schlagen vor, den Fragen der Didaktischen Analyse von W. Klafki zu folgen, die helfen, die Auswahl der Inhalte als bildend zu legitimieren (vgl. Kap. 5.2.1):

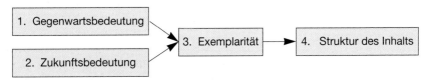

In ihrer Allgemeinheit sind sie für jedes Fach und jede Unterrichtssituation bedeutsam, spezielle fachdidaktische Überlegungen können bei Bedarf hinzugefügt werden. Bei den Fragen der didaktischen Analyse handelt es sich um eine bewährte Reflexionshilfe, die immer individuell auf die Situation bezogen eingesetzt werden kann. Im Folgenden werden die Fragestellungen Klafkis in der ersten und häufiger zitierten Version von 1958 vorgestellt und erläutert.

1. Gegenwartsbedeutung:

> „Welche Bedeutung hat der betreffende Inhalt bzw. die an diesem Thema zu gewinnende Erfahrung, Fähigkeit oder Fertigkeit bereits im geistigen Leben der Kinder meiner Klasse, welche Bedeutung sollte er – vom pädagogischen Gesichtspunkt aus gesehen – darin haben?" (Klafki 1958, 15–18).

Hier ist zu fragen nach bereits vorhandenen Kenntnissen, Interessen, Bedürfnissen, aber auch Abneigungen und Vorurteilen, falschen Sichtweisen in Bezug zu dem Thema. Hatten die Schüler damit eventuell schon Kontakt in schulischen oder außerschulischen Zusammenhängen? Diese Aspekte sind sowohl für die Frage nach der Bildsamkeit (inwiefern spielt das Thema in der momentanen Lebenssituation als Bildungsgut eine Rolle?) als auch für spätere methodische Überlegungen (welche Anknüpfungspunkte bieten sich aus dem Erfahrungshintergrund der Schüler an, an die angeknüpft werden kann?) relevant. Themen wie „Pflanzen im Jahreslauf beobachten" oder „Verschiedene Einkaufsstätten erkunden", sind in einer Schule in einer ländlichen Umgebung sicher anders zu gestalten als in der Großstadt.

2. Zukunftsbedeutung:

> *„Worin liegt die Bedeutung des Themas für die Zukunft der Kinder?"* (ebd.)

Der Lehrende muss sich fragen, welche allgemeinen Einsichten gewonnen werden sollen und welche Rolle die Sache im späteren Leben der Schüler spielt/spielen könnte. Es ist also so etwas wie phantasievolles Spekulieren nötig. Sind die zu gewinnenden Einsichten tatsächlich Bestandteil der Allgemeinbildung und hat die Sache *„eine lebendige Stellung im geistigen Leben der Jugendlichen und der Erwachsenen, in das die Kinder hineinwachsen sollen"*? Klafki fordert nämlich, dass *„alles, was Bildungsinhalt zu heißen beansprucht, zugleich einen Bezug zur Zukunft des zu Erziehenden haben muss, jener Zukunft, für die die Erziehung den jungen Menschen ausrüsten will und die sie also – ohne falsche Verfrühungen und ohne Einengung der zukünftigen Entscheidungsfreiheit des Zöglings – vorwegnehmen muss"* (ebd., 13).

Und schließlich: Kann diese zukünftige Bedeutung den Kindern bereits vermittelt werden oder bleibt sie ihnen vorerst noch uneinsichtig und verborgen?

3. Exemplarität:

> *„Welchen größeren bzw. welchen allgemeinen Sinn- oder Sachzusammenhang vertritt und erschließt dieser Inhalt? Welches Urphänomen oder Grundprinzip, welches Gesetz, Kriterium, Problem, welche Methode, Technik oder Haltung lässt sich in der Auseinandersetzung mit ihm „exemplarisch" erfassen?"* (ebd., 14).

Im Gegensatz zum enzyklopädischen Lernen, das Daten und Fakten linear speichert, ohne unbedingt Bezüge und Beziehungen herzustellen, steht das Prinzip des Exemplarischen für das bewusste Treffen einer Auswahl, anhand derer wichtige Gesetzmäßigkeiten und Beziehungen repräsentativ vermittelt werden.

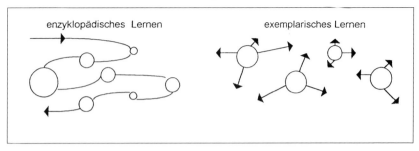

Grafik nach Memmert 1995, 100

Gerade mit der Entwicklung von immer umfangreicheren Lehrplänen gewinnt diese Lehrform an Bedeutung, der Transfer eines Moments auf viele weitere ist unerlässlich. Das Prinzip des Exemplarischen schlüsselt Handlungssituationen auf und legt grundlegende Einsichten, Vorstellungen und Techniken frei. Deshalb ist die Frage entscheidend, wofür der Inhalt exemplarisch und typisch sein soll, denn „*es charakterisiert einen Bildungsinhalt, dass er als einzelner Inhalt immer stellvertretend für viele Kulturinhalte steht; immer soll ein Bildungsinhalt Grundprobleme, Grundverhältnisse, Grundmöglichkeiten, allgemeine Prinzipien, Gesetze, Werte, Methoden sichtbar machen*" (ebd.). Man behandelt z. B. die Wüste Sahara stellvertretend für andere ähnliche Wüstenregionen und arbeitet exemplarisch die Merkmale von „Wüste" heraus (die dann später einmal gegebenenfalls auf andere Wüstenregionen übertragen werden können).

4. Struktur des Inhalts:

„*Welches ist die Struktur des Inhalts?*" (ebd., 15–18)

Anders als in der Sachanalyse – und etwas abweichend von Klafkis Fragen – werden hier die Strukturen gezielt sortiert und in Bezug zur geplanten Unterrichtsstunde und ihrem möglichen Ablauf ausgewählt:
Welche Elemente des Inhalts, welche Strukturen und Beziehungen müssen im Unterricht in welcher logischen oder zeitlichen Reihenfolge vorkommen? Welche Beziehungen der einzelnen Elemente verdeutlichen den Sinnzusammenhang? Welche Elemente und Strukturen müssen besonders klar herausgearbeitet werden? In welche größeren Zusammenhänge kann das Thema eingeordnet werden? Sind Lern- oder Verständnisschwierigkeiten zu erwarten, was könnte den Kindern den Zugang möglicherweise schwer machen? Bewegt sich das Thema auf verschiedenen Verständnis- und Bedeutungsebe-

nen oder gliedert es sich in aufeinander aufbauende Elemente? Welches unverzichtbare Mindestwissen, welche Qualifikationen werden am Ende von den Schülern erwartet?

*Kurz: Es ist herauszuarbeiten, welche Elemente, Strukturen und Beziehungen in logischer und zeitlicher Folge den **roten Faden** der Stunde bilden sollen! Danach sollte es leichter fallen, Lernziele zu formulieren.*

Ein Beispiel:

Das folgende sehr anschauliche Beispiel ist abgedruckt bei Peterßen (1982, S. 48 ff). Wir geben es hier fast in ganzer Länge und entsprechend der ursprünglichen Reihenfolge der Fragen der didaktischen Analyse bei Klafki wieder, beginnend mit der exemplarischen Bedeutung. Der Unterricht wurde für Kinder in ländlicher Umgebung (Bodnegg, im Hinterland des Bodensees, Baden-Württemberg) im Fach Biologie für eine 6. Realschulklasse geplant.

„Biologisches Gleichgewicht zwischen Feldmäusen und Mäusebussard"

1. Exemplarische Bedeutung

Das Thema „Biologisches Gleichgewicht zwischen Feldmäusen und Mäusebussard" ist exemplarisch für biologisches Gleichgewicht überhaupt. An der so genannten Räuber-Beute-Beziehung, wie sie dieses (...) Beispiel bietet, lassen sich besonders gut die Nahrungsabhängigkeit aller Lebewesen und das Gleichgewicht zwischen den Lebewesen darstellen. Bei der unterrichtlichen Behandlung können zudem biologische Arbeitsweisen erlernt oder geübt werden, z. B. Beobachten, Vergleichen, Experimentieren, die bei allen folgenden Themen wieder fruchtbar werden können.

Das Thema soll eine Einführung in biologische Grundbegriffe leisten, wobei diese in den kommenden Schuljahren (...) in neuem und umfassenderem Sinn zusammenhängend aufgegriffen und erneut behandelt werden. Die Einsicht in die Nahrungsabhängigkeit von Lebewesen am Beispiel Mäusebussard–Feldmäuse soll zur späteren Erkenntnis von Nahrungsabhängigkeiten führen, wie sie sich in Erscheinungsformen von ‚Nahrungsketten' und ‚Nahrungsnetzen' zeigen und wie sie im Lehrplan der Schuljahre 7 und 8 vorgesehen sind. Die hier erfahrbare Grundeinsicht erleichtert den Schülern das Verständnis für größere und schwierigere ökologische Zusammenhänge, z. B. Ökosysteme, die in Klasse 7 (Ökosystem Wald) und Klasse 8 (Ökosystem See) vorgesehen sind.

2. Gegenwartbedeutung

Unter dem Gesichtspunkt des Zugangs zum Thema ist festzuhalten, dass alle Kinder der Klasse die Feldmaus und den Mäusebussard kennen. Als (Getreide-)Schädling kennen die Landkinder vor allem die Feldmaus. Der Mäusebussard ist als „Raubvogel" bekannt. Den Kindern wird möglicherweise bekannt sein, dass der Mäusebussard sich unter anderem von Feldmäusen ernährt, aber wohl kaum, welche bedeutende Rolle er im Gesamtgefüge des Naturhaushaltes spielt. Das zwischen beiden Tierarten bestehende Abhängigkeitsverhältnis, durch das ein biologisches Gleichgewicht bedingt wird, kennen sie wahrscheinlich noch nicht. Sie sollten jedoch als Landkinder unbedingt wissen, dass sich die Zahl der Bussarde nach der der Mäuse richtet und wie dies der Fall ist. Bereits jetzt erfahren die Kinder immer wieder, wie der Mensch durch Schädlingsbekämpfung, Anlegen von Monokulturen usw. in den Naturhaushalt eingreift und das biologische Gleichgewicht stört. Je früher sie hierüber Grundeinsichten gewinnen, desto eher können sie Störungen entgegenwirken und auch entsprechende Haltungen annehmen. Darüber hinaus wird eine Fragehaltung zu Umweltproblemen schlechthin in ihnen geweckt. Heute ist es eine Notwendigkeit, in Schülern die Bereitschaft zu wecken, sich mit ökologischen Fragen auseinander zu setzen.

3. Zukunftsbedeutung

Es ist ein wichtiges Merkmal ausgewogener Allgemeinbildung, so objektiv und kenntnisreich wie möglich zu Umweltproblemen Stellung zu beziehen, um die ein Erwachsener heute nicht herumkommt. Deshalb ist die hier vermittelbare Grundeinsicht in biologische Gleichgewichtsverhältnisse so bedeutsam für die Schüler. Viele werden später einen Garten bearbeiten und aufgrund der hier gewonnenen Einsicht hoffentlich überlegt und sparsam mit chemischen Mitteln bei der Schädlingsbekämpfung umgehen. Nicht nur späterhin aktive Kommunalpolitiker, sondern jeder Bürger muss zu Umweltproblemen Stellung beziehen. Manche Schüler werden später vielleicht aktiv für Umweltschutz, Naturschutz und Pflanzenschutz arbeiten. Dieses Thema ist wie kaum ein anderes geeignet, auf die mit solchen besonderen Problemen verbundene Zukunft vorzubereiten.

4. Struktur des Inhalts

Momente:
- Der Mäusebussard ist der größte Feind der Feldmaus, er ernährt sich hauptsächlich von ihr.
- Nasser Sommer – wenig Getreide – wenig Feldmäuse – Bussarde können ihren jüngsten Jungvogel nicht großziehen – es stellt sich ein biologisches Gleichgewicht ein.
- Warmer Sommer – viel Getreide – viele Feldmäuse – Bussarde vermehren sich stärker, können alle Jungtiere großziehen – es stellt sich wiederum ein biologisches Gleichgewicht ein.
- Typische Beutetiere (wie Feldmaus) haben immer ein kleines Revier, aber viele Nachkommen.
- Typische Räuber (wie Bussard) haben immer ein großes Revier, aber wenige Nachkommen.

Für das Thema muss das erstgenannte Moment den Schülern auch als erstes bekannt sein, wohingegen der faktische Wirkungszusammenhang der übrigen Momente eine didaktische Folge für den Unterricht nicht zwingend vorschreibt.
Das Thema weist neben der rein biologischen noch eine ökonomische (aus der Sicht des Bauern: Feldmäuse sind Schädlinge, die mit allen Mitteln bekämpft werden müssen) und eine politisch-ökologische Schicht auf (aus der Sicht des umweltbewussten Politikers und des Naturschützers). Im Unterricht soll zentral das Problem des sich zwischen Tieren immer wieder einstellenden Gleichgewichts verfolgt werden.

Vorausgegangen sein müssen monographische Behandlung von Feldmaus und Mäusebussard, beide müssen den Kindern bekannt sein. Dies ist geschehen (...). Landkindern dürfte schwer fallen, die als Schädling geltende Feldmaus ohne dies Prädikat zu sehen. Ebenso dürfte auch die immer noch gebräuchliche Bezeichnung „Raubvogel" ihnen den vorurteilsfreien Blick auf den Bussard versperren. Im Unterricht vorgesehene „Modelle" können möglicherweise nur schwer auf die Wirklichkeit übertragen werden (Balkenwaage mit Sand für Feldmäuse, Kies für Mäusebussard soll Gleichgewicht veranschaulichen).
Als Mindestwissen müssen der oben dargestellte Zusammenhang zwischen der Anzahl von Mäusen und Bussarden und die daraus mögliche Einsicht in sich einstellendes Gleichgewicht gelten.

9.2.4 Die Lernziele

Aus den Überlegungen der Sach- und didaktischen Analyse werden die noch allgemeinen Intentionen der geplanten Unterrichtsstunde oder -einheit in konkreten Lernzielen ausgedrückt – Lernziele sind die sprachlichen Formulierungen von **gewünschten Lernergebnissen**.
Die weitere Unterrichtsplanung orientiert sich an diesen Entscheidungen über die Zielangaben, das Erreichen der Lernziele bestimmt den Ablauf des Unterrichts.
Geht man davon aus, dass ‚lernen' immer eine Veränderung bedeutet, geben die Lernziele die Richtung, den

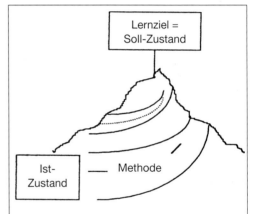

Die Lernzielangabe ist vergleichbar wichtig wie eine Wanderkarte: Wer nicht genau weiß, wohin er will und wie der Weg verläuft, wird nirgendwo ankommen. Auf dem Weg zum Lernziel macht der Lernende verschiedenste Erfahrungen, sammelt Eindrücke – er verändert sich und sein Weltbild.

Grad und Inhalt der Veränderung an. Auf welche Weise die Lernziele erreicht werden, bestimmt die Methode, die der Lehrende wählt. Als Eckpunkte des Unterrichts stellen Lernziele einen wichtigen Baustein in der Planung dar – nur in der klaren Definition des Ziels können einzelne Schritte des Weges dorthin festgelegt werden. Natürlich soll durch dieses Beschreiben eines Katalogs von Verhaltensweisen, die der Lernende nach erfolgreicher Lernerfahrung äußern können soll, nicht erreicht werden, dass in der Schule nur noch gelehrt wird, was auch von außen kontrollierbar ist – damit würde ein Teil der emotionalen und sozialen Aspekte des Lernens verloren gehen. Die Benennung und Kategorisierung von Lernzielen ist vielmehr ein Instrument der Ordnung, ein Rahmen, über den hinaus und neben dem natürlich gelehrt und gelernt wird.

Fünf Momente bestimmen den gebräuchlichen Lernzielbegriff (Peterßen 1982, 87 f., vgl. auch Kap. 5):

- *Lernziele bezeichnen von außen gesetzte Ziele*
  Zwar ist nicht ausgeschlossen, dass Schüler sich selbst Ziele setzen; ebenso wenig ist eine spontane Zielsetzung bzw. Umorientierung während des Unterrichts ausgeschlossen. Aber in der Regel bezeichnen Lernziele von außen/durch den Lehrer gesetzte Ziele, sie sind Ergebnis sorgfältiger und rationaler Planung. „Lernziele sind Merkmale intentionalen Lernens" (ebd).
- *Lernziele beschreiben ein beobachtbares Verhalten* als wahrnehmbares Tun, als beobachtbare Handlung *unter bestimmten Bedingungen.* Nicht das Lernen „an sich" (was beim Lernen in den Schülern abläuft, kann man nicht sehen/weiß man nicht genau) wird im Lernziel angesprochen, sondern nur mittelbar über Indikatoren, die für das Lernergebnis angegeben werden; bestimmte *Verhaltensäußerungen,* Verhaltensweisen, Tätigkeiten, Handlungen werden *als Ergebnis von Lernprozessen* verstanden: das Lösen einer Aufgabe als Anzeichen dafür, dass eine bestimmte Formel, ein bestimmter Lösungsweg gelernt worden ist.
- *Lernziele bezeichnen Verhalten von Lernenden.*
  Es werden beobachtbare Verhalten von Schülern beschrieben, nicht allgemeine Absichten des Lehrenden („Ich möchte die Schüler durch diese Folie/diese spannende Geschichte motivieren", ist eine lehrerbezogene Aussage und kein schülerbezogenes Lernziel).
- *Lernziele bezeichnen erwünschte (in der Vorstellung des Planenden vorweggenommene/antizipierte) Verhaltensweisen von Schülern.*
  Es sind Entwürfe von Verhalten, die vor Beginn des Lernprozesses formuliert werden, sich aber auf das von den Schülern am Ende des Lernprozesses erwartete Verhalten beziehen.
- *Lernziele beschreiben das (erwünschte/erhoffte) Endverhalten möglichst eindeutig.*
  Sie sollten klar und unmissverständlich für Schüler, den unterrichtenden Lehrer und evtl. Beobachter formuliert sein, weshalb Begriffe verwendet werden sollten, die wenig Interpretationsspielraum lassen, unter denen alle Beteiligten das Gleiche verstehen. Zwar kann der Grad an Eindeutigkeit

unterschiedlich sein, aber je näher Lernziel und Lernprozess sich annähern, desto präziser und eindeutiger muss das erwünschte Endverhalten beschrieben sein (Das Ziel einer ganzen Unterrichtsstunde ist weniger präzise und eindeutig zu formulieren als ein Teilziel in einer bestimmten eingegrenzten Unterrichtssituation).

Nach Mager (1965) müssen drei Bedingungen erfüllt sein, damit ein Lernziel als vollständig **operationalisiert** gelten kann:
- Es wird ein **beobachtbares Verhalten** klar und eindeutig beschrieben.
Beispiel: *„Die Schüler sollen die richtige Geigenhaltung einnehmen können."*

Demgegenüber wäre eine Formulierung wie: „‚Wissen' wie man eine Geige hält", keine ausreichend klare Beschreibung eines beobachtbaren Verhaltens. Mit dem Wort „Wissen" ist zwar die Disposition beschrieben, die der Lernprozess beim Schüler hervorbringen soll, aber für den Lehrer ist damit noch nicht klar, ist kein beobachtbares Kriterium in die Formulierung eingegangen, die es ihm erlaubte zu überprüfen/festzustellen, dass der Schüler diese Disposition auch tatsächlich erreicht hat. Begriffe wie wissen, kennen, verstehen sind *ungeeignet*, da sie *kein beobachtbares Verhalten* beschreiben.

Die folgende Liste von mehr oder weniger geeigneten Formulierungen kann als Hilfe für eindeutige und klare Beschreibungen (etwa auf der Ebene dessen, was Chr. Möller „Feinziele" genannt hat; vgl. Kap. 5) dienen:

Ungeeignet: Worte, die viel Interpretation zulassen	*Geeignet:* Worte, die wenig Interpretation zulassen
→ *generell alles, was sich auf gedanklicher oder gefühlsmäßiger Ebene abspielt und deshalb nicht oder schlecht nachweisbar ist, wie z. B.*	→ *generell alles, was konkret vorführbar und beobachtbar ist, wie z. B.*
• wissen • zu würdigen wissen • verstehen/wirklich verstehen • die Bedeutung von etwas erfassen • Gefallen finden an etwas • glauben • vertrauen • nachempfinden • einsehen	• schreiben, lesen, rechnen etc. • auswendig hersagen • identifizieren • unterscheiden • lösen • konstruieren • aufzählen • vergleichen • gegenüberstellen • erklären • Transfer leisten

- Es werden die **Bedingungen** definiert, unter denen sich das Verhalten als erwünschtes Endverhalten erweisen soll; es werden die **Mittel** genannt, derer sich der Lernende bedienen (oder nicht bedienen) darf, um die verlangten Operationen vollziehen zu können. Beispiel: *„Die Schüler sollen während einer Gruppenarbeit (=Bedingung) die Abbildung einer Geige selbstständig, ohne Nachschlagen (= Mittel) beschriften können."*
- Es wird ein **Beurteilungsmaßstab** für die Qualität des gezeigten Verhaltens angegeben, indem gesagt wird, ab wann das Verhalten als ausreichend zur Erreichung des Lernziels gilt.
Beispiel: *„Die Schüler sollen von den zehn wichtigsten Bauteilen der Geige fünf aufzählen können."*
Gerade dieses letzte Kriterium ist nicht nur für Anfänger sehr schwer umsetzbar, müsste man doch bereits vor Lernbeginn genaue Beurteilungsmaßstäbe für alle Lernsituationen definieren/festlegen, was bei vielen Fächern und Inhalten gar nicht mit der geforderten Akribie nötig und wünschenswert ist. An diesem Kriterium, dass nämlich alles genau messbar, in Beurteilung überführt, der Leistungskontrolle dienlich sein müsse, hat sich die meiste Kritik entzündet. Damit würde jede Offenheit verhindert. Deshalb empfehlen wir, auf dieses Kriterium – wenn möglich (in manchen Fächern gibt es allerdings genaue Maßstab-Tabellen, z. B. Umrechnung von Zeiten in Noten beim 100-m-Lauf im Sport, an die man bei Bundesjugendspielen gebunden ist) – zu verzichten.

Zur Veranschaulichung noch ein **Beispiel** (nach Mager 1965, 15):
Ist die folgende Formulierung eine eindeutige Lernzielbeschreibung?
„Die Schüler sollen Musikverständnis entwickeln."
Dies ist zwar ein allgemein erstrebenswertes Bildungsziel, aber als Lernzielformulierung unbrauchbar, weil es so unklar formuliert ist, dass jeder darunter etwas anderes verstehen kann. Woran merkt der Lehrer, dass er Musikverständnis beim Schüler entwickelt hat? Was tut ein Schüler um nachzuweisen, dass er das Ziel erreicht hat, dass er Musikverständnis entwickelt hat:

a) Er seufzt ekstatisch, wenn er Bach hört.
b) Er kauft eine Hi-Fi-Einrichtung und CDs im Wert von 5000 DM.
d) Er beantwortet 95 Auswahlantworten zur Musikgeschichte richtig.
e) Er schreibt einen flüssigen Aufsatz über die Bedeutung von 37 Opern.
f) Er sagt: „Mann, glaub mir, ich bin Fachmann. Es ist einfach großartig."

Die beste Beschreibung eines Lernziel ist die, „die das Endverhalten des Lernenden so beschreibt, dass Missverständnisse weitgehend ausgeschlossen sind" (Mager 1965, 11).

Für erste Unterrichtsentwürfe dürften besonders das erste und auch noch das zweite Kriterium wichtig sein:

Jeder Unterrichtsplaner sollte versuchen, das *angestrebte und antizipierte Endverhalten* seiner Schüler und die Bedingungen unter denen es auftreten soll, möglichst *präzise zu beschreiben.* Dabei kommt es darauf an, die konkreten Schüler, die vor einem sitzen, mit ihrem ganz konkreten Lernstand, ihrer Lernfähigkeit, ihrem individuellen Lerntempo vor Augen zu haben. „Nur im Hinblick auf bestimmte Schüler kann ein bestimmtes Verhalten einerseits als pädagogisch wünschenswert und andererseits als ein angemessener Indikator für Lernvollzüge eingestuft werden" (Peterßen 1982, 98). Allen die Angst vor präzisen Lernzielformulierungen haben, sei gesagt,

„dass präzise Formulierungen nicht hemmen, sondern frei machen, und zwar dadurch, dass sie die Absicht so exakt wie möglich beschreiben und dem Lehrer ständig vor Augen stellen, sodass er sie im Gedränge des täglichen Geschäftes mit dessen vielfältigen Handlungsanreizen, Zufällen und spontan eintretenden Zwängen nicht aus dem Blick verlieren kann, sondern sie als einen ständigen Orientierungsmaßstab und eine Zielvorgabe, an der er seine spontanen Entscheidungen ausrichten kann, vor Augen hat. Gerade die ständige Kenntnis des (...) Ziels ermöglicht es dem Lehrer, den einmal eingeschlagenen Weg weiterzuverfolgen oder auch zu verlassen und Umwege zu gehen... Die Formulierung sollte so präzis wie möglich sein" (ebd. 91).

Bei der Unterrichtsplanung sollte man die differenzierten Abstufungen und Taxonomien (vgl. Kap. 5.2.3.4) kennen und auch zur Lernzielfindung und -formulierung nutzen, im Sinne einer „Check-Liste" etwa, um nicht zu einseitig nur kognitive Ziele anzustreben.

Für einen ersten Unterrichtsentwurf kann man sich beschränken auf:
- die **Angabe eines Stundenziels** und
- **eindeutig formulierte Teilziele als beobachtbares Verhalten**, möglichst aus allen drei Verhaltensbereichen (kognitiv, affektiv, psychomotorisch), welches die Schüler nach bestimmten Lernsituationen zeigen/können sollen.

---

1. Beispiel:

- **Thema der Stunde:** Aufbau und Funktion der Streichinstrumente am Beispiel der Geige
- **Stundenziel:** Die Schüler lernen exemplarisch an der Geige die Funktionsweise und Klangpalette der Streichinstrumente kennen und beschreiben.

Feinziele	kognitiv	affektiv	psychomotorisch
Die Schüler sollen ...	... aus Beobachtungen Schlüsse ziehen: Wenn die Saite vom Bogen gestrichen wird, beginnt sie zu schwingen – es entsteht ein Ton. ... anhand des Arbeitsblattes die neuen Begriffe wiederholen und üben. ... am Instrument fünf Bauteile zeigen und benennen können.	... die Möglichkeit haben, mit dem echten Instrument zu spielen und so ihre Scheu vor dem Instrument abbauen. ... verschiedene Klänge der Geige kennen lernen und so Vorurteile gegenüber klassischer Musik abbauen. ... beschreiben, warum ihnen klassische Geigenstücke besser/ weniger gefallen als Zigeunermusik/Jazz/Pop auf der Geige ...	... den Bogen in der richtigen Haltung über die Saiten streichen. ... beim Streichen des Instrumentes die Schwingung der Saite spüren. ... die Tonhöhe durch das Aufsetzen der Finger verändern.

2. **Beispiel** – mit konkret beschriebenem beobachtbaren Schülerverhalten am Ende einzelner Lernsequenzen, aber *ohne Zuordnung zu Verhaltensbereichen* (nach: Peterßen 1982, 116):

Thema der Stunde: Erarbeitung ökologischer Grundbegriffe anhand der Unterrichtseinheit „Erhaltung und Störung des biologischen Gleichgewichts"

a) **Grobziel/Stundenziel:** Die Schüler sollen das Vorhandensein eines biologischen Gleichgewichts in der Natur an einem Beispiel, dem Verhältnis zwischen Feldmaus und Mäusebussard, kennen lernen.

b) **Feinziele:**
Die Schüler sollen
1. nach einem Vergleich von Bussard und Maus erklären können, dass ein Räuber nur wenige Nachkommen hat, weil er wenig Feinde hat, dass Beutetiere hingegen viele Nachkommen haben müssen, weil sie sehr vielen Feinden zum Opfer fallen;
2. erklären können, dass zwischen Beutetier und Räuber ein Gleichgewicht herrscht, das so genannte biologische Gleichgewicht;

3. in praktischer Anwendung von LZ 2 mit Hilfe einer Waage demonstrieren und beschreiben können, wie sich zwischen Bussard und Maus in den verschiedensten Situationen (…) immer wieder ein biologisches Gleichgewicht einstellen kann. …

9.2.5 Die Verlaufsplanung

> Die Verlaufsplanung enthält Angaben zu
> a) zeitlichem Ablauf und der Artikulation der Stunde: sorgfältig überlegten Einstieg in die Stunde, die einzelnen Phasen oder Gliederungspunkte, Arbeitsaufträge etc.,
> b) eine Reflexion und Begründung der gewählten Methoden, Medien und Sozialformen sowie
> c) Überlegungen zu Differenzierungsmöglichkeiten, Vermittlungshilfen, Erfolgskontrollen und möglichen Alternativen zum gewählten Vorgehen.

Durch das intensive Befassen mit dem Inhalt in der Sachanalyse und die Überlegungen der didaktischen Analyse hat man meist schon ziemlich klare Vorstellungen vom Ablauf der Stunde oder zumindest eine zündende Idee für den Einstieg, eine Gruppenarbeit oder ein bestimmtes Medium. Von dieser Idee ausgehend kann dann der Gesamtverlauf der Stunde unter Beachtung der angestrebten Lernziele aufgebaut werden. An den Lernzielen entlang/auf sie bezogen kann der Stundenverlauf geplant werden, als sachlich-logische und didaktisch-logische Abfolge von Lernsituationen, Arbeits- und Sozialformen: **Sachlich-logisch** (ist eine bestimmte Reihenfolge von der Sache und ihrer Struktur her zwingend) und **didaktisch-logisch** (ist es aus Gründen besserer Lehr- und Lernbarkeit z. B. angebracht *deduktiv* (vom Allgemeinen zum Besonderen) – oder *induktiv* (vom einzelnen Fall oder Phänomen zum allgemeinen Prinzip) zu strukturieren). Hier könnte auch entschieden werden, dass eine eher *offene* Verlaufsform angestrebt wird, bei der nicht alle Lernziele vorgeschrieben, sondern in die Unterrichtssituation eingebettet sind, und es vom situativen Verlauf der Stunde abhängen zu lassen, in welcher Folge sie von den Schülern realisiert werden sollen (vgl. Peterßen 1982, 96).

In die ausführliche fortlaufende Beschreibung der *zeitlichen Abfolge* der *einzelnen Lern- und Unterrichtssituationen* werden an den entsprechenden Stellen die Überlegungen zur Wahl der *Methoden, Sozialformen* und *Medien,* den *Vermittlungshilfen,* den *Übungs- und Differenzierungsformen* und den *Lernzielkontrollen* eingebaut und begründet. Darüber hinaus werden *Alternativen* mit ihren Vor- und Nachteilen reflektiert und die Entscheidung für die gewählte Vorgehensweise/den geplanten Verlauf der Stunde begründet.

Die folgenden Fragen sollten für die Verlaufsplanung hilfreich sein:
- Lässt sich die geplante Stunde in einzelne Phasen gliedern, z. B. Einstieg, Motivations-, Erarbeitungs-, Übungs- oder Abschlussphase?
- Wie soll der Unterricht beginnen? Welche einleitende Maßnahme soll ergriffen werden? (Stiller Impuls, gemeinsames Lied, Spiel, Geschichte, Provokation, Gesprächsrunde, Bildbetrachtung ...)
- Wann und warum bietet sich ein Sozialformwechsel an?
- Gibt es genügend Momente/Phasen, in denen die Schüler aktiv werden, selbst etwas tun können?
- Welche Situationen sollten besonders offen gestaltet sein?
- Welche Lern- und Vermittlungshilfen kommen in Frage? Werden Medien eingesetzt, die die Lernprozesse der Schüler wirklich unterstützen (oder nur weil ich sie zufällig zur Hand habe)?
- Welche Differenzierungsformen sind möglich/nötig?
- Wann ist Erfolgskontrolle im Hinblick auf die Lernziele möglich und sinnvoll?
- Gibt es eine zeitliche Pufferzone?

Folgendes Schema zeigt die mögliche Struktur einer Unterrichtsstunde mit alternativen Einstiegen, Vermittlungshilfen und Verlaufswegen:

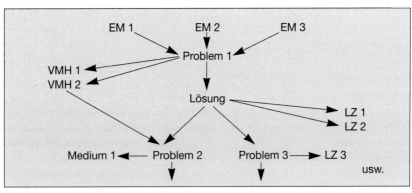

EM = Einleitende Maßnahme   VMH = Vermittlungshilfe   LZ = Lernziel

9.2.6 Die Strukturskizze

Die Strukturskizze dient sowohl dem Unterrichtenden wie auch dem Beobachter des Unterrichtsgeschehens als überschaubare Kurzfassung der geplanten Stunde. In ihrer kompakten Form vereint sie alle wichtigen Elemente des Unterrichts auf einen Blick und ist so manchmal „Rettungsanker", wenn man nervös wird, „ins Schwimmen" gerät oder der „rote Faden" nicht mehr gegenwärtig ist.

Mit den Gliederungspunkten

Phase/Zeit, Lernziele, Lehrer- und Schüler-Aktivitäten und **Medien/Kommentar** skizziert sie auf ein bis zwei Seiten den Unterrichtsablauf, ohne nochmals auf didaktische oder methodische Überlegungen einzugehen.

- Für die Notierung der **Zeit** gibt es mehrere Möglichkeiten, sei es die Dauer der einzelnen Phasen in Minuten (Phase I: 3 min., Phase II: 5 min. etc.) oder des Gesamtverlaufs (0 – 45 min./45 – 0 min.), am besten bewährt hat sich allerdings im Unterrichtsalltag die konkrete Uhrzeit der Stunde (von 7.50 Uhr – 8.35 Uhr), da so die Orientierung während der Stunde durch Blick auf die Uhr am leichtesten fällt (Für die Angabe von einzelnen Unterrichtsphasen vgl. Kap. 6.2).

- Die **Lernziel**angaben entsprechen den zuvor in ausführlicherer Version herausgearbeiteten (operationalen) Lernzielen, sie werden nun in den Unterrichtsverlauf sachlich-logisch bzw. didaktisch-logisch an der Stelle eingegliedert (aufgeführt als Stichwort oder mit der Nummer des Ziels), an der den Schülern Gelegenheit gegeben wird, das Gelernte – durch eine bestimmte Operation/ein beobachtbares Verhalten – zu demonstrieren.

- In der Spalte **Lehrer-Schüler-Aktivitäten** (manchmal auch als Lehrer- Schüler-Interaktion bezeichnet) wird der geplante Handlungsverlauf zwar stark aus Sicht des Lehrers umrissen – allerdings unter ständiger Berücksichtigung bzw. *Antizipation* der möglichen und *erwarteten Schülerreaktionen* und *-aktionen*. Wichtig ist die prägnante Formulierung der Handlungsschritte auch z. B. durch die Fixierung eines *Arbeitsauftrages* in wörtlicher Rede (vgl. das Gespräch zwischen Lehrer und Praktikant S. 194). Gerade bei der Aufgabenstellung oder der Erklärung eines schwierigen Sachverhalts will die Wortwahl genau überlegt sein – das schriftliche Ausformulieren innerhalb der Strukturskizze bietet sich in diesem Fall zur Sicherheit an, um keine wichtige Information, die die Schüler zum Verständnis und zur Bewältigung der Aufgabe brauchen, zu vergessen. Das *Schülerverhalten* hingegen ist nicht vorhersehbar, dennoch sollte es unbedingt als *erwartetes Verhalten* antizipativ (‚vorwegnehmend') formuliert werden (welche Antworten, welche Aktionen/Reaktionen sind zu erwarten/erhoffen/befürchten?), denn daran wird ja das Erreichen bzw. Nichterreichen der Lernziele deutlich.

- Die Auflistung aller verwendeten **Medien/Kommentar** ist sowohl zur Überprüfung vor Beginn der Stunde als auch zur Erinnerung während des Unterrichts sehr hilfreich. Nicht selten wurde schon im Stress des Unterrichtens das ein oder andere Material vergessen… Alle aufgeführten Medien, vom **Tafelanschrieb** über das **Arbeitsblatt** bis hin zum Liedtext müssen in einem Anhang am Ende des Unterrichtsentwurfs aufgelistet und als Kopiervorlage beigefügt werden.
Bei Stunden mit praktischem, künstlerischem oder technischem Inhalt oder Thema ist es *unverzichtbar, dass der Lehrer* sich während seiner Planung *selbst* an der Aufgabe versucht, *das Bild malt, das künstlerische, praktische oder technische Produkt herstellt,* denn nur so erfährt er die Chancen und Schwierigkeiten der Aufgabenstellung und kann entsprechende Präzisierungen vornehmen und Hilfestellung und Anregungen geben.

Phase Zeit	LERNZIELE Die Schüler sollen	AKTIVITÄTEN		MEDIEN/ TAFELBILD did. Kommentar
		LEHRER (L)	SCHÜLER (S)	
EM 9.25	... den Klang der Instrumente unterscheiden und benennen.	„Ich habe ein kurzes Musikstück mitgebracht, das ich Euch jetzt vorspiele. Wer kennt die Instrumente?"	Hören sich die Musik an, tauschen Mutmaßungen aus und äußern diese eventuell. Schüler zählen auf: Geige, Klavier ...	Kassette 2 (Sonate für Violine und Klavier von Mozart. KV ...)
...	...	...	...	...

Auf einen Blick ... Der Unterrichtsentwurf

Deckblatt:
- Schule, Klasse, Fach, Datum, Zeit
- Thema der Stunde
- Name des Ausbildungslehrers oder Mentors und des Betreuers
- Name des Praktikanten

1. SACHANALYSE

Umfassende (fach-)wissenschaftliche Auseinandersetzung mit dem Stoff/der Sache/dem Inhalt der vorzubereitenden Stunde:
- Elementare Probleme, Begriffe und Zusammenhänge? Bedeutung in der Fachwissenschaft?
- Welche Struktur, welche einzelnen Elemente? Verschiedene Sinn- oder Bedeutungsschichten?
- Beziehungen zu anderen Strukturen, zu größeren Zusammenhängen?
- Lehrplanbezug: Verbindung zu anderen Themen? Was ging voraus/was folgt?
- → nicht nur Materialsammlung und Aneinanderreihen von Informationen, sondern fachliche Abhandlung (nach Art eines „Lexikonartikels") zum Unterrichtsinhalt.

2. ANALYSE DER LERNVORAUSSETZUNGEN: Innerschulische und klasseninterne Situation, allgemeine/individuelle/soziale/motivationale/arbeitstechnische Voraussetzungen der Schüler.

3. DIDAKTISCHE ANALYSE

Herausarbeitung des **Bildungsgehalts** des (in der Sachanalyse fachwissenschaftlich analysierten) Inhalts im Hinblick auf die konkreten Kinder dieser Klasse:

3.1 *Gegenwartsbedeutung:* Vermutlich bereits vorhandene Kenntnisse, Interessen, Bedürfnisse, Abneigungen, Vorurteile? Bereits Kontakt zur Thematik in welchen schulischen oder außerschulischen Zusammenhängen? Anknüpfungspunkte?

3.2 *Zukunftsbedeutung:* Welche allgemeinen Einsichten könnten und sollten gewonnen werden? Welche Bedeutung hat die Sache/der Inhalt im späteren Leben dieser Kinder vermutlich und kann dies bereits vermittelt werden?

3.3 *Exemplarität:* Welchen größeren Sinnzusammenhang vertritt die Sache? Wofür ist sie exemplarisch, repräsentativ, typisch? Welche allgemeinen Prinzipien oder Gesetze sind exemplarisch an ihr zu erarbeiten?

3.4 *Struktur des Inhalts:* Welche Elemente, Strukturen und Beziehungen bilden logisch und zeitlich den **„roten Faden"** der Stunde? Welches Mindestwissen/-können ist unverzichtbar?

4. LERNZIELE

Ein Stundenziel und *eindeutig* formulierte Teilziele als *beobachtbares* Verhalten (zu den Verhaltensbereichen kognitiv, affektiv, psychomotorisch), das die Schüler nach bestimmten Lernsituationen können sollen.

5. VERLAUFSPLANUNG

Geplanter Verlauf der Stunde mit: Einstieg, zeitlicher Abfolge, Phasen/Artikulation, Lehrer-/Schüleraktivitäten, Methoden, Sozial- und Arbeitsformen, Differenzierungs-Vermittlungshilfen, Diskussion möglicher Alternativen und Begründung des Vorgehens.

6. STRUKTURSKIZZE

Phase/ Zeit	Lernziele	Lehrer/Schüler – Interaktionen (geplantes Lehrerverhalten erwartetes Schülervh.)	Medien/Tafelb. did. Kommentar

7. REFLEXION/NACHBESINNUNG:

Lief die Stunde wie geplant? Verbesserungsvorschläge, Ausblick/Fortsetzung

8. ANHANG:

Tafelbild/Tafelaufteilung
Arbeitsblatt/Arbeitsblätter/Folien
Verwendete Literatur

10. Über den Lehrer

10.1 Der gute Lehrer – geboren oder gelernt?
Über ein Ideal …

> „Mit Recht wünscht man dem Lehrer die Gesundheit und die Kraft eines Germanen, den Scharfsinn eines Lessing, das Gemüt eines Hebel, die Begeisterung eines Pestalozzi, die Wahrheit eines Tillich, die Beredsamkeit eines Salzmann, die Kenntnis eines Leibnitz, die Weisheit eines Sokrates, die Schönheit eines Apolls und die Liebe eines Jesu Christi" (Diesterweg in Kretschmer/Stary 1998, 21).

Auf der Suche nach dem Idealbild vom guten Lehrer heutiger Lehramtsstudenten wurden im Wintersemester 1997/98 Erstsemestler rund um ihre Berufswahl, ihre Vorsätze und Ideale befragt. Hier einige Auszüge aus dieser wohl nicht repräsentativen, aber dennoch aussagekräftigen Umfrage:
Auf die Frage **„Warum hast du dich für dieses Studium und den Lehrerberuf entschieden?"** gab der überwiegende Teil der rund 100 Befragten zunächst die Liebe zu Kindern und daraus resultierend die Vorerfahrungen in der Arbeit mit Kindern in Jugendgruppen etc. an. Als weitere Beweggründe wurden genannt die Abschreckungs- oder Vorbildfunktion eigener Lehrer, die Freude an Wissensvermittlung und Erziehung, der Wunsch nach Beteiligung an der Entwicklung der Kinder und deren Vorbereitung auf das zukünftige Leben, die Kreativität des Berufs, der immer wieder unvorhergesehene Situationen und Anforderungen mit sich bringt, sowie die vorteilhafte Ferienregelung und das „nicht so schwierige Studium".
Neben persönlicher Weiterentwicklung und Spaß antworteten viele auf die Frage **„Was erhoffst du dir am meisten von diesem Studium?"** mit folgenden Erwartungen: hohe Allgemeinbildung, die Entwicklung eines eigenen Unterrichtsstils, breitgefächerte Qualifikationen wie z. B. fachliche, soziale, methodische Kompetenz, die Fähigkeit zu erklären und zu richtiger Stoffvermittlung, Empathiefähigkeit etc.
Die Frage **„Wie sieht dein Idealbild eines guten Lehrers aus"** (Eigenschaften, Qualifikationen etc.)**?"** beförderte sehr konkrete und feste Vorstellungen an den Tag, die sich zum größten Teil ergänzen bzw. gleichen.
Trotz einiger kritischer Anmerkungen („Gibt es das?" – „Ein Ideal ist Theorie" – „Er ist nicht Superman!") werden an das Lehrerideal dennoch folgende Anforderungen gestellt (zur Auswertung wurden die genannten Eigenschaften in drei Kategorien sortiert):

- *Rolle:* mittleres Maß an Autorität; Respekts- und Vertrauens-, aber keine Angstperson; Freund; Berater; fachkompetent mit viel Wissen; Fähigkeit, dieses vermitteln zu können; musikalisch; handwerklich geschickt; sportlich; belesen; in persönlichem Einsatz engagiert; motiviert; mit- und weiterentwickelnd; soll Schüler von ihren eigenen Kompetenzen überzeugen; psychologisch versiert; klare, laute Stimme und Formulierungen; freundliche Mimik; unterstützende Gesten, aber nicht zu viel „Gezappel"; viel Elternarbeit.
- *Charakter:* freundlich; aufgeschlossen; selbstbewusst; kreativ; tolerant; flexibel; verständnisvoll (Empathie); authentisch; geduldig; begeistert; hilfsbereit; soll Kinder respektieren; gerecht; lustig; sympathisch; vorurteilsfrei; objektiv; ausgeglichen; phantasievoll; herzlich; konsequent; kindlich; spontan; problembewusst; soll Ruhe bewahren und zuhören können.
- *Unterricht:* strukturiert, gut geplant und organisiert, spannend, fächerübergreifend, nicht „heruntergeleiert", soll die Interessen und Kenntnisse der Kinder ansprechen, handlungsorientiert, anschaulich, kreativ.

Auch und gerade Schüler haben sehr genaue Vorstellungen vom Idealbild eines Lehrers, schließlich verbringen sie täglich viel Zeit mit ihnen. Nach einer Untersuchung von 500 Schüleraufsätzen (Gröschel 1980 in: Kretschmer/Stary 1998, 21) werden folgende Wünsche an den idealen Lehrer gestellt:

- 62 % der Schüler wünschen sich heitere Lehrer, damit sie mehr Freude an der Schule haben können.
- 60 % der Schüler wünschen sich einen gerechten Lehrer.
- 44 % der Schüler nennen Geduld als wichtigstes Merkmal des Lehrerverhaltens.
- 40 % der Schüler meinen, Lehrer müssten gut erklären und verständlich unterrichten können.
- 28 % der Schüler wollen, dass ihr Lehrer gütig sein soll.
- 27 % der Schüler meinen, man müsse wissen, wie man mit dem Lehrer ‚dran' ist. Sie fordern Konsequenz von ihm.

Ebenfalls empirisch belegt sind folgende als *positiv* und *„effektiv"* bewertete Lehrerverhaltensweisen (Schwarz/Prange 1997, 51):

1. auf die Ideen der Schüler einzugehen und sie beispielsweise durch Wiederholen, Aufgreifen oder Umformulieren für den Unterricht fruchtbar zu machen,
2. eher stimulierend, lebhaft, begeisternd, engagiert und interessiert zu sein,
3. bei der Präsentation von Stoffen stets Klarheit als oberstes Prinzip gelten zu lassen und dabei auf klare Erklärungen, leichte Verständlichkeit der Äußerungen sowie auf das richtige Anforderungsniveau zu achten,
4. eine Vielfalt von Materialien bereitzustellen und sie entsprechend den Möglichkeiten der Schüler zu variieren,
5. stets aufgabenorientiert zu sein und die Schüler dazu zu ermuntern, bei der Sache zu bleiben und sich möglichst wenig ablenken zu lassen,
6. durch strukturierende Hinweise (etwa zu Beginn oder am Ende einer Stunde) mehr Transparenz in den Ablauf des Unterrichts zu bringen, beispielsweise durch Hinweise auf wichtige Inhalte oder indem Einblick in die Planung des Lehrers gewährt wird,

7. möglichst viele Anregungen an den Einzelschüler (z.B. durch Wiederholung oder Umformulierungen einer Frage bei Falschbeantwortung) und an die Gruppe zu geben (z.B. durch Adressatenwechsel und Weitergabe derselben Fragestellung an verschiedene Schüler).

Also doch Superman? Man könnte angesichts dieser Forderungen den Eindruck gewinnen, es handle sich fast ausschließlich um Persönlichkeitsmerkmale, die dem Einzelnen gegeben sind oder eben nicht – warum soll man also noch studieren, denn was von alledem kann ein Studium überhaupt vermitteln? Zunächst wird bei allen Versuchen, den ‚guten Lehrer' zu definieren, schnell deutlich: Es handelt sich hier um ein breitgefächertes, nicht klar eingrenzbares Berufsbild mit Aufgabenbereichen auf verschiedenen Ebenen und Anforderungen von vielen Seiten. Die Schulaufsichtsbehörde legt unter Umständen auf andere Eigenschaften Wert als die Schüler, die Eltern setzen andere Schwerpunkte als die Schulleitung oder die Kollegen. Im Unterricht ist nicht nur fachliche Kompetenz gefragt, sondern auch menschliche, psychologische und pädagogische Fähigkeiten. Das Lehrerverhalten setzt sich aus persönlichen Elementen und pädagogisch-handwerklichen Fähigkeiten und Fertigkeiten, gelegentlich auch „Kniffen" (s.a. Kap. 10.2) zusammen. Dieses komplexe Gefüge von Anforderungen und Befähigungen kann nicht im Verlauf einiger Semester ‚trainiert' oder gar ‚erlernt' werden – das Studium kann ...

1. einen fundierten (erziehungs-)wissenschaftlichen Hintergrund vermitteln – Theorie ist die Basis für die reflektierte Entwicklung von Fach-, Methoden- und Sozialkompetenz für die Praxis.
2. verschiedene didaktische Positionen, Modelle und Unterrichtskonzeptionen vorstellen, die als Anregungen zur eigenen Unterrichtsgestaltung übernommen, modifiziert oder kritisch hinterfragt werden können.
3. Reflexionshilfe zur kritischen Selbstbeobachtung sowie die Möglichkeit zu praktischen Erfahrungen in den Schulpraktika anbieten – nur durch häufiges eigenes Erleben der Unterrichtssituation kann die Vorstellung von gutem Unterricht tatsächlich verwirklicht und das Lehrer-Ideal überprüft werden.

Gerade als Berufsanfänger sollte man sich nicht mit überhöhten, unrealistischen Vorstellungen überfordern, um Enttäuschungen und Frustration zu vermeiden (s.a. Kap. 11!). Dennoch ist es sinnvoll, sich Ziele zu setzen und das eigene Lehrverhalten kritisch zu beobachten (Video-/Tonbandaufnahmen!), um seinem Ideal näher zu kommen.

10.2 Die Lehrerrolle

Der Begriff der Rolle ist vor allem für die Mikrosoziologie, also für die Familien- oder Organisationssoziologie von Bedeutung, die sich mit den direkten zwischenmenschlichen Beziehungen beschäftigt: *„Rolle ist [...] ein Insgesamt von Verhaltenserwartungen, die eine sozialkulturelle Person erfüllen soll. Sie kann auch als Bündel von hier mehr, dort weniger elastisch zu handhabenden Rechten und Pflichten verstanden werden, die dem Inhaber einer Position, z. B. einem Mann als Vater, Lehrer oder Feriengast, zugebilligt bzw. von ihm erwartet werden"* (Wallner 1975, 94).

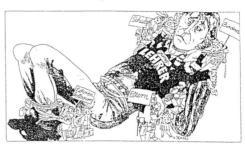

Der Lehrerberuf beinhaltet mehrere ‚Rollen' und wird dadurch besonders konfliktreich, da verschiedene Interessengruppen widersprüchliche oder sogar unvereinbare Erwartungen an den Lehrer stellen: Schüler, Eltern, Kollegen, Schulleiter, Schulaufsicht ...

Eine mögliche Klassifikation der verschiedenen Rollen des Lehrers wurde von Kinney (1952) entwickelt und von Fishburn (1955) als Grundlage für eine erweiterte Studie verwendet. Die Aktivitäten des Lehrers werden hier in sechs Bereiche eingeteilt, die jeweils einer Rolle entsprechen (nach Weinert 1970):

1. Leiter des Unterrichts
2. anleitende und beratende Person
3. Vermittler der Kultur
4. Mitglied einer Gemeinschaft
5. Bindeglied zwischen Schule und Gemeinde
6. Mitglied eines Berufstandes

→ Befragte Lehrer von höheren Schulen ordneten diese Bereiche nach der von ihnen empfundenen Rollenhierarchie:

1. Vermittler der Kultur
2. Mitglied einer Gemeinschaft
3. Leiter des Unterrichts
4. anleitende und beratende Person
5. Bindeglied zwischen Schule und Gemeinde
6. Mitglied eines Berufstandes

Unter vielen ähnlichen Klassifikationsversuchen ist der von Mann (1969) von Interesse, da er ein sehr breites Spektrum von Funktionen bzw. Rollen beschreibt. Er unterscheidet zwischen sechs Rollen, denen Lehrer entsprechen müssen: die des *Experten*, die einer *Autorität*, eines *Sozialisationsagenten*, die des *Unterstützers*, die des *Ego-Ideals* und schließlich die einer *individuellen Person*. Die folgende Übersicht (aus: Haller/Flechsig 1975, S. 258 f.) erläutert die sechs Funktionen und stellt eine Beziehung her zur entsprechenden Schülermotivation:

Lehrerrolle und Funktionen

Lehrerrollen	Hauptziele	Wichtige Fähigkeiten	Hauptquellen der Schülermotivation (und der Angst)
Experte	übermittelt Information, Begriffe und Perspektiven des Faches bzw. Bereichs	Zuhören, fachliche Vorbereitung, Unterrichtsorganisation und Darbietung von Lehrmaterialien, Beantwortung von Fragen	Neugier, Leistungsbedürfnis, Interesse an der Sache und am Inhalt (Befürchtung dumm zu gelten, Befürchtung zu versagen)
Formelle Autorität	Ziele setzen und Verfahren bestimmen, um Ziele zu erreichen	Festlegung der Struktur und der Qualitätsmaßstäbe, Evaluation des Resultats	Abhängigkeit, Streben nach guten Noten (Befürchtung, durchzufallen, sich zu verzetteln und irrelevante Tätigkeiten auszuüben)
Sozialisationsagent	Ziele und Karriereperspektiven über den Kurs sichtbar machen, Schüler darauf vorbereiten	Belohnungen und Erwartungen hervorkehren, die von der Mehrheit der Fachwissenschaftler akzeptiert werden	Bedürfnis, sich über die eigenen Interessen und Neigungen klar zu werden, der Wunsch, akzeptiert zu sein (Befürchtung, vom Fach abgelehnt oder in den Vorhaben beschnitten zu werden)
Unterstützer	Kreativität und Entfaltung nach dem Selbstverständnis des Schülers zu fördern, Lernschwierigkeiten überwinden helfen	Schüler entwickeln, das Bewusstsein ihrer Interessen und Fähigkeiten schärfen, Einsicht und Problemlösungsfähigkeit nutzen, um Schülern zu helfen, Ziele zu erreichen und Blockierungen abzubauen	Selbsterfahrung und Klarheit darüber, dass man sich in gewünschter Richtung entwickelt (Befürchtungen, eine Marionette oder ein Notengrabscher zu sein oder zu werden, keine klare und angemessene Identität zu haben)
Egoideal	Begeisterung und Wertschätzung intellektueller Forschung in einem speziellen Bereich vermitteln	Verdeutlichen, dass letztlich die eigenen materiellen oder geistigen Ziele die Mühe wert sind und das persönliche Engagement	Der Wunsch, angeregt zu werden, nach einem Vorbild, einer Personifizierung eigener Ideale (Befürchtung, indifferent, verhärtet und zynisch zu werden)
individuelle Person	Das ganze Spektrum menschlicher Bedürfnisse und Fähigkeiten übermitteln, die erforderlich sind für die eigene intellektuelle Aktivität, als Mensch gewürdigt zu werden und den Schüler als Menschen zu würdigen	Sich so darstellen, dass deutlich wird, dass man über die aktuelle Aufgabe hinaus existiert, vertrauenswürdig und warmherzig sein, um Schüler zur Offenheit zu ermuntern	Der Wunsch, mehr als nur Schüler zu sein, der Wunsch, einen Lebenszusammenhang herzustellen (Befürchtung, ignoriert oder als Objekt behandelt zu werden)

In der Vergesellschaftung und Institutionalisierung schulischer Bildung liegt der Grundwiderspruch begründet, mit dem jeder Lehrer zu kämpfen hat: das Dilemma zwischen Berufung und Institution, zwischen einerseits der fördernden, betreuenden und andererseits der selektierenden und disziplinierenden Tätigkeit. Die ‚Klientel' kommt nicht freiwillig, sondern unterliegt bis zur Volljährigkeit der Schulpflicht, der Lehrer muss also die Berechtigung und Notwendigkeit der Lernaufgabe glaubwürdig vertreten, um Motivation zu erzeugen, außerdem die Lerninteressen der Schüler mit den Vorgaben des Lehrplans vereinbaren. Gerade Berufsanfänger geraten oft in Rollenkonflikte – sie selbst waren ja vor noch nicht allzu langer Zeit auf der Schülerseite, hatten über Lehrer geschimpft, und nun wollen sie alles besser machen, Freund der Schüler sein, keinen Notendruck ausüben ...

Nach der Bildungskommission des Deutschen Bildungsrates umfasst das Berufsbild des Lehrers die Aufgabenbereiche *Lehren, Erziehen, Beurteilen, Beraten* und *Innovieren* (Deutscher Bildungsrat 1970). Diese Aufgabenbereiche sind alle notwendig aufeinander bezogen, weshalb sich Bestrebungen, sie teilweise auf von den Schulen anzustellende Sozialpädagogen oder Psychologen zu übertragen und somit von der eigentlichen Lehrertätigkeit zu trennen, bislang nicht durchsetzen konnten. Mit dem Bild des Lehrers verbinden sich Vorstellungen vom Gärtner, der die Schüler hegt und in ihrer Entwicklung unterstützt, vom Dompteur, der die Klasse im Zaum halten muss, vom Verkäufer, der seine Ware an den Mann bringen will, vom Moderator, der eine Show ‚abzieht', vom Agenten der Gesellschaft, der Interessen umsetzen muss. Gerade diese Vielfältigkeit und gleichzeitig nicht eindeutige Definierbarkeit der Aufgabenbereiche löst bei vielen Verhaltensunsicherheit oder Überlastung aus (vgl. Kap. 11). Entscheidend für die Umsetzung der Lehrerrolle ist die Lehrerpersönlichkeit, die Adorno in seinem 1965 gehaltenen Vortrag „Tabus über den Lehrerberuf" sogar als der Gefahr einer „déformation professionelle" (Lenzen 1989, 936) ausgesetzt sieht. Gerade der Lehrer erlebt oft berufsspezifische Ohnmachtserfahrung und Verletzungen, die jeder irgendwann durchmacht: Eine Klasse ist über längere Zeit nicht zu motivieren und nicht bereit zu kooperieren, ein Schüler verweigert sich total und zerstört jede Unterrichtsstunde etc. Adorno bezeichnet die psychologische Deformation, die häufig mit der Angst des Lehrers vor seinen Schülern einhergeht, sogar als Kennzeichnung berufsbedingter Persönlichkeitsmerkmale beim Lehrer. Dieser schlimmste aller Fälle muss nicht zwangsläufig eintreten, das richtige Lehrerverhalten kann viel zur Erleichterung des Berufsalltags beitragen (vgl. Kap. 10.3).

10.3 Das Lehrerverhalten

Die wesentliche und das gesamte Unterrichtsverhalten umfassende Schlüsselqualifikation des Lehrers ist seine **Handlungskompetenz**, ausgedrückt in seiner *Fach-, Methoden- und Sozialkompetenz:* Damit könnte umschrieben werden seine „*Fähigkeit, in immer wieder neuen, nie genau vorhersehbaren Unterrichtssituationen Lernprozesse der Schüler zielorientiert, selbstständig und unter Beachtung der institutionellen Rahmenbedingungen zu organisieren*" (Meyer 1991, 44). Ich füge hinzu: dies alles unter der Maßgabe der eigenen Ansprüche an guten Unterricht und gutes Lehrerverhalten wie z. B. Freundlichkeit, Schülerbeteiligung etc. Damit einher geht zwangsläufig ein ausgewogenes Maß an Routine, das es erlaubt, die volle Aufmerksamkeit auf Wesentliches zu richten, aber dennoch nicht alle Abläufe unreflektiert automatisiert. Bei routinierten Handlungsabläufen setzt, ausgelöst durch einen bestimmten Reiz (z. B. eine Schülerfrage), eine ganze Folge von Reaktionen innerhalb kürzester Zeit ein. Während der Praktikant noch mühsam abwägen muss, ob sein Handeln gerechtfertigt, sein Ziel erreicht und die Situation gut bewältigt ist, kann der erfahrene Lehrer spontan, also mit sicherem Gefühl für die Lage – routiniert vorgehen: „*Routinehandlungen sind eingebettet in einen ganzheitlichen und verdichteten Prozess der Situationswahrnehmung, der Situationsbewertung, des Aufbaus einer Zielperspektive und der Erfolgskontrolle*" (ebd., 49). Das Ziel muss also heißen: **Routinierter Lehrer ja, routinierter Unterricht nein!**

Doch wie kommt man zu Handlungskompetenz und der nötigen Routine? Gerade die ersten Lehrversuche während des Studiums gleichen einem Sprung ins kalte Wasser, manch einer ist vorschnell euphorisch angesichts einer für gelungen gehaltenen Stunde („Die Schüler fanden es ganz toll!"), andere sind unglücklich, weil sie mit sich, den Schülern, der Situation unzufrieden sind. Natürlich sind die hierbei gesammelten Erfahrungen unersetzbar – wer einmal Arbeitsblätter ausgeteilt hat, ohne *vorher* einen genauen Arbeitsauftrag zu geben, wird dies so schnell nicht wieder tun –, viele ‚Fehler'

wären aber vermeidbar. Die Frage lautet: „Ist es grundsätzlich möglich, die für den Lehrerberuf notwendigen Kompetenzen der differenzierten Wahrnehmung und Steuerung von Unterrichtsprozessen durch *Bücherstudium* zu erwerben?"
Hilbert Meyer gibt folgende Antwort: „In der Geschichte der Pädagogik sind immer wieder unterschiedliche Antworten auf diese zugespitzte Fragestellung gegeben worden. Die einen sprachen vom ‚geborenen Erzieher', der dann ja wohl kein akademisches Studium nötig hatte; die anderen – auf der anderen Seite des großen Teichs – konzipierten eine Lehrerbildungsfabrik, in der ‚Unterrichten-Können' in Form von 720 Teilqualifikationen verabreicht wurde. [...] **Eigene Unterrichtserfahrungen sind theoretisch und praktisch durch nichts zu ersetzen**" (Meyer 1981, 12).
Bezeichnungen wie Lehrgriffe, Lehrtechniken oder Methodenkompetenz zeigen: Das Lehrerverhalten lässt sich in Einzelmaßnahmen zerlegen, die gleich handwerklichen oder technischen Fähigkeiten durchaus gewisse Regelhaftigkeiten aufweisen und dementsprechend in gewissem Maße auch kommunizierbar und *erlernbar* sind. Handlungskompetenz ist also nicht nur ein Privileg altgedienter, erfahrener Lehrer, sondern ein Gefüge vieler einzelner Handlungsfelder. Wichtig bleibt aber bei allen methodischen Kniffen: *„Ihre Beherrschung oder Nichtbeherrschung entscheidet allein noch nicht über die Qualität des Unterrichts. Ein Lehrer kann in äußerst gewandter Unterrichtsführung Falsches vermitteln und die Schüler übel manipulieren, und er kann in holpriger und doch redlicher Weise Richtiges und Wertvolles bieten.[...] Sie sind* **notwendige,** *wenn auch* **nicht hinreichende Bedingungen guten Unterrichts**" (Glöckel 1990, 20).
In dem klassischen Bild von Unterricht als Beziehungsgeflecht von Lehrer-Schüler-Lernoperation ist der Lehrer nicht nur ‚Showmaster', ‚Dirigent' oder ‚Verkäufer', sondern vor allem Anreger und Organisator und Moderator von Lernprozessen: Er muss Lernsituationen schaffen, durch die die Lernziele möglichst von allen Schülern erreicht werden. Nicht der Lehrer, sondern die Schüler sollten im Mittelpunkt stehen; trotzdem bleibt der Lehrer – selbst in einem sehr schülerzentrierten Unterricht – Initiator und Impulsgeber, auch wenn seine Aktivitäten im Gegensatz zum traditionellen Lehrverhalten (vormachen, vortragen, erklären) weniger ‚sichtbar' sind. Lehrtätigkeit setzt sich grundsätzlich zusammen aus folgenden Momenten (nach Memmert 1995, 52):

1. Persönliche Merkmale des Lehrers:
– Sprache und gestische Eigenheiten
– erzieherische Strategien
– themenbezogene Kompetenz
– Lehrerpersönlichkeit, z. B. Freundlichkeit und Wärme
– Haltung gegenüber Schülern, Fach, Kollegen, Beruf

"Eine Haltung ist das Gesamt an pädagogischen, sozialen und politischen Vorstellungen und Interessen einerseits, an sprachlichen, handlungsbezogenen und körperlichen Ausdrucksmöglichkeiten andererseits" (Meyer 1989, 42). Sie ist ganzheitlich, stabil und hat sowohl eine innere Seite (Werte, Einstellung) als auch eine äußere Seite (Körpersprache). An Haltungen zu arbeiten ist schwierig (z. B. durch Supervision in den Praktika), aber wichtig, um das Methodenrepertoire zu verbessern, auszuweiten und zu bereichern.

2. Lernprozess bestimmendes Lehren:
– Lernziele im Einklang mit dem Lehrplan formulieren
– Lernsituationen planen und organisieren
– methodische und mediale Kompetenz, Unterrichts- und Führungsstil
– Lernen regeln: anregen, raten, vorschlagen, bitten, anweisen, motivieren, befehlen, kontrollieren, bewerten, positive/negative Sanktionen etc.

3. Medien ersetzendes Lehren:
– Tafelanschriften fertigen, demonstrieren, vorlesen, diktieren
– Informieren (Lehrervortrag: Erzählung, Bericht, Schilderung, Beschreibung)
– Korrelieren (verknüpfen, deuten, Transfer leisten, folgern)

4. Kommunikation und Interaktion regelndes Lehren:
– Fähigkeit zur sozialen Integration der Lehr-Lern-Gruppe
– Gruppen-, Partnerarbeit, Diskussionen durchführen, Spiele leiten etc.

Eine wesentliche Bedeutung kommt bei allen Lehrtätigkeiten der **Sprache** zu: Wort- und Körpersprache haben als häufigste und grundlegendste Unterrichtsmedien nach Glöckel folgende Funktionen (Glöckel 1990, 50):

- **Gegenstandsersatz** in der Beschreibung und Erläuterung
- **Mittel des Denkens** in allen Herleitungen und Problemlösungen
- **Unterrichtsgegenstand** in Fachausdrücken und Fachdiskussionen
- **Vorbild** in Sprech- und Ausdrucksverhalten, im Umgang mit anderen
- **Ästhetisches Gestaltungsmittel** in der Wiedergabe von Kunst
- **Verhaltenssteuerung** in der Regelung von Interaktionsprozessen
- **Mittel seelischen Erlebens** im Ausdruck von Gefühl und Stimmung

Auch die Körpersprache ist ein nicht zu unterschätzender Faktor im Unterrichtsgeschehen, sie signalisiert häufig das Gegenteil der Verbalsprache. Solche Differenzen sind tunlichst zu vermeiden, sind sie doch Hinweis, dass das Lehrerverhalten nicht authentisch ist – und damit unglaubwürdig.
Zur Verhaltensregelung und Organisation des Unterrichtsablaufs ist der **Impuls** ein wichtiges Steuerungssignal: Er „ist der Oberbegriff für alle beabsichtigten, unterrichtsbezogenen Verhaltensäußerungen des Lehrers, die ein bestimmtes Schülerverhalten auslösen sollen" (ebd., 21). Man unterscheidet zwischen

Lehrerimpuls	**Sachimpuls**
bindet die Schüler an den Lehrer – akustisch: verbal und nonverbal – optisch: mimisch oder gestisch	lässt die Sache für sich sprechen – fördert die Schüleraktivität – weckt intrinsische Motivation

Je nachdem, welchen Stellenwert ein Impuls innerhalb des Unterrichtsgeschehens einnimmt, spricht man von einem

- Hauptimpuls: Er leitet eine neue Unterrichtsphase ein, organisiert das Unterrichtsgeschehen und gliedert die Unterrichtsstunde,
- Fein- oder Gliederungsimpuls: Er gliedert einzelne Teilschritte, weist auf kommende Arbeiten und Aufgaben hin.

Folgende Auflistung zeigt das Spektrum (Winnefeld in Martial/Bennack 1995, 112 ff.) möglicher Feinimpulse auf:

- Tätigkeitsimpuls: ist nicht themengebunden und hat Aufforderungscharakter
- Denkanstoß: ist themenbezogen, offen, kann Vermittlungshilfe sein
- Analyseimpuls: weist auf eine Zergliederung in Teile hin
- Syntheseimpuls: Bildung von Oberbegriffen oder Gesetzmäßigkeiten
- Verdeutlichungsimpuls: fordert Begriffsklärung, inhaltliche Verdeutlichung ein
- Präzisierungsimpuls: mahnt Genauigkeit in Darstellung und Form an (z. B. Zeichnungen)
- Akzentuierungsimpuls: Schwerpunktbildung, Hierarchisierung, Vorrangstellung
- Verbesserungsimpuls: zur Fehlerkorrektur oder -verbesserung
- Vermutungsimpuls: gibt Anregung zu Mutmaßungen über Zusammenhänge
- Vergleichsimpuls: fordert zu Gegenüberstellung, Unterscheidung von Kriterien auf
- Entscheidungsimpuls: mehrere Möglichkeiten sollen abgewogen werden
- Begründungsimpuls: sucht nach Ursachen, Gründen für einen Sachverhalt
- Wertungsimpuls: verlangt Stellungnahme, Werturteile, Meinung
- Folgerungsimpuls: ermöglicht logische Schlüsse, Ergebnisse
- Sachordnungsimpuls: ist Aufforderung, organisatorische Verhaltensweisen zu zeigen
- Disziplinarischer Ordnungsimpuls: Verhaltensermahnung, Verweis auf Klassenregeln
- Ermunterungs- oder Motivationsimpuls: gibt positive Rückmeldung, Tipps, Lob
- Bremsungsimpuls/Beschleunigungsimpuls: zur Veränderung des Arbeitstempos
- Weiterführungsimpuls/Wiederholungsimpuls: reguliert den Lernprozess
- Kontrollimpuls: überprüft Lernstand der Klasse, evaluiert geleistete Arbeit

Die oben genannten Lehrtechniken lassen ein Unterrichtsbild entstehen, das sehr lehrerzentriert und technisiert erscheint – als ob man die Schüler mit den richtigen Impulsen und Fragetechniken zu jedem Lernziel bringen könnte. In seinem Buch „Techniken des Lehrerverhaltens" schreibt J. Grell: *„Die Frage nach dem einen Muster effektiven Lehrerverhaltens führt in die Irre, weil sie zu einfach gestellt ist. Es ist naiv, anzunehmen, es gäbe ein paar Merkmale oder Regeln, mit denen effektives Lehrerverhalten von ineffektivem Lehrerverhalten zu unterscheiden ist. Man vergisst dabei, dass es Lehrer mit verschiedenen Klassen und verschiedenen Schülern, mit verschiedenen Themen, Zielen und Unterrichtsfächern zu tun haben, und dass es kein einheitliches Verhalten geben kann, das in all diesen verschiedenen Situationen gleichermaßen sinnvoll ist"* (Grell 1977, 42). Gerade dieser Sachverhalt erschwert die wissenschaftliche Überprüfung bestimmten Lehrerverhaltens: *„Eine wissenschaftlich befriedigende Auseinandersetzung mit Verhaltensmustern von Lehrern im Klassenzimmer ist aber nicht einfach. Jeder, der sich das Geschehen während einer Unterrichtsstunde einmal angeschaut hat, weiß um die Schwierigkeit, die vielfältigen Vorgänge zu benennen und zu erfassen. Der Blick eines Lehrers kann mitunter mehr sagen als viele Worte"* (Hofer in Weinert u. a. 1974, 503).

„Techniken des Lehrerverhaltens"

10.3.1 Erziehungsstile

In der **Unterrichtsforschung** ist das Lehrerverhalten seit langem Forschungsobjekt; untersucht wird die Frage, ob ein bestimmter Lehrstil bestimmte Auswirkungen im Verhalten der Schüler, in deren Lernmotivation, Sozialverhalten oder Einstellung zum Unterrichtsfach nach sich zieht. Der Lehr- oder **Erziehungsstil** ist ein Bündel von Merkmalen des Erziehungsverhaltens, die untereinander in Beziehung stehen und zu einem charakteristischen Grundzug zusammengefasst werden. Es handelt sich also um *„relativ sinneinheitlich ausgeprägte Möglichkeiten erzieherischen Verhaltens, die sich durch typische Komplexe von Erziehungspraktiken charakterisieren lassen"* (Lenzen 1989, 469). In der Reinform der zu Forschungszwecken geschaffenen Kategorie ist der Erziehungsstil also keine real existierenden Verhaltensweise, sondern als ein Konstrukt der Unterrichtsforschung ein künstliches Ordnungssystem. So verkörpert kein Lehrer in der Unterrichtspraxis ausschließlich einen einzigen Lehr- bzw. Erziehungsstil, sondern weist in seinem Verhalten Elemente verschiedener Stile auf. Es werden unter anderem folgende Erziehungsstile unterschieden:

E. Vorwinkel	indifferent – autoritativ – Individualität – Persönlichkeit
K. Lewin	autoritär – demokratisch – laissez-faire
H. H. Anderson	dominativ oder integrativ
C. W. Gordon	instrumental oder expressiv
R./A.-M. Tausch	autokratisch oder sozialintegrativ
C. Caselmann	logotrop (Schüler – Lehrstoff) oder paidotrop (Kind – Welt)
E. Spranger	weltnah oder isolierend – frei oder gebunden – vorgreifend oder entwicklungsgetreu
J. P. Ruppert	Sachlichkeit – Sorge – Tapferkeit – Güte – Ehrfurcht – Wahrhaftigkeit

Diese Erziehungsstile wurden durch verschiedene Forschungsmethoden (Beobachtung, Befragung, Experiment, Einstellungsmessung u. a.) ermittelt, dadurch sollen gesicherte Aussagen über die Wirkung auf die zu Erziehenden getroffen werden. Die Erziehungsstilforschung ist nicht unumstritten, folgende Problemfelder werden kritisiert:

- Ordnungssysteme sind willkürlich gewählt, konstruiert und von der Forschungsmethode abhängig.
- Idealvorstellungen vom Erziehungsverhalten sind gesellschafts-, zeit- und kulturabhängig.
- Die Erziehungsstilforschung ist einseitig, sie konzentriert sich auf das Lehrerverhalten und beachtet die Eigenarten und Verhaltensprobleme der Kinder zu wenig.
- Das Erziehungs- und Alltagswissen, die Einstellungen und Erwartungen der Erzieher bleiben unberücksichtigt.
- Über die Auswirkungen von Erziehungsstilen gibt es trotz aller Untersuchungen nur wenig gesicherte Erkenntnisse, die Erziehungsstilforschung bleibt deshalb für die Praxis weitgehend folgenlos.

„Im Grunde steckt in den meisten Führungsstilkonzeptionen der alte Wunsch, gut und böse säuberlich unterscheiden zu können, und so steht eigentlich schon unabhängig von jeder wissenschaftlichen Untersuchung fest, welcher Stil vorzuziehen ist. […] Die Führungsstil-Untersuchungen haben insgesamt – wenn man ihre breitere Wirkung betrachtet – eher ein Dogma aufgerichtet als die Einsicht in Zusammenhänge vertieft" (Grell 1977, 42).

Im Folgenden werden drei unterschiedliche Konzeptionen der Erziehungsstilforschung vorgestellt, die sich in ihrer grundsätzlichen Unterscheidung von Merkmalen an der prägenden Lewin-Lippitt-White-Studie orientieren.

10.3.1.1 Die Lewin-Lippitt-White-Studie (1937/38)

Als Kurt Lewin Mitte der dreißiger Jahre in den USA seine experimentellen Untersuchungen zu den Führungsstilen beginnt, hat er nicht nur erziehungswissenschaftliches Interesse, sondern ist auch persönlich in die Fragestellung involviert: 1933 als Jude zur Emigration gezwungen, stellte er sich die Frage, wie es sein kann, dass ein besonders autoritärer Führungs- und Erziehungsstil das Verhalten eines ganzen Volkes (negativ) beeinflussen kann. Seine Führungsstilstudien sind bahnbrechend, denn bei ihm wird Verhalten kontrolliert beeinflusst und nicht nur durch Beobachtung festgehalten, außerdem sind Methode und Ergebnisse durch genaue Beschreibung der untersuchten Dimensionen wiederholbar und damit überprüfbar. Zur Isolation einzelner Verhaltensmerkmale wurden in einem Jugendclub drei ‚Gruppen-Atmosphären' künstlich geschaffen: Fünf Gruppen von je fünf Kindern im Alter von 10 und 11 Jahren und von ‚gleichem' Stand hinsichtlich Sozialverhalten, intellektueller Leistungsfähigkeit, physischem Zustand u. a. wurden jeweils dem **autoritären** Stil, dem **demokratischen** Stil und dem **laissez-faire**-Stil ausgesetzt. Jeder Leiter übernahm sowohl die autoritäre als auch die demokratische Rolle, jedes Kind wurde gleich lang allen drei Verfahren unterworfen, sodass die Beobachtung von Wechselwirkungen möglich war. Untersucht wurde anhand von Interviews mit den Jungen und deren Eltern, durch kontinuierliche stenographische Aufzeichnung aller Unterhaltungen, Beobachtung direktiver, nachgiebiger wie objektiver Reaktionen, durch Sequenzanalysen der sozialen Interaktion u. a. Das Verhaltensspektrum der Erzieher wurde vor Beginn der Studie genau trainiert:

Der **autoritäre** Gruppenführer ...
- legt alle Richtlinien fest
- schreibt Techniken, Tätigkeiten, einzelne Aufgaben vor
- stellt die Arbeitsgruppen zusammen
- verteilt Lob und Tadel nach persönlichen Gesichtspunkten
- hält sich abseits von der Gruppe

Der **demokratische** Gruppenführer ...
- lässt Richtlinien durch Gruppendiskussion und -entscheidung festlegen
- hilft beim Zustandekommen von Entscheidungen durch Vorschläge alternativer Mittel und Verfahren

- lässt die Schüler ihre Arbeitspartner selbst auswählen
- orientiert sich beim Erteilen von Lob und Tadel an objektiven und sachlichen Gesichtspunkten
- versucht, Mitglied der Gruppe zu sein

Der ‚Gruppenleiter' im **laissez-faire**-Stil
- überlässt alle individuellen und Gruppenentscheidungen völlig den Gruppenmitgliedern
- beschafft lediglich Material, stellt aber keine Arbeitsaufträge
- gibt Informationen nur auf Befragen
- nimmt am Gruppenleben nicht teil, beurteilt nicht, enthält sich sämtlicher Regelungen oder spontaner Bemerkungen

Die Ergebnisse der Studie in Bezug auf die Auswirkungen des Führungsstils auf das Verhalten der Kinder lassen sich wie folgt zusammenfassen:

autoritär	– größere Leistungsquantität
	– geringere Arbeits- und Gruppenmoral, mehr Konflikt, Aggression, Sündenböcke: Aggressives Verhalten trat entweder extrem hoch oder niedrig auf (was auf Furcht vor Strafe zurückzuführen ist), ein deutlicher Anstieg zeigte sich vor allem, sobald der Führer den Raum verließ, aber auch im Übergang zu einem anderen Milieu.
	– weniger Arbeitsbeharrlichkeit bei Abwesenheit des Leiters: Sobald er den Raum verließ, nahm die Produktivität bei allen stark ab. Erst bei dessen Rückkehr erhöhten sich die Leistungen wieder. Weniger aggressive Gruppen arbeiteten insgesamt länger als die stark aggressiven.
demokratisch	– geringere Produktionsmenge, höhere Qualität
	– höhere Arbeits- und Gruppenmoral, weniger Konflikte, Aggression und Sündenböcke: Aggressives Verhalten trat in mittlerem Maß auf, auch die ‚Arbeitsleistungen' waren mittelstark ausgeprägt, ähnlich wie die der ‚aggressiven autoritären' Gruppen.
	– größere Arbeitsbeharrlichkeit bei Abwesenheit des Lehrers: Insgesamt war die Einstellung gegenüber dem Führer positiv, die Arbeitsleistungen nahmen 60% der Zeit in Anspruch.
laissez-faire	– geringe Produktivität: Die Arbeitsleistungen waren insgesamt am schlechtesten, sie nahmen aber zu, sobald der ‚Führer' den Raum verließ, was sich durch die Übernahme der Führungsrolle durch einen Jungen erklären ließe. Sobald der ‚Führer' zurückkehrte, erfolgte ein starker Rückgang der Produktivität.
	– geringe Arbeits- und Gruppenmoral, hohe Aggression: Hier wurde aggressives Verhalten am stärksten beobachtet, daneben aber auch das Streben nach irgendeiner Form von Organisation.

10.3.1.2 H. H. Anderson (1946)

In realen Erziehungs- und Unterrichtssituationen wurde durch teilnehmende Beobachtung in amerikanischen Kindergärten und Grundschulen das sprachliche und nichtsprachliche Lehrerverhalten unter dem Aspekt des dominativen und integrativen Typus untersucht:

UNTERRICHTSSTIL ▶ FOLGEN BEIM KIND

Dominatives Verhalten	Angst – Aggression
Rigorose Lenkung durch Erziehungsperson, Tadel, Verwarnung, Drohung, Strafen, Kritik, Zurechtweisung, Vorwurf, Missbilligung, Ermahnung, Aufforderungen und Befehle, kaum Rücksichtnahme auf kindliche Bedürfnisse.	Widerstand gegenüber den Befehlen, Dominanz und Aggression gegenüber anderen Kindern (Lernen am Modell), nervöse Angewohnheiten (z. B. Nägelkauen, zappeliges Verhalten, apathische Reaktionen, Passivität).
Integratives Verhalten	**Aktivität – Kooperation**
Wenig Lenkung, freundliche Haltung, Bitten und Meinungen der Kinder werden akzeptiert, Aktivitäten der Kinder werden gelobt, Kinder werden zur Formulierung von Gedanken und Vorschlägen ermuntert.	Spontanes Berichten eigener Erfahrungen, spontane Vorschläge und Antworten, gute Mitarbeit, kaum Widerstand gegenüber dem Lehrer, wenig Aggression gegenüber Gleichaltrigen, wenig nervöse Angewohnheiten.

10.3.1.3 D. G. Ryans (1960)

In dieser groß angelegten Studie wurden in 1500 Volksschulklassen und 1900 Klassen höherer Schulen Lehrer anhand bipolarer Merkmalsskalen beobachtet und eingeschätzt, wobei in Zwischenstufen von 1 bis 7 differenziert werden konnte. Insgesamt 18 Gegensatzpaare wurden zur Einschätzung verwendet, um ein möglichst genaues Bild zu erhalten. Durch besondere statistische Verfahren (Faktorenanalyse) wurden die aussagekräftigen Paare herausgefiltert.

ungerecht						gerecht
1	2	3	4	5	6	7
langweilig						anregend
1	2	3	4	5	6	7
planlos						systematisch
1	2	3	4	5	6	7

Diese 18 *Gegensatzpaare* wurden von Ryans zu *drei* globale *Dimensionen* zusammengefasst:
1. freundlich, verstehend, warm *versus* distanziert, restriktiv, egozentrisch
2. verantwortungsvoll, systematisch, sachlich *versus* nachlässig, planlos
3. stimulierend, phantasie- und ideenreich *versus* langweilig, routinemäßig

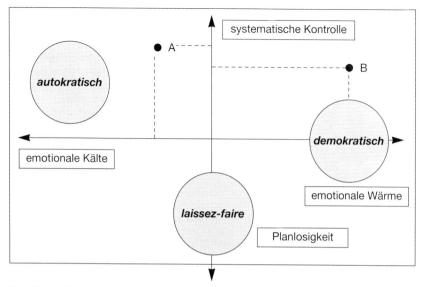

Da diese Gegensätze sich zwar ausschließen, die Dimensionen aber beliebig kombinierbar sind, kann theoretisch jedes Lehrverhaltensmuster anhand dieser drei Dimensionen eingestuft werden. In zwei- und dreidimensionalen Schaubildern lässt sich das entsprechende Lehrerverhalten anhand der Einschätzungen darstellen, wie das Beispiel (Graumann in: Weinert u. a. 1974, 503) zeigt (zur Vereinfachung werden nur zwei der drei Dimensionen verwendet): Aufgrund des Schaubilds lässt sich über den Unterricht des Lehrer A sagen, dass dieser stark durchgeplant und von mäßig emotionaler Kälte gekennzeichnet ist. Ebenso ließe sich das Verhalten des Lehrers B und vieler anderer einordnen und beschreiben. Generellere Aussagen hinsichtlich der Einteilung von Lehrstilen lassen sich anhand der drei Merkmalsgruppen autokratisch, demokratisch und laissez-faire treffen – auch sie lassen sich in das Schema von Ryans einordnen (siehe gestrichelte Flächen), so ist z. B. der autokratische Stil durch emotionale Kälte bei hoher Planmäßigkeit definiert.

10.3.1.4 Reinhard und Anne-Marie Tausch

Das Hamburger Ehepaar entwickelte in langjähriger Unterrichtsforschung die amerikanischen Untersuchungen zu den Erziehungsstilen weiter bzw. übertrug sie auf deutsche Schulverhältnisse und kam zu ähnlichen Ergebnissen (Tausch/Tausch 1971).

Die folgende Tabelle stellt die einzelnen Dimensionen und Stilmerkmale den Auswirkungen im Unterricht gegenüber:

EBENE DES TYPS	EBENE DER DIMENSION	EBENE DER MERKMALE	EBENE DER VERHALTENSWEISEN
Autokratischer Stil	Lenkung – Dirigierung (stark ausgeprägt)	häufige Befehle und Aufforderungen, häufige Lehrerfragen, langes und häufiges Reden, Strafen, Vorwürfe, Kritik, häufige Kontrolle	Weiterlesen! – Schaut her! – Nun passt doch mal auf! – Was ist heute unsere Aufgabe? – Oder? – Wie heißt das?
	Emotionale Dimension = Kälte, Abneigung	Verständnislosigkeit, Irreversibilität, Entmutigung, Geringschätzung, erregtes, unfreundliches, unhöfliches Verhalten, Pessimismus, geringe Respektierung von Wünschen und Belangen der Schüler	Ein dusseliges Volk seid ihr! – Gleich helfe ich dir! – Ja, gerade du hast es nötig! – Na, nun komm, Freundchen! – Es hat gar keinen Zweck mit dir. – Halt deinen Schnabel, Kerl! – Setzen!
Sozialintegrativer Stil	Emotionale Dimension = Wärme, Zuneigung	Wertschätzung, höfliches, freundliches und ruhiges Verhalten, Optimismus, Verständnis, Reversibilität, Ermutigung	Eure Vorschläge haben mit sehr geholfen. – Du möchtest am liebsten weinen. – Ja, das ist wahr. – Bitte nur flüstern.
	Lenkung – Dirigierung (gering ausgeprägt)	wenig Befehle, seltene Aufforderungen, kürzeres Reden, kooperatives Verhalten, selten Lehrerfragen, geringe Häufigkeit von Ausdrucksformen der Macht, Überlegenheit, Stärke	Einige möchten noch weiter arbeiten. – Ich könnte euch helfen. – Das Lesestück ist auf Seite ... – Bitte macht Vorschläge.
Untersuchungsmethode	Auswertung beobachteter Verhaltensweisen, z. B. Auszählung und Bildung von Häufigkeiten, Gruppierung der Verhaltensweisen mit Hilfe der Faktorenanalyse u. a.	Beurteilung der beobachteten Verhaltensweisen auf der Ebene der Eigenschaften in Tabellen und Skalen	Beobachtung des Verhaltens von Erziehern (Lehrern, Eltern, Kindergartenerzieher) durch Strichlisten, Protokolle, Tonband- und Videoaufzeichnungen

Später verfeinerten sie ebenfalls ihre Instrumente, nahmen weitere Anregungen auf, sprachen eher von günstigen/ungünstigen Verhaltensdimensionen von Lehrern und Erziehern, unterschieden dann auch drei **Hauptdimensionen**, die wesentlich das soziale und emotionale (zwischenmenschliche) **Lehrerverhalten** charakterisieren:

1. Die emotionale Dimension:
   Missachtung/Kälte/Abweisung *vs* Achtung/Wärme/Zuneigung
2. Die Lenkungsdimension:
   Keine Lenkung/Dirigierung/Kontrolle *vs* Starke Lenkung/Dirigierung/Kontrolle
3. Die Dimension Nichtdirigierende fördernde Aktivität:
   Keine Angebote/Vorschläge/Alternativen *vs* Viele Angebote/Vorschläge

Darüber hinaus erwiesen sich zwei weitere Verhaltensdimensionen (ursprünglich von C. Rogers 1974) als wesentlich:

4. Emphatisches Verstehen der inneren Welt des Jugendlichen und
5. Echtheit/Unechtheit im Verhalten von Lehrern und Erziehern

Das Ehepaar Tausch konnte dann zeigen:

- dass unterschiedliche Ausmaße der Verwirklichung dieser 5 Dimensionen bei Lehrern/Erziehern deutlich unterschiedliche Erfahrungen und unterschiedliches Verhalten bei Kindern und Jugendlichen auslösen,
- dass das Ausmaß der Verwirklichung der Dimensionen bei verschiedenen Lehrern oft deutlich unterschiedlich, allerdings über längere Zeit in verschiedenen Klassen und Fächern relativ konstant ist, und
- dass die Unterschiede offenbar stärker mit der Persönlichkeit der Lehrer und ihrer Ausbildung zusammenhängen als mit den äußeren Bedingungen des Unterrichts oder des Faches.

Da die meisten Lehrer ja die „positiven" Verhaltensweisen anstreben aber – oft zu ihrer eigenen Überraschung – nicht tatsächlich zeigen bzw. praktizieren (können), ist der Hinweis auf die Lehrerbildung wichtig. Auch wir sind der Meinung, dass bestimmte *Ausbildungserfahrungen* Lehramtsstudenten und -anwärter durchaus befähigen können, das angestrebte Verhalten allmählich zu verwirklichen – wenn sie innerhalb eines auf guter Sachkenntnis aufbauenden, gut geplanten Unterrichts durch vorsichtiges Ausprobieren und positive Rückmeldung im *Rahmen der Schulpraktika* gute Erfahrungen mit dem sozial-integrativen Erziehungsstil machen können.
Dabei können Betreuer und Mitpraktikanten anhand ihrer Beobachtungen Hilfestellung geben. Noch aufschlussreicher dürften aber Video-Mitschnitte der eigenen Unterrichtsversuche sein, die man dann ganz für sich allein auswerten kann. Hilfreich für Beobachtung und Auswertung könnte das von

R. u. A. Tausch selbst vorgeschlagene Beobachtungsinstrument (vgl. Tausch/ Tausch 1975, 121–129; ausführlich in Tausch/Tausch 1971) sein. Damit könnte man sich im Unterricht gezielt beobachten lassen oder anderen Unterricht im Hinblick auf das Erziehungsverhalten analysieren um eine Veränderung im Sinne erwünschten Verhaltens beratend zu begleiten, sofern man ebenfalls von folgenden Grundqualitäten menschlichen Zusammenlebens ausgeht: Selbstbestimmung und individuelle Freiheit, Unantastbarkeit der Würde der Person, soziale Ordnung, Förderung der Leistungsfähigkeit und Transparenz wesentlicher Entscheidungen in Schule und Gesellschaft.

Wesentliche Verhaltensdimensionen von Lehrern/Erziehern:

EMOTIONALE DIMENSION

Misstrauen – Kälte – Abweisung:	-2	-1	0	1	2	Achtung – Wärme – Zuneigung:
geringschätzig, missachtend, teilnahmslos, abwertend, kalt, verständnislos, abweisend, entmutigend, unfreundlich, sozialirreversibel, misstrauisch						wertschätzend, achtend, ermutigend, anteilnehmend, anerkennend, offen, vertrauend, freundlich, ermutigend warm

LENKUNGS-DIMENSION

Keine Lenkung – Dirigierung	1	2	3	4	5	Hohes Maß an Lenkung – Dirigierung
Keine Befehle, Anordnungen oder Vorschriften, Gewähren von Selbstbestimmung und individueller Freiheit						Hohes Ausmaß von Befehlen, Anordnungen, Aufforderungen, Vorschriften, Verboten, Kontrollen, Fragen, Zwang, häufiges längeres Reden

NICHT-DIRIGIERENDE FÖRDERNDE AKTIVITÄT

Keine Angebote und Anregungen	1	2	3	4	5	Hohes Ausmaß von Angeboten und Anregungen
Keine Vorschläge und Alternativen, keine Schaffung förderlicher Bedingungen, Passivität, kein Einsatz und Hilfe für andere						Anregungen, Alternativen, großes eigenes Engagement und Bemühen, Einsatz und Hilfe für andere, Schaffung hilfreicher Bedingung, Bereitstellung von Materialien, Förderung der Selbstverantwortung, -exploration und -öffnung

DIMENSION ECHTHEIT

Unechtheit	-2	-1	0	1	2	Echtheit
Fassadenhaftigkeit, sagt Gegensätzliches zu dem, was er denkt und fühlt, amtlich-professionelles-routinemäßiges Gehabe, gekünstelt-mechanisch, spielt eine Rolle, kein Ausdruck tieferer Gefühle, rituelles Gehabe, will andere manipulieren, täuschen, Diskrepanz zwischen momentanem Erleben sowie Äußerungen und Verhalten, Äußerungen dienen der Verteidigung, damit andere das eigentliche Selbst nicht wahrnehmen können.						Lebt ohne Fassade, sagt nichts Gegensätzliches zu dem, was er denkt oder fühlt, ist er selbst, ohne professionelles Gehabe, spielt keine Rolle, ist bereit, das zu sein, was er ist, ungekünstelt, nicht eingeübt, steht hinter seinen Äußerungen, ist vertraut mit dem, was in ihm vorgeht, akzeptiert Gegensätze in sich und gibt sie zu, Ausdruck tiefer Gefühle, ist ehrlich sich selbst gegenüber.

TIEFGREIFENDES VERSTEHEN DER INNEREN WELT DES KINDES

| Kein Eingehen auf die Äußerungen des Jugendlichen, auf die ausgedrückten oder dahinterstehenden Gefühlsinhalte, Ausgehen vom vorgefassten Bezugspunkt, der den der Jugendlichen völlig ausschließt, Äußerungen des Erziehers bestehen entweder aus Belehrungen, Ermahnungen u. a. oder externalen Inhalten, versteht den Jugendlichen anders, als dieser sich selbst erlebt, nicht bemüht, die Welt mit den Augen des Jugendlichen zu sehen. | 1 | 2 | 3 | 4 | 5 | Vollständiges Erfassen der vom Jugendlichen geäußerten Gefühlsinhalte und persönlichen Bedeutungen, diese werden tiefer ausgedrückt, als es der Jugendliche selbst könnte, Stimme und Sprechweise drücken Gefühle aus, die dem Erleben des Jugendlichen angemessen sind, Mitteilung, was er von der inneren Welt des Jugendlichen verstanden hat, zeigt durch seine Äußerungen das Ausmaß an, wie weit er die Welt durch die Augen des Jugendlichen sieht, hilft dem Jugendlichen, die Bedeutung dessen zu sehen, was er gesagt hatte. |

Auffallend ist, dass in der obigen Übersicht weitere wichtige Aspekte, die für die Lehrerrolle zusätzlich sehr bedeutsam sind, beispielsweise Wissensvermittlung, Darstellungsfähigkeit und fachliche Kompetenz, kaum oder gar nicht berücksichtigt sind. Tausch und Mitarbeiter haben aber auch dazu wichtige Forschungsarbeiten vorgelegt. So konnten sie z. B. beobachten, dass sich manche Lehrer ihren Klassen gegenüber durchaus wertschätzend – achtungsvoll – warm und wenig lenkend verhielten, die Schüler aber dennoch unzufrieden,unruhig und unaufmerksam waren. Der Grund dafür war die Art, wie manche Lehrer sich beim Vortrag ausdrückten, wie umständlich, kompliziert, ungegliedert, langatmig-weitschweifig sie eine Aufgabe stellten, ein Ereignis erklärten oder darstellten. Die Schüler verstanden das dann nicht, wurden unzufrieden und störten oder schalteten einfach ganz ab. Daraus entstanden dann häufig Konflikte, und die Lehrer meinten fälschlicherweise, diese Konflikte würden durch ihr wertschätzendes, achtungsvolles und wenig lenkendes Unterrichtsverhalten verursacht. Dabei lag es nur daran, dass sie Informationen so unbefriedigend darboten, so schlecht erklärten! Kam dann noch der Rat eines „erfahreneren, älteren Kollegen" hinzu, dass man nur mit Autorität und Strenge und nicht mit solch neumodischen „antiautoritären" Erziehungsstilen, wie man sie jetzt an der Hochschule lehre, Erfolg habe und überleben könne, war die Verunsicherung groß, und es bestand (und besteht) für Berufsanfänger die Gefahr, in autoritäre Verhaltensweisen abzugleiten – und unglücklicherweise zunächst sogar damit „Erfolg" zu haben: Das Verhalten der Schüler kann sich kurzzeitig bessern, sie ducken sich, parieren, passen sich an den gewohnten Stil an. Und der junge Kollege glaubte wirklich, dass er nur „unbrauchbare Theorie" an der Hochschule gelernt habe.

Einer solchen Meinung, einer solchen vorschnellen Einschätzung und dem daraus resultierenden resignativen Verhalten kann man vorbeugen – durch Theoriekenntnisse, durch Kenntnisse der Forschungsergebnisse. Langer/ Schulz v. Thun und Tausch (vgl. Langer/Schulz v. Thun/Tausch 1974) fanden nämlich auch heraus, dass entscheidend wichtig für den Lehrer die **Dimensionen der Verständlichkeit bei der Wissensübermittlung** sind. Das Ausmaß von vier Dimensionen in Lehrtexten und in der mündlichen Erklärung und Informationsdarbietung durch den Lehrer ist entscheidend für das Ausmaß des Verstehens und Behaltens seitens der Schüler.

Dimensionen verständlicher Wissensvermittlung:

	EINFACHHEIT					
Einfachheit	2	1	0	–1	–2	**Kompliziertheit**
einfache Darstellung, kurze, einfache Sätze, geläufige Wörter, Fachwörter erklärt, konkret, anschaulich						komplizierte Darstellung, lange, verschachtelte Sätze, ungeläufige Wörter, Fachwörter nicht erklärt, abstrakt, unanschaulich

GLIEDERUNG – ORDNUNG

Gliederung, Ordnung gegliedert, folgerichtig, übersichtlich, gute Unterscheidung von Wesentlichem und Unwesentlichem, der rote Faden bleibt sichtbar, der Reihe nach	2	1	0	–1	–2	Ungegliedertheit, zusammenhangslos ungegliedert, zusammenhangslos, wirr unübersichtlich, schlechte Unterscheidung von Wesentlichem und Unwesentlichem, man verliert oft den roten Faden, alles geht durcheinander

KÜRZE – PRÄGNANZ

Kürze – Prägnanz zu kurz, aufs Wesentliche beschränkt, gedrängt, aufs Lernziel konzentriert, knapp, jedes Wort nötig	2	1	0	–1	–2	Weitschweifigkeit zu lang, viel Unwesentliches, breit, abschweifend, ausführlich, vieles hätte weggelassen werden können

ZUSÄTZLICHE STIMULANZ

Zusätzliche Stimulanz anregend, interessant, abwechslungsreich, persönlich	2	1	0	–1	–2	keine zusätzliche Stimulanz nüchtern, farblos, gleichbleibend neutral, unpersönlich

Nur wenn Schüler den Lehrer *verstehen*, seinen Ausführungen, Aufträgen und Erklärungen – weil einfach und anschaulich, gegliedert und übersichtlich – folgen *können* und – falls anregend und interessant – folgen *wollen*, arbeiten sie gerne und konzentriert mit, lassen sich weniger ablenken, und die Konflikte zwischen Lehrer und Schülern nehmen ab. Diese verständliche Informations- und Wissensvermittlung aber

kann man lernen, kann man üben, um sich darin zu verbessern. Um Informationen verständlich aufzubereiten, ist aber eines Voraussetzung – eine möglichst gründliche Sachkenntnis, die gute Vorbereitung und inhaltliche Beherrschung des Themas. Denn man kann nur etwas erklären, was man selbst verstanden hat – wobei man durch Erklären eine Sache immer besser verstehen lernt.

Auf einen Blick ... Sammlung bewährter Rezepte, die man oft im Praktikum hört

Folgende Auflistung hilfreicher oder zu vermeidender Verhaltensweisen ist zwar nicht bis ins Einzelne empirisch belegt, hat sich aber oft durch Erfahrung bestätigt:

1. Informationen über geplantes Vorgehen, angestrebte Ziele usw. geben („informierender Unterrichtseinstieg").
2. Lehrerfragen klar formulieren, dabei auf Fragequalität achten: anspruchslose Fragen auf der Kenntnisebene vermeiden (W-Fragen: wer, wie, was, wo?), anspruchsvolle Fragen verlangen Verstehen, Analysieren, Transfer, Verknüpfen, Bewerten, Fragen zum Sozialverhalten.
2. Nicht mehrere Fragen auf einmal stellen. Keine geschlossenen Fragen stellen, die man nur mit Ja oder Nein beantworten kann.
4. Den Schülern Zeit geben zum Überlegen, nicht gleich selbst beantworten, andere Schüler zum Beantworten auffordern, eventuell Vermittlungshilfen geben.
5. Lehrer-Echo vermeiden: Schülerantworten oder -aussagen nicht wiederholen.
6. Lehrermonolog vermeiden.
7. ‚Privatgespräche' mit einzelnen Schülern oder ständiges Frage/Antwort Ping-Pong vermeiden.
8. Die Stimme nicht nur zur Regulation des Geräuschpegels oder als Instrument der Disziplinierung, sondern bewusst auch als Gestaltungsmittel einsetzen: nicht monoton sprechen, sondern z. B. Intonation und Lautstärke variieren, nicht schnell und viel, sondern bewusst sprechen (weniger ist mehr!), Füllwörter (Äh, also ...) vermeiden.
9. Sprachebene den Kindern anpassen, dabei aber nicht verniedlichend oder ‚kindertümelnd' sprechen, sondern Wortschatz und Syntax der Kinder berücksichtigen.
10. Stereotype Kommentierung oder Bewertung von Schülerbeiträgen vermeiden.
11. Vorteilhafte Stellung einnehmen und sich situationsangemessen durch den Raum bewegen, sodass niemandem die Sicht verwehrt wird und sich alle angesprochen fühlen.
12. Die Unterrichtszeit voll ausnützen, nicht zu spät kommen.
13. Zügig arbeiten, um den gedanklichen Spannungsbogen nicht abreißen zu lassen und die Konzentration der Schüler nicht zu überfordern.
14. Gliederung deutlich akzentuieren, Teilergebnisse zusammenfassen, sodass auch schwächere Schüler immer wieder in den Gedankengang einsteigen können und der Unterrichtsaufbau transparent wird.
15. Alle Schüler beschäftigen, Differenzierungsmöglichkeiten bereit halten für schnellere oder langsamere Schüler, Kontakt nicht abreißen lassen.
16. Kleingruppen- oder Einzelarbeit nicht durch Zwischenfragen stören.
17. Lernerfolge würdigen! Ermuntern! Loben!
18. Klare Anweisungen, und Arbeitsaufträge geben, eventuell von Schülern wiederholen lassen, selbst daran halten.
19. Ordnungs- und Verhaltensregeln mit den Schülern vereinbaren und auf deren Einhaltung dringen.
20. Wiederholung als Mittel der Übung und Vertiefung nutzen: wesentliche Sachverhalte oder Gesetzmäßigkeiten in größeren Zeiträumen mehrmals wiederholen oder wiederholen lassen – oft Gehörtes prägt sich tiefer ein.
21. Verständliche Erklärungen sind einfach, kurz, gegliedert und anregend.
22. Gemeinsam abschließen, prägnante Schlusspunkte setzen, beendete Arbeiten zusammenfassen, auf zukünftige hinweisen, eventuell Schlussritual einführen.

ARBEITSVORSCHLAG: Sammeln Sie alle Tipps, die man Ihnen im Praktikum gibt!

11. Der Schulalltag: Traumjob oder Praxisschock – und dann Burnout?

11.1 Belastungen im Lehrerberuf

Warum ein extra Kapitel zu diesem Thema? Warum, statt zu motivieren und anzuregen, ein so illusionsloser, realistischer und ernster Ausblick?
Es geschieht nicht, um zu desillusionieren, vielmehr um zu verdeutlichen: Das Studium bereitet zwar auf den Beruf vor, aber kein Studium kann vollständig auf die Probleme des Berufsalltags vorbereiten.

Traumberuf

Der ideale Lehrer soll durch die doppelte Fähigkeit gekennzeichnet sein, Disziplin zu halten und zu unterrichten. Die geistig-seelische („nervliche") Beanspruchung ist hauptsächlich damit charakterisiert, dass auf engem Raum mit vielen Schülern (meist Kindern oder Jugendlichen) eine volle geistige Präsens mit hoher Reaktionserfordernis bei großer Verantwortung („Dompteursituation") gefordert wird. Soweit der Stressbegriff im Berufsleben überhaupt anwendbar ist, so ist hier zu zitieren. *(Zeitschrift „Arbeitsmedizin, Sozialmedizin, Präventivmedizin", 7/79. Sonderbeilage)*

Der *Praxisschock* (Müller-Fohrbrod 1978) ist ein Phänomen, dass von vielen Junglehrern nach dem Eintritt in das Berufsleben empfunden wird: Die Realität des Schulalltags widerspricht in vielem dem im Studium Gelernten. Manche Studenten hatten schon während der Praktika das Empfinden, dass die so überzeugenden und anstrebenswerten Ziele von schülerzentrierten, handlungsorientierten Unterrichtskonzeptionen und dazu nötigem Lehrerverhalten oft nicht oder zumindest nicht gleich und ohne weiteres zu verwirklichen sind. Hier ist vor zu idealistischen Vorstellungen zu warnen, damit man mit realistischen Vorstellungen beginnt und eben keinen zu großen Praxisschock erleidet!

Was Berufseinsteiger im Allgemeinen auszeichnet, ist ein ausgesprochener Idealismus, Enthusiasmus, Motivation und gute Vorsätze, das zu praktizieren, was im Laufe des Studiums gelernt wurde. Sie wollen Freund und Berater der Schüler sein, mit den Eltern kooperieren, zu allen Kollegen ein freundschaftliches Verhältnis aufbauen, die Schüler ohne Notendruck zum Lernen motivieren und in die Unterrichtsplanung miteinbeziehen etc. Doch bereits nach wenigen Wochen treten bei vielen die ersten Zweifel, Verunsicherung und Erschöpfung auf, wenn die Idealvorstellung von gutem Unterricht nicht umgesetzt werden konnte und die anvisierten Ziele plötzlich unerreichbar scheinen. Es kommt zu einem Aufweichen der Prinzipien, auftretenden Disziplinschwierigkeiten im Unterricht wird mit mehr Strenge begegnet, altgewohnte Unterrichtsmuster aus der eigenen Schulzeit ersetzen die fehlende Handlungskompetenz – man ist genau dort gelandet, wohin man nie kommen wollte. Auch wenn die Ursachen oft durch äußere Umstände mitbedingt sind (z. B. durch fehlendes Material an den Schulen, zu viele Stunden), machen sich die jungen Lehrer oft selbst für das vermeintliche Versagen verantwortlich, fühlen sich mit der Situation überfordert und zweifeln an der Berufswahl.

„Die Theorie ist nur aufgesetzt. Wenn ich unterrichte, dann rutscht alles weg, was man im Studium gehört hat und man verhält sich so, wie man sich immer schon verhalten hat. Manchmal frage ich mich, was das Studium mir eigentlich für mein Berufsverhalten gegeben hat. Ich meine nicht das Fachwissen, in Englisch oder Mathematik, ich meine meine Art zu unterrichten, Schüler anzusprechen" (Klink 1978).

Die Ursachen liegen auf verschiedenen Ebenen: Zum einen erschweren ungünstige Rahmenbedingungen wie z. B. eine schlechte Ausrüstung der Schule, ein nicht kooperierendes Lehrerkollegium etc. den Berufseinstieg. Dazu kommen persönliche Faktoren des Neulings, der vielleicht einen besonders hohen Anspruch an sich und die Schüler hat, unsicher ist in dem, was er tut oder mit schwierigen Situationen im Unterricht momentan überfordert ist, manchmal vielleicht auch fachlich unsicher oder schlecht vorbereitet ist.

Ein Hauptgrund aber, der alle Einsteiger gleichermaßen betrifft, ist die fehlende Handlungskompetenz und die noch nicht automatisierten Verhaltensmuster im Unterrichtsgeschehen. „*Beim Unterrichten hat man auf so vieles zu achten, dass man nicht mehr bedenken kann, was man eigentlich tun sollte. Anders: Wenn man es bedenkt, ist es schon zu spät, da hat man bereits eine falsche Bemerkung gemacht, Ärger gezeigt, ein Kind mit Worten verletzt. Und es fehlen Verhaltensmuster*" (ebd.).

Die Folgen der Überforderung sind unterschiedlich in ihrer Ausprägung und werden je nach psychischer und physischer Konstitution des Betroffenen anders verarbeitet. Während der ‚Praxisschock' ein relativ weitverbreitetes Phänomen ist und von den meisten Anfängern als Reaktion auf die harte Konfrontation mit dem Berufsleben empfunden wird, ist eine tiefer greifende Erschütterung, die vor allem nach langjähriger Berufsarbeit auftritt, das so genannte **Burnout-Syndrom**. Dieser Begriff wurde erstmals 1974 von dem amerikanischen Psychoanalytiker Herbert Freudenberger verwendet, ab 1976 folgten systematische Forschungen durch die Sozialpsychologin Christina Maslach in Kalifornien. Seit 10 Jahren laufen auch in Deutschland Studien, deren Ergebnisse sich mit den amerikanischen Zahlen weitgehend decken. Besonders betroffen sind Menschen in sozialen Berufen, so besagen amerikanische Studien, dass 16,7 % der Sozialarbeiter, 20,7 % der Krankenschwestern und 27,3 % der Lehrer vom Burnout betroffen sind. In einer Untersuchung von 1988/89 in Heidelberg, der ersten kleinen Burnout-Studie bei Lehrern in Deutschland (Becker/Gonschorek 1990, 10–14) gaben die befragten Lehrer als Hauptursachen Problemschüler, Schulaufsicht und die Rahmenbedingungen an. Eine weitere Befragung der Uni Erlangen zeigt bei über 120 Grund- und Hauptschullehrern folgende Ergebnisse:

– 28% der befragten Lehrer fühlten sich nicht oder in geringem Ausmaß betroffen,
– 43% wiesen mittlere Burnout-Ausprägungen auf, d. h. in allen drei Stadien mittlere Ausprägung oder in ein bis zwei starke, im Rest mittlere Stärke
– 29% befanden sich in einem ernst zu nehmenden Zustand mit einer starken Ausprägung des Burnout-Syndroms.

Das Geschlecht spielt in der Betroffenheit keine Rolle, nur der Schwerpunkt verschiebt sich: Frauen neigen eher zu emotionaler Erschöpfung, während Männer mehr von der Dehumanisierung betroffen sind.

Man kann das Burnout-Syndrom definieren als Zusammenspiel aus

- **emotionaler Erschöpfung:** das Gefühl der Überforderung auf allen Gebieten, des Ausgelaugt-Seins durch den Kontakt mit anderen Menschen, der Sinnlosigkeit und Entmutigung.

- **Dehumanisierung**: nicht-mitfühlende, herzlose Reaktionen gegenüber anderen Menschen, besonders den Anvertrauten, die wie Objekte behandelt werden (Schüler als Arbeitsmaterial). Dazu kommt eine allgemein zynische Haltung, die Schuld für die missliche Situation wird auf Untergebene oder Nahestehende abgeladen, was zu einer Verschlechterung in der Qualität der sozialen Kontakte führt. Die Dehumanisierung ist ein zentrales und spezifisches Merkmal des Burnout, tritt aber oft erst gegen Ende des Entstehungsprozesses auf.

- **verminderter Leistungsfähigkeit** bei der Arbeit: Dies betrifft nicht nur die tatsächlich geleistete Arbeit, sondern beinhaltet auch das Gefühl, immer weniger kompetent und erfolgreich zu sein, das Selbstwertgefühl ist erheblich beeinträchtigt. Erst in einer sehr späten Phase des Burnout kommt es zu einem tatsächlichen Leistungsabfall bei zunächst gleicher oder sogar gesteigerter Arbeitsintensität, die dann aber nach Misserfolgen nachlässt.

Nur in der Kombination von diesen drei Reaktionen kann von einem Burnout gesprochen werden – Erschöpfung oder nachlassende Leistungsfähigkeit allein sind eher Zeichen von Stress. Zwar kann Stress nicht mit Burnout gleichgesetzt werden, ist aber als Dauerzustand in Form von andauernden, kleinen Stressbelastungen und schleichender Auszehrung eine der Hauptursachen und sollte in jedem Fall vermieden oder zumindest ausgeglichen werden.

Burnout ist weniger Zustand als vielmehr ein langwieriger Prozess, der in mehreren Phasen abläuft. Edelwich/Brodsky (1984) unterscheiden die Phasen:

Enthusiasmus – Stagnation – Frustration – Resignation – Burnout

Becker/Gonschorek erscheint der mit diesen Stadien beschriebene Krankheitsverlauf in einem entscheidenden Punkt ergänzungsbedürftig. Ihren Erfahrungen und Untersuchungen nach gibt es nämlich zwischen dem Stadium der Begeisterung und dem der Stagnation zumeist noch eine ganz wichtige Phase beruflicher Sozialisation, die des **Realismus**. In diesem Stadium ist ein Lehrer gewissermaßen gesund, er sieht die beruflichen Möglichkeiten nüchterner und ist bemüht, auch entsprechend zu handeln. So versucht er etwa, zwischen gerechtfertigten und unerfüllbaren Ansprüchen von Schülern zu unterscheiden und den Umgang mit ihnen konstruktiv zu gestalten. Er ist bemüht, allen Schülern beim Lernen zu helfen und auch bereit sich im Einzelfall für sie einzusetzen. Insgesamt erweist er sich als fach-, methoden- und sozialkompetent und entspricht weitgehend den an ihn gerichteten Erwartungen – nicht ohne gelegentlich immer wieder mal in Stagnation und Frustration aber häufig auch in Idealismus zu verfallen. Es dürfte nachvollziehbar sein, dass Lehrer, die eine solch realistische Phase erreichen und sich in ihr professionell bewegen, für alle Beteiligten (und für sich selbst), besonders erfreulich

sind. Deshalb muss alles getan werden, um Lehrer einer realistischen Phase zuzuführen und sie möglichst lange in dieser Phase zu halten.
Die entsprechenden Stadien sind demnach bei Becker und Gonschorek (1989, vgl. auch Müller 1994):

Begeisterung – *Realismus* – Stagnation – Frustration – Apathie

„Nur wer einmal gebrannt hat, kann ausbrennen!"

Alle Studien kommen zu dem übereinstimmenden Ergebnis der anfänglich idealistischen Zielsetzung und der hohen Motivation der Betroffenen („Ich möchte als Lehrer helfen, beraten, erziehen, Wissen lehren, Freund sein, tollen Unterricht machen ..."), die an der Realität (z. B. Desinteresse der Schüler, Zeitmangel) scheitern. Als Folge davon geraten Zufriedenheit und berufliche Erfüllung in den Hintergrund, Zweifel an der eigenen pädagogischen Arbeit treten auf. In dem Gefühl der Frustration und der Scham, nicht gut genug zu sein, treten viele aus dem Arbeitsverhältnis aus (Stellenwechsel, zusätzliches Studium, Krankheit) oder versuchen sich auf andere Weise von der Problematik zu distanzieren, indem sie Kontakte zu Schülern

© Marie Marcks   (aus: betrifft: erziehung Nr. 1/1975, S. 45)

und Kollegen abbrechen und sich zurückziehen. Ferien oder eine nette Klasse können den Burnoutprozess stoppen oder sogar umkehren, andererseits bewirken aber Verschlechterungen der Arbeitsverhältnisse auch Verstärkung des Syndroms. Obwohl engagierte und idealistische Personen eher vom Burnout-Syndrom betroffen zu sein scheinen, kann doch eine bestimmte Persönlichkeitsstruktur nicht verantwortlich gemacht werden – man müsste ja gerade den Besten von ihrer Berufswahl abraten! Generell sind Umweltfaktoren und stresshafte Arbeitsbedingungen Hauptursache für diese Krise.
Vorbeugend sollten realistische Berufseinstellungen vermittelt und später immer wieder darin bestätigt werden.

11.2 Möglichkeiten der Entlastung

> *„Je mehr wir von uns verlangen oder je mehr unsere jeweilige Aufgabe von uns verlangt, desto mehr sind wir auf die Kraftquelle der Meditation angewiesen, auf die immer erneute Versöhnung von Geist und Seele ..."* (Hermann Hesse: Das Glasperlenspiel).

Zunächst muss für die Betroffenen und das Umfeld klargestellt werden: Das Ausbrennen ist nicht die Folge einer charakterlichen Schwäche, sondern als „Anpassungsprobleme in überfordernden Berufssituationen" aufzufassen. Nach allen Beanspruchungs- und Belastungsanalysen ist nun der entscheidende Schritt für die Zukunft die Prophylaxe beziehungsweise Intervention, denn die beste Öffentlichkeitsarbeit und das Anprangern von Missständen ist sinnlos ohne gleichzeitig Alternativen oder doch zumindest Lösungsmöglichkeiten anzubieten.

Für den Lehrerberuf heißt das Ziel aller Maßnahmen gegen Fehlbelastung und Überbeanspruchung ganz konkret **Humanisierung der Arbeitstätigkeit.** Das bedeutet zunächst einerseits leistungs-, gesundheits- und persönlichkeitsfördernde Gestaltung der Arbeitstätigkeit, andererseits Intervention zur Verhaltensänderung des Lehrers gerade in diesen Bereichen.

1. Die **Arbeits- und Organisationsgestaltung** betrifft Aufgabenstruktur, Lehrplan, Unterrichtsmethodik, Arbeitszeit, Klassengröße, Aus- und Fortbildungsmöglichkeiten, schulpädagogische und schulpsychologische Unterstützung.
2. Das **Individuum** beziehungsweise Gruppen können in den Bereichen Stress- und Belastungsmanagement, Verhaltenstraining zu sozialer Kompetenz/zur Entwicklung von Konfliktlösungsstrategien und der Fähigkeit zur Steuerung von Gruppen (Umgang mit ‚Stars', Außenseitern, Cliquen etc.), in der Erweiterung der eigenen sozialen Fähigkeiten (Selbstsicherheit, Nein sagen können, konstruktive Verarbeitung von Elternkritik etc.) und schließlich in der Absicherung durch soziale Unterstützung (über Probleme sprechen, Ausgleich schaffen) intervenieren.

Beide Elemente ergänzen sich und können nicht getrennt voneinander wirksam sein. Veränderungen in der Arbeits- und Organisationsgestaltung machen aber eine Entwicklung und Veränderung in der Organisation Schule notwendig. Dabei handelt es sich keineswegs nur um Maßnahmen zur Humanisierung, also zur Erleichterung des Lehrerberufes, sondern vielmehr auch um einen Prozess zunehmender Professionalisierung (also auch Effektivierung) in Ausbildung und Berufsausübung. Im Folgenden wollen wir einige Möglichkeiten zur Entlastung vorstellen. (Weiterführende Literatur: Gudjons 1993a, Meyer E. 1991, Rudow 1994.)

Die Angst des Referendars vor der Praxis

11.2.1 Arbeits- und organisationsbezogene Maßnahmen

● Gestaltung von Arbeitsaufgaben:

Wie wir oben (vgl. Kap.10.2) gesehen haben, unterteilt sich Lehrertätigkeit in eine Vielzahl von zum Teil nicht klar eingegrenzten, sich zum Teil sogar widersprechenden Einzelaufgaben, die eine quantitative und qualitative Belastung darstellen, der Lehrkraft aber oft nicht die Möglichkeit geben, sich auf Wesentliches zu konzentrieren.

Daraus ergibt sich die Forderung, diese Belastungen teilweise aufzuheben, zum Beispiel durch ...

– Reduktion von Verwaltungsaufgaben, die eventuell ein ausgebildeter ‚Schulmanager' übernehmen könnte, oder durch Verminderung von Unterrichtsstunden für Lehrer mit vielen Organisations- und Verwaltungsaufgaben
– Veränderung curricularer Bedingungen, besonders von Lehrplänen in Bezug auf Stofffülle, dafür mehr Autonomie, Verantwortung und Kompetenz durch größere Handlungs- und Entscheidungsspielräume für den Lehrer, Entrümpelung der Lehrpläne
– Veränderung der Unterrichtsmethodik, Vermeidung des (nervlich und sprachlich) überfordernden Frontalunterrichts zugunsten von Gruppen-, Wochenplan- und Freiarbeit
– Kooperation innerhalb des Lehrerkollegiums, Arbeitsteilung und Zusammenarbeit gerade bei Lehrern in Parallelklassen

• Gestaltung von Arbeitsbedingungen:
Durch eine Vielzahl von Studien konnte entgegen allen Vorurteilen gegenüber dem Lehrerberuf belegt werden, dass die gesamte **Arbeitszeit** der Lehrer im Durchschnitt weitaus größer als in vielen anderen Berufsgruppen und somit die Forderung nach Arbeitszeitverkürzung durchaus berechtigt ist.
Die Gestaltung der Arbeitszeit könnte differenzierter sein: verringertes Deputat für junge und ältere Lehrer, volle Auslastung für Lehrer ‚in den besten Jahren'. Einen weiteren entscheidenden Einfluss auf die Arbeitsbedingungen des Lehrers haben Faktoren wie **Klassengröße** und Schul- beziehungsweise **Klassenzimmergestaltung**.
Aufgrund geringer finanzieller Möglichkeiten sind viele Klassen an der Obergröße angelangt, Schul- und Klassenräume unzureichend ausgestattet oder lieblos und unpädagogisch gestaltet, was sich allerdings durch Mithilfe von Eltern und Schülern (sie verbringen ja auch viel Zeit darin!) verbessern lässt.
Im Rahmen des Stressmanagements in der Schule ist die **soziale Unterstützung** von besonderer Bedeutung, dazu zählen Selbsthilfegruppen für und von Lehrern und kollegiale Supervision, also die Reflexion von beruflichen Problemen mit dem Ziel, pädagogische Kompetenz zu entwickeln, durch schulpädagogische und -psychologische Beratung. Gerade Beratung und Supervision könnten wichtige Bestandteile an allen Schulen werden, um Lehrern und auch Schülern psychosoziale Hilfe zu gewähren und in Problemsituationen zu helfen.
Die besondere Ausbildung des **Schulleiters** (insbesondere in Bezug auf einen beratenden Führungsstil und im Bereich des Krisenmanagements) ebenso wie das häufige Thematisieren der Lehrerbelastung während pädagogischer Tage und Konferenzen können das Arbeitsklima um einiges erleichtern. Auch in Aus- und Weiterbildungskursen müssen Stressmanagement und gesundheitliche Belastung immer wieder thematisiert und bearbeitet werden.

Becker/Gonschorek (1990, 14) machen folgende Rechnung auf:
Weniger ausgebrannte Lehrer – ein effektiverer Unterricht – stärker motivierte und zufriedenere Schüler – weniger Konflikte in allen Bereichen – geringere Therapiekosten ...
und fordern deshalb von der *Bildungspolitik:*
- Bei Beurlaubungen großzügig verfahren,
- das Sabbatjahr einführen,
- Deputate ermäßigen,
- vorzeitige Pensionierungen ermöglichen,
- berufliche Alternativen öffnen,
- die schulische Eigenständigkeit fördern.

11.2.2 Gruppen- und individuumsbezogene Maßnahmen[1]

a) Entspannungsübungen:

Entspannungsübungen wie zum Beispiel AUTOGENES TRAINING oder die PROGRESSIVE MUSKELRELAXATION (PMR) sind wichtige Präventions- beziehungsweise Interventionsmaßnahmen bei negativen Beanspruchungsreaktionen und -folgen. Sie dienen als Hilfe zur Verbesserung der Verhaltenskontrolle (Abbau von negativen Gefühlen wie Angst, Wut, Ärger etc.) und können kurzfristig in kritischen Lebenssituationen Entspannung herbeiführen. In diesem Sinne sind sie effiziente Bewältigungstechniken, reichen aber nicht aus, um komplexere Konflikte längerfristig zu lösen, da ursächliche Einstellungen, Gedanken und Gefühle nicht berücksichtigt werden.

b) Das Bewältigungs-Management-Training für Lehrer BMT-L:

Das BMT-L ist ein integrativer methodischer Ansatz zur Prävention und verbindet verschiedene Einzelmethoden, die bereits mit Erfolg angewandt wurden. Dieses Konzept von Rudow (1994) beschäftigt sich nicht nur mit der Bewältigung von Stress oder Angst, sondern auch mit dem Umgang mit allen psychischen Belastungen, die (potentiell oder real) negative Beanspruchungsreaktionen oder -folgen hervorrufen. Dazu zählen sowohl äußere Faktoren der Lehrertätigkeit wie auch innere Belastungen des Körpers (z. B. organische Stressreaktionen). Aus folgenden Bausteinen setzt sich das Programm zusammen:

---

1 Die hier aufgeführten Maßnahmen sowie weitere ausführliche Informationen u. a. zur Burnout-Thematik sind zu finden in: Rudow 1994; vgl. auch Meyer E. 1991.

1. Einführung mit Information, Motivation und Sensibilisierung
2. Entspannungsübungen der PMR
3. Identifikation von Belastungsfaktoren in der Lehrertätigkeit
4. Identifikation negativer psychischer, motorischer und physiologischer Beanspruchungsreaktionen/-folgen
5. Anwendung kognitiver Techniken (positive Bewertungsalternativen) zur Bewältigung von belastenden Situationen
6. Veränderung berufsrelevanter Einstellungen durch bewusste Korrektur von bestimmenden Kognitionen
7. Entwicklung von Selbstsicherheit durch Herausarbeitung von Einzelelementen wie feste Sprache etc.
8. Systematisches Lösen beruflicher Probleme
9. Ausgleich beruflicher Belastungen durch aktive Freizeitgestaltung
10. Rückfallprävention

c) Das Stressinokulationstraining (SIT):

Dieses halbstrukturierte und deshalb flexible Trainingsprogramm von Meichenbaum (1991; nach Rudow 1994) kombiniert Elemente des Lehrens, des Sokratischen Dialogs, der kognitiven Umstrukturierung, der Problemlösung und Entspannung, der Verhaltens- und Vorstellungsübungen, Selbstbeobachtung, Selbstinstruktionen, Selbstverstärkung und umweltbezogene Strategien. In drei Phasen (Informations-, Übungs-/Lern- und die Anwendungs- und Posttrainingsphase) sollen folgende Ziele umgesetzt werden:

– Information über den transaktionalen Charakter von Stress und Stressbewältigung
– Sensibilisierung für dysfunktionale Gedanken, Bilder, Gefühle und Verhaltensweisen
– Training von Problemlösungsstrategien
– Training von emotions- und selbstkontrollbezogenen Bewältigungsstrategien
– Sensibilisierung, unadaptive Reaktionen als Signal zur Aktivierung des Bewältigungsrepertoires aufzufassen
– Konfrontation mit abgestuften Stresssituationen als Kompetenztraining
– Vermittlung von Wissen über effektive Stressbewältigung und Verbesserung der Selbsterkenntnis.

d) Das Angstbewältigungstraining FLASH:

Das von Jehle und Nord-Rüdiger entwickelte Trainingsprogramm FLASH (= Frankfurter Lehrer-Angst-Selbst-Hilfe) ist eine sogenannte ‚geleitete Selbsthilfe', das heißt, dass der Gruppe zwar ein vorbereitetes und erprobtes Material zur Verfügung gestellt wird, die Leitung aber einem ‚Betroffenen', also einem Lehrer obliegt. Das Trainingsprogramm ist folgendermaßen aufgebaut (vgl. Rudow 1994):

– In der ersten Sitzung erfolgen eine Einführung, Kennenlernen der Teilnehmer, Entspannungsübungen (PMR) und eine erste Problemannäherung,

- in der zweiten Sitzung findet unter folgenden Aspekten die erste Problemanalyse statt: Beschreibung der Belastungssituation und ihres belastenden Charakters, Analyse der Belastungsbedingungen: subjektive Ansprüche/hindernde Umstände, bisherige Veränderungsversuche und ihre Wirksamkeit, finale Beurteilung,
- in der dritten und vierten Sitzung geht es um eine aktuelle Standortbestimmung, also um eine kritische Reflexion der eigenen Perspektive und ihrer Konsequenzen für berufliche/private Ansprüche, Kompetenz etc.,
- in der fünften, sechsten und siebten Sitzung wird ein individuelles Handlungskonzept aus den erarbeiteten Voraussetzungen unter individueller Zuordnung von Problemen, Zielen und möglichen Maßnahmen zusammengestellt und herausgearbeitet,
- in der achten Sitzung geht es um Fragen der Anwendung dieses Konzeptes und eventuell Erfahrungen,
- die neunte Sitzung bildet den Abschluss des Trainings mit einem Bericht über die kognitive Umstrukturierung.
- In der Nachsorgesitzung nach ca. drei Monaten werden die gesammelten Erfahrungen ausgetauscht.

e) Personenzentrierte Gesprächsgruppen:

Nach Rogers und Tausch/Tausch, die die personenzentrierten Gesprächsgruppen in die Lehrerfortbildung einführten, sind die drei Hauptprinizipien die Kongruenz (Echtheit), Akzeptanz (Wertschätzung) und Empathie (Verstehen), die während der Treffen in Bezug auf Schüler oder andere Kontaktpersonen aus- oder weiterentwickelt werden sollen. Ziel ist es, als Lehrer durch eine personenzentrierte Haltung in fördernder, nicht direktiver Weise tätig zu werden, etwa sich um Verständlichkeit bemühen, Kleingruppenarbeit anleiten, das Zusammenleben von Schülern durch gemeinsame Aktionen fördern, für persönliche Gespräche zur Verfügung stehen etc. Zu den Gesprächen treffen sich Gleichgesinnte in Kleingruppen von etwa 10–15 Personen und lösen in einer offenen und vertrauensvollen Atmosphäre berufliche Probleme, besonders in Bezug auf Interaktion mit dem Schüler, und können sich persönlich weiterentwickeln (vgl. Rudow 1994).

f) Gesundheitszirkel:

Ziele und Inhalte des Gesundheitszirkels, der bislang hauptsächlich in Betrieben mit Erfolg durchgeführt wurde, sind durchaus auch auf das Berufsfeld des Lehrers zu übertragen, es werden sowohl psychosoziale Belastungen wie auch gesundheitliche Risiken und ihre Zusammenhänge (Stress, Burnout) thematisiert. Ein Schwerpunkt dieses Konzeptes liegt im Zur-Sprache-Bringen und der differenzierten Artikulation von Problemen als ersten Schritt zur Eigeninitiative anstelle des Verharrens in der Opfer-Rolle. Nach einer Einführungsveranstaltung mit allgemeinen Informationen und Motivation werden die

Teilnehmer im Einführungsseminar (ca. 2–3 Tage) mit ihren Wahrnehmungs- und Artikulationsdefiziten konfrontiert und verschiedene Entspannungstechniken vermittelt. Die eigentliche Zirkelarbeit gliedert sich in vier Phasen (Orientierungsphase, Projektphase, Podiumsdiskussion mit Experten, Gesundheitscheck), während derer zunächst neue Verhaltensweisen entwickelt, diese dann getestet und schließlich Experten zu Rate gezogen werden. Studien über verschiedene Variationen dieses Trainings haben die überzeugenden Ergebnisse belegt.

g) Verhaltenstraining KTM:

Es eignet sich sowohl zur Prävention als auch zur Intervention und fördert vor allem die soziale Kompetenz, die ja im Lehrerberuf eine wesentliche Bedingung darstellt. Das KTM (Konstanzer Trainingsmodell) ist ein speziell für Lehrer entwickeltes integratives Selbsthilfeprogramm, das sich um eine Verbesserung der sozialen Kompetenz bei konflikthaften Aggressionen und Störungen im Unterricht bemüht und eine Verringerung aggressiver und störender Interaktionen erreichen will. Damit einher gehen einzelne Feinziele wie Selbstsicherheit, Zufriedenheit mit dem eigenen Handeln, Verfügbarkeit eines angemessenen Verhaltens- und Reaktionsrepertoires und -strategien. Dazu notwendig sind eingehende Analysen des eigenen Wissens, der Gefühle und des Unterrichtsstils, gerade in Bezug auf das Kommunikationsverhalten. Im Vergleich zu anderen Trainingsverfahren weist das KTM einige Vorzüge auf, so zum Beispiel Handlungsorientiertheit, ausgearbeitete und standardisierte Unterlagen/Materialien (help yourself!), Variabilität in der individuellen Nutzung und der durch empirische Evaluation nachgewiesene Erfolg in der praktischen Anwendung.

Falls dieses reichhaltige Angebot an Problembewältigungsseminaren den Schluss nahe legt, dass die Entscheidung zum Lehrerberuf zwangsläufig zur Teilnahme an Gesprächskreisen und Trainingsseminaren aller Art führt, muss dem entschieden entgegengetreten werden. In vielen Fällen ist aber das große Hilfs- und Bewältigungsangebot nicht bekannt und kann deshalb im Bedarfsfall nicht wahrgenommen werden – Aufklärung ist also der erste Schritt zur Intervention.
Den unzähligen motivierten und erwartungsfrohen Lehramtsstudenten sei entgegen der vielleicht düsteren Vorhersagungen mancher bereits ‚etablierter' Lehrer gesagt:

„Jeder Flugzeugingenieur weiß, dass eine Hummel wegen ihres Gewichtes, wegen der Länge ihrer Flügel und der ihr zur Verfügung stehenden Kraft eigentlich nicht fliegen kann. Glücklicherweise aber weiß die Hummel nichts von den Gesetzen der Aerodynamik und fliegt ganz unbekümmert." Gilbert Kaplan

12. Was ist eine gute Schule?

Im vorigen Kapitel haben die Untersuchungen über das Lehrerverhalten und die wesentlichen Dimensionen eines erwünschten bzw. guten Lehrerverhaltens bereits deutlich gemacht, welch wichtige Auswirkungen gutes/erwünschtes bzw. schlechtes/unangemessenes Lehrerverhalten haben kann. In diesem Kapitel wollen wir abschließend einige Befunde und Vorstellungen darüber referieren, was eine gute Schule insgesamt kennzeichnen könnte. Einige wichtige Anregungen und Ergebnisse für unsere Fragestellung kann man den sog. „*effective schools*" – Studien (vor allem aus den USA) entnehmen. Diese Studie stellten die nach Fachleistungen besten und schlechtesten Schulen einander gegenüber und versuchten Kriterien herauszufinden, nach denen sich diese Schulen unterscheiden lassen. Ullrich Steffens und Tino Bargel haben 1993 einige dieser Befunde zusammengestellt, wir referieren im Folgenden entlang ihrer Darstellung (vgl. auch die Beiträge aus dem Arbeitskreis „Qualität von Schule", Heft 1 bis 5, Hessisches Institut für Bildungsplanung und Schulentwicklung, Wiesbaden – Konstanz 1987–1991; Steffens 1986, 294–305; Haenisch 1986, 18–23).

Gute Schulen – Schlechte Schulen

Einige Bereiche und Unterscheidungsmerkmale

1. Leistungsorientierung der Schule

Wiederholt konnten Untersuchungen nachweisen, dass die Leistungsorientierung einer Schule eine wichtige Variable für den Schulerfolg der Schüler darstellt. Dem Erwerb der sogenannten Kulturtechniken wird dabei Vorrang eingeräumt vor allen anderen Schulaktivitäten. Es geht dabei nicht um „Leistungsdrill", sondern um eine klare Zielorientierung der Schule: Oberstes Ziel ist es, den Kindern Kenntnisse, Fähigkeiten und Fertigkeiten beibringen zu wollen und zu können und dies auch einzufordern (– von Lehrern und Schülern übrigens).

2. Forderndes Lernen

Eng damit zusammen hängen hohe Leistungserwartungen. Womit gemeint ist, dass die Schule darauf achtet, dass kein Schüler ein gewisses Leistungsniveau unterschreitet. Von den Lehrern wird Optimismus verlangt hinsichtlich der Lern- und Leistungsbereitschaft der Schüler. Es gilt: Schüler wollen etwas lernen und können etwas lernen. Daraus folgt, dass den Lehrern der Lernweg ihrer Schüler nicht gleichgültig sein darf und dass – da Lernleistung einen hohen gesellschaftlichen und schulischen Stellenwert hat – sie dafür zu sorgen haben, dass die Schüler Erfolgserlebnisse haben.

3. Pädagogisches Engagement der Lehrer

Gemeint ist die Verantwortlichkeit des Lehrers für jeden einzelnen Schüler, die Verpflichtung der Lehrer für den Lernerfolg ihrer Schüler. Auch Rutter u. a. (1980) betonen, dass das Kollegium ein erkennbares Interesse am Wohlergehen jedes einzelnen Kindes haben sollte und dass die Lehrer überzeugt sind, dass die meisten Schüler die geforderten Lernleistungen auch erbringen können. Förderndes Lernen verlangt nach einer Konzentration auf die erzieherischen Bedürfnisse von *lernschwachen* Kindern.

Schulen sind dann besonders erfolgreich, wenn Schüler an Projekten mitarbeiten können, in denen die gesamte Klasse oder sogar die ganze Schule einbezogen ist. Haenisch (1986) bezeichnet es als eine „Schlüsselvariable" zur Unterscheidung von guten und schlechten Schulen mit zentralen Auswirkungen auf schulisches Lernen, wie die gesamte Schule bzw. ihre Lehrer zu ihren Schülern stehen.

4. Kontrollierte Beobachtung und Begleitung der Lernfortschritte

Beobachtung und unterstützende Begleitung der Lernfortschritte der Schüler bedingt gute Diagnosefähigkeiten der Lehrer und deren Fähigkeit, das Klassengeschehen im Blick zu haben, um zu wissen, womit sich die Schüler gerade beschäftigen. Hinzukommen müssen regelmäßige – und besonders bei schwächeren Schülern – unmittelbare Rückmeldungen über den Lernerfolg und den augenblicklichen Leistungsstand.

5. Disziplin und Ordnung

Mehrere Studien betonen, dass es für einen geregelten Schulbetrieb erforderlich ist, dass ein Mindestmaß an Disziplin und Ordnung aufrechterhalten werden muss. Einige klar erkennbare Regeln, deren Einhaltung dann auch konsequent gefordert wird, sind besser als zu viele Disziplinierungsmaßnahmen, die eher durch lobendes Verhalten bei angemessenem Verhalten ersetzt werden sollten.

6. Führungsqualitäten von Schulleitung und Lehrpersonal

Die meisten Studien verlangen bestimmte Führungsqualitäten vom Schulleiter, einige auch vom Kollegium. Nach neueren Untersuchungen sind Führungsqualitäten des Schulleiters unterschiedlich bedeutsam in größeren oder kleineren Schulen.

Haenisch (1986, S. 47) beschreibt zusammenfassend **Schulleiter „effektiver" Schulen:**
- „Effektive Schulleiter sind optimistische Initiatoren dafür, dass die Ziele für die Schule (sowohl curriculare Ziele als auch Ordnungsziele) klar herausgestellt werden, dass klassenübergreifende Absprachen erfolgen und eingehalten werden;
- sie sind Impulsgeber dafür, dass das Pädagogische in den Mittelpunkt ihres, aber auch des Alltags der Schule gerückt wird; sie regen diesbezüglich Initiativen an und sind offen für neue Ideen und ständig bemüht, die pädagogische Arbeit der Lehrer zu verbessern;
- sie verwenden viel Zeit für den ständigen und engen Kontakt zu den Lehrern, unterstützen und beobachten sie bei ihrer Arbeit — auch dadurch, dass sie mit ihnen über ihren Unterricht diskutieren. Sie sind dadurch über die Probleme der Lehrer informiert und können konstruktive Hinweise und gezieltes Informationsmaterial geben;
- sie sind, bedingt durch den engen Kontakt, auch besser in der Lage, die Arbeit der Lehrer zu würdigen, denn auch Lehrer brauchen das Gefühl, anerkannt zu werden, brauchen Ermutigung;
- sie öffnen die Schule nach außen, suchen Verbindung zu anderen Schulen und sind Wegbereiter für die intensive Zusammenarbeit mit den Eltern."

7. Klima des Vertrauens

Unmittelbar einsichtig dürfte sein, dass eine gute das Lernen fördernde Schulatmosphäre, gute persönliche Lehrer-Schüler-Beziehungen, das Eingehen auf die Bedürfnisse der Schüler, Aufbau und Pflege eines „Wir-Gefühls" zur positiven Identifikation mit der Schule beitragen.

8. Lehrerkooperation

Viele Studien unterstreichen die Bedeutung und Notwendigkeit einer guten Lehrerkooperation für eine gute Schule. Dazu gehören:
- Austausch von Ideen unter Lehrern,
- beständiges Lehrertraining und regelmäßiger Erfahrungsaustausch,
- Konsens im Kollegium über Werte und Ziele der Schule als Ganzes,
- Kommunikation und gemeinsame Planung der Lehrer innerhalb einer bzw. zweier benachbarter Schulstufen,
- regelmäßiges Lehrertraining zum Unterrichtsprogramm.

Ziel all dieser und ähnlicher Bemühungen ist dabei, einen „Minimalkonsens" für die schulpädagogische, die unterrichtliche und erzieherische Arbeit herzustellen und aufrechtzuerhalten, an dem sich alle orientieren können – eben das was Rutter u. a. **„Schulethos"** nennen.

9. Innovationsbereitschaft der Lehrer

Lehrer müssen bereit und fähig sein, ständig ihre Unterrichtsansätze daraufhin zu überprüfen, ob sie angemessen sind oder gegebenenfalls zu modifizieren bzw. ob neuere Ansätze aufzugreifen und zu adaptieren sind; damit eng zusammen hängt die Bereitschaft, sich ständig weiterzubilden.

Ergänzen könnte man hier noch einige Ergebnisse beim Vergleich öffentlicher mit privaten Schulen und von einer Studie des U.S. Department of Health, Education and Welfare (1978; nach Steffens/Bargel 1993) über die *Möglichkeiten zur Verringerung von Gewalt* und abweichendem Verhalten in Schulen. Vor allem aus dieser letztgenannten Studie lassen sich wichtige Folgerungen ziehen.

Folgende Merkmale unterscheiden demnach Schulen mit geringem abweichenden Verhalten von solchen mit hohem:

- ein Schulleiter mit ausgeprägtem Sinn für geordnetes Verhalten in der Schule und entsprechender Vorbildfunktion für Lehrer und Schüler;
- klar festgelegte, faire und konsequent umgesetzte Regeln;
- Lehrer mit hoher Berufszufriedenheit, die gleichzeitig mit dem Erziehungs- und Umgangsstil des Schulleiters übereinstimmen;
- Zusammenhalt im Kollegium;
- materielle und moralische Unterstützung durch die Schulaufsicht;
- Begleitung und Verstärkung des Fortschritts von Schülern in der Entwicklung, dem Verhalten und im Leistungsbereich;
- Klassengrößen und eine Schulorganisation, bei der persönliche Beziehungen zwischen Lehrern und Schülern bedeutsam werden können;
- hohe Arbeitsmoral des Kollegiums;
- die Überzeugung bei den Schülern, dass schulische Belange von Bedeutung sind und
- ein Gefühl bei den Schülern dafür, dass die Schule eine auch von ihnen zu beeinflussende Umwelt darstellt.

Bis hierher bleibt aber (mit Steffens/Bargel) festzuhalten, dass in den angeführten Studien zusammenfassend meist nur die „basic-skills" als ausschlaggebendes Qualitätsmerkmal bzw. als Maßstab herangezogen wurden und komplexere oder überfachliche Kriterien und Ziele weitgehend unberücksichtigt blieben (z. B. Kritikfähigkeit, Selbsttätigkeit, Hilfsbereitschaft, Kreativität u. Ä.).

Weiter ist natürlich unbedingt zu beachten, dass das amerikanische Schulsystem nicht einfach mit unserem vergleichbar ist und schon gar nicht dort gewonnene Erkenntnisse etwa im Sinne von Rezepten auf unser System übertragbar sind.

Und dennoch fragen auch wir uns: Ist es nicht erstaunlich, dass Gesichtspunkte bzw. Schulmerkmale, die schon seit Jahrzehnten in der pädagogischen Diskussion sind, sich auch in Studien, die in erster Linie nach Differenzen hinsichtlich der reinen Fachleistungen fragen, als bedeutsam herausgestellt haben? Das berechtigt wohl dazu, diese Studien auch über ihren eigenen Untersuchungszweck hinaus für beachtenswert zu halten, sie etwa in Diskussionen und Konferenzen über die Gestaltung der eigenen Schule zur Anregung heranzuziehen. Dabei kann man durchaus die Tatsache anerkennen und betonen, dass empirische Befunde allein noch nie eine Schule geändert haben, dass es dazu außerdem normativer Entscheidungen und pädagogischer Konzepte bedarf, die weit über die Fragestellung solcher und ähnlicher Untersuchungen hinausgehen

Zwei Beispiele für solche normativen pädagogischen Konzepte — in die sehr viele Ergebnisse auch empirischer Untersuchungen eingearbeitet sind, ohne immer explizit darauf zu verweisen — seien hier zunächst noch angeführt.

1. H. v. Hentig beschreibt in seinem Buch „‚Humanisierung' – eine verschämte Rückkehr zur Pädagogik? ..." (1987) eine gute Schule als eine, die sich ihre Lernbedingungen selbst — von innen heraus quasi — gibt, als einen Ort:

- an dem sich die Lust am Lernen einstellen kann,
- an dem Konzentration möglich ist und Durchhaltekraft belohnt wird,
- an dem Martin Wagenschein würde lehren wollen,
- an dem man gemeinsame Grunderlebnisse hat und sich bewusst macht,
- an dem Gemeinsinn herrscht und wohl tut,
- an dem man mit einem Stück Natur leben kann,
- an dem man erfahren kann wie man Frieden macht,
- an dem die Frage nach dem Sinn gestellt werden kann — und gestellt wird.

Und an anderer Stelle kennzeichnet er eine *humane Schule, die „die Menschen stärken, die Sachen klären"* will als (vgl. auch v. Hentig 1993):

- Eine Gemeinschaft von Menschen, die ihre Sache mit *Zuversicht* tun
- Eine Gemeinschaft von Menschen, die für andere *Zeit* haben
- Eine Einrichtung, an der *Arbeit* erfahren werden kann – und nicht nur als Arbeit verkleidetes Lernen
- Eine Einrichtung von *menschlichem Ausmaß*
- Ein Lebensort (‚A place for kids to grow up in')
- Eine Einrichtung, in der die Menschen sich bewusst gemeinsame Regeln des Handelns geben, deren Funktion man dort also erfahren kann
- Eine Einrichtung, in der sich die Menschen die *gemeinsamen Formen des Erkennens* bewusst machen – an der es dafür Anlässe gibt

- Eine Einrichtung, in der die *Unterschiede* unter den Menschen wahrgenommen und bejaht werden können
- Ein Ort, an dem der *Körper* zu seinem Recht kommt
- Eine Einrichtung, an der man sich der Medien bedient und nicht die Medien bedient
- Eine Gemeinschaft von Menschen, in der die Erwachsenen ihr *Erwachsensein* bejahen – um der Kinder willen
- Eine Einrichtung, die *hilft* und nicht heilt
- Eine Einrichtung, an der *nicht alles geregelt* ist, an der man die Kinder weitgehend in Ruhe lässt – eher weniger als mehr zu tun geneigt ist.

2. Die Denkschrift der Kommission „Zukunft der Bildung – Schule der Zukunft" (Bildungskommission NRW 1995; vgl. dazu auch die zusätzlichen Erläuterungen durch Klafki 1996, 156–170) beschreibt die Schule als „Haus des Lernens":

Danach ist Schule

- ein Ort, an dem alle willkommen sind, die Lehrenden wie die Lernenden in ihrer Individualität angenommen werden, die persönliche Eigenart in der Gestaltung von Schule ihren Platz findet,
- ein Ort, an dem Zeit gegeben wird zum Wachsen, gegenseitige Rücksichtnahme und Respekt vor einander gepflegt werden,
- ein Ort, dessen Räume einladen zum Verweilen, dessen Angebote und Herausforderungen zum Lernen, zur selbstständigen Auseinandersetzung locken,
- ein Ort, an dem Umwege und Fehler erlaubt sind und Bewertungen als Feedback hilfreiche Orientierungen geben,
- ein Ort, wo intensiv gearbeitet wird und die Freude am eigenen Lernen wachsen kann
- ein Ort, an dem Lernen ansteckend wirkt.

Mögen diese letzten Merkmalskataloge auch eher Idealvorstellungen umreißen, zwar auf dem Hintergrund profunder Kenntnisse der Schulwirklichkeit, vieler reformpädagogischer Ideen und vieler entsprechender Untersuchungen wie sie auch Steffens/Bargel (überwiegend aus dem amerikanischen Schulwesen) zusammengetragen haben. Als konkrete Utopien können sie unsere Vorstellung leiten, uns zu dauernden Anstrengungen veranlassen, endlich die gute Schule zu schaffen. Es gibt sie ja an verschiedenen Orten bereits – zumindest in Ansätzen –, wie manch Schulbesuch auch im deutschen Sprachraum zeigt.

Stärker abgesichert durch umfassende eigene und die Auswertung fremder empirischer Untersuchungen im In- und Ausland formuliert Helmut

Fend seine neuesten Überlegungen zur **Qualität im Bildungswesen** (Fend 1998).
Hatte er noch kürzlich den Blick auf „die einzelne Schule als pädagogische Handlungseinheit" gelenkt, weitet sich sein Blick neuerdings wieder, und er bezieht wieder stärker das gesellschaftlich-politische Umfeld des gesamten Schulsystems und welche Funktionen es für die Gesellschaft erfüllt, in die Überlegungen mit ein. In seiner neuesten Veröffentlichung fasst er nochmals seine umfassenden Untersuchungen zu den Funktionen des Schulsystem und seine daraus abgeleiteten Überlegungen zur Qualität im Bildungswesen und den dazu notwendigen Systembedingungen systematisch zusammen. Wir zeichnen einige dieser einsichtigen Überlegungen zustimmend zitierend nach:

- Hohe *Leistungsstandards* sind das Ergebnis der konzentrierten, hoch motivierten und von hohen Erwartungen sowie exzellentem Lehrmaterial gestützten Anstrengungen der Lehrerschaft. Mit ihr korrespondiert eine zeitintensive und ebenso hoch motivierte Lernanstrengung auf Seiten der Schülerschaft, die über Jahre konsequent vom Elternhaus gefördert wird (S. 367).
- Zwar gibt es durchaus Rahmenbedingungen, die die Arbeit von Lehrern erschweren oder erleichtern können, aber „gebrochen" wird dies alles durch das was zu den wichtigsten Quellen der Schulqualität gehört: das *Ethos einer Lehrerschaft,* ihre Sicht der Dinge, ihre mentale Verarbeitung ihrer Aufgaben, ihre Kraft und Fähigkeit, mit den entsprechenden Arbeits- und Lernbedingungen produktiv umzugehen (S. 368).
- Das Ethos allein reicht jedoch nicht, Gutes setzt sich nicht automatisch durch. Nicht zuletzt ist deshalb *Wissen* erforderlich, ergänzt durch *Handlungskompetenzen,* damit „möglichst viele Kinder durch eine bestmögliche Anknüpfung an die inneren Entwicklungsprozesse des Verstehens und der Motivation auf eine möglichst hohe kulturell definierte Ebene von Kompetenzen, des Verständnisses und der Welteinstellung geführt werden" (S. 383).
- Eine ausschließliche Fokussierung auf die Lehrerschaft ist allerdings unzureichend und muss ergänzt werden: Im Mittelpunkt muss die *Aufgabenorientierung* stehen, die die Ausrichtung an den Interessen der Elternschaft und der Schüler einschließt. Diese Interessenlage kann sehr unterschiedlich sein: Eltern sorgen sich vor allem um die Schulleistung der Kinder, die Schüler wollen eher Spaß und Peer-Vergnügungen, und die Lehrer, deren Arbeit nur schwer begrenzbar ist – denn man hat immer ein schlechtes Gewissen, weil man sich immer noch besser vorbereiten könnte – haben die Sorge, dass sie noch stärker belastet werden könnten durch immer höhere Erwartungen. Die Qualität einer Schule erweist sich dann darin, welche

Grenzbearbeitungen zwischen diesen Interessengruppen erfolgen, ob Verständigung möglich ist, wozu es der Absicherung entsprechender Mitwirkungsverfahren bedarf. Schulehalten muss als kontinuierlicher Prozess der Aufgabenbewältigung angesehen werden, der vom Lernpotential eines Kollegiums getragen wird. Intensivierung von Kooperation und Steigerung des Öffentlichkeitscharakters des Lehrens könnten in diesem Sinne Schlüsselprozesse für dauernde Qualitätsverbesserung von Schulen sein (S. 369 f.).

- Das didaktische und lehrstoffbezogene Lehrerverhalten darf nicht in den Hintergrund gedrückt werden. Hier ist Tendenzen entgegenzuwirken, die den Kern des Lehrerdaseins nicht mehr im Klassenzimmer sehen wollen, sondern eher in der Gestaltung des gesamten Schullebens. So wichtig und richtig solche Erweiterungen der Lehrerrolle sein mögen, so klar sollte aber auch die Priorität sein: Die Kompetenz des Lehrers besteht darin, ein *Fachmann für Lernen* zu sein, ein Vermittler zwischen einem gegenwärtigen und einem zukünftigen Kompetenzniveau seiner Schüler (S. 370).
- Der Aufbau eines künstlichen Gegensatzpaares von hoch strukturierten, wissens- bzw. fähigkeitsbezogenen Unterrichtsweisen auf der einen Seite und einer eher spielerischen, die Eigenaktivität forcierenden und an den Erfahrungen der Kinder anknüpfende Strategie andererseits ist falsch.

„Lernen bedarf auch heute der bestmöglichen inhaltlichen Strukturierung und des langzeitorientierten Kompetenzerwerbs. Je besser komplexe Inhalte strukturiert sind, je überschaubarer und auf curricular valide Prüfungen hin sie konzipiert sind, je besser die Aufbereitungsqualität, desto größer ist der Unterrichtserfolg. Auf der einen Seite fördert das Aktiv-in-den-Lernprozess-eingebunden-Sein den Lernprozess auf Schülerseite in unübersehbarer Weise. Etwas wissen zu wollen, die eigenen Lernfortschritte erkennen zu können, Kompetenzen selbstständig üben und in vielen Kontexten kooperativ oder individuell anwenden zu können sind treibende Kräfte einer guten Lehr- und Lernkultur. (…) Eine solche Ausrichtung b .eutet jedoch nicht, Lernen nun völlig in die Hand des lernenden Schülers zu ge n, ihn alle (vermeidbaren) Irrwege gehen zu lassen, ihn auch auf höheren Lernstufen unproduktiv in den knappen Lernzeiten spielerisch zu beschäftigen und somit ein gezieltes Training und einen gezielten Wissenserwerb zu versäumen. Entscheidend ist die in strukturierende Rahmenbedingungen eingebaute optimale Ko-Konstruktion von Lernprozessen zwischen einer Person, die etwas auf einem höheren Niveau bereits beherrscht, und einem Schüler, der langsam an dieses Niveau herangeführt wird, der etwas anfangs nur mit Anleitung, später aber eigenständig kann." (S. 371).

- In diesem Sinne meint die alte Formel Entwicklung *vom Kinde aus* auch, „dass sich Lehrer und Erwachsene als verantwortliche Gestalter der eigenen Lernprozesse der Kinder verstehen, denen es gelingt, die Vorgaben für die Höherentwicklung von Verständnis und von Fertigkeiten so in den Lernprozess einzubringen, dass sich jeweils optimale Passungen zwischen vorhandenem und zu erreichendem Entwicklungsstand repräsentieren. Dabei *treibt* nicht nur das Lerninteresse das aktive Lernhandeln voran, sondern gleichzeitig *zieht* die bessere kognitive Struktur des stützenden Lehrers, der Schüler in eine nächste Zone der Entwicklung begleitet, Kinder und Jugendliche voran" (S. 378 f.).

- Nur selbstverantwortliche und mündige Lehrer können selbstverantwortliche und mündige Schüler erziehen (Diesterweg). Damit lässt sich der Schutz der Lehrfreiheit und der freien Methodenwahl der Lehrer zum Teil begründen, weil Lehrer eine Schutzzone brauchen, um beruflich selbstverantwortlich handeln zu können. Gleichzeitig muss ihnen aber bewusst sein, dass sie eine *öffentlich zu verantwortende* Aufgabe erfüllen und sie sich deshalb gegebenenfalls auch öffentlich verantworten und evtl. korrigieren müssen. Gute und schlechte Lehrer sind statistisch in etwa gleich über alle Schulen verteilt, sodass sich Wirkungen nicht immer sofort zeigen; auch treffen in diesem Zusammenhang Interessen von betroffenen Lehrern, Schutzwürdigkeit ihrer Amtstätigkeit, berechtigte Interessen der Schüler und Eltern sowie begrenzte Handlungsmöglichkeiten der Schulaufsicht zusammen. Wenn allerdings ein bestimmtes Niveau der Qualität des Unterrichts unterschritten wird, ist dies unhaltbar und unzumutbar. „Die Verantwortung der Schulleitungen und Behörden sowie die Verantwortung der Kollegen dafür zu sorgen, dass Lehrer nicht ungestraft über Jahre schlechten Unterricht geben können, muss gestärkt und durchsetzbar werden" (S. 383). Hier wäre das auf das eigene Kind bezogene Elterninteresse organisatorisch vom öffentlichen Elterninteresse an der Qualität der ganzen Schule zu trennen. Denn Eltern müssen vielmehr gleichzeitig ein Interesse an „starken" Lehrern haben, ihnen ist nicht mit Lehrern geholfen, die zum Spielball der Unverschämtheiten von Schülern werden. Ihre Stärke könnten die Lehrer aus kollegialer Kooperation ziehen, die ein Diskussionsforum für hohe methodisch-didaktische Qualität bietet.

- *Die Qualität eines Bildungswesens materialisiert sich letztlich in den konkreten Lehr-Lernprozessen einer Schulklasse.* Lehrerverhalten wird gestützt insofern es der Optimierung der Lernbedingungen von Heranwachsenden dient. „Wie viel Schüler lernen und wie sie in ihrer Entwicklung gefördert werden macht dann in letzter Instanz die Qualität der Institution Schule aus"(S. 374). Dabei ergibt sich die Qualität des Lehr-Lern-Prozesses weder aus strukturellen Vorgaben noch ausschließlich aus den persönlichen Haltungen und Qualitäten der Lehrer. Beide Faktoren wirken ineinander. Entscheidend ist, ob es gelingt, die Schule für *möglichst alle Schüler* zu produktiven Räumen ihrer Entwicklung werden zu lassen. Schulen sind in erster Linie „Häuser des Lernens" (S. 377). Auch hieraus sind abzuleiten die bildungstheoretische Rechtfertigung der jeweils ausgewählten kulturellen Inhalte und – als weiteres wichtiges zusätzliches Qualitätsmerkmal von Bildungssystemen – die gerechtfertigte Verteilung der Jugendlichen auf unterschiedliche Bildungswege nach Gesichtspunkten der Chancengleichheit nicht zuletzt im Hinblick auf Aufstiegs- und Berufsinteressen (S. 384).

Nach diesen grundsätzlichen Überlegungen wollen wir zum Schluss nochmals die so anschaulichen und überzeugenden Merkmale von guten (bzw. schlechten) Schulen wiedergeben, die Fend bereits 1986 formuliert hat, kann man diese Liste doch geradezu als Check-Liste bei Schulbesuchen und in den Praktika im Hinterkopf mitnehmen:

„**15 Merkmale einer guten Schule**":

- „Gute Schulen sind solche, in denen sich Lehrer und Schüler über Jahre kennen, in denen gegenseitige Besonderheiten und Eigenheiten wahrgenommen und toleriert werden.
- Gute Schulen werden von Lehrergremien getragen, die nicht von unüberbrückbaren Fraktionen, von Kämpfen bis auf's Messer, gekennzeichnet sind.
- In guten Schulen dominiert nicht eine Gruppe von Lehrern in weltanschaulicher Selbstgewissheit und drängt die anderen wegen ihrer Anschauungen im selbstgefälligen ‚Wir sind eigentlich die Schule' an die sozialen Ränder.
- Chaos, Strukturlosigkeit, Vandalismus, Roheit, Gleichgültigkeit und Verantwortungsentzug kennzeichnen schlechte Schulen.
- Gute Schulen sind gestaltete Schulen, im sozialen wie im räumlichen Bereich; sie sind keine Wartesäle dritter Klasse, keine Notunterkünfte und Kasernen.
- In guten Schulen passiert etwas; es ist ‚viel los', Feste werden gefeiert, Ausflüge organisiert, Ausstellungen arrangiert – wobei die jeweilige Vorbereitung wichtiger ist als die Durchführung.
- In guten Schulen herrscht keine miese Stimmung unter den Lehrern, Unzufriedenheit und Gereiztheit sind nicht chronisch.
- In guten Schulen herrscht keine aggressive Stimmung gegen die Schüler, es wird nicht dauernd und ausschließlich über ‚Schrott' und ‚Dünnbrettbohrer' und ‚Pfeifen' gesprochen, Hausbau, Ferien, günstige Darlehen bilden nicht das zweite zentrale Gesprächsthema.
- In guten Schulen haben Lehrer Zeit für die Schule. Freudlosigkeit, Langeweile und Konzeptlosigkeit sind in schlechten Schulen zu finden.
- Gute Schulen sind nicht überbürokratisiert, sie verschüchtern die Schüler nicht, sie ersticken Aktivitäten nicht in Regelungen und Ängstlichkeiten.

- Das Gefühl, ohnedies nichts tun zu können, also Stimmungen der Ohnmacht und Resignation kennzeichnen schlechte Schulen.
- In guten Schulen fühlen sich Lehrer und Schüler angenommen, akzeptiert – gekannt und gesehen im buchstäblichen Sinne. ‚Ich bin da, und die anderen wissen das' – dies ist eine wichtige Grundstimmung.
- In guten Schulen sind Lehrer zugleich kritisch beobachtend, handlungsbereit und zufrieden.
- In guten Schulen lassen sich Lehrer nicht von den Schülern tyrannisieren – aber sie wollen auch nicht herrschen.
- In guten Schulen ist eine freundliche, lockere Atmosphäre spürbar, Lehrer sind gerne dort, Schüler fühlen sich wohl, und Eltern haben dort den Eindruck, ihr Kind, Ruth oder Miriam oder Moritz, ist dort gut aufgehoben. Sie werden gefordert, ohne überfordert zu werden, sie gehören dazu, ohne in allem besser sein zu wollen, sie wachsen und gedeihen."

13. Anhang

13.1 Übersicht über Planungsraster

> 1. Nach **Heimann/Otto/Schulz** (vgl. Lerntheoret. Didaktik, Kap. 5.2.2.)
> In: Heimann, P./Otto, G./Schulz, W.: Unterricht – Analyse und Planung. Hannover 1965.

Unterrichtseinheit:
a) Anthropogene Voraussetzungen
b) Sozial-kulturelle Voraussetzungen
c) Intentionen
d) Themenfolge
e) Methodische Schwerpunkte
f) Bevorzugte Medien

Einzelstunde:
a) Unmittelbare Voraussetzungen
   (z. B. Hausaufgaben der Schüler)
b) Intentionen
c) Thema
d) Methodische Schwerpunkte
e) Bevorzugte Medien
f) Beabsichtigte Weiterführung des Unterrichts

Verlaufsplanung:

Erwartetes Schülerverhalten	Geplantes Lehrerverhalten	Didaktischer Kommentar
...	...	...

> 2. Nach **Schulz** (vgl. Lehrtheoretische Didaktik, Kap. 5.2.2)
> In: Schulz, W.: Unterrichtsplanung. München 1981.

- Unterrichtsziele: Intentionen und Themen
- Ausgangslage der Lernenden und Lehrenden
- Vermittlungsvariablen: Methoden, Medien, schulorganisatorische Hilfen
- Erfolgskontrolle: Selbstkontrolle der Schüler und Lehrer, Fremdkontrolle

Geschätzter Zeitaufwand	Teilziele in zeitlicher Reihenfolge	Bereitgestellte Lernhilfen	Alternativen
...	...	...	...

> **3. Nach Becker**
> In: Becker, G. E.: Planung von Unterricht. Weinheim/Basel 1984.

1. Besondere Überlegungen:
   - Lernvoraussetzungen der Schüler
   - Inhaltsstruktur und Inhaltsanalyse
   - mögliche Lernziele
   - Rahmenbedingungen
   - Beteiligungsspielraum
   - Sozialformen
   - Medienwahl und -einsatz
   - Unterrichtskonzeption und Methode
   - Konfliktprophylaxe
2. Lehr-Lern-Folge

> **4. Nach Meyer H.**
> In: Meyer, H.: Leitfaden zur Unterrichtsvorbereitung. Königstein 1981.

1. Einordnung der Stunde in den curricularen Zusammenhang der Unterrichtseinheit/des Kurses/des Halbjahres
2. Bedingungsanalyse:
   2.1 Lernvoraussetzungen der Schüler (Erfahrungen und Interessen zum Thema)
   2.2 Fachliche Vorgaben für die geplante Stunde
   2.3 Handlungsspielräume des Lehrers
3. Didaktische Strukturierung
   3.1 Lernziele des Lehrers
   3.2 Hypothesen über die Handlungsziele der Schüler
   3.3 Begründungszusammenhänge v. Ziel-, Inhalts- und Methodenentscheidungen
   3.4 Vorüberlegungen zur Auswertung
4. Geplanter Verlauf der Stunde
5. Anhang (Sitzplan, Arbeitsblatt, Literatur)

5. Nach Beckmann
In: Beckmann, H. K.: Unterrichtsvorbereitung aus der Sicht der Allgemeinen Didaktik.
In: Westermanns Pädagogische Beiträge 26/1974.

Voraussetzungen: Möglichst genaue Kenntnisse der anthropologischen, soziokulturellen und situativen Bedingungen der Klasse.

1. Erster vorläufiger Schritt: Auswahl der Unterrichtsgegenstände und vorläufige Zuordnung zu vage formulierten Lernzielen.
2. Sachgrundlage des Inhalts
3. Didaktische Analyse
4. Lernziele
5. Unterrichtsmethodische Überlegungen
6. Wahl der Unterrichtsmedien
7. Verlaufsplanung

Zeit	Inhalte/ Lernziele	Erwartetes Schülerverhalten	Geplantes Lehrerverhalten, Alternativen	Bemerkungen

6. Nach Meyer E.
In: Meyer, E.: Unterrichtsvorbereitung in Beispielen. Bochum 1961.

- Allgemeine Aufgaben
- Curriculumsanalyse
- Lernzielbestimmung
- Aufgabenentwicklung
- Kooperationsformen
- Anfangssituation – Arrangement
- Lösungssituationen
- Vermittlungshilfen
- Möglichkeiten der Improvisation

Anfangssituation – Arrangement –	
...	
Lösungssituation	Vermittlungshilfen
...	...

7. Nach **Maier/Pfistner**
In: Maier, H./Pfistner, H.-J.: Grundlagen der Unterrichtstheorie und Unterrichtspraxis. Heidelberg 1976.

Gesamtziel:
- Teilziele – sachlogisch akzentuiert
- Funktionszielfolge – lernpsychologisch-didaktisch akzentuiert
- Repräsentationsarten und Arten von einleitenden Maßnahmen zur Antizipation der Ziellage
- Antizipierte Tätigkeiten der Schüler zur Zielerreichung und deren Abfolge
- Vermittlungshilfen bei auftretenden Lernschwierigkeiten
- Medien (Arbeitsmittel, Operationsobjekte)
- Formen der sozialen Organisation
- Lehrverhalten, das angstfreies Lernen zulässt
- Formen der Lernkontrolle

Diagramm der Unterrichtsstrukturen:

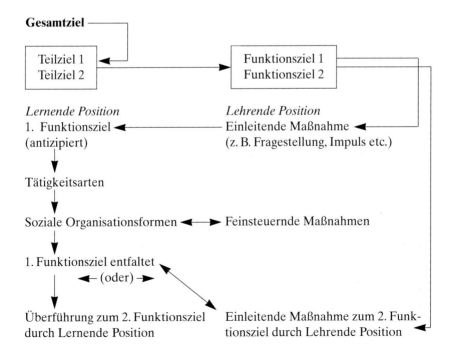

8. Nach Chiout/Steffens
In: Chiout, H./Steffens, W.: Unterrichtsvorbereitung und Unterrichtsbeurteilung. Frankfurt/Berlin/München 1971.

1. Klasse:
   - Soziologische und individuelle Daten
   - Literatur zu dieser Faktorenanalyse

2. Bildungsgehalt (didaktische Reflexion)
   - Thema
   - Didaktische Analyse
   - Ziel der Stunde
   - Einordnung in die Gesamtplanung
   - Literatur über den Bildungsgehalt

3. Unterrichtsorganisation (methodische Reflexion)
   - Methodische Folgerungen aus 1. und 2.
   - Methodische Folgerungen, die sich aus der Lernforschung ergeben
   - Methodische Folgerungen, die sich aus dem Erziehungsauftrag der Schule heute ergeben
   - Verlauf der Stunde (Niederschrift)
   - Ausführliche Begründung einiger methodischer Maßnahmen

Zeit	Phasen	Unterrichtsschritte und Aktivitätsformen	Bezug zum Inhalt
...	...	...	...

9. Nach **Grell**
In: Grell, J. und M.: Unterrichtsrezepte. München 1979.

Phase 0: Ich treffe **direkte Vorbereitungen** für die kommende Unterrichtsstunde.

Phase 1: Ich bemühe mich, bei den Schülern **positive reziproke Affekte** auszulösen.

Phase 2: Ich teile den Schülern mit, **was** sie lernen sollen, **wie** sie es nach meiner Planung lernen sollen und **warum** sie es lernen sollen. Ich gebe also einen **informierenden Unterrichtseinstieg**.

Phase 3: Ich sorge dafür, dass die Schüler die zum Lernen notwendigen Informationen haben. Ich gebe einen sogenannten **Informationsinput**.

Phase 4: Ich biete den Schülern eine oder mehrere Lernaufgaben an und **demonstriere** ihnen, wie die Lernaufgabe bearbeitet werden kann.

Phase 5: Ich lasse die Schüler eine gewisse Zeit **selbstständig** an der Lernaufgabe arbeiten, damit sie **Lernerfahrungen** machen können. Bei dieser selbstständigen Arbeit störe ich die Schüler nicht.

Phase 6: Falls nach der 5. Phase noch eine gewisse Weiterverarbeitung im Klassenverband erfolgen soll, füge ich eine **Auslöschungsphase** ein, um den Schülern zu helfen, sich von der selbstständigen Arbeit wieder auf die Arbeit im Klassenplenum einzustellen.

Phase 7: Ich führe mit der Klasse eine Phase der **Weiterverarbeitung** durch.

Phase 8: Ich sorge dafür, dass am **Schluss der Stunde** noch einige Minuten Zeit sind. In dieser Minute kann ich z. B. eine kleine Gesamtevaluation der Unterrichtsstunde mit den Schülern versuchen oder den Tagesordnungspunkt „Verschiedenes" mit ihnen behandeln.

10. Jank/Meyer (1991, S. 404):
In: Jank, W./Meyer, H.: Didaktische Modelle. Frankfurt a. M. 1991.

1. **Bild der Lerngruppe**
   - Lernvoraussetzungen der SchülerInnen
   - Interessen der SchülerInnen
   - Interaktionsverhalten der SchülerInnen

2. **Bisher erteilter Unterricht**
   - Einordnung der Stunde in die Unterrichtseinheit
   - Organisatorische Voraussetzungen
   - Ausblick auf die Fortsetzung der Unterrichtseinheit

3. **Sachanalyse**
   - fachwissenschaftlicher Zusammenhang und Grundlagen
   - fachliche Struktur des Themas

4. **Didaktische Analyse**
   - Richtlinienvorgaben
   - Bedeutung des Themas für die Schülerinnen
   - „Methodische Leitfrage"*
   - Begründung der Inhaltsauswahl
   - Zur didaktischen Reduktion

5. **Lernziele**
   - kognitive, affektive, psychomotorische Lernziele oder
   - fachliche Lernziele
   - soziale Lernziele

6. **Methodische Überlegungen**
   - Unterrichtsschritte und ihre didaktischen Funktionen
   - „Gelenkstellen" zwischen den Unterrichtsschritten
   - Handlungsmuster
   - Sozialformen
   - Planungsalternativen
   - Medien

7. **Geplanter Stundenverlauf**
   - Zeitplan ...
   - Raster zum Stundenverlauf

8. **Anhang**
   - Literaturverzeichnis
   - Sitzplan
   - Tafelbild
   - Arbeitsblatt

---

* Unter methodischer Leitfrage wird die pädagogische Perspektive auf einen Gegenstand verstanden, die ihn erst zum Unterrichtsinhalt macht.

11. Nach **Kretschmer/Stary** (1998):
In: Kretschmer, H./Stary, J.: Schulpraktikum. Berlin 1998.

1. **Die Unterrichtseinheit**
Zielgruppe (Schulart, Klassenstufe, Kursniveau) – Thema – Gliederung – Zielsetzung

2. **Die Unterichtsstunde**
Stellung innerhalb der Unterrichtseinheit – Thema – Zielsetzung

3. **Unmittelbare Unterrichtsvoraussetzungen**
   - Spezielle Merkmale der Zielgruppe
   - Vorwissen, Lernstand, Leistungsmöglichkeiten
   - Beherrschung von Sozialformen, Arbeitstechniken u. Ä.
   - Voraufgegangener Untericht

4. **Sachanalyse**

5. **Didaktische Analyse**

6. **Methodische Möglichkeiten, Verlaufsplanung**
   - Gliederung des Unterrichtsverlaufs mit Fein-/Teilzielen
     - Artikulation/Phasen/Stufung des Unterrichts (Hinführung – Präsentation/Darbietung – Reaktion – Erarbeitung – Vertiefung – Festigung – Übung – Weiterführung – Anwendung – Übertragung – Gestaltung)
     - Motivierung der Schüler und Einstieg
     - Modus der Darbietung von Text/Material/Medium
   - Medien (Bücher, Bilder, Arbeitsblätter, Tafelanschrift/-bild, OH-Folien, Tonträger, Videos, Filme u. Ä.)
   - Zeitbedarf • Alternativen • Möglichkeiten innerer Differenzierung
   - Sozialformen/Handlungsmuster • Erfolgs-/Lernkontrolle
   - Hausaufgaben

7. **Geplanter Unterrichtsverlauf** = Strukturskizze

Vermutetes Schülerverhalten	Geplantes Lehrerverhalten	Didaktischer Kommentar		
Zeit/Phase	Lehrer-/Schüler-Verhalten	Aktions-/Sozialform	Medien	Ziel

8. **Tafelbilder, OH-Folien, Arbeitsblätter, Texte usw.**

9. **Literaturangabe**

12. für handlungsorientierten Unterricht nach **Jank/Meyer** (1991, S. 363)
In: Jank, W./Meyer, H.: Didaktische Modelle. Frankfurt a. M. 1991.

1. Ich treffe eine vorläufige Entscheidung über das **Arbeitsthema**

2. Vorbereitungsphase:

Ich kläre die fachwissenschaftlichen Vorgaben, Strukturen und Probleme der Bearbeitung des Themas.	Ich kläre, welche Vorgaben durch Richtlinien, Schulbücher und Fachkonferenzbeschlüsse gegeben sind.	Ich kläre die organisatorischen Voraussetzungen.	Ich mache mich im vorgesehenen Arbeitsgebiet fachkompetent (Lektüre/ Gespräche etc.).	Ich formuliere Hypothesen über die Lernvoraussetzungen und Interessen der Schüler zum Thema.
Ich formuliere meine **Lehrziele**			Ich formuliere Hypothesen über **Handlungsziele** der Schüler	

3. Einstiegsphase:
Ich versuche einen handlungsbezogenen **Unterrichtseinstieg** zu organisieren.

4. Ich vereinbare mit den Schülern **Handlungsergebnisse**
eventuell: eine weitere Vorbereitungsphase

5. Erarbeitungsphase:

Lehrer und Schüler arbeiten in großen und kleinen Gruppen an der gestellten Aufgabe: Arbeitsplanung Materialbeschaffung, Kontaktvermittlung	eventuell: lehrgangsmäßige Einschübe zur Vermittlung von Fachkompetenz	eventuell: Erkundungsgänge, Hearings, Erholungspausen	eventuell: eingeschobene individuelle Leistungsüberprüfungen

6. Auswertungsphase:

Die Arbeitsergebnisse werden im Klassenplenum – vorgestellt, vorgespielt, erprobt – zur Überarbeitung an die Gruppen zurückgegeben	Die Schüler spielen/arbeiten/handeln mit den Arbeitsergebnissen und üben dabei	Lehrer und Schüler entscheiden, ob Teile oder sämtliche Handlungsergebnisse veröffentlicht werden sollen und in welcher Form dies erfolgen soll.

13.2 Stichwortverzeichnis

A

Affektive Lernziele 125
Aktionsformen 165
Alternativschulen 32, 33, 37
Anderson, H. 232
Anthroposophie 34
Arbeitsformen 165
Artikulation 134, 137
Artikulationsschemata 137, 144
Aufgaben der Schule 40
Aufgaben des Lehrers 223
Autokratischer Stil (Tausch) 234

B

Bedingungsanalyse 108, 198
Bedingungsfelder 112
Begründungszusammenhang 108
Beobachtungsverfahren 151
Berliner Modell 110
Berufsaufbauschule 18
Berufsfachschule 17
Berufskolleg 18
Berufsoberschule 18
Berufsschule 17
Besinnung 138
Bildung
– formale 99
– kategoriale 100
– materiale 99
Bildungsplan 41, 59
Bildungswege 11
Burnout-Syndrom 241 f.

C

Comenius, Jan Amos 77, 186
Cube, F. v. 116
Curriculum 119
– geschlossen 121
– offen 122

D

Dehumanisierung 244
Dewey, John 140
Didaktik 98
– bildungstheoretische 104
– curriculare 119
– im engeren Sinn 99
– im weiten Sinn 98
– konstruktivistische 95
– kritische kommunikative 118
– kritisch-konstruktive 104, 107
– kybernetische 116
– lern-lehrtheoretische 110, 264
– lernzielorientierte 122
Didaktische Analyse 103, 106, 201
Didaktische Modelle 100, 104, 130, 131
didaktische Reduktion 101
didaktische Transformation 101
Dilthey, W. 67
Differenzierung 147
Diskussion 167

E

Einstieg 145
Empirische Pädagogik 69
Entscheidungsfelder 112
Entschulung 37
Episode (Protokoll) 154
Erarbeitungsphase 147
Erfahrungsbezogener Unterricht 182
Ergänzungsschule 33
Ergebnissicherung 148
Ersatzschule 33
Erziehungsstil 228
Erziehungsstilforschung 229
Erziehungs- und Bildungsauftrag 59
Erziehungswissenschaft 65
Ethos der Lehrer 259
Eurythmie 36
Exemplarität 203

Exteriorisierung 175
Extrinsische Motivation 162

F

Fachschule 18
Fächerübergreifender/Fächerverbindender U. 183
Faktorenanalyse 113
Fend, H. 44, 258 f.
Figuren des Unterrichts 185
Förderschulen 25
Formalstufentheorie 137, 139
Fragend-entwickelnder U. 166
free-school-Bewegung 37
Freie Schulen 32, 33
Fröbel, Friedrich 89
Funktionen von Schule 43 f.

G

Gegenwartsbedeutung 202
Geheeb, P. 34
Geisteswissenschaftliche Pädagogik 67
Geschichte der Pädagogik 73
Gesamtschule 14
Gesprächsformen 166
Grundschule 10, 94
Grundschulempfehlung 10
Gruppenarbeit 169
Gymnasium 14

H

Hamburger Modell 110
Handlung 176
Handlungskompetenz 224
Handlungsmuster 160
Handlungsorientierter Unterricht 173
Handlungstheorie 174, 176
Hauptschule 13
Heilpädagogik 21
Herbart, Johann Friedrich 137
Herbartianer 139
Hermeneutik 68
Heimann, P. 110

Heimlicher Lehrplan 64
hidden curriculum 64
Hilfsschule 21
Hospitation 150

I

Impuls 226
Integration 26
Integrationsfunktion 47
Interaktionsformen 165
Interdependenz 112, 188
Interiorisierung 175
Intrinsische Motivation 162

J

Jena-Plan-Schule 34

K

Klafki, W. 104 f., 198, 202
Klassengespräch 167
Körpersprache 226
Kognitive Lernziele 124
Kolleg 19
Komensky, Jan Amos 77, 186
Kooperationsklassen 29, 30
konstruktivistische Didaktik 95
Kritisch-rationale Pädagogik 69
kustodiale Funktion 48
Kybernetik 116

L

Landerziehungsheim 34
Legitimationsfunktion 47
Lehrerrolle 221, 222
Lehrerverhalten 219, 224
Lehrgespräch 166
Lehrplan 50, 59
Lernvoraussetzungen 198
Lernziele 122, 207
Lernzielebenen 123
Lernzieltaxonomien 124
Lewin-Lippitt-White-Studie 230
Liez, H. 34

M

Maschinendidaktik 78
Medien 164
Methode 158, 192
Methodenbestimmung 161
Methodenkompetenz 147
Methodenkreuz 161
Methodik 158
Methodischer Gang 164
Modellschule 33
Montessori, M. 92
Motivation 162
Versetzungsordnung
– multilaterale 10

N

Normative Pädagogik 66
Normproblem 67

O

Odenwaldschule 34
Offener Unterricht 172
Operationalisierung 122, 209

P

Pädagogik 65
Pansophie 78
Partnerarbeit 168
Pestalozzi, Johann Heinrich 88, 186
Petersen, P. 34
Planungsraster/Planungs-
modelle 264 ff.
Planung von Unterricht 186
Praxisschock 241
Programmierter Unterricht 184
Projektschulen 32
Projektmethode 179
Projektschritte 180
Projektunterricht 179
Protokollieren v. Unterricht 150
Protokoll in Zeichensystemen 156
Psychomotorische
Lernziele 125

Q

Qualifikationsfunktion 44
Qualität von Schule 253 f.
Quatrivium 50

R

Realschule 14
Reduktion, didaktische 101
Reformpädagogik 91
Reformschule 33
Regionale Schule 10, 13
Rein, Wilhelm 144
Reproduktion, reproduktiv 163
Reproduktionsfunktion 44, 48
Rezeption, rezeptiv 163
Rolle 219, 221
Roth, H. 142
Rousseau, Jean-Jaques 85
Routine 224
Rutter u. a. 254
Ryans, D. G. 232

S

Sachanalyse 196
Schlüsselqualifikationen 42, 147
Schulen für
– Blinde 24
– Erziehungshilfe 23
– Gehörlose 25
– Geistigbehinderte 24
– Körperbehinderte 26
– Kranke 23
– Schwerhörige 23
– Sehbehinderte 24
– Sprachbehinderte 24
Schulgesetz 9, 40
Schulpädagogik 70
Schulpflicht 9
Schulsystem 9, 110
Schulz, W. 110
Säbelzahncurriculum 53 ff.
septem artes liberales 50, 75
Selektionsfunktion 45

Sonderpädagogik 20
Sonderschulen 20, 22, 26 f.
Sozialformen 160, 165
sozial-integrativer Stil 234
Sozialisation 44
Staatliche Schulen 10
Steiner, Rudolf 34
Strukturanalyse 113
Struktur des Inhalts 204
Strukturmomente von Unterricht 145
Strukturskizze 214

T

Tausch, R. und A.-M. 233
Taxonomie (Lernziel-) 124, 212
Transformation, didakt. 101
Trivium 50

U

Übung 149
Übergangsverfahren 15
Übersichtsprotokoll 153
Unterricht 132
Unterrichtsentwurf 195, 197, 216
Unterrichtsforschung 228
Unterrichtsgestaltung (Lehrplan) 61

Unterrichtskonzeptionen 169
Unterrichtsmethoden 158, 192
Unterrichtsplanung 186, 264
Unterrichtsprinzipien 186
Unterrichtsprozess/Unterrichtsschritte 160
Unterrichtsstil 232
Unterrichtsverlauf 192

V

Variabilität 188
Verhaltensdimensionen 236
Verlaufsplanung 213
Verlaufsprotokoll 152
Vertiefung 138

W

Waldorfschule 34
Werkrealschule 13
Wissenschaftstheorie 66
Wortprotokoll 153

Z

Zielbestimmung 122, 191, 207
Ziller, Tuiskon 144
Zukunftsbedeutung 203

13.3 Literaturverzeichnis

Adam, E.: Das Subjekt in der Didaktik. Weinheim 1988.
Adl-Amini, Bijan/Künzli, Rudolf: Didaktische Modelle und Unterrichtsplanung. München 1991.
Adl-Amini, Bijan/Schulze, Theodor/Terhart, Ewald: Unterrichtsmethoden in Theorie und Forschung – Bilanz und Perspektiven. Weinheim 1993.
Aebli, Kurt: Denken: das Ordnen des Tuns (Bd. 1/Bd. 2). Stuttgart 1980/1981.
Anderson, H. H. u. a.: Studies of Teachers classroom personalitics. In: Applied Psychological Monographs, 1946, 11, S. 3–156.
Apel, A. J.: Theorie der Schule. Donauwörth 1995.
Arnhardt, Gerhard/Reinert, Gerd-Bodo (Hrsg.): Jan Amos Comenius, Band I und II, Bad Heilbrunn 1996.

Bastian, J./Gudjons H. (Hrsg.): Das Projektbuch. Hamburg 1986.
Becker, Georg E.: Planung von Unterricht. Weinheim/Basel 1984.
Becker, Georg E.: Durchführung von Unterricht. Weinheim/Basel 1984.
Becker, G./Gonschorek, G.: Kultusminister schicken 55 000 Lehrer vorzeitig in Pension. Konsequenzen aus dem Heidelberger Burnout-Test. In: Pädagogik, 41. Jg. 1989, Heft 6, S. 16–23.
Becker, G./Gonschorek, G.: Das Burnout-Syndrom. Ursachen, Interventionen, Konsequenzen. In: Pädagogik, 42. Jg. 1990, Heft 10, S. 10–14.
Becker, G. U. u. a.: Die Helene-Lange-Schule Wiesbaden. Das andere Lernen. Hamburg 1997.
Beckmann, H. K.: Unterrichtsvorbereitung aus der Sicht der Allgemeinen Didaktik. In: Westermanns Pädagogische Beiträge 26/1974.
Beckmannshagen, F.: Rudolf Steiner und die Waldorfschulen – eine psychologisch-kritische Studie. Wuppertal 1984.
Benner; Dietrich: Studien zur Didaktik und Schultheorie. Weinheim 1995.
Bernfeld, S.: Sisyphos oder die Grenzen der Erziehung. Frankfurt a. M. 1995 (Original 1925, Neuauflage 1973).
Bildungskommission NRW: Zukunft der Bildung – Schule der Zukunft. Neuwied/Kriftel/Berlin 1995.
Bildungsplan Grundschule Baden-Württemberg 1994.
Blättner, Fritz: Geschichte der Pädagogik. Heidelberg 1973.
Blankertz, Herwig: Die Geschichte der Pädagogik. Wetzlar 1992.
Bloom, B. S.: Taxonomy of educational Objectives. Handbook: Cognitive Domain. New York 1956. Deutsch: 2. Aufl. Weinheim/Basel 1973.
Borchert, M./Maas, M. (Hrsg.): Freie Alternativschulen. Bad Heilbrunn/Obb. 1998.
Bönsch, Manfred: Methoden des Unterrichts. In: Roth, Leo (Hrsg.): Pädagogik – Handbuch für Studenten und Praxis. München 1991.
Brezinka, W.: Von der Pädagogik zur Erziehungswissenschaft. Weinheim/Basel 1971.
Brinkmann, Günther (Hrsg.): Offenes Curriculum – Lösung für die Praxis. Kronberg/Ts. 1975.
Brinkmann, G./Petersen, J. (Hrsg.): Theorien und Modelle der Allgemeinen Pädagogik. Donauwörth 1998.
Bronder, Dietmar, J./Ipfling, Heinz-Jürgen/Zenke, Karl G. (Hrsg.): Handbuch

Hauptschulbildungsgang. I: Grundlegung, Bad Heilbrunn 1998.
Büchner, P./Krüger H.-H.: Soziale Ungleichheiten beim Bildungserwerb innerhalb und außerhalb der Schule. In: Aus Politik und Zeitgeschichte B 11/96, S. 21–30.
Bundschuh, K./Heimlich, U./Krawitz, R. (Hrsg.): Wörterbuch Heilpädagogik. Bad Heilbrunn/Obb. 1999.

Chiout, H./Steffens, W.: Unterrichtsvorbereitung und Unterrichtsbeurteilung. Frankfurt/Berlin/München 1971.
Combe, Arno/ Helsper, Werner (Hrsg.): Pädagogische Professionalität. Untersuchungen zum Typus pädagogischen Handelns. Frankfurt/M., 2. Auflg. 1997.
Comenius, A.: Große Didaktik. Stuttgart 1982 (orig. 1657).
Comenius, A.: Analytische Didaktik. Berlin 1959 (orig. 1659).
Comenius, A.: Pampaedia. Heidelberg 1960 (orig. 1681).

Dave, R. H.: Eine Taxonomie pädagogischer Ziele und ihre Beziehung zur Leistungsmessung. In: Ingenkamp, K./Marsolek, Th.: Möglichkeiten und Grenzen der Testanwendung in der Schule. Weinheim 1968.
Detrich, G.: Pädagogische Psychologie. Eine Einführung auf handlungstheoretischer Grundlage. Bad Heilbrunn 1984.
Dewey, J./Kilpatrick, W. H.: Der Projekt-Plan. Grundlegung und Praxis. Weimar (Böhlaus Nachfolger) 1935.
Dewey, John: Wie wir denken. Zürich 1951.
Dewey, John. : Demokratie und Erziehung. Hrsg. v. J. Oelkers. Weinheim 1993.
Deutscher Bildungsrat: Empfehlungen der Bildungskommission. Bonn 1970.
Dietrich, Theo: Die pädagogische Bewegung „vom Kinde aus". Bad Heilbrunn 1972.
Dietrich, Theo: Zeit- und Grundfragen der Pädagogik. Bad Heilbrunn 1992.
Dietrich, J./Tenorth, H. E.: Theorie der Schule. Berlin 1997.
Dilthey, Wilhelm: Gesammelte Schriften Bd. 5. Göttingen 1957.
Dolch, J.: Lehrplan des Abendlandes. Zweieinhalb Jahrtausende seiner Geschichte. Ratingen, 2. Aufl. 1965.

Edelwich, J./Brodsky, A.: Ausgebrannt – Das Burnout-Syndrom in den Sozialberufen. Salzburg 1984.

Fend, Helmut: Gesellschaftliche Bedingungen schulischer Sozialisation. Weinheim 1974.
Fend, Helmut: Theorie der Schule. München 1980.
Fend, H.: „Gute Schulen – schlechte Schulen". Die einzelne Schule als pädagogische Handlungseinheit. In: Die Deutsche Schule, 78. Jhg. 1986, Heft 3, S. 275–293.
Fend, H.: Qualität im Bildungswesen. Schulforschung zu Systembedingungen, Schulprofilen und Lehrerleistungen. Weinheim/München 1998.
Feuser, G.: Behinderte Kinder und Jugendliche. Zwischen Integration und Aussonderung. Darmstadt 1995.
Fischer, Konrad: Geschichte des deutschen Volksschullehrerstandes. Hannover 1892, Bd. 1 und 2.
Flechsig, K.-H.: Seminarunterlagen zu „Theorie des Unterrichts". Universität Konstanz o. J. (1970).
Frey, K.: Die Projektmethode. Weinheim 1991.

Garlichs, Ariane u. a.: Didaktik offener Curricula. Weinheim/Basel 1974.

Garlichs, A./Groddeck, N. (Hrsg.): Erfahrungsoffener Unterricht. Beispiele zur Überwindung der lebensfremden Lernschule. Freiburg i. Br. 1978.
Gerner, B. (Hrsg.): Das Exemplarische Prinzip. Darmstadt 1963.
GEW: Stand der Integration behinderter Schülerinnen und Schüler in den Bundesländern. Eine Zusammenfassung einer persönlichen Einschätzung durch die Sprecher der Länder im Bundesfachgruppenausschuss sonderpädagogischer Berufe. März 1997.
Giesecke, Hermann: Pädagogische Illusionen. Stuttgart 1998.
Glasersfeld, E. v.: Radikaler Konstruktivismus: Ideen, Ergebnisse, Probleme. Frankfurt/M. 1997.
Glöckel, Hans u. a.: Vorbereitung des Unterrichts. Bad Heilbrunn 1989.
Glöckel, Hans: Vom Unterricht – Lehrbuch der allgemeinen Didaktik. Bad Heilbrunn 1990.
Göhlich, M. (Hrsg.): Offener Unterricht. Weinheim 1997.
Gonschorek, Gernot: Erziehung und Sozialisation im Internat. München 1979.
Gonschorek, Gernot: Zur Stellung des Schülers in den neuen Unterrichtskonzeptionen. In: Gonschorek, G./Wölfing W. (Hrsg.): Schule und Bildung. Weinheim 1993, S. 47–77.
Gonschorek, G./Wölfing, W. (Hrsg.): Schule und Bildung. Weinheim 1993.
Gonschorek, G./Wölfing, W. (Hrsg.): Schule und Erziehung an der Schwelle zum 21. Jahrhundert. Weinheim 1998.
Grell, Jochen: Techniken des Lehrverhaltens. Weinheim 1977.
Grell, J. und M. : Unterrichtsrezepte. München 1979.
Greving, Johannes/Paradies, Liane: Unterrichts-Einstiege. Berlin 1996.
Groothoff, Hans-Hermann: Pädagogik. Frankfurt 1967.

Gudjons, Herbert: Handlungsorientiert lehren und lernen. Schüleraktivität – Selbsttätigkeit – Projektarbeit. Bad Heilbrunn 1986 (3. Auflg. 1992).
Gudjons H./Teske, R./Winkel, R. (Hrsg.): Didaktische Theorien. Hamburg 1980 (5. Auflg. 1989, Neuauflage 1997).
Gudjons, H.: Erziehungswissenschaft kompakt. Hamburg 1993a.
Gudjons, H.: Entlastung im Lehrerberuf. Hamburg 1993b.
Gudjons, H.: Pädagogisches Grundwissen. Bad Heilbrunn, 3. Auflg. 1995.
Gudjons, H.: Didaktik zum Anfassen. Bad Heilbrunn 1998.
Gukenbiehl, H. L.: Regionale Schule. Erster Zwischenbericht über den Modellversuch. Bad Kreuznach und Landau 1994. Zweiter Zwischenbericht a. a. O. 1996.

Haenisch, H.: Gute und schlechte Schulen im Spiegel der empirischen Schulforschung. In: Westermanns Pädagogische Beiträge, 1986, H. 7/8, S. 18–23.
Hänsel , D.: „Kindgemäßheit" – Programm einer Pädagogisierung der Schule. In: Pädagogik 5/1989, S. 29–35.
Haller, H./Flechsig, K. H.: Einführung in didaktisches Handeln. Stuttgart 1975.
Heimann, P./Otto, G./Schulz, W.: Unterricht – Analyse und Planung. Hannover 1965.
Heinze, Th.: Schülertaktiken. München/Wien/Baltimore 1980.
Heinze, Th./Loser F./Thiemann F.: Praxisforschung. Wie Alltagshandeln und Reflexion zusammengebracht werden. München 1981.
Hentig, H. v.: Die Menschen stärken, die Sachen klären. Ein Plädoyer für die Wiederherstellung der Aufklärung. Stuttgart 1985.
Hentig, H. v.: „Humanisierung" – eine

verschämte Rückkehr zur Pädagogik. Stuttgart 1987.
Hentig, H. v.: Die Schule neu denken – eine Übung in praktischer Vernunft. München/Wien 1993.
Herbarts Schriften. In: Klassiker der Pädagogik. Langensalza 1888.
Herbart, Joh. Fr.: Pädagogische Schriften, Bd. II. Düsseldorf 1964.
Herrlitz, H.- G./Hopf, W./Titze, H.: Deutsche Schulgeschichte von 1800 bis zur Gegenwart. Königstein/Ts. 1981.
Holzkamp, K.: Lernen. Subjektwissenschaftliche Grundlegung. Frankfurt a. M. 1993 (Studienausgabe 1995).

Ipfling, H.-J./Lorenz, U. (Hrsg.): Die Hauptschule. Materialien – Entwicklungen – Konzepte. Ein Arbeits- und Studienbuch. Bad Heilbrunn/ Obb. 1991.
Isensee, J./Giesen, D. : Elternrecht, elterliches Sorgerecht. In: Staatslexikon, Bd. 2. Freiburg 1986, S. 222–239.
Jank, Werner/Meyer, Hilbert: Didaktische Modelle. Frankfurt a. M. 1991.

Kaiser A./Kaiser R.: Studienbuch Pädagogik. Frankfurt a. M. 1991.
Kayser, M./Wagemann, P. A.: Wie frei ist die Waldorfschule. Geschichte und Praxis einer pädagogischen Utopie. München 1996.
Klafki, W.: Didaktische Analyse als Kern der Unterrichtsvorbereitung. In: ders.: Studien zur Bildungstheorie und Didaktik. Weinheim 1963, S. 126 ff. (erstmals erschienen in: Die Deutsche Schule 1958, H. 10).
Klafki, W.: Studien zur Bildungstheorie und Didaktik. Weinheim 1963.
Klafki, W.: Neue Studien zur Bildungstheorie und Didaktik. Weinheim 1996.
Klafki, W.: Lernen für die Zukunft. Das Schulkonzept der NRW – Denkschrift zur Bildungsreform. In: Die Deutsche Schule, 88. Jhg. 1996, H. 2, S. 156–170.
Klingberg, Lothar: Einführung in die allgemeine Didaktik. Berlin (Ost) 1974.
Klink, Job-Günther: Die Schule macht sie alle gleich. Analysen. In: Müller-Fohrbrod, G. u. a.: Der Praxisschock bei jungen Lehrern. Stuttgart 1978.
Knoop, U./Schwab, M.: Einführung in die Geschichte der Pädagogik. Stuttgart 1992.
Kösel, H.: Die Modellierung von Lernwelten. Elztal-Dallau 1993.
Krathwohl, David R. u. a.: Taxonomy of Educational Objectives. Handbook II: Affective Domain. New York 1964.
Krawitz, R. (Hrsg.): Bildung im Haus des Lernens. Bad Heilbrunn 1997.
Krawitz, R.: Unterricht als individualpädagogische Praxis. In: Seibert, N. (Hrsg.): Unterrichtsmethoden kontrovers. Bad Heilbrunn/ Obb. 2000, S. 89–114.
Kretschmer, Horst/Stary, Joachim: Schulpraktikum. Berlin 1998.
Kühnle, Katrin: Von der Kooperation zur Integration am Beispiel der Grundschule Michelbach/Bilz. Wissenschaftliche Hausarbeit für die Erste Staatsprüfung für das Lehramt an Grund- und Hauptschulen. Pädagogische Hochschule Heidelberg 1999.
Kultusministerkonferenz. Statistische Veröffentlichungen der Kultusministerkonferenz, Dokumentation 149, Bonn, Februar 2000.

Langer/Schulz v. Thun/Tausch: Verständlichkeit in Schule, Verwaltung, Politik, Wirtschaft. München 1974.
Lenzen, Dieter: Pädagogische Grundbegriffe. Bd. 1 und 2. Reinbek 1989.
Leontjew, A. N.: Tätigkeit, Bewusstsein, Persönlichkeit. Stuttgart 1977.

Leschinsky, A. (Hrsg.): Institutionalisierung des Lehrens und Lernens. Weinheim/Basel 1996.
Maas, M.: Eine pädagogische Bewegung entwickelt ihr eigenes Profil. In: Pädagogik 9/1998, S. 40–44.
Mähler, B./Schröder, S.: Kleines Schullexikon. Frankfurt a. M. 1991.
Mager, Robert F.: Lernziele und programmierter Unterricht. Weinheim/Berlin/Basel 1965.
Maier, H./Pfistner, H.-J.: Grundlagen der Unterrichtstheorie und Unterrichtspraxis. Heidelberg 1976.
Mann, W. R.: Teacher as Typology. In: McKeacchie, W. J.: Teaching Tips. Lexington. Mass. (University of Michigan) 1996.
Martial, Ingbert v./Bennack, Jürgen: Einführung in die schulpraktischen Studien. Baltmannsweiler 1995.
Maturana, H. R./Varela, R. J.: Der Baum der Erkenntnis. München 1987.
Memmert, Wolfgang: Didaktik in Graphiken und Tabellen. Bad Heilbrunn 1995.
Messner, R./Posch, P.: Perspektiven für einen neuen Lehrplan. In: Didaktische Impulse. Hrsg.: Messner, R./Rumpf, H. Wien 1971, S. 14 ff.
Meyer, E.: Unterrichtsvorbereitung in Beispielen. Bochum 1961.
Meyer, E. (Hrsg.): Burnout und Stress. Hohengehren 1991.
Meyer, Hilbert: Leitfaden zur Unterrichtsvorbereitung. Königstein 1981.
Meyer, Hilbert: Unterrichtsmethoden Bd. 1 und 2. Frankfurt 1988/89.
Meyer Hilbert: Schulpädagogik. Bd. I und II. Berlin 1997.
Ministerium für Kultus und Sport: Sonderpädagogische Förderung für behinderte Kinder und Jugendliche in Baden-Württemberg 1986.

Möller, Christine: Technik der Lernplanung. Weinheim 1969.
Müller, Eckhardt H.: Ausgebrannt. Wege aus der Burnout- Krise. 1994.
Müller-Fohrbrod, G. u. a.: Der Praxisschock bei jungen Lehrern. Stuttgart 1978.
Murtfeld, Rudolf: Wegbereiter moderner Erziehung. München 1975.

Neber, H. (Hrsg.) Entdeckendes Lernen. Weinheim/Basel 1973 ; völlig neu bearbeitete Auflage 1981.
Nyssen, E./Schön, B. (Hrsg.): Perspektiven für pädagogisches Handeln. Eine Einführung in Erziehungswissenschaft und Schulpädagogik. München 1995.

Oehlschläger, H.-J.: Alternativschulen. In: Lenzen, D. (Hrsg.): Pädagogische Grundbegriffe, Bd. 1. Reinbek b. Hamburg 1989, S. 38–56.

Peddiwell, A. (Pseudonym: H. Benjamin): Das Säbelzahn-Curriculum sowie weitere Vorlesungen über die paläolitische Erziehung. Stuttgart 1974.
Pestalozzi, J. H.: Sämtliche Werke (Hrsg.: Buchenau u. a.). Zürich 1960.
Petersen, J./Reinert, G.-B. (Hrsg.): Pädagogische Konzeptionen. Eine Orientierungshilfe für Studium und Beruf. Donauwörth 1992.
Petersen, J./Reinert G.-B. (Hrsg.): Bildung in Deutschland, Donauwörth Bd. I 1996, Bd. II 1997.
Peterßen, W. H.: Handbuch Unterrichtsplanung. München 1982.
Peterßen, W. H.: Lehrbuch Allgemeine Didaktik. München 1989.
Platon: Der Staat. In: Sämtliche Werke, Bd. III, Hamburg 1985.
Prange, Klaus: Erziehung zur Anthroposophie. Darstellung und Kritik der

Waldorfpädagogik. Bad Heilbrunn/ Obb. 1985.
Prange, Klaus: Bauformen des Unterrichts. Bad Heilbrunn 1986.
Prange, Klaus: Pädagogik im Leviathan. Bad Heilbrunn 1991.
Preuss-Lausitz, U.: „Soziale Integration" als Forschungsthema. In: Heyer, P. u. a.: Wohnortnahe Integration. Weinheim/München 1990, S. 95f.
Reble, Albert: Geschichte der Pädagogik. Stuttgart 1967. (plus Dokumentenband)
Reich, K.: Systemisch-konstruktivistische Pädagogik. Neuwied 3. Auflg. 2000.
Reinert, G. B./ Zinnecker, J. (Hrsg.): Schüler im Schulbetrieb. Reinbek 1978.
Reinert, G. B. (Hrsg.): Praxishandbuch Unterricht. Reinbek 1980
Reinert, G. B.: Der „gute" Lehrer. In: Gudjons, H./Reinert, G.-B. (Hrsg.): Lehrer ohne Maske? Königstein 1981, S. 101–116.
Reinert, G. B./Heyder, S. : Lebensort: Schule. Weinheim/Basel 1983.
Rekus, J./Hintz, D./Ladenthin, V.: Die Hauptschule. Alltag, Reform, Geschichte, Theorie. München 1997.
Robinsohn, Saul B.: Bildungsreform als Revision des Curriculums. Berlin 1967.
Röhrs, Hermann (Hrsg.): Didaktik. Frankfurt a. M. 1971.
Rösner, Ernst: Abschied von der Hauptschule – Folgen einer verfehlten Schulpolitik. Frankfurt a. M. 1989.
Rösner, Ernst: Hauptschule. Oder: Von der Schule für „mehr als die Hälfte der Kinder" zum „Sorgenkind im Schulwesen". In: Pädagogik H. 2/1998, S. 46–51.
Rogers, C. R.: Encounter-Gruppen. Das Erlebnis der menschlichen Begegnung. München 1974.
Roth, Heinrich: Die realistische Wendung in der pädagogischen Forschung. In: Neue Sammlung 2 (1962), S. 481 ff.
Roth, Heinrich: Pädagogische Psychologie des Lehrens und Lernens. Hannover 1963.
Roth, Heinrich (Hrsg.): Begabung und Lernen. Stuttgart 1965.
Rousseau, Jean-Jacques: Emile oder Über die Erziehung. Paderborn 2. Auflg. 1962 (1958).
Rudow, Bernd: Die Arbeit des Lehrers – zur Psychologie der Lehrertätigkeit, Lehrerbelastung und Lehrergesundheit. 1994.
Rutter, M. u. a.: Fünfzehntausend Stunden. Schulen und ihre Wirkung auf die Kinder. Weinheim/Basel 1980.
Ryans, D. G.. Characteristics of teachers. Washington: American Council on Education 1960.

Scarbat, Horst: Träume vom guten Lehrer. Sozialisationsprobleme und dialogisch-förderndes Verstehen. Donauwörth 1992.
Schaller, Klaus: Die Pädagogik des J. A. Comenius und die Anfänge des pädagogischen Realismus im 17. Jh. Heidelberg 1962.
Schavan, Annette, Schule der Zukunft. Bildungsperspektiven für das 21. Jahrhundert. Freiburg/Basel/Wien 1998.
Scheller, Ingo: Erfahrungsbezogener Unterricht. Königstein/Ts. 1981.
Schleiermacher, Friedrich Ernst: Pädagogische Schriften. Frankfurt 1983.
Schiffler, H./Winkler, R.: Tausend Jahre Schule. Eine Kulturgeschichte des Lernens in Bildern. Stuttgart/Zürich 1985.
Schöler, J.: Integrative Schule – Integrati-

ver Unterricht. Ratgeber für Eltern und Lehrer. Reinbek b. Hamburg 1993.
Schön, Bärbel (Hrsg.): Wie viel Therapie braucht die Schule? Donauwörth 1998.
Schönwiese, V.: Behinderten- und Integrationspädagogik. In: Taschenbuch der Pädagogik, Bd. 1, Baltmannsweiler 5. Auflage 1997, S. 110–121.
Schulgesetz für Baden-Württemberg (1983, geändert 1995).
Schulz, Wolfgang: Drei Argumente gegen die Formulierung von „Lernzielen" und ihre Widerlegung. In: Mager, Robert F.: Lernziele und programmierter Unterricht. Weinheim/Berlin/Basel 1965, S. XII–XV.
Schulz, Wolfgang: Unterrichtsplanung. München 1981.
Schulz, Wolfgang: Praktisches Lernen und didaktisches Reflektieren. In: Neue Sammlung 30. Jg. (1990), Heft 3, S. 395–406.
Schulz, Wolfgang/Treder, Martha: Prinzipien der Erziehung und des Unterrichts. In: Enzyklopädie Erziehungswissenschaft, Bd. 4, S. 121–130.
Schulz, Wolfgang: Anstiftung zu didaktischem Denken. Weinheim 1996.
Schwarz, B./Prange, K. (Hrsg.): Schlechte Lehrer/innen. Weinheim/Basel 1997.
Siebert, H.: Pädagogischer Konstruktivismus. Neuwied 1999.
Söltenfuß, G.: Grundlagen des handlungsorientierten Lernens. Bad Heilbrunn 1983.
Speck, O.: Sonderschulen, Benachteiligung und Elternrecht. Zum Beschluss des Bundesverfassungsgerichts vom 30. 7. 1996. In: ZfHeilpädagogik 6/1997, S. 233 ff.
Steffens, U.: Erkundungen zur Wirksamkeit und Qualität von Schule. In: Die Deutsche Schule 1986, Heft 3, S. 294–305.

Steffens, U./Bargel, T.: Erkundungen zur Qualität von Schule. Neuwied 1993.
Struck, P.: Projektunterricht. Stuttgart 1980.
Tausch, R./Tausch, A. M.: Erziehungspsychologie. Göttingen 6. Auflg. 1971.
Tausch, R./Tausch A. M.: Wesentliche Verhaltensdimensionen von Lehrern, Dozenten, Erziehern in Erziehung und Unterricht. In: Die Deutsche Schule 76. Jhg. (1975), S. 121–129.
Tillmann, K.-J. (Hrsg.): Schultheorien. Hamburg 2. Auflg. 1993.
Tulodziecki, Gerhard: Medien in Erziehung und Bildung, Bad Heilbrunn, 3. Auflg. 1997.
Ullrich, H.: Waldorfpädagogik und okkulte Weltanschauung. Weinheim/Basel 2. Auflg. 1988.
Voss, R. (Hrsg): Die Schule neu erfinden. Systemisch-konstruktivistische Annäherung an Schule und Pädagogik. Neuwied, 3. Auflg. 1999.
Weinert, Franz: Analyse und Untersuchung von Lehrmethoden. In: Ingenkamp, K. H. (Hrsg.) : Handbuch der Unterrichtsforschung. 3 Bde. (deutsche Fassung des Hdb. of Research on Teaching, ed. by N. L. Gage, Chicago 1963) Weinheim 1970/71.
Weinert, Franz/Graumann, C. F. u. a.: Pädagogische Psychologie, Bd. 1 Frankfurt a. M. 1974.
Wittenbruch, Wilhelm: Schulpraktikum. Stuttgart/Berlin/Köln/Mainz 1985.
Wellendorf, F.: Schulische Sozialisation und Identität. Weinheim/Basel 1973.
Zinnecker, Jürgen: Der heimliche Lehrplan. Untersuchungen zum Schulunterricht. Weinheim 1975.

13.4 Abbildungsverzeichnis

Alle Cartoons von und mit Hägar dem Schrecklichen (Autor: Dik Browne) S. 43, 47, 145, 158, 162, 163, 224, 248.

Jank, Werner/Meyer, Hilbert: Didaktische Modelle. Frankfurt a. M. 1991 S. 99.

Klant, Michael: Schulspott – Karikaturen aus 2500 Jahren. Hannover 1983 S. 45, 157, 178, 228, 241.

Marcks, Marie: Krümm dich beizeiten! Heidelberg. 1980   S. 43, 102, 245.

Müller-Fohrbrodt, Gisela u. a.: Der Praxisschock bei jungen Lehrern. Stuttgart 1978   S. 169, 220, 221, 239, 247.

Seidler, Manfred: Abwarten und Teetrinken. Freiburg 1986   S. 146.

Reihe Schule und Unterricht

Siegtried Bäuerle/Helgard Moll-Strobel/
Gerd-Bodo Reinert/Helmut Wehr
Gewalt in der Schule
216 S., kart. Best.-Nr. **3095**
Vor dem Hintergrund neuester Forschungen erhalten Sie einen Überblick zu dem bedrückenden Problem der Gewalt von Schülern. Mit vielen konkreten und in der Schulpraxis erfolgreich erprobten Konzepten und Strategien – auch Tipps – zur Prävention und Behebung von gewalttätigem Schülerverhalten. Ein Buch aus der Praxis für die Praxis!

Engelbert Groß (Hrsg.)
Freies Arbeiten in weiterführenden Schulen
Hinführung – Begründung – Beispiele
208 S., kart. Best.-Nr. **2257**
Wie sieht Freie Arbeit in weiterführenden Schulen aus? Wie kann in weiterführenden Schulen Freies Arbeiten praktiziert werden? Auf diese Fragen gibt der Band eine Fülle von Antworten.

Margret Ruep (Hrsg.)
Innere Schulentwicklung
Theoretische Grundlagen und praktische Beispiele
256 S., kart. Best.-Nr. **3224**
Lust auf Veränderung? Lassen Sie sich von Margret Rueps praxisorientierten Ideen für eine innere Schulentwicklung begeistern! Ausgehend von dem Leitgedanken Kurt Lewins, Betroffene zu Beteiligten zu machen, werden neben einem Theoriemodell zahlreiche konkrete Beispiele vorgestellt.

Wilhelm Wittenbruch/Ulrike Kurth (Hrsg.)
Katholische Schulen: Nachfrage steigend – Bildungswert fallend?
160 S., kart. Best.-Nr. **3234**
Mit 13 unterschiedlich akzentuierten und inhaltlich aspektreich angelegten Beiträgen von Theologen, Erziehungswissenschaftlern und Pädagogen wird eine „Streitschrift" vorgelegt. Aufgrund verlässlicher Informationen und überprüfbarer Reflexionen will sie „Streitkultur" und „Streitmöglichkeiten" im Hinblick auf das Problem- und Handlungsfeld „Katholische Schule" verbessern, aber auch Wege und Formen der „Katholischen Schule" als eines „pädagogisch gestalteten Lern- und Lebensraumes" aufzeigen.

Leopold Kratochwil
Erziehen und Unterrichten auf handlungstheoretischer Grundlage
200 S., kart. Best.-Nr. **2371**
Erkenntnisse menschlicher Handlungstheorien werden als pädagogisch-didaktische Handlungstheorie konkretisiert. Ein richtungsweisendes Werk für alle Phasen der Aus- und Weiterbildung von Lehrkräften.

Leopold Kratochwil
Pädagogisches Handeln bei Hugo Gaudig, Maria Montessori und Peter Petersen
280 S., kart. Best.-Nr. **2141**
Analyse und kritische Betrachtung dreier prominenter Vertreter der Reformpädagogik. Möglichkeiten und Grenzen der Konzepte für die pädagogische und didaktische Theorie und Praxis unserer Zeit werden abgesteckt.

Engelbert Groß (Hrsg.)
Konsequenter Religionsunterricht: Aktion und Projekt
288 S., kart. Best.-Nr. **2474**
Unter der Leitidee, Religionsunterricht verstehe sich als „Erziehung in christlicher Verantwortung", werden verschiedene theologische Traditionen analysiert und mit Konzepten der Reformpädagogik diskutiert. Ein wichtiges Buch für die Aus- und Fortbildung von Lehrkräften und Katecheten.

Engelbert Groß (Hrsg.)
Realistischer Religionsunterricht: Blick und Praxis
Ein Leitfaden für Studium und Beruf
196 S., kart. Best.-Nr. **2369**
Lebendiger Religionsunterricht braucht den Bezug zur Realität. Das Buch wendet sich an alle, die in der Praxis des Religionsunterrichts stehen. Angehende Lehrkräfte werden das Buch ebenso mit Gewinn lesen wie erfahrene Lehrkräfte.

Markus Ritter
Computer und handlungsorientierter Unterricht
Zur allgemeinen und fremdsprachendidaktischen Reichweite eines neuen Mediums

456 S., kart. Best.-Nr. **2715**

Der Band zeigt Möglichkeiten und Grenzen auf, die theoretisch entwickelten medien- und fremdsprachendidaktischen Positionen in konkreten Unterricht umzusetzen.

Jörg Petersen/Hans Ritscher
Unterrichten lernen

228 S., kart. Best.-Nr. **2372**

Vorstellung grundlegender Handlungskompetenzen des Unterrichts. Mit Trainingsexperimenten als Vorschläge für die Aus- und Weiterbildungspraxis für Lehrkräfte aller Schularten und Fächer sowie für die berufliche Bildung und Erwachsenenbildung.

Hermann Röhrs
Die Reformpädagogik und ihre Perspektiven für eine Bildungsreform

240 S., kart. Best.-Nr. **2103**

Der Band stellt Wegbereiter der Reformpädagogik vor, untersucht reformpädagogische Ansätze und formuliert Perspektiven für die Schule der Gegenwart. Ein aktueller Beitrag zur Bildungsdiskussion.